Medios de comunicación de masas

Su influencia en la sociedad y en la cultura contemporáneas

106

Rafael Roda Fernández

CIS
Centro de Investigaciones Sociológicas

SIGLO VEINTIUNO
DE ESPAÑA EDITORES

COLECCIÓN «MONOGRAFÍAS», NÚM. 106

Primera edición, noviembre de 1989
Primera reimpresión, diciembre de 2001

Impreso y hecho en España
Printed and made in Spain

NIPO: 004-01-020-0
ISBN: 84-7476-129-8
Depósito legal: M. 50.656-2001

Fotocomposición: EFCA, S. A.
Parque Industrial «Las Monjas»
28850 Torrejón de Ardoz (Madrid)

Impreso en Closas-Orcoyen, S. L. Polígono Igarsa
Paracuellos de Jarama (Madrid)

INDICE

PRESENTACION

La presente obra trata de la influencia de los medios de comunicación de masas. La acción de los medios es compleja y se ejerce en distintos planos, razón por la cual tratar de agotar de una vez por todas el estudio de sus influencias es pretensión que se configura como empresa irrealizable, al menos en el momento presente y en un trabajo de la extensión de éste. Sin embargo, esta limitación no ha conducido al autor a renunciar a un propósito integrador, plenamente justificado por el rigor y la relativa continuidad patentes en la investigación sobre los efectos de los mass media en la psicología social contemporánea.

Mi interés en este campo no es reciente. Hace años escribí una memoria de licenciatura acerca de los efectos psicosociales de la comunicación de masas y más tarde recuperé esa iniciativa, lo que dio como resultado la elaboración de una tesis doctoral cuya síntesis es precisamente la obra que el lector tiene en sus manos.

Hay indicaciones claras de que una explicación de la conducta colectiva en la sociedad actual no es posible sin recurrir a los medios y en esto los datos de la investigación empírica confirman lo que la gente tiene por cierto. Gran parte de lo que hacemos, pensamos y sentimos se encuentra mediatizado por la realidad simbólica que aquéllos crean. De ese modo, así como el mundo de la producción requiere un conjunto de procedimientos que, con carácter sistemático, oriente el gusto o la necesidad del público hacia su satisfacción en determinados objetos, así también, el mundo político exige el concurso de mecanismos institucionales que faciliten la homogeneización de las opiniones para hacer posible la acción social organizada. Por último, es incuestionable el protagonismo de los medios en el contexto de la cultura de masas.

La investigación sobre los medios ha venido enfrentándose desde el comienzo a dos tipos de problemas. El primero de ellos se encuentra resuelto en el presente y consiste en la demostración empírica de sus efectos en distintos aspectos de conducta. Hay evidencia empírica sustantiva relacionada con la eficacia de ciertas formas de comunicación masivas en el área de la publicidad o la propaganda política, por no referirse a la que los medios poseen a la hora de formar, sutil y acumulativamente, las impresiones que las personas tienen sobre su medio social. El segundo problema no se encuentra resuelto satisfactoriamente, debido al pragmatismo que desde el comienzo ha impregnado la investigación en este campo. Me refiero a la singular parquedad de los esfuerzos realizados a la hora de proporcionar explicaciones adecuadas de los procesos o mediaciones que tercian entre el flujo de la comunicación masiva y sus efectos constatados.

Mi trabajo arranca precisamente de esta carencia y viene a constituir un intento de sintetizar y organizar distintas aportaciones que resulten relevantes para la explicación del proceso que da lugar a los efectos. Dado que la mayoría de ellas se debe al quehacer de la psicología social, puede considerarse también como una tentativa explícita de tender puentes entre la psicología social y la sociología de los mass media, asumiendo que en ambas disciplinas existe parecido interés por determinar las consecuencias que la acción de los mass media tiene para los individuos y la estructura social.

Creo que es necesario añadir que, por todas las razones aducidas, lo que sigue no es un tratado general sobre comunicación de masas, género en el cual existe ya una sobrada producción, sino una contribución cuya finalidad es poner de relieve la relevancia, ventaja y, hasta me atrevería a decir, superioridad que implica coordinar el punto de vista psicosociológico y el sociológico en el análisis de los efectos de los medios.

1. MARCO DE REFERENCIA GENERAL PARA EL ESTUDIO DE LA COMUNICACION DE MASAS

I. LOS MEDIOS DE COMUNICACION DE MASAS EN LA SOCIEDAD ACTUAL: INTRODUCCION

Las cuestiones relativas a la naturaleza y el alcance de los efectos de los medios de comunicación de masas vienen siendo desde hace tiempo objeto de interés por parte de los científicos sociales. Es uno de esos raros casos en que el interés de la ciencia refleja la importancia que la propia sociedad atribuye a un conjunto de fenómenos.

En efecto, la visibilidad de los medios radica en la relevancia psicosocial de las operaciones que realizan: proporcionar datos relativamente fiables sobre parcelas de la realidad a las que el hombre común tiene difícil acceso, dar a conocer las políticas de los gobiernos (y, a veces, hasta las opiniones disidentes), mostrar las características de aquellas personas que, por su pertenencia grupal, de clase o racial se nos aparecen como socialmente distantes, proporcionar un marco de referencia para evaluar nuestras opiniones sobre los asuntos públicos, etc., son sólo ejemplos de su actividad habitual.

Todas esas operaciones son realizadas de modo continuo, no accidental, razón por la cual ejercen dos consecuencias generales. La primera consiste en extender los sentidos humanos o, si se quiere, en prolongar los analizadores individuales. La segunda supone la creación de un corpus compartido de conocimientos, experiencias y sentimientos con los rasgos propios de una subcultura que, sin duda alguna, presenta nexos interactivos con el sistema cultural más amplio.

Es casi tópico referirse a la asociación entre comunicación de masas y opinión pública (la que se considera su principal producto) y comunicación de masas y orientación hacia el consumo (en la que casi siempre aparece como principal motor). Los políticos, no sólo en los sistemas autoritarios, sino también en las democracias parlamentarias, saben de la importancia de la adhesión pública y de su estrecha relación con los mensajes que la gente recibe a través de la televisión, la radio y la prensa. A diferencia de los científicos sociales, habitualmente más escépticos en relación con la capacidad de influir de los medios, abrigan pocas dudas sobre el impacto de la propaganda. Y así, asumiendo que las opiniones del público sobre los asuntos políticos se suelen fundamentar en ideas tan genéricas como estereotipadas, confieren menos importancia a lo que dicen que a la *forma* de decirlo y al *lugar* en que lo dicen. Lo primero retrotrae a la naturaleza del proceso de *persuasión*, a cuyo estudio tanto ha contribuido Carl Hovland. Lo segundo conduce al problema de la *contextualización* de la comunicación como determinante de la influencia, lo que pone de relieve la necesidad de establecer cuál es la aportación específica del proceso de la comunicación de masas al más elemental de la persuasión. Naturalmente, el recorrido será factible siempre que se suponga que la cuestión de los efectos de los mass media representa un fenómeno similar al de la persuasión, aunque situado en un nivel de mayor complejidad. Como habrá ocasión de comprobar en lo que sigue, esta suposición no ha sido generalizadamente asumida por parte de los investigadores en el área.

Pese al visible *status* de los medios en la sociedad postindustrial, las cuestiones relacionadas con la naturaleza, profundidad y amplitud de sus efectos no pueden resolverse en el marco de una teoría general de la comunicación de masas que, hoy por hoy, no existe. Esto no significa que desde época relativamente temprana no se haya producido una cierta tendencia a establecer los caracteres generales de una perspectiva psicosociológica de los medios y a deslindarla de otras posibles alternativas. Como advierte W. Schramm (1962), en una temprana revisión sobre los efectos de los medios aparecida en el *Annual Review of Psychology*, en la medida que la comunicación es probablemente el proceso social básico, despierta por igual la atención y el interés de las distintas ciencias psicológicas y sociales. De entre las orientaciones señaladas por Schramm, conviene mencionar tres: *a)* una, debida a las enseñanzas de Harold D. Lasswell, en la que la estructura y el contenido de la comunicación se relacionan con el subsistema político y el ejercicio del poder. Científicos, políticos, periodistas y economistas cultivarían por igual este enfoque; *b)* otra área de paternidad algo ambigua que, en todo caso, incluiría las figuras de G. H. Mead, E. Sapir y C. Shannon. Abarcaría temáticas tan relevantes como la filosofía del significado, la naturaleza de los signos y del lenguaje, la medición del significado, la psicolingüística y la aplicación de la teoría de la información a la comunicación humana. Sería patrimonio de un conjunto de especialistas del saber entre los que habría que contar a filósofos, antropólogos, lingüistas, psicólogos y matemáticos, y c) por último, se destacaría un modo de hacer característico, tanto en lo teórico como en lo metodológico, al que Schramm denomina «psicología social de la comunicación de masas» y cuya fundación atribuye a las respectivas labores de Hovland, Lazarsfeld y Kurt Lewin, quienes dejarán indeleble la huella en la selección de métodos y temas por parte de los investigadores posteriores. El legado de Hovland se materializa en los experimentos sobre persuasión de la Universidad de Yale; el de Lewin en los experimentos sobre grupos y roles sociales; la labor de P. F. Lazarsfeld en el Bureau of Applied Social Research se concreta en la realización de estudios por encuesta sobre conocimiento, opinión y conducta públicos relacionados con la acción de los mass media, algunos de los cuales se incorporarán como clásicos al acervo de la psicología social. Otro mérito de Lazarsfeld consiste en haber arrojado luz sobre la relación entre influencia personal y efectos de los mass media.

La relevancia de esta última opción radica en sus dos características básicas. Se centra en las consecuencias de la comunicación sobre la conducta, es decir, en los efectos. Por otro lado, permite integrar datos y elaboraciones teóricas que sin el recurso a ese marco aparecerían desmembrados.

En lo que sigue va a ser abordado el análisis de los efectos de la comunicación considerando aportaciones representativas en el conjunto de las ciencias sociales. Obviamente toda obra tiene sus limitaciones, sean éstas voluntariamente impuestas o inintencionadas. En la presente, la restricción está implícita en el significado que se le atribuye al término «efectos». Este significado queda circunscrito a los márgenes de la psicología social de acuerdo con sus contribuciones más representativas, tanto al nivel de la teoría como al de la investigación. En el curso de los últimos cincuenta años se ha venido desarrollando dentro de este ámbito una labor de considerable magnitud, si bien el proceso presenta discontinuidades históricas y teóricas y se orienta en direcciones contradictorias. Parece, pues, que el intento de establecer un cierto orden en este panorama, reuniendo, clasificando y ordenando los datos y explicitando las líneas de investigación más sólidas, responde a una exigencia objetiva. Por no mencionar el hecho de que existe la impresión general de que es cada vez mayor la presencia de los medios en los ámbitos más relevantes de la conducta colectiva.

II. MEDIOS DE COMUNICACION DE MASAS: DEFINICIONES

De lo dicho en el punto anterior se desprende que resulta perfectamente legítimo tratar de los efectos de los medios porque constituyen un fenómeno con la suficiente entidad psicosocial. Ahora bien, precisamente por la complejidad de la realidad que representan los medios, es preciso justificar ese interés de acuerdo con la propia definición del objeto. En otros términos, resulta inevitable determinar en el contexto de esa realidad el *status* de los efectos y hacerlo mediante definiciones generalizadamente aceptadas. Por lo común, éstas incluyen alusiones explícitas o implícitas a la cuestión de los efectos y a problemas recurrentes en esta área de investigación. Por lo demás, establecen las ambigüedades ocultas en las descripciones de fenómenos obvios en apariencia.

De Sola Pool (1973) describe las características del *sistema de comunicación de masas* y de sus principales dimensiones: 1) Un *sistema* es «una entidad continua capaz de dos o más estados»; 2) un *sistema de comunicación*, «un sistema en el que los estados consisten en conexiones o no conexiones entre los objetos», y 3) el *sistema de comunicación de masas*, «un patrón de conexión entre un pequeño número de emisores y un extenso número de receptores». Esta última característica es definitiva: el emisor en los mass media tiene acceso a una audiencia de millones de personas, pero sólo excepcionalmente la audiencia produce comunicaciones de retorno. Por consiguiente, una de las principales diferencias entre la comunicación de masas y la comunicación *cara a cara* es que la segunda es *bidireccional* y la primera *unidireccional* o *asimétrica*.

Hay otras características generales asociadas al funcionamiento habitual de los mass media. La diseminación de mensajes no se produce al azar, sino que sigue una pauta estricta. Esto significa que los mensajes o sistemas de mensajes no se reciben aisladamente, sino integrados en agregados más amplios que se hacen públicos de manera regular como los periódicos o los libros. La probabilidad de recepción del mensaje está subordinada a la del *vehículo* y sin esta última no existe. *Los vehículos* de mensajes no irrumpen en la realidad como fenómenos esporádicos. Habitualmente hay una pauta normativa que afecta tanto a la periodicidad de la publicación como a la identificación, formato y política editorial. Todo ello hace que el momento de la exposición esté mediatizado por una decisión subjetiva que se refiere al vehículo y no al mensaje particular.

Pero todas esas características pueden describirse con mayor orden recurriendo a varias *dimensiones* analíticas. Entre las mencionadas por De Sola Pool están las de *circulación, audiencia, alcance («reach»), frecuencia y exposición.* La *circulación* se refiere al volumen de la distribución de un vehículo particular. En el caso de un medio escrito, se trata de la media de ejemplares distribuidos dentro de un período previamente fijado; en el de un medio electrónico, el número de aparatos que sintonizan una emisión particular. *La audiencia* es el número de personas que se expone a un conjunto de mensajes o, simplemente, a un vehículo particular. No es igual a la circulación, dado que el mismo ejemplar o programa puede ser utilizado por más de una persona. *El alcance* responde al mismo criterio, si bien desde el punto de vista de un mensaje que puede aparecer en publicaciones distintas. En ese caso, el cálculo se hace sobre la base del número de personas que se expuso al mensaje (por ejemplo, un anuncio) en alguna de las publicaciones. *La frecuencia* expresa la idea de que un mensaje puede alcanzar a las personas más de una vez. En ese caso las alternativas consisten en establecer la frecuencia media o una distribución de frecuencias. *La exposición* es tal vez la dimensión más importante desde el punto de vista psicosocial y, a la vez, la más problemática. La razón es que tener una copia del vehículo o ver o escuchar un programa es un indicio, pero no una garantía, de la exposición. La probabilidad de exposición depende simultáneamente del carácter de la fuente, del mensaje y de la audiencia. Naturalmente, la importancia del material determina el grado de atención que el miembro de la audiencia estará dispuesto a prestarle, pero en todo caso no hay una medida homogénea de la exposición y la mayoría de los estudios a este respecto son realmente estudios del recuerdo.

Wright (1960), en su trabajo «Functional analysis and mass communication», formula varias precisiones importantes sobre la comunicación de masas, etiqueta corrientemente usada para referirse a los procedimientos de la televisión, la prensa, el cine y la radio. En realidad, no son los procedimientos los que confieren el carácter masivo a las operaciones típicas de esos medios, en la medida que pueden utilizarse para transmitir informaciones complejas. La tecnología es un componente necesario, pero no suficiente, del proceso masivo de influencia. Este requiere que se den otras condiciones referentes a la audiencia, la comunicación y el comunicante: *a)* el flujo de mensajes tiene por objeto alcanzar a audiencias anónimas, heterogéneas y dispersas; *b)* el valor del contenido transmitido es efímero, y *c)* el comunicante opera dentro de una organización cuyo funcionamiento implica cuantiosos gastos.

Janowitz y Schulze (1982) se refieren a la comunicación de masas en términos de procedimientos utilizados por especialistas que se sirven de dispositivos tecnológicos para difundir un contenido simbólico homogéneo entre un público extenso, heterogéneo y disperso. Janowitz y Schulze confieren una gran importancia al análisis sociológico de los mass media, esto es, a la comprensión de las consecuencias que la comunicación y la persuasión de masas tienen en la vida política y social.

La idea de Walter Weiss (1969) al respecto no deja lugar a dudas respecto a la importancia del estudio de los efectos en el análisis general de los medios. Esta idea aparece expuesta en la segunda edición de *The handbook of social psychology:* «Aunque el término "mass media" se ha usado con frecuencia, todavía no se ha especificado su sentido. Como mínimo, los medios de comunicación son métodos para acceder con rapidez y eficacia a mucha y muy distinta gente, aunque esta descripción no deja de implicar ambigüedades..., razón por la cual es más útil seguir una interpretación denotativa. Podemos convenir que incluyen medios escritos como los periódicos, revistas y libros, y medios de difusión como la radio, la televisión y también el cine» [1].

A la hora de caracterizar la comunicación de masas, Wilbur Schramm (1954), lo ha hecho tomando como término de comparación la comunicación interpersonal. Lo común a ambas modalidades es la existencia de procesos de *codificación, decodificación* e *interpretación.* Las diferencias estriban en que en la comunicación de masas esos procesos son desempeñados por grupos, en lugar de por individuos, el volumen del *input* y del *output* en los medios es infinitamente superior al que se da en la comunicación cara a cara y en que en los procesos típicos de la comunicación de masas se concede escasa oportunidad a la ocurrencia de *feedback* directo. Se plantea así una de las paradojas características de la comunicación de

---

[1] Weiss, 1969, p. 79.

masas: puesto que el receptor no puede argumentar frente al contenido de la comunicación es más vulnerable a la influencia que cuando lo puede hacer, pero ese mismo hecho incrementa el peligro de que el comunicante pierda a parte de la audiencia cuando ignora la existencia de discrepancias realmente existentes entre las posiciones que invoca y las de la audiencia.

De Fleur y Ball-Rokeach (1982) han propuesto recientemente tres alternativas para valorar la naturaleza y la influencia de la comunicación de masas. La primera, de tipo *estructural,* se dirige a la especificación de las condiciones políticas, económicas y culturales que han conformado el funcionamiento de los mass media en un momento histórico dado. La segunda sería una alternativa *comparativa* y tendría por objeto establecer diferencias y similitudes entre comunicación de masas y comunicación interpersonal. La tercera sería una alternativa *psicosocial.* Parece adecuado el uso de este calificativo si se tiene en cuenta que su propósito es determinar «cómo influye [la comunicación de masas] sobre las personas, psicológica, social y culturalmente» [2]. Esta perspectiva es relevante por cuanto ha generado más investigación empírica que ningún otro nivel de análisis en el entorno de los mass media [3].

Por su parte, Dennis McQuail (1985) no se refiere a perspectivas, sino a *tres planos o niveles analíticos* cuyo estudio debería llevarse a cabo separadamente. Un nivel *intramedia,* que toma por objeto el análisis de las instituciones de la comunicación y su proceso de funcionamiento interno; un nivel *psicosocial,* relacionado con los determinantes de la conducta de masas; por último, un nivel *cultural,* que se interesa por los productos de los mass media a los que considera agencias de producción de la cultura de masas. Más interés que estas distinciones tienen las que se refieren a las *funciones* de los mass media.

McQuail ha enumerado varias características (u operaciones habituales de los medios) que permiten establecer categorías más amplias y constituyen indicaciones significativas respecto a formas de efectos. Tales características se encuentran formuladas en forma de funciones:

---

[2] M. L. de Fleur y S. Ball-Rokeach (1982), p. 32. El paréntesis es mío.

[3] «Por diversos motivos, la mayor parte de la investigación sobre comunicación de masas se ha referido hasta ahora a la tercera cuestión», *ibid.*, p. 32.

Los medios de comunicación de masas: *a)* se ocupan de producir y distribuir «conocimientos»: información, ideas, cultura [...] [4]; *b)* [...] proporcionan canales para relacionar a unas personas con otras: emisores con receptores, individuos de la audiencia con otros [...], cualquier persona con su sociedad y con las demás personas que la componen. Estos canales no son sólo canales materiales [...], sino también canales de las costumbres y criterios que determinan quién debe escuchar, o es probable que escuche, a quién [5]; *c)* [...] se ocupan de cuestiones sobre las que existe opinión pública o bien puede crearse [es decir, cuestiones que no son personales o privadas ni tampoco fundamentalmente destinadas a especialistas o científicos] [6]; *d)* la participación [...] es en esencia voluntaria [...] conlleva la asociación del uso de los medios de comunicación con el ocio y el tiempo libre y su distanciamiento del trabajo y las obligaciones [7]; *e)* «la institución está ligada a la industria y a su mercado a través de su dependencia del trabajo, la tecnología y la necesaria financiación [...] siempre está vinculada de una u otra forma al poder estatal a través de mecanismos e ideas legitimadoras» [8].

En realidad, cuatro de esas funciones pueden formularse en términos de categorías generales cuya ventaja adicional consiste en su capacidad para describir áreas diferenciadas de efectos. Se trata respectivamente de la: a), *distribución de conocimientos;* b), *estructuración simbólica de las relaciones de poder;* c), *elaboración y reconstitución del entorno de la opinión pública;* y d), *entretenimiento.* Como se verá más tarde, existe un interesante paralelismo entre esta clasificación y la utilizada por el enfoque funcionalista. La distribución de conocimientos equivale a la difusión de puntos de vista sobre los objetos de la realidad, cuya consecuencia es la creación de un universo común de normas, valores y referentes externos que, desde un punto de vista formal, se relaciona tanto con la *socialización* como con la *cohesión social.* Los medios desempeñan también una función de refuerzo de la estructura de poder (categoría b), probablemente las más de las veces indirecta e inintencionada, dado que se realiza a través de descripciones «naturales» de situaciones de interacción, de valoraciones de grupos, personas y, sobre todo, roles. Por otra parte, desde el punto de vista de McQuail, los medios se ocupan de cuestiones sobre las que «puede» crearse opinión, lo que es un tanto ambi-

---

4 McQuail, p. 39.
5 *Ibid.*, p. 39.
6 *Ibid.*, p. 40.
7 *Ibid.*, p. 40.
8 *Ibid.*, p. 40.

guo porque se diría que existe algo en la esencia de las cosas que las hace importantes o secundarias. Esta suposición tiende a situar el papel de los medios, sobre todo en el entorno político, en un plano esencialmente reflexivo, no activo. Por el contrario, desempeñan ambos cometidos y lo hacen porque el interés o la importancia de los problemas sociales no están dados por su naturaleza, sino por los que les confieren los grupos que actúan en la sociedad, los cuales difieren en la naturaleza de sus intereses, su ideología y la magnitud de poder que son capaces de movilizar. Finalmente, la categoría de entretenimiento (categoría d) no es secundaria pese a lo que pudiera pensarse. Por lo común existe la tendencia a considerar inocuas aquellas representaciones simbólicas sin intención manifiesta de influir sobre la conducta. Sin embargo, las formas más eficaces de propaganda son precisamente las implícitas. El punto de vista mantenido por los enfoques más influyentes en el momento presente, y los dos más representativos son la teoría de los indicadores culturales de G. Gerbner y la concepción sobre el cambio de actitud basada en la noción de «clima de opinión» de E. Noelle Neumann, mantienen precisamente este último criterio: nuestras actitudes y conductas (políticas y no políticas) pueden verse tanto o más influidas por los materiales de evasión a los que nos exponemos que por los alegatos de los políticos o las posiciones de los intelectuales.

En la mayoría de las definiciones se tiende a asociar el poder de influencia de los mass media a la naturaleza de su base tecnológica. Los medios no son reductibles a su base tecnológica pero, por otra parte, el volumen de los recursos necesarios para acceder a ella determina que muchos grupos estén excluidos de su participación directa en el proceso de comunicación de masas. Si existe una relación entre el control y el contenido de las comunicaciones, muchos contenidos posibles, basados en configuraciones ideológicas alternativas, tienen escasas posibilidades de convertirse en materia de conocimiento público. En resumen, quien tiene el control de los medios posee también un considerable grado de monopolio a la hora de marcar la clase de objetos de la realidad susceptibles de convertirse en objeto de interés colectivo. La hipótesis sobre la *función de agenda setting* de los medios es la síntesis de esa unilateralidad y será examinada en capítulos posteriores extensamente.

Existe una fuerte tendencia a que la comunicación de masas asuma un carácter marcadamente asimétrico: mientras que la alternancia en los roles de emisor y receptor es característica de la comunicación interpersonal, en el proceso de la comunicación de masas las decisiones que afectan a la forma y contenido del discurso corren a cargo exclusivamente del medio, comunicante con carácter permanente. Reconocer esta tendencia no equivale a adjudicar a la audiencia un carácter ilimitadamente pasivo y maleable. Se trata de una característica estructural del proceso mediante la que implícitamente el medio y sus agentes expresan su poder frente a la audiencia, no de una característica psicológica de los miembros de la audiencia. Por tanto, es esencial diferenciar entre aquellos modelos que tratan de valorar las consecuencias que esta subordinación de la audiencia tiene en el proceso de influencia y las explicaciones mecanicistas según las cuales toda comunicación produce de manera automática la clase de conducta manifiesta que presenta su contenido.

III. FUNCIONES DE LA COMUNICACION DE MASAS: PERSPECTIVAS SOCIOLOGICAS

No ha pasado desapercibida para la sociología la importancia del fenómeno de la comunicación de masas en los análisis de la conducta colectiva. De hecho, aparecen en las dos corrientes contemporáneas más conocidas, el funcionalismo y el marxismo, sendos intentos de abordar la cuestión de la función social de la comunicación de masas. Esos intentos son destacables por varias razones. Está, por un lado, su entidad intrínseca. Pero, además, esas perspectivas han estructurado muchas veces contribuciones posteriores en las que no existe un reconocimiento expreso de los antecedentes. El resultado ha venido siendo el acentuado pragmatismo empirista de un buen número de contribuciones en el área de la comunicación de masas. Con frecuencia, la imposibilidad de identificar esa herencia teórica da lugar a que la investigación aparezca descontextualizada. Pero en la medida que tanto el marxismo como el funcionalismo impregnan profundamente el espíritu científico de nuestra época y también las perspectivas colectivas acerca de los problemas sociales, algunos de sus supuestos centrales aparecen incorporados a la investigación, sin el debido reconocimiento del origen del préstamo y con el inevitable uso de una versión empobrecida de la teoría.

III.1. *La perspectiva funcionalista*

Lasswell (1948) considera la comunicación como el proceso esencial de la vida en todos los organismos. Existen en éstos, con independencia de su nivel de desarrollo, dos tendencias complementarias: *la tendencia al equilibrio y la tendencia a responder a las transformaciones del entorno*. En definitiva, se trataría de una tendencia a la constancia y de otra que pone en marcha la capacidad para adaptarse a los cambios del medio. Además, continúa Lasswell, hay un conjunto de actividades que desempeñan los líderes en las sociedades animales y que consisten en incitar a los seguidores a que se adapten a las circunstancias que especifican los que tienen la función de vigilar. Análogamente, en cualquier sociedad organizada (para los efectos, un organismo en funcionamiento) habría tres tipos de especialistas del proceso de comunicación: *un grupo encargado de la vigilancia del entorno político del Estado como un todo, otro que organiza la respuesta de todo el Estado a las señales del entorno y, finalmente, un grupo que transmite ciertas pautas de respuesta de la sociedad de los miembros más viejos a los más jóvenes*. El encargo de realizar estas funciones les corresponde respectivamente a los emisarios o representantes del Estado ante otros Estados, a los que elaboran y transmiten el contenido de la comunicación de masas y a los grupos y personas que tienen encomendada la misión de dirigir el proceso de socialización (esencialmente la familia y los pedagogos).

De acuerdo con los planteamientos de Robert K. Merton (1957), el objeto del análisis funcional es el examen de las consecuencias de aquellos fenómenos sociales que afectan al funcionamiento social, adaptación o ajuste de un sistema social dado, siendo los elementos constitutivos del sistema social los individuos, grupos y sistemas culturales y pudiendo resultar afectada cualquiera de estas partes. Es imprescindible que el fenómeno al que se aplique el análisis funcional presente un nivel suficiente de normatividad o representatividad, tal como ocurre con las pautas institucionales o con los procesos o normas sociales y culturales. Como en la sociedad moderna el proceso de comunicación de masas presenta un carácter suficientemente normativo y repetitivo, es susceptible de convertirse en objeto del análisis funcional.

Un análisis muy penetrante sobre las funciones sociales de los medios en la sociedad moderna aparece en el trabajo de Lazarsfeld y Merton (1948), en el cual se desarrolla una discusión a propósito de la capacidad de manipulación de los medios. En cierto modo representa una respuesta a los supuestos en que se basa el *modelo hipodérmico* sobre los efectos de los mass media. Dichos supuestos son: *a)* los medios representan un ubicuo sistema de influencia al que los individuos son incapaces de sustraerse; *b)* constituyen el tránsito desde los métodos de coerción directa a los métodos de coerción indirecta; *c)* son el exponente de la evolución de la estructura de control social, y *d)* son los determinantes más importantes de la degradación de la cultura popular. Lazarsfeld y Merton no aceptan esa formulación en términos absolutos, sobre todo en lo que toca a la valoración de la influencia. El suministro de estímulos no equivale a la producción de actitudes o conducta. El contenido de las comunicaciones no necesariamente da lugar al cambio de opinión porque puede haber también reacciones de rechazo, distorsión o evitación de los mensajes. En cuanto al juicio sobre la degradación de la cultura popular que esgrimen los representantes de la «alta cultura», oculta en realidad la decepción de los reformadores sociales ante la preferencia de las masas por los contenidos mediocres y estereotipados de los mass media. Como se verá más tarde, la oposición entre masas y élites no resuelve adecuadamente el problema de la mediocridad de contenidos de los medios de mayor difusión como la televisión. Más interés que estas consideraciones tiene la descripción de las *tres funciones básicas de los mass media.*

(A) La función de conferir *status*

Los medios realizan una incesante tarea evaluadora de ideas, personas, grupos y acontecimientos. En el proceso de comunicación no se confiere a los datos de la realidad la misma relevancia, bien sea por la distinta valoración explícita que se realiza de los hechos, bien sea por su valoración implícita, que se manifiesta a través de la atención o énfasis con que aparecen reflejados. En general, el prestigio, visibilidad o *status* de ideas, personas e instituciones aumenta conforme lo hace la atención que reciben en el proceso de comunicación y, a la inversa, aquello que apenas se muestra en el proceso tiende a considerarse irrelevante. Son dos las razones de este proceso. Por una parte, el juicio de los medios es equiparable a la voz de los expertos. Por otra, los medios incorporan una destacable capacidad para sancionar, en el sentido de poder para confirmar la legitimidad de un acto o una práctica. En otros términos, el hecho de que las personas aparezcan con frecuencia en el discurso de los medios parece ser un indicador de su *status* y el que lo hagan las opiniones suele serlo de su relevancia en el contexto de la opinión pública. De esa manera, la función de otorgar *status* sirve de base para legitimar alternativas políticas, personas y grupos sociales y entra de lleno en la acción social organizada.

(B) La función de compeler a la ejecución de normas sociales

Se trata de una función más compleja que la enunciada anteriormente, pero que también presenta el carácter indirecto que es propio de los efectos de la comunicación de masas y tiene aplicación en un campo tan central de la psicología social como es el de la norma. La vida social está llena de normas que marcan restricciones en relación con la conducta. Sin embargo, unas veces porque devienen obsoletas, otras porque su aplicación supone sacrificar motivaciones o aspiraciones que los individuos consideran importantes, son objeto de trasgresiones que por su frecuencia indican la existencia de un significativo grado de tolerancia colectiva. Ahora bien, esta anuencia para con las desviaciones sólo permanece en el caso de que los individuos no se vean obligados a adoptar una actitud pública en relación con las normas. La acción de los medios resulta decisiva en tal situación, pues al dar publicidad a las infracciones ejerce presión para que se reduzca la separación entre las actitudes privadas y la moralidad pública. El resultado es la supresión de las diferencias y el establecimiento de apremios para una moralidad única. En conjunto, el proceso equivale a la reafirmación de la norma social, implica un cierto grado de acción pública contra lo que ha sido privadamente tolerado y presenta las características de una «cruzada». Esta basa su éxito en la simplificación de la opinión antiinfractora y, caso de obtener éxito, incrementa el prestigio del medio.

(C) Disfunción narcotizadora

El análisis funcional distingue entre funciones *manifiestas* (resultados que se pretenden como consecuencia de una actividad) y funciones *latentes* (resultados inesperados o no planificados). A su vez, los resultados de la actividad pueden ser *instrumentales* desde el punto de vista de la sociedad o sus miembros o *disfuncionales,* es decir, perjudiciales al contribuir a bloquear sus metas o propósitos.

Una de las disfunciones más llamativas de la comunicación de masas se manifiesta en la discrepancia existente entre el modelo ideal de ciudadano interesado y bien informado supuestamente integrante de la sociedad democrática y la realidad que se encarna en la creciente apatía política de las masas en ese tipo de sociedad. Por tanto, la enorme afluencia de información facilitada por la acción de los medios parece no tener consecuencias paralelas en el pensamiento de la colectividad acerca de los asuntos públicos. La explicación que ofrecen Lazarsfeld y Merton es que la vasta provisión de comunicaciones suscita sólo un compromiso superficial con los problemas sociales, superficialidad tras la cual se oculta la apatía de las masas. En la misma medida que se incrementa el tiempo dedicado a leer y escuchar, desciende el tiempo disponible para la acción social organizada. En definitiva, la adquisición de conocimientos y explicaciones sobre los problemas importantes conduce a la inhibición colectiva respecto a las alternativas de acción mismas. Finalmente, una posible consecuencia de la acción típica de los medios en relación con la conducta colectiva en el plano político es *la confusión que se crea entre el saber acerca de los problemas y actuar en algún sentido en relación con ellos.*

Wright (1960) ha sugerido *cuatro tipos de análisis* para conocer las consecuencias de la comunicación de masas sobre la sociedad desde el punto de vista funcionalista. *La primera alternativa* es determinar los cambios que experimenta la estructura social o alguna de sus partes merced a la introducción de los mass media. Dicha alternativa no resulta factible en términos absolutos porque las diferencias entre sociedades enteras no se deben únicamente a las consecuencias que tiene la acción de los medios. Con un carácter más limitado, sin embargo, han surgido dentro de lo que se denomina *perspectiva de usos y gratificaciones* algunos intentos por establecer empíricamente qué consecuencias tiene el hecho de que se modifique el entorno de los mass media que los individuos usan para satisfacer sus necesidades, alcanzar una serie de gratificaciones o, sencillamente, cumplir una serie de funciones que se consideran importantes, como obtener información, relajarse, hallar refuerzo para la identidad, etc.

El segundo tipo de análisis consiste en el estudio de las funciones de ciertas modalidades de comunicación de masas y es representativo de esta línea de investigación el trabajo de Berelson sobre las funciones personales de la lectura de periódicos. Con motivo de una huelga que afectó a ocho diarios de la ciudad de Nueva York, Berelson estudió una situación en la que se activaba la conciencia de los usuarios sobre un conjunto de necesidades o demandas insatisfechas o simplemente sobre hábitos no cumplidos. Los datos indicaban que las personas utilizan los periódicos con distintas finalidades. Una de ellas, obviamente la más aparente, es la de obtener información detallada acerca de los asuntos públicos. Pero hay otros propósitos relacionados con el uso del periódico: muchas personas lo utilizan para obtener datos sobre otros medios, noticias sobre publicidad o referencias a la situación de la bolsa. Además, puede cumplir funciones de naturaleza más intrapsicológica. Algunos sujetos declaran que leyendo la prensa evitan pensar en sí mismos o combaten la rutina de la vida cotidiana. Además, el propósito general de informarse parece estar conectado a otros de carácter más psicosociológico como lo es el de lograr o mantener el prestigio social en aquellas discusiones que requieren el uso de argumentos basados en hechos constatados u opiniones autorizadas. La gente lee para informarse, pero, a su vez, estar bien informado es esencial para mantener el *status* dentro de ciertos grupos. Finalmente, otra necesidad que puede satisfacerse es aquella que se refiere a una especie de «demanda de orientación ética»; en efecto, al proporcionar la información diaria referencias a las vidas y conductas de gente prominente, los receptores obtienen contacto vicario con modelos que pueden utilizar como guía en algunos aspectos de su propia existencia.

El *tercer tipo de análisis* tiene por objeto explorar las consecuencias de alguna operación normativa y suficientemente repetitiva de los medios.

Por último, Wright desarrolla un marco analítico que trata de especificar algunas de las consecuencias que tiene el hecho de que la comunicación social tenga lugar a través de procedimientos masivos. Dicho marco se basa en la combinación de cuatro tipos característicos de actividad de los mass media con las especificaciones de Merton. Las actividades son las que en su momento enunció Lasswel más una cuarta añadida por Wright: *prospección o vigilancia del entorno, correlación de las distintas partes de la sociedad en respuesta al entorno, la trasmisión del legado cultural de una generación a la siguiente y las relacionadas con el entretenimiento de los receptores.* Vigilar el entorno es recoger y diseminar información acerca de los hechos que ocurren dentro y fuera de la sociedad, correlacionar las partes de la sociedad, llevar a cabo el proceso de interpretación de los fenómenos del entorno y prescripción de las conductas apropiadas en respuesta a esos eventos, transmitir el legado social de los mayores a los más jóvenes es comunicar las normas, información y valores estables de un grupo a los individuos que se incorporan nuevamente. Este último proceso presenta los mismos rasgos que el de socialización. Por su parte, las especificaciones de Merton se refieren a las distinciones entre *funciones y disfunciones* y entre *funciones manifiestas y latentes*. De la combinación de las actividades citadas y de esas especificaciones resulta un inventario descriptivo sobre consecuencias previstas e imprevistas de la comunicación de masas que, no siendo exhaustivo, puede tomarse como un cuadro de indicaciones. Por ejemplo, la función de vigilancia es instrumental en la medida que genera datos sobre posibles amenazas externas o sobre discriminaciones en la propia sociedad, pero puede resultar disfuncional si esos datos ponen en cuestión las normas, principios y valores en los que esa sociedad se basa. En su vertiente positiva, la función de correlación puede incrementar la solidaridad entre las partes de la sociedad; en su vertiente negativa, generar conformismo y bloquear las actitudes críticas y el cambio social. Por último, la socialización es instrumental en la medida que establece una base normativa común que permite actuar sobre la sociedad como un todo, pero resulta perjudicial si llega a ser tan penetrante que hace desaparecer las diferencias culturales existentes entre distintos grupos de la sociedad.

III.2. *La perspectiva marxista*

No son demasiadas las muestras de los análisis marxistas contemporáneos sobre la influencia social de los mass media. La obra de Curran, Gurevitch y Woollacott representa un intento de poner al día la cuestión y deslindar por sus rasgos característicos la naturaleza de una perspectiva marxista frente a otras alternativas. En la introducción a esa obra aparecen someramente dibujados esos rasgos. En primer lugar, se trata de una perspectiva *holista,* es decir, se ocupa del análisis de las relaciones de producción de los medios, sus actividades específicas derivadas, su estructura de poder y su papel ideológico y cultural en relación con el proceso de producción y las clases. En segundo lugar, el análisis tiene sentido en tanto que relacionado con la dinámica estructural-relacional de las clases sociales, en el interior de la cual los medios desempeñan un papel ideológico activo. En tercer lugar, el concepto de *ideología* es esencial en ese conjunto, bien entendido que esa instancia no representa tanto la traducción mecánica de los intereses de la clase dominante, sino más bien una configuración representativa de las relaciones políticas de los estratos subordinados con los dominantes. Por último, existe una diferencia significativa entre la tradición marxista y la democrático-liberal: la primera se centra en las relaciones entre la propiedad y control de los medios y la estructura de poder en la sociedad, así como en las relaciones entre comunicación y reproducción. La segunda asume la existencia de un considerable grado de independencia de las instituciones y los comunicantes y se entrega sin más al análisis de las relaciones entre ciertos aspectos relevantes de los medios, al de las relaciones entre formas de comunicación especializadas y su audiencia y al de los efectos.

Una aportación destacable a la obra de Curran y otros es la de Murdock y Golding [9]. A lo largo de ésta se concretan las anteriores generalizaciones en formulaciones más precisas. En primer lugar, no consideran a la sociología de la comunicación de masas una especialidad independiente, ni aún una parte del área general de la comunicación, sino una parte del estudio general de la reproducción social y cultural. En ese sentido, sus desarrollos han de constituir explicaciones satisfactorias en relación con el proceso de la estratificación social y, en un sentido más específico, en relación con el de la desigualdad. Por otra parte, la dificultad que entraña la tarea tiene que ver con la existencia de un doble vacío: no hay un análisis sobre las relaciones de las partes del sistema de comunicaciones entre sí, y tampoco lo hay sobre su relación con la estructura social más amplia. La salida del *impasse* consistiría en crear una teoría general de la comunicación en la medida que la comunicación configura las relaciones sociales. Pero, desde el punto de vista de la sociología —y Murdock y Golding son sociólogos— la comunicación está determinada por la estructura social y no al contrario, por lo que la alternativa sería situar el análisis sociológico de los mass media en el contexto social general, identificando sus vínculos con las instituciones sociales a todos los niveles, desde la familia a la economía. El problema subyacente a esa orientación de la investigación estriba en que se representa la

---

[9] Véase Curran, Gurevitch y Woollacott, 1981, pp. 22-58.

estructura social como conjunto de dominios separados en que las clases no constituyen un elemento estructurante. Resultado de esto es un *corpus* de datos en que los medios se relacionan con cualquier aspecto de la sociedad fuera de consideraciones a cualquier dimensión jerarquizadora. Así, muchos trabajos empíricos típicos de la comunicación de masas se basan en ese criterio: la de los medios es una realidad múltiple y puede relacionarse su actividad con la familia, las mujeres, los niños o cualquier otro nivel de la sociedad. Este tipo de conocimiento difícilmente va a dar lugar a una teoría sobre los medios que merezca tal nombre. Esta situación, los propios Murdock y Golding lo reconocen, no es de la entera responsabilidad de los investigadores del área de la comunicación de masas: los sociólogos de la estratificación se han mostrado incapaces de desarrollar un análisis de las comunicaciones masivas. En resumidas cuentas, el análisis sociológico ha procedido a menudo sin consideración al fenómeno de la estratificación social, relacionando la actividad de los medios con cualquiera de las partes de la sociedad sin un criterio de selección claro, pero, por otra parte, los sociólogos dedicados al estudio de la estratificación han realizado su trabajo al margen de una consideración sistemática al fenómeno de la comunicación de masas. Por esta razón procede hablar de la existencia de un doble vacío.

Repetidas veces ha sido mencionado el famoso párrafo de *La ideología alemana* de Marx y Engels para fundamentar la relación entre el ejercicio del poder social y la ideología:

> Las ideas de la clase dominante son las ideas dominantes de cada época; o, dicho en otros términos, la clase que ejerce el poder material en la sociedad es, al mismo tiempo, su poder espiritual dominante. La clase que tiene a su disposición los medios para la producción espiritual dispone con ello, al mismo tiempo, de los medios para la producción espiritual, lo que hace que se le sometan, al propio tiempo, por término medio, las ideas de quienes carecen de los medios necesarios para producir espiritualmente. Las ideas dominantes no son otra cosa que la expresión ideal de las relaciones materiales dominantes, las mismas relaciones materiales dominantes concebidas como ideas [10].

Estas apreciaciones han servido de base para la formulación de tres proposiciones: *a)* los propietarios de los medios de producción tienden a monopolizar la producción y distribución de las ideas, ra-

[10] K. Marx y F. Engels, *La ideología alemana*, pp. 50-51.

zón por la cual, *b)* sus opiniones y juicios sobre el mundo y la sociedad se ven respaldados por una publicidad reiterada que tiende a implantarse en el pensamiento colectivo, y *c)* cumpliendo esa operación una función clave en el mantenimiento de las desigualdades de clase. Se desprenden de aquí varios temas importantes para la investigación empírica: las relaciones entre los empresarios de las comunicaciones y la clase capitalista, las relaciones entre propiedad y control en la industria de las comunicaciones, los procesos mediante los cuales la ideología se convierte en cultura y los procesos de recepción e interiorización de las ideas dominantes. Es más que evidente que sólo los dos últimos temas son relevantes para el análisis psicosocial.

Hay otra aportación de Marx a este tema cuyo origen está en el prefacio a la *Contribución a la crítica de la economía política:* sobre la estructura económica se alza una superestructura juridicopolítica a la que corresponden determinadas formas de conciencia social. En términos más generales, la infraestructura material de la sociedad condiciona los niveles sociopolítico e intelectual. En opinión de Murdock y Golding, este planteamiento ha originado dos errores lamentables. El primero ha consistido en la utilización de una noción rígida de determinación, el segundo en una concepción genérica y estática de la relación entre infraestructura y nivel simbólico. Muy al contrario, al condicionamiento debería dársele un sentido reorganizativo y restrictivo y conferírsele un carácter flexible. En cuanto a la base material, no tiene validez el supuesto de una base fija que da lugar a las mismas formas de conciencia y, por otra parte, el sistema capitalista es dinámico. En otras palabras, la relación entre el plano simbólico y el material se concreta de forma diferente en cada formación social.

La reacción a este esquematismo se ha orientado por diversos rumbos, pero uno de los más originales ha sido el tomado por la Escuela de Frankfurt, y concretamente por T. W. Adorno, quien atribuye a los fenómenos culturales autonomía relativa y prescinde de los análisis económicos, basándose en el supuesto de que «toda vez que las estructuras básicas de la industria estaban producidas en las mercancías culturales que producía, podían inferirse adecuadamente del análisis crítico de estas formas y no necesitaban ser estudiadas independientemente» [11]. Cualquiera que sea su justificación (en este

---

[11] Véase Curran, Gurevitch y Woollacott, ob. cit., pp. 29.

caso está relacionada claramente con los excesos del dogmatismo soviético en el análisis de la cultura) esta postura es injustificable por cuanto los niveles político, económico y cultural deben estudiarse en sus interacciones mutuas a juicio de Murdock y Golding.

Dado que, según la formulación anterior, el control sobre los medios no se ejerce directamente, convendría apuntar que las formas de control indirecto se deben a la presión creciente de los costes y a la necesidad de mantener y/o aumentar el volumen de la audiencia. Los gustos o criterios de los comunicantes están subordinados a los de la audiencia, más respetados por los propietarios. La razón es que el mantenimiento de la compleja maquinaria que exige el funcionamiento de los medios requiere financiación indirecta de la publicidad. En el presente están comprometidos en esa pugna por la ganancia de audiencia los medios privados de la misma manera que los públicos. Esa tendencia tiene una gran importancia en relación con la adaptabilidad de los contenidos de la comunicación, es decir, con lo que se dice y la manera en que se dice, en el sentido de que las posiciones que adoptan los comunicantes, deben codificarse en términos de un mínimo de discrepancia con las actitudes de la audiencia si se desea evitar el riesgo de perder a una parte de ella.

En realidad, según Murdock y Golding ha habido algunos intentos de resolver el problema de la mediación que genéricamente han adoptado dos formas. Una de ellas establece una relación entre la estructura económica y la cultura que producen los medios en donde las configuraciones ideológicas de los medios sirven a los intereses de la clase dominante como si de agentes a su servicio se tratase. En las versiones de Althusser y Poulantzas, las más representativas de esta postura, los medios actúan de forma asociada (como aparatos ideológicos del Estado) a los aparatos directamente represivos como el ejército y la policía. La otra se basa en el análisis de los productos de los medios, del cual extrae información sobre las intenciones y los hechos deliberados de los productores. Ejemplos de esta modalidad serían los diversos tipos de análisis del discurso (por ejemplo, el análisis semiótico y el análisis de contenido) y su principal problema, desde la posición marxista, consistiría en su autosuficiencia. Ninguna de estas versiones es satisfactoria, razón por la cual Murdock y Golding proponen los rasgos de una tercera alternativa que tenga en cuenta «los imperativos institucionales, rutinas organizativas y exigencias laborales», en relación con el funcionamiento de los medios sin limitarse al criterio de la sociología ocupacional. Ese intento de superación exigiría clarificar la situación de los agentes y productores de la comunicación en un nivel *situacional* y en un nivel *normativo*. En el nivel situacional se trataría de especificar de qué forma afectan las condiciones de mercado a los recursos, la creatividad y los estilos y prácticas de las agencias de comunicación. El nivel normativo relaciona la ideología dominante con la ideología ocupacional (de los medios), por lo cual habría que orientar el análisis en tres planos distintos: el de los supuestos y propuestas que configuran la ideología dominante, el de la incorporación de esas propuestas y supuestos a la comunicación y el de la relación de esas propuestas y supuestos con el proceso de producción.

Es notorio el elevado grado de abstracción que presentan todas estas propuestas, escasamente válidas a la hora de planificar una estrategia de investigación concreta. Por otra parte, el aislamiento de esta perspectiva respecto de las contribuciones realizadas en un marco neopositivista producen la alarmante sensación de que esos objetivos de la investigación no han sido siquiera formulados. En efecto, señalan Murdock y Golding que se desconoce la forma en que se presentan las clases sociales en los medios masivos, debido a que el análisis se ha venido centrando en la información y no en la dramatización. Sin embargo, nada más lejos de la realidad, dado que la mayoría del trabajo de investigación realizado en los últimos años trata precisamente de los contenidos normativos subyacentes a las comunicaciones de entretenimiento. Ciertamente los objetivos de la investigación empírica son limitados: los análisis siguen las divisiones tradicionales de la sociología (etnias, grupos de edad, géneros, etc.) o asumen la identidad de intereses de todos los integrantes de la comunidad. Por tanto, no permiten, como desean Murdock y Golding, configurar un mapa en que «la imaginería de los medios» pueda contemplarse a la luz de los supuestos dominantes. Lo que ocurre es que esa misión debiera haber sido cumplida si no *a priori,* al menos sí *a posteriori,* en la sociología crítica, en la cual se observa una notable pereza a la hora de hacer frente a los datos de la realidad y a las formas estándar de acceder a su exploración.

Las leyes del mercado pueden influir en la producción cultural indirectamente, debido a la tendencia a la concentración. En efecto, en el contexto de los medios sólo sobreviven los que tienen éxito comercial, estando por tanto excluidas del proceso las voces disidentes, habitualmente enfrentadas a los poderes económicos o administrativos y, por tanto, sin los recursos necesarios para financiar sus propios medios. Aunque puedan existir publicaciones o emisoras disidentes financiadas con las contribuciones de voces o partidos minoritarios que pueden llegar a paliar las pérdidas, el problema de estos canales de comunicación es que raramente pasan de ser lugar de encuentro de los que comparten puntos de vista similares y llegan a introducirse en las corrientes de opinión generales. Debido a la presión para la maximización de beneficios se genera la tendencia a codificar la información en torno a valores y presupuestos convencionales, esto es a «lo que autorizadamente fluye de arriba a abajo en la estructura social» [12]. La admisión de la marginación en este contexto, debido a la clase de espacios en que recibe carta de naturaleza y a los tiempos dedicados a darle publicidad, no acaba sino reforzando su carácter de realidad inevitablemente secundaria frente a la corriente dominante. El volumen de los costes necesarios para mantener los medios en su funcionamiento regular desemboca en la necesidad, bien de aumentar el volumen de la audiencia, bien de alcanzar una audiencia menos voluminosa, pero con el suficiente poder adquisitivo como para constituir un blanco apetecido por los anunciantes. En ambos casos, la preocupación principal de los gerentes de los medios consiste en mantener a la audiencia intacta, por lo que el convencionalismo es un buen seguro cuando se asocia al rechazo de las problemáticas minoritarias, término que no debe ser tomado como una referencia a los pocos, sino a los que carecen de poder político. Para terminar, bueno será concluir con unas palabras de Murdock y Golding: «En general, las necesidades de producción, las limitaciones de costos y la preocupación por los auditorios producen unas noticias en las que se pinta el mundo como fragmentado e incambiable, y en el cual el disenso y la oposición aparecen como efímeros, periféricos o irracionales» [13].

Otra de las contribuciones importantes que figuran en el libro de Curran es la de S. Hall, que en su mayor parte se refiere a la cuestión de la ideología, cuyo significado trata de aclarar en el contexto de la comunicación de masas a la que el autor prefiere llamar sencillamente *cultura de masas.* Hall asocia ideología a otro concepto que frecuentemente se utiliza en su lugar, aunque con un significado más restringido y subjetivo, el concepto de «falsa conciencia», resultado de

---

[12] *Ibid.*, p. 50.
[13] *Ibid.*, p. 53.

encontrarse los individuos descentrados por las condiciones en que viven y producen, condiciones que no han hecho ellos y en las que entran involuntariamente. La expresión «falsa conciencia» indica que los términos subjetivamente utilizados en la operación de conferir sentido a la realidad y de definir la propia identidad y los estados subjetivos, son extraños al sujeto y, por tanto, ineficaces para reflejar con transparencia la realidad. En suma, la ideología es el exponente de las diferencias entre las relaciones reales en la sociedad de mercado y la forma en que se les aparecen a los individuos, con lo que termina siendo una reflexión espontánea y natural que adopta la forma de sentido común.

Hall se refiere a los conceptos de *separación y unificación* de Poulantzas, quien parte de su análisis de la diferencia gramsciana entre sociedad civil y Estado, diferencia que en Marx recibe el nombre de *formas fenoménicas e ideológicas,* respectivamente. La separación y unificación permiten interpretar múltiples fenómenos de la sociedad capitalista. Por ejemplo, en las relaciones económicas, las clases aparecen representadas de acuerdo con intereses particulares y enfrentados, aunque vinculados por contratos. Dicha representación tiene varios efectos cuales son, colocar el énfasis en el intercambio y no en la producción, así como fragmentar las clases en individuos y unir luego a éstos como conjunto de consumidores. El dúo separación-unificación permite interpretar también otras realidades. Por ejemplo, al tiempo que en la ideología juridicopolítica las clases y sus relaciones aparecen representadas en términos de sujetos individuales (el ciudadano o el votante), se produce más tarde un proceso de unificación en entidades supraindividuales como cuando se les considera en su condición de miembros de una nación o parte del interés común o del «cuerpo social». O sea, una función de la ideología consistiría en enmascarar el carácter de clase del Estado redistribuyendo las clases en forma de sujetos particulares a los que más tarde asocia a través de la coherencia imaginaria de la nación, el Estado o el interés público.

En suma, serían tres los efectos de la ideología de acuerdo con la interpretación que Hall hace de los desarrollos de Poulantzas: enmascarar y desplazar el carácter de clase del sistema; fragmentar y separar, acción que se refiere a la dispersión de poderes aparentemente distintos de la unidad del Estado; finalmente, el de fomentar la coherencia o unidad imaginaria, reconstituyendo a los sujetos en unidades mayores, cuales son «la comunidad, nación, opinión pública, consenso, interés general, voluntad popular, sociedad» [14] y otros entes similares.

La función de consentimiento y cohesión es central en la perspectiva de Hall, porque aparece como el instrumento mediante el cual se asegura la legitimidad y la aceptación de las representaciones colectivas. La dominación de clase, que es un fenómeno único, se dispersa en una «miríada de deseos y opiniones individuales y de poderes separados» [15]. Esta ilusión de diversidad se organiza luego de una manera tan rígida como natural en la unidad del consenso en el que los individuos aparecen representados como seres soberanos y libres. Este proceso de hegemonía se basa en premisas y supuestos que estructuran y condicionan continuamente la suma de lo que los individuos de una sociedad piensan, creen y desean. Pero luego esas premisas y supuestos aparecen escamoteados de la resultante, que se materializa en la orientación colectiva y natural hacia el «consenso».

A partir de estas consideraciones se podría pensar en tres consecuencias generales de la actividad de los medios.

Quizá la más notable sea la progresiva colonización de las esferas ideológica y cultural en las que en determinadas circunstancias desempeñan una función de liderazgo.

Tampoco cabe olvidar el hecho de que tanto en la esfera de la producción como en la de lo social, grupos y clases llevan existencias fragmentadas y en la medida que esto es así —veremos cómo este rasgo de la sociedad moderna es lo suficientemente destacable como para haber merecido la alusión de Comte, Spencer, Durkheim y Tönnies— la comunicación de masas ejecuta el encargo social de suministrar la base a partir de la que unos grupos y clases construyen la imagen de las existencias, significados, prácticas y valores de otros. Complemento de esta tarea es proceder al ensamblaje de estas piezas separadas de conocimiento para producir una apariencia de totalidad.

Finalmente, el proceso realizado por los medios crea una pluralidad aparente constituida por múltiples modos de clasificar y ordenar la vida social, que sustituyen a lo que podría ser el *corpus* ideológico de legitimación manifiesta de épocas anteriores. Sin embargo, esto no significa que su actividad no sea naturaleza evaluativo-normativa. De hecho destaca su capacidad para acotar la realidad, producir realidades sociales donde antes no existían o sopesar las ya pre-

---

14 *Ibid.*, p. 381.

15 *Ibid.*, p. 382.

sentes, de modo que de esa valoración, explícita o implícitamente, se deduzca la naturaleza de la conducta apropiada o inapropiada. De esta manera contribuyen a establecer las normas que rigen cada dominio de la realidad.

Uno de los rasgos que identifica Hall en el proceso de la comunicación de masas es su carácter selectivo. Los procesos selectivos se han entendido desde dos posiciones diferentes. La más conocida de ellas atribuye a los individuos disposiciones, principalmente de naturaleza actitudinal, que actúan en el nivel de la exposición, en el perceptivo o en el de la retención, como filtro de aquellos contenidos que no se encuentran en línea con las creencias, actitudes o valores del sujeto. Esta posición aparece como supuesto de trabajo en casi toda la literatura sobre comunicación, al menos durante la década de los cincuenta, y se encuentra desarrollada en extensión en el libro de J. T. Klapper (1960). La segunda posición no es exactamente la opuesta a la primera, aunque frente a ella argumenta que se ha prestado escasísima atención a los procesos selectivos que realizan los propios medios. Parte de una consideración crítica de la opinión pública como obra colectiva, resalta la importancia de los procesos de control de información que acompañan a la función de «gate-keeper» y, finalmente, trata de establecer los rasgos específicos que permiten apoyar la hipótesis de una selectividad influyente en el contenido y forma de presentación de la comunicación.

Advierte Hall que, pese a la selectividad, el universo simbólico obtenido como resultado presenta un carácter unitario y voluntario. Al tratar de explicar este fenómeno, lo que aparece es que no se accede al consenso mediante la implantación de una realidad prefabricada, sino, como corresponde al pluralismo, a través de la confrontación de puntos de vista negociados, proceso en el que no todas las voces tienen igual peso específico, como se hace patente en el papel relativamente irrelevante de las masas desorganizadas frente a los centros organizados de poder y opinión. Incluso puede que, de vez en cuando, aparezca la voz de las minorías para dar la apariencia de asunto público a la negociación. Al ocuparse del proceso de la opinión pública en los sistemas democráticos, Binkley y Moos definían al Estado como un ente de naturaleza multigrupal y se referían a la constitución de la opinión pública como un proceso que se produce porque las personas «libres» (libres para influir), de modo particular o asociado, utilizan la prensa, la radio o sus portavoces prestigiosos para formular esa opinión pública. Por tanto, es de los grupos en competencia que tratan de influir de donde surge. La cita de Binkley y Moos refleja el protagonismo de las élites en la formación de la opinión pública. Aunque es ésta una forma de expresión de la hegemonía de unos grupos sobre otros, representa tan sólo una parcela del proceso de reproducción ideológica, el cual es más amplio y complejo y desborda las estrategias puramente conspirativas de influencia: «La confusión básica en torno a la opinión pública es que ésta no es la opinión conjunta de toda la comunidad, sino, por lo general, la voz de los intereses más poderosos o la combinación de los mismos, y no infrecuentemente, la voz de una reducida, pero enérgica, porción de la sociedad» [16].

En definitiva, la perspectiva marxista adjudica a la comunicación de masas el carácter de un proceso mediante el cual unos grupos ejercen influencias de naturaleza ideológica sobre otros. Básicamente estas influencias se relacionan con el ejercicio del poder en una sociedad estratificada en clases sociales. El problema no resuelto en esta perspectiva estriba en no haber desarrollado una conceptualización adecuada sobre la dominación ideológica como esfera distinta a la del ejercicio del poder puramente coercitivo. En efecto, si la dominación no responde, en general, a un esquema puramente conspirativo, significa que es necesario encontrar en las mercancías culturales que se producen de manera «natural» los móviles y supuestos de la ideología. En la sociología marxista de los medios de comunicación dicho propósito aparece enunciado, pero no realizado. Esta es una de las grandes limitaciones de los enfoques críticos: señalar a otros los rumbos a seguir sin tratar de encontrar en la realidad la confirmación —o desconfirmación— de sus supuestos.

IV. SOCIEDAD DE MASAS Y COMUNICACION DE MASAS

Es habitual la tendencia a tratar de establecer relaciones entre las funciones y efectos de los medios y las teorías sobre la sociedad. Aunque esta relación no es directa en términos absolutos, algunos supuestos formulados desde la sociología acerca de las características de la sociedad contemporánea han influido poderosamente en las hipótesis sobre la relación sociedad-individuo-medios de comunicación.

[16] Véase E. Katz y otros, 1954, p. 26.

Estos últimos no florecen en un vacío social, sino en un momento histórico en que en las sociedades occidentales están teniendo lugar profundos cambios, concretamente aquellos que reflejan el tránsito desde las formas de organización social propias de una estructura social tradicional a las formas que distinguen a la sociedad industrial.

En las obras de pensadores como Auguste Comte, Herbert Spencer, Ferdinand Tönnies y Emile Durkheim aparecen relevantes conceptualizaciones a propósito de esas tendencias que se están generando. El *Cours de philosophie positive* de Comte aparece en 1864, *Principles of sociology* de Spencer entre 1882 y 1885 y *Gemeinschaft und Gesellschaft* de Tönnies en 1887. Finalmente, en 1893 ve la luz *De la division du travail social,* de Durkheim. En conjunto, esas obras, al plantear penetrantes análisis de la sociedad moderna, describen también la situación del individuo como parte de ella. Dicho de otra manera, se generan hipótesis sobre las consecuencias para las instituciones, los grupos y los individuos, de la adaptación a formas crecientemente racionalizadas de organización social. Sin ánimo de simplificar señalaremos que esas tendencias generales de la sociedad alcanzan su máxima expresión en cuatro conceptos utilizados repetidamente en las teorías posteriores. Se trata del concepto de *especialización* de Comte, del de *contrato* de Spencer, de la polaridad *Gemeinschaft-Gesellschaft* de Tönnies y de la tipología *solidaridad mecánica-solidaridad orgánica* de Durkheim. En opinión de De Fleur y otros (1982), estos conceptos sociológicos y todo lo que ellos implican imprimirán un sesgo característico a las concepciones que sobre la comunicación de masas comenzarán a formarse en torno a los años treinta.

En Comte, la especialización o diversidad de tareas y funciones inherente a la actividad de individuos y grupos, es el máximo exponente de la perfección organizativa de la sociedad moderna, diversa al tiempo que unitaria. Pero una atomización excesiva puede conducir a la sobreespecialización, y finalmente, a la disolución de la sociedad. Pues si bien la diferenciación de funciones es instrumental para los objetivos de los particulares, puede dar lugar a restricciones o bloqueos del necesario espíritu de unidad cuando su exceso impide la comunicación entre las partes del organismo social. La multiplicidad de formas podría dar lugar a la aparición de átomos dispersos que, desempeñando actividades aisladas, producirían la impresión de no corresponder a una misma especie.

Por su parte, Spencer en *First principles* (1863), desarrolló un análisis de la división del trabajo basado en el contrato. La división del trabajo es el factor básico de cohesión social. La sociedad crece y se diferencia progresivamente y en ese proceso aumenta la estructura y la dependencia entre unas partes y otras, aunque Spencer no señala las dificultades implícitas en el hecho de la diferenciación, pues, como uno de los principales exponentes del llamado «darwinismo social», piensa que las sociedades, así como los organismos, en el proceso de desarrollo natural alcanzan formas cada vez más perfectas.

En su obra más conocida, *Gemeinschaft und Gesellschaft*, Tönnies describía dos modalidades contrastantes de organización social. La Gemeinschaft y la Gesellschaft representan nexos diferentes, típicos y regulares entre el individuo y la sociedad. La modalidad Gemeinschaft se refiere a las formas que esos vínculos adoptan en las sociedades preindustriales y no se corresponde exactamente con el significado que se suele atribuir al término comunidad. Implica un tipo de organización social caracterizado por una fuerte cohesión y dependencia interpersonal, cuyo origen puede situarse tanto en el parentesco como en el hecho de compartir estrechamente valores, ideologías o un destino común. Su resultado es, en definitiva, la acentuación de una fuerte dependencia. Las formas caracterizadas como Gesellschaft responden a la naturaleza de esos vínculos en las sociedades netamente industriales. La forma típica de relación en este caso es el contrato, relación social de naturaleza voluntaria, racionalmente convenida, que compromete a las partes a obligaciones específicas, no globales. Mientras que en la Gemeinschaft predomina lo informal, la Gesellschaft es el reino de las estipulaciones formales. Por lo demás, aunque ninguna sociedad se compone únicamente de formas de uno de los tipos —que son tipos ideales— es inherente a la sociedad industrial el creciente predominio de las relaciones impersonales, anónimas y limitadas sobre aquellas que se basan en el conocimiento, la vecindad o el estrecho compartir sistemas de valores. Este desequilibrio arroja un balance negativo para el individuo, pues la despersonalización, el aislamiento y el desarraigo se incrementan al alterarse sus condiciones «naturales» de existencia.

Emile Durkheim (1893) desarrolló ampliamente en *De la division du travail social* los conceptos de solidaridad mecánica y solidaridad orgánica. Para el gran sociólogo, la condición más importante de la vida social es la división del trabajo que, históricamente, ha evolucionado de formas globales a formas más fragmentarias. La solidaridad mecánica se refiere a aquellas situaciones en que la división del trabajo apenas existe y creencias y valores afectan profunda y uniformemente a todos los miembros de la sociedad, con el resultado de que es escasa la probabilidad de que presenten «personalidades» distintas. Al tiempo, y como resultado de ello, la solidaridad o cohesión social, que se produce a costa de la individualidad, es elevada. Allí donde aumenta la cohesión social disminuye el individualismo y viceversa. En el caso extremo, las tendencias y la moral particulares se verían arrastradas por la corriente general, en una especie de comunión absoluta del individuo con su entorno social. Contrariamente, en las sociedades desarrolladas el resultado de una gran división del trabajo es el predominio de la solidaridad orgánica. La heterogeneidad de tareas y funciones es la causa principal del aumento de la individualidad, de que cada uno posea una «personalidad» o esfera de acción peculiar que, al ser una función distinta a otras, engendra también criterios morales específicos. En virtud de los efectos de la solidaridad orgánica, la conciencia colectiva libera cada vez más espacios para el desarrollo de la conciencia individual.

Aunque el aumento de la división del trabajo no es forzosamente disfuncional, dado que incrementa la interdependencia, siempre mitiga la presión del grupo sobre el sujeto, fenómeno que es paralelo al aumento de la diversidad del pensamiento y la acción. Siendo instrumental, la división del trabajo puede, sin embargo, dar lugar a desviaciones patológicas que impiden a los individuos relacionarse entre sí, lo que ocurrirá en la medida que la diversidad genere multiplicidad moral y debilite la identificación con los símbolos colectivos. Durkheim se expresa certeramente al respecto:

> [...] Si, por una parte, la separación de las funciones sociales permite al espíritu detallista un feliz desarrollo, de otro modo imposible, por otra parte espontáneamente tiende a disipar el espíritu de conjunto o al menos a trabarlo profundamente. Igualmente, desde el punto de vista moral, al mismo tiempo que uno está así ubicado bajo la estricta dependencia respecto de la masa, es desviado de la misma, naturalmente, por el propio hecho de su actividad especial que constantemente lo atrae hacia su interés privado, cuya verdadera relación con el interés público sólo percibe muy vagamente [...]. (Durkheim, 1967, p. 304.)

Así pues, Durkheim es plenamente consciente del antagonismo entre dos tendencias, una centrípeta que aliena al individuo en la tiranía de la conciencia común y el consenso, y otra centrífuga que dispersa los átomos sociales en razón de las metas dispares que persiguen. ¿Qué es lo que mantiene aquel mínimo nivel de solidaridad social que permite a la sociedad continuar existiendo y no disgregarse en múltiples fragmentos? No cabe duda de que al margen del papel de otras instituciones en la tarea de alimentar los vínculos entre el individuo y la sociedad como un todo, una considerable proporción de esa tarea la realizan los medios de comunicación de masas.

En un reciente análisis del pensamiento de Durkheim, S. Lukes (1984), muestra las objeciones de éste a las tesis de sus contemporáneos. Comte adopta una posición contradictoria en relación con la división del trabajo. Spencer, como genuino representante del liberalismo utilitarista inglés, entiende que el juego ininterrumpido de intereses produce la cohesión social, sin que haya de intervenir la norma, aunque acepte que el tránsito del orden tradicional al industrial aminora los controles externos de la conducta. Tönnies, como representante del romanticismo y el socialismo de Estado alemán bosqueja «un sombrío cuadro del capitalismo, tomado en gran parte de Marx y Lassalle» (Lukes, 1984, p. 143) en el que la acción, que no deriva de la unidad del conjunto, se desperdiga en las múltiples actuaciones de cada cual para sí, de forma aislada y enfrentada a otros.

La postura de Durkheim frente a Comte es que especialización y consenso son compatibles, aunque este último no puede considerarse el elemento de cohesión social «par excellence» en las sociedades donde la diversidad de funciones determina una creciente diversidad moral. Su réplica a Spencer viene de la mano de las limitaciones del libre juego de intereses para explicar la solidaridad social. El mero interés mutuo relacionaría a las partes de manera superficial y egoísta, pero un estudio atento de los contratos podría demostrar que éstos no son un mero intercambio, sino un producto social en el que tienen un gran peso los determinantes externos. La sociedad industrial no liquidaría las regulaciones sociales de la conducta, simplemente aumentaría su complejidad. Y, aunque Durkheim acepta las descripciones relativas a la Gemeinschaft, rechaza el supuesto de que la esencia de la Gesellschaft radique totalmente en el Estado, pues:

> La vida en las aglomeraciones es tan natural, orgánica e interna como la de los pequeños agregados [...], hay en muchas sociedades contemporáneas una actividad auténticamente colectiva tan natural como la de las sociedades menos extensas de épocas anteriores (Lukes, 1984, p. 145).

Durkheim plantea un problema teórico de envergadura. La sociología contemporánea describe una imagen del individuo en la sociedad industrial como despojado del control de su medio «natural» e impulsado por un conjunto de fuerzas que escapan a su voluntad. Esta suposición produjo en su momento un impacto muy fuerte en la visión que, sobre todo, la sociología difundió en relación con la profundidad de la influencia que lo medios de comunicación de masas —ubicuos y monopolistas— ejercerían sobre el individuo aislado. Dicha visión encaja perfectamente con la anatematizada teoría «hipodérmica» o «teoría del impacto» de la comunicación. Esta teoría no es tal, sino simplemente *un modelo en el cual se combinan un supuesto sobre el funcionamiento psicológico y un supuesto sobre el funcionamiento de la sociedad.* El supuesto psicológico es sencillamente que el receptor pasivo de la comunicación responde al estímulo, mecánicamente, en función del contenido de éste. El supuesto sociológico es que en la sociedad contemporánea las instancias que median entre el individuo y la sociedad, esto es, los grupos, asociaciones, clubs, los vínculos de amistad, se han visto deteriorados hasta el extremo de ser inoperantes. En tales condiciones el impacto de los medios es directo, no choca con obstáculo alguno. Las comunicaciones producen cambios dramáticos en la opinión, las actitudes o la conducta. Ahora bien, Durkheim no admite este supuesto en términos absolutos. No parece sino que las apreciaciones que Lazarsfeld, Berelson y Gaudet (1944-1948), Berelson, Lazarsfeld y Mac Phee (1954) y Katz y Lazarsfeld (1955), mencionan en relación con el flujo de la influencia personal se relacionan estrechamente con el fenómeno al que apela Durkheim.

En todo caso, la preservación de un cierto grado de conciencia común compatible con la diversificación que imprime la división del trabajo es necesaria, aunque su contenido debe ser tal que no viole las modalidades distintas que engendran las distintas parcelas de actividad. En la sociedad organizada, al contrario de lo que ocurre en las sociedades segmentarias donde las partes no tienen un movimiento independiente del conjunto, el movimiento social se encuentra articulado con el de los átomos individuales. Esta síntesis, según Durkheim, se logra a través del principio de solidaridad orgánica. Pero tampoco cabe duda de que los medios de comunicación de masas, de manera notoria, también se encargan de marcar los límites de esa independencia entre «personalidad» y conciencia común, de crear una colectividad simbólica.

Concluyendo, el análisis sociológico pone el acento en una tendencia a la sustitución de los vínculos propios de la sociedad tradicional por otros en los que el individuo se relaciona con ella de forma más abstracta y, sobre todo, que ponen en juego sus responsabilidades de cara a la producción, más que de cara a la identificación con la moral dominante. Por tanto, en ese desarrollo la sociedad necesita de una agencia que de manera permanente realice una función indispensable. Dicha función consiste en contrarrestar la tendencia a la disgregación generada por el énfasis en la individualidad inherente e inevitable en un proceso de creciente división del trabajo. Esa labor no la puede desempeñar de manera totalmente satisfactoria la socialización, que se responsabiliza de que el individuo interiorice los valores y pautas de conducta apropiados durante la etapa de introducción en la sociedad. La socialización se ejerce durante un período limitado de la existencia, mientras que lo que la sociedad requiere es mantener la división del trabajo, la especialización y, al mismo tiempo, cultivar en el corazón del hombre la idea de pertenencia e identificación con los móviles generales. Es en este segundo plano en el que los medios desempeñan su acción más eficaz, mostrando una singular capacidad para desempeñarla de manera permanente, es decir, por encima de barreras espaciales, culturales y de clase. Por tanto, la función que desempeña ese instrumento, la de reintegrar a las personas a la colectividad, por medio de la cultura colectiva, es esencial para asegurar la cohesión del conjunto.

V. LAS MASAS Y LOS PUBLICOS

Al hablar de los medios de comunicación de masas conviene no olvidar el especial matiz que le confiere al concepto su última parte. La insatisfacción con el tratamiento dado a la cuestión está bastante generalizada en el contexto de las ciencias sociales. Williams (1974) entiende que la tendencia a equiparar el estudio de la comunicación con el de la comunicación de masas es la responsable de la desastrosa deformación que se ha producido en el primero de los campos. En realidad, lo que se hace patente es la dificultad para definir o reconocer un principio de organización comprensible en las comunicaciones de los grupos muy amplios. Por otra parte, en la literatura sociológica existe la tendencia a referirse al proletariado o a la «masa proletaria [...] que representa una extensa población con escasa organización o comunicación eficaz» (Blumer, 1966, p. 43). Y entre los argumentos que emplea Williams contra su uso figuran su deuda con las obsoletas teorías sobre la sociedad de masas y, sobre todo, la asunción implícita de que las masas son inherentemente estúpidas, inestables y fácilmente influenciables. Por otro lado, lo considera responsable de la reducción de los estudios sobre comunicación a unas cuantas áreas de especialización como la radiodifusión, el cine y lo que se ha dado en llamar «literatura popular». Williams no deja clara la diferencia entre el proceso de masificación como proceso social «relativamente espontáneo» y el carácter masivo que adoptan las comunicaciones en la sociedad actual, no precisando si se trata de lo primero, de lo segundo o de ambas cosas.

Pero la apelación a los procesos de masas no se encuentra necesariamente endeudada con una concepción reaccionaria de la sociedad. De hecho, es de uso común tanto en las perspectivas pluralistas como en las radicales. Y dentro de la propia investigación empírica, el enfoque de usos y gratificaciones (Blumler, Katz y Gurevitch, 1974) retiene el concepto de comunicación «de masas», atribuyendo paralelamente a la audiencia un rol activo en el proceso. Por lo pronto, algunos han advertido con claridad que el proceso de masificación puede tener su origen en la estructura social, pero sin lugar a dudas lo tiene en los procedimientos mediante los cuales se hace llegar la comunicación a sus destinatarios.

Gerbner (1967), sin entrar a debatir los supuestos más crudos de la sociedad de masas, indica por qué no debe ser relegado el tema de las masas y todo lo que implica. Gerbner parte de un análisis de las complejas interacciones que operan en la práctica comunicativa. Resultado de éste es su consideración de la comunicación de masas como la producción y distribución masiva del más ampliamente compartido flujo de mensajes públicos en las sociedades industriales. Se refiere a los «sistemas de mensajes masivamente producidos» y en tal sentido, la atribución de una condición masiva a la audiencia, caso de existir, no estaría basada en la naturaleza de ésta, sino más bien en la del proceso de construcción del sistema de mensajes.

Un psicólogo social de la talla de S. Moscovici dedica un grueso volumen aparecido en 1981 y titulado «L'âge des foules» precisamente a la psicología de masas. El trabajo de Moscovici no debe considerarse únicamente como un intento de resucitar las ideas de Le Bon, Tarde y Freud, acerca de la conducta de masas. Llama poderosamente la atención el hecho de que Moscovici extreme su atención hacia las relaciones entre la vieja psicología de masas y conceptos como opinión pública, efecto de público, propaganda y persuasión, claramente pertenecientes al dominio de los medios de comunicación de masas. Parece necesaria una sucinta referencia a esta aportación.

Moscovici se sitúa dentro de la perspectiva que, según los sociólogos menos optimistas, depara la sociedad industrial a los pobladores de las grandes urbes y que los describe como «las masas urbanas, el lumpen, el vulgo violento y maleable [...]». Le Bon y Tarde, al igual que los sociólogos de fines del siglo XIX, detectan el advenimiento de una sociedad de nuevo tipo, cuyos principales rasgos son la inestabilidad de los antaño sólidos lazos familiares, de proximidad o amistad, junto al protagonismo de las masas en los cambios sociales y, añade Moscovici, el comienzo de un claro control por parte de los medios de comunicación, que «penetran en cada hogar, están presentes en los lugares de trabajo, se insinúan en todos los ámbitos del ocio dirigiendo las opiniones y uniformándolas, transformando el espíritu individual en espíritu de masa» *(ibid.,* p. 41). El resultado de todo ello es el de una multitud que sin vínculo directo ni concertación, embarga a sus componentes en idéntico estado emocional. Moscovici parece hacerse partícipe de la afirmación, un tanto categórica, de Hermann Broch: «En la era actual, las nuevas sociedades políticas estarán basadas en verdades psicológicas. La humanidad abandona la época económica de su evolución para adentrarse en la época psicológica» *(ibid.,* p. 44). Es decir, aparece claramente aquí la adhesión a un modelo de impacto directo de la comunicación sobre el individuo que enlaza con la versión más radical de los poderes ocultos de la persuasión.

Moscovici dedica un tercio de su obra a glosar la de Le Bon, *Psychologie des foules.* En esta última, las masas aparecen descritas como agregados de individuos, unidos a título temporal, al margen de las instituciones y que resultan de la descomposición provisional de grupos o clases.

Las masas son formas degradadas de asociación social donde predomina lo irracional y la identidad personal queda sumergida. Erráticas en su acción, tan pronto heroica como destructiva, una élite dirigente o, más exactamente, un conductor debería canalizar sus impulsos valiéndose del manejo de símbolos estereotipados que se implantan por reiteración. La propaganda, a juicio de Moscovici, al tener por base las creencias colectivas y por método la sugestión, no es muy diferente de la conducción de masas que se apoya en las «ideas del pasado» y el prestigio del conductor. Una característica interesante a destacar es el carácter variable y flagrantemente contradictorio del pensamiento de las multitudes, frente al pensamiento «individual»:

Se observa de hecho que una masa acepta y combina con desenvoltura ideas que chocan entre sí (las ideas chauvinistas y las ideas socialistas, las ideas de fraternidad y odio, etc.)... tal indiferencia a la contradicción explica que una masa pueda pasar, de la noche al día, de una opinión a la opinión diametralmente opuesta, incluso sin percatarse de ello [...] *(ibid.,* p. 135).

Hasta aquí, estas ideas resultan familiares, pero Moscovici destaca también cuestiones centrales para la comunicación de masas, el poder y otros aspectos básicos de la psicología social. En última instancia, Le Bon se ocupa de la relación entre líderes y seguidores, las luchas entre poderes antinómicos y, sobre todo, el fascinante fenómeno del gobierno consentido de los muchos por los pocos, esto es, de la construcción, dinámica y contenido de la opinión pública, lo que no representa sino trasladar al presente un fenómeno al que David Hume (1741) ya se había referido en sus *Ensayos.*

Aunque no sea el propósito de Moscovici referirse a la comunicación, sino a las masas, resulta interesante comprobar la inevitabilidad de analizar la comunicación de masas cuando se trata de abordar la cuestión de las raíces sociales de la comunicación. De modo que, siendo el objeto del libro de Moscovici realizar un tratado histórico sobre la psicología de las masas, acaba convirtiéndose en una alusión continua a las funciones sociales de la comunicación. Reconociendo que «la comunicación es el proceso social por excelencia» *(ibid.,* p. 245), se hace partícipe de «la transformación profunda de la vida política y cultural bajo la influencia de la radio y junto a ella de la televisión» *(ibid.,* p. 245), advirtiendo de pasada que es Gabriel Tarde el primero en notar *el cambio de signo de los tiempos que, en la comunicación social, se hace patente en la sustitución de la comunicación oral por la comunicación de masas y en la del concepto de masa por el menos comprometido de público.* El concepto de público es más anodino y no despierta tan acres reacciones como el de masa. También hay un relevo en el origen de las acciones del comunicante. Si en la época de las masas se trataba del conductor, en la del público su lugar lo ocupa el propagandista.

Tarde llegó a algunas conclusiones relativas al efecto de la prensa, extensibles al resto de las formas de comunicación de masas. La prensa reducía drásticamente otros tipos de comunicación, principalmente la comunicación cara a cara. Además producía un «efecto de masas», pero sin reunión, pues el periodista introduce tendencias de opinión que más tarde se transforman en acción. Por último, desplazaba a la gente desde el ámbito público al privado. Actualmente este efecto se manifiesta, según Moscovici, en la deserción de cada vez más gente de la vida pública y su repliegue en dirección al medio doméstico.

Aunque en ningún momento mencione la investigación contemporánea sobre el liderazgo de opinión, la opinión circula según el modelo propuesto por Katz y Lazarsfeld (1955) en su estudio de la comunidad de Decatur: de la prensa a los círculos de influyentes, y de éstos, al seno mismo de los grupos, «de suerte que [...] los actos mismos del poder utilizados por la prensa, remachados en la conversación, contribuyen en gran parte a la transformación del poder» *(ibid.*, p. 255). Careciendo de eficacia directa, los mass media, al penetrar en los grupos elementales de vecindad, familia, amigos, acaban por influir y cambiar a los individuos. Moscovici olvida referirse al hecho de que el *hallazgo feliz* de la influencia personal es precisamente el gran descubrimiento de *The people's choice*, el influyente estudio de Lazarsfeld, Berelson y Gaudet (1944) sobre la influencia de la comunicación de masas en los votantes a las elecciones presidenciales de 1940 en el condado de Erie. A partir de este origen, el estudio empírico de la influencia personal en los procesos masivos de influencia tiene una larga historia empírica, en la que entraremos detalladamente más tarde.

Moscovici se refiere también a la subordinación del receptor a las presiones ejercidas por el poder a través de la comunicación en lo tocante al ámbito de la opinión. La recepción solitaria bajo la condición de público impide la determinación inmediata del número de personas que aprueban o desaprueban la opinión privada. *El referente «objetivo» de la validez de la opinión deja de ser los otros para convertirse preferentemente en los otros a través de los medios o, simplemente, los medios.* Los medios considerados como instrumento valorativo para sopesar cuál es la pauta dominante de opinión en lo relativo a cuestiones polémicas, constituyen el elemento de apoyo más importante del concepto de «espiral de silencio» debido a Noelle Neumann:

En el caso de cuestiones bajo controversia, estas informaciones concernientes a opiniones predominantes o rechazadas las obtiene el individuo de la observación de su medio, el cual le permite ver qué opiniones puede expresar abiertamente y, junto a ello, de la información directa que le trasmiten los mass media a partir de los fragmentos de opinión que le son ofrecidos (Noelle Neumann, 1978, p. 148).

A lo que parece, pues, existe un amplio consenso respecto a la importancia de esta asimetría en virtud de la cual, al tiempo que las reacciones del público son ocasionales, la información de los medios actúa sobre el individuo de manera continua. Más allá de estas consideraciones particulares, ¿ha eclipsado el concepto más moderno y, tal vez menos peyorativo, de público al concepto de masa?

La respuesta de Moscovici es que las masas no han desaparecido en la realidad, aunque ha aparecido una modalidad de masa dispersa, inmaterial y doméstica, que no existía antes, y a la que en la sociedad actual se le da la denominación de público. La diferencia entre masa y público es que, mientras que el vínculo en la masa es de naturaleza sensorial, en el público es de tipo mental, pero en ambos casos la subordinación a las fuentes de prestigio, al poder que de ellas dimana, la tendencia a que éstas activen primordialmente la obediencia, continúa siendo la nota dominante. El proceso es semejante, pues se trata de la adhesión de muchos a una idea o finalidad igual. Por tanto, se pregunta Moscovici, ¿no es legítimo hablar en ambos casos de efecto de conductor?

Por lo demás, las ideas de Moscovici, no hacen sino redundar en las hipótesis del funcionalismo y del marxismo teórico que ya han sido expuestas. En el cuadro de los efectos sociales ocupa un lugar preponderante la capacidad de la comunicación de masas para modificar de continuo las relaciones entre agregados sociales. En el fondo, Moscovici realza el componente esencialmente conflictivo de la sociedad, que se materializa en la oposición entre clases, gremios, etnias y grupos. La opinión pública, cual gigantesco fagocito engloba dichos conflictos y los neutraliza, creando en su lugar una comunidad de juicios y puntos de vista. *Por tanto, la función principal de los mass media es subordinar la pertenencia a clases o grupos, a la pertenencia al público, creando un interés común por encima de los intereses particulares.* A nuestro juicio, ese efecto general de la comunicación de masas es de importancia incalculable para la vida social, aunque haya venido pasando desapercibido hasta no hace mucho para los investigadores del área, empecinados en centrarse en aspectos específicos del proceso de persuasión, lo que les ha impedido situarse en una perspectiva capaz de distinguir entre hechos principales y accesorios. Este extravío en la exploración de lo concreto es en gran medida responsable del vacío teórico que ha predominado en el área.

VI. NEXOS ENTRE COMUNICACION DE MASAS Y PSICOLOGIA SOCIAL

La comunicación de masas comienza a ser un fenómeno importante hacia el final de la década de los treinta. Su visibilidad se ve acrecentada por su estrecha relación con la propaganda política. Puede decirse que la radio y la prensa mostraron verdaderamente su relevante papel en la marcha de la historia a raíz sobre todo de su utilización en la Europa de los años treinta por los Estados totalitarios. Pero conviene no circunscribir la función de los medios a la de la manipulación política. Esta última es sólo una parte de las posibles influencias. Una parte que, por cierto, ha suscitado una gran cantidad de discusión teórica. En realidad, hemos sugerido con anterioridad que el tipo de influencias que pueden ejercer los medios es muy amplio y no puede restringirse únicamente a la «magnetización de las masas». La investigación sobre comunicación de masas se ha diversificado extraordinariamente en sus más de cuarenta años de existencia. Pese a esta diversificación trataremos de demostrar que los ejes en torno a los que ha venido girando durante este período son también ejes básicos de la psicología social contemporánea. Hay un flujo continuo desde los conceptos y métodos de la psicología social a los términos en los cuales la investigación en el campo de la comunicación se ha llevado a cabo. Esta transacción raramente se hace explícita, pero es evidente desde el momento en que se pone en marcha el análisis de las teorías y métodos al uso en el campo de la comunicación de masas. Tal análisis no puede llevarse a cabo sino sobre la base de las obras básicas que jalonan esas cuatro décadas de investigación.

Los tratados sobre comunicación de masas forman un abigarrado conjunto cuyas partes presentan una relevancia desigual para el estudio de los efectos psicosociales de la comunicación. La razón es que, mientras que la psicología social se interesa fundamentalmente por el entorno y el contenido de la comunicación en tanto en cuanto puedan estar relacionadas con la naturaleza y la profundidad de la influencia, otros enfoques no psicosociológicos toman como objeto de estudio los aspectos formales o de contenido de la comunicación, sin plantear la existencia de influencias susceptibles de ser demostradas empíricamente. Esto establece diferencias importantes entre una consideración psicosocial respecto a los medios de comunicación y otro tipo de enfoques interesados en el proceso, pero no en sus consecuencias.

Obviamente, en un trabajo de la naturaleza del que estamos realizando resulta imposible resumir el contenido de todos los tratados sobre comunicación de masas. No obstante, si se toma como punto de partida la publicación de Waples (1942), *Print, radio and film in a democracy,* y se contempla el período que llega hasta el momento presente resulta posible (y legítimo desde el punto de vista del análisis) reducirse a un número limitado de obras representativas que permitan concretar la naturaleza del parentesco existente entre la investigación sobre comunicación de masas y la psicología social. En realidad, el término deuda describe mejor que el de parentesco la situación de subordinación que desde el principio presenta el área de la comunicación de masas con respecto a la psicología social. La magnitud de esa deuda se pone de manifiesto en varios aspectos, pero donde resulta más evidente es en el campo de las actitudes, tanto en el aspecto teórico como en el metodológico. Hasta tal punto es eso cierto que, las más de las veces, hablar de «efectos de la comunicación de masas» equivale a tratar de las actitudes y sus procesos de cambio. Por esta razón, en el presente apartado nos centraremos en la explicitación de los nexos existentes entre psicología social y comunicación de masas, ciñéndonos a las obras más representantivas del segundo de los campos, al tiempo que restringiendo nuestro foco de análisis precisamente a las actitudes.

VI.1. *Inserción de la actitud en el contexto de las comunicaciones masivas*

Desde el principio, comunicación de masas, actitudes y opiniones han sido conceptos estrechamente relacionados. Dicha relación aparece explícitamente planteada ya en la conocida obra de Smith, Lasswell y Casey, *Propaganda, communication and public opinion:*

> La intención del propagandista es influir sobre las actitudes de las masas en lo relativo a cuestiones bajo controversia (Smith, Lasswell y Casey, 1946, p. 1).

El objetivo de la obra citada es el estudio de la propaganda y la acción más distintiva del propagandista consiste en la transmisión de actitudes, proceso netamente diferenciado del de la transmisión de capacidad o comprensión acerca de los problemas. Smith, Lasswell y Casey proponen dos modelos de influencia. El primero de ellos se basa en una fórmula de tipo $R = f(S)$; en el segundo, $R = f(E)(P)$, es decir, la respuesta de la audiencia es función de E (entorno) y de P (predisposiciones de la audiencia). A su vez, la comunicación se describe como parte del entorno y las predisposiciones incluyen los intereses, sentimientos y creencias de la audiencia. El objeto de una ciencia de la comunicación es el estudio de la «influencia», entendida como proceso mediante el cual el propagandista actúa sobre las actitudes de las masas. El fundamento de esta acción se relacionaría con la segunda de las fórmulas mencionadas anteriormente y no con un esquema mecanicista del tipo $R = f(S)$. La influencia sería aquel proceso que vincula lo que Smith, Lasswell y Casey denominarían «control», es decir, fuente de la comunicación, con el contenido y con la audiencia. Convendría poner de manifiesto que pese a la conceptualización escasamente rigurosa del proceso, existe un claro rechazo de la visión propia de las teorías «hipodérmicas» en las que las comunicaciones sesgadas intencionadamente actúan sobre una audiencia pasiva y maleable. La comunicación es parte del entorno de la audiencia que, a su vez, no es, desde el punto de vista de las predisposiciones, un agregado homogéneo.

El interés por la opinión y la actitud se extrema en el libro de Katz, Cartwright, Eldersveld y McClung Lee (1954). El título de dicha obra *Public opinion and propaganda* indica a las claras el tipo de efectos generales que se le atribuye a la comunicación de masas. Los trabajos que reúne este voluminoso manual en conjunto tienden a destacar la actitud y la opinión como vías clave de evaluación del impacto psicosociológico de los medios de comunicación de masas. En este conjunto cabrían destacar varios trabajos. En uno de ellos, Bryce describe el proceso de formación de la opinión pública como resultado de la acción de agentes externos, proceso que se desarrolla según tres fases: la primera consiste en la formación de impresiones generales acerca de los fenómenos, la segunda tiene lugar cuando estas impresiones cristalizan y, finalmente, la opinión pública queda completada cuando se activan tendencias de conducta. Según eso, la opinión pública constituye una importante base para la formación de conocimientos, creencias, actitudes y valores. En todo caso, ya Lowell advirtió que la ambigüedad del término opinión pública radica en su capacidad para amalgamar realidades tan distintas como el estado de opinión y la opinión del Estado, ambigüedad a la que no es ajeno el propio Lippman (1922) quien, en su trabajo clásico sobre los estereotipos, hace ver que el carácter de realidad impuesta que a veces adopta la opinión pública se debe entre otras cosas al hecho de que sus elementos de referencia pertenecen a una realidad extraña a la experiencia directa y, como tal, inasequible al conocimiento por parte del individuo aislado. Una importantísima aportación al volumen de Katz y otros (1954) y también al estudio empírico de la opinión es la desarrollada por Hyman y Sheatsley (1947), en donde los autores estudian varios aspectos de la opinión pública: el interés de los individuos en relación con las realidades sociales cotidianas, el rol del pensamiento crítico en las opiniones políticas del hombre medio, la adhesión a los principios de la democracia y la disposición a aceptar cambios sociales. El valor de este trabajo radica no sólo en el interés de sus resultados empíricos, sino también en el hecho de que se establezca explícitamente que existe una clara relación entre el estudio empírico de la opinión pública y la viabilidad de las políticas estatales y, en términos más generales, entre opinión pública e influencia social a gran escala.

Por lo demás, la idea de Moscovici (1981) de que público y masa no son sino estados distintos de un fenómeno similar es sólo en apariencia un descubrimiento, pues en la obra a la que nos estamos refiriendo, K. Young (1948) observa que la diferencia entre ambas realidades proviene del predominio, en el caso de las masas, de la contigüidad física y de la percepción de un interés común, en el caso del público. Young, al igual que Durkheim, piensa que la opinión es una modalidad de pensamiento colectivo más evolucionada que el consenso en la medida que presenta el carácter dinámico que le confiere el hecho de basarse en la controversia. Por lo demás, Blumer (1948) señala la escasez de criterios científicos para establecer el ámbito de la opinión pública que, por lo común, en analogía con el criterio de Binet, aparece como aquello que miden las encuestas. El esfuerzo teórico de Blumer se basa en el supuesto de la opinión pública como producto social, lo que implica que tanto en su origen como en su génesis y contenido, esto es, en el proceso de su construcción, los agentes activos son los grupos que componen la estructura social. Dichos grupos no se limitan a la construcción de la opinión, sino que, junto a ello, actúan sobre los escalones jerárquicos de los sistemas de *sta-*

tus de la sociedad. El resultado es que la opinión que aparece como pública dependerá de la capacidad de tales grupos para acceder y actuar en relación con las posiciones de poder de la sociedad. De ese modo las opiniones adquieren el carácter de públicas en la medida de la fuerza de los grupos que las respaldan.

Está implícito en la recopilación a cargo de Lazarsfeld y Stanton (1949) el reconocimiento de que la comunicación crea actitudes o, cuando menos, opera activamente sobre los valores, actitudes y creencias que existen ya. A título de ejemplo podrían mencionarse los trabajos de Arnheim (1944) y de Berelson (1949). El trabajo de Arnheim es uno de los primeros análisis sistemáticos sobre el contenido del serial radiofónico. El estudio empírico de los contenidos habituales del serial pone de manifiesto la existencia de una forma de presentación de la realidad en la que la acción, los personajes y la relación entre medios y fines obedece a pautas estables. Esta realidad simbólica juega un papel importante en la socialización secundaria, bien sea por situarse en el centro mismo de la creación de actitudes, bien por operar activamente sobre los valores, actitudes y creencias preexistentes. La idea de Arnheim no es tanto que los procesos de identificación que se producen determinen transformaciones significativas de la conducta, sino más bien que la realidad simbólica que describe el serial y los sistemas de valores que están en la base de la acción representada, contribuyen notablemente a reducir los conflictos de la existencia real de los receptores, a apuntalar su autoimagen y, en todo caso, a reproducir su modo de vida. El tipo de actitudes cuya importancia se pretende resaltar aquí es aquel que el sujeto genera en relación con su propia existencia más que con la realidad política o social. Por su parte, Berelson (1949) se inclina a pensar que la comunicación de masas tiene funciones personales diferentes, es decir, los individuos orientan sus acciones hacia partes diferenciadas del entorno y de esta acción no está excluido el uso de la comunicación. Lo que Berelson pretende resaltar es que las audiencias no se componen de sujetos iguales estimulados por una realidad simbólica homogénea, sino más bien de sujetos cuyas demandas diferentes les llevan a utilizar los medios de manera diferente y con propósitos distintos. En definitiva, Berelson pone en relación motivación social y respuesta a la información masiva. Hay que advertir que Berelson no rechaza la idea de una corriente de influencia que fluye desde el medio a los receptores de la comunicación. Lo que ocurre es que la influencia que ejercen los medios se diversificaría de acuerdo con las demandas que los individuos esperan ver realizadas en el proceso. Berelson observó que esas demandas pueden agruparse formando un conjunto de bloques específicos. Concretamente los resultados de las entrevistas dirigidas a conocer las razones por las que los individuos utilizan la prensa diaria indicaban que sus motivos son diferentes. En unos casos lo hacen para mantener su autoimagen y en otros para lograr un control cognoscitivo de la realidad. En ocasiones esperan adquirir o mantener el prestigio que ya tienen dentro del grupo. A veces buscan simplemente satisfacer su necesidad de afiliación mediante el contacto vicario con otros. En formulaciones de este tipo se ha querido ver un apoyo más o menos explícito a la hipótesis de J. T. Klapper (1960) y un rechazo al papel de los medios como iniciadores de influencias sociales importantes. Conviene insistir en que los resultados de Berelson son de carácter exploratorio y se basan en las respuestas a un reducido número de entrevistas. Tampoco está de más señalar que Berelson separa en todo momento dos fenómenos conceptualmente distintos: *las razones aducidas por los sujetos en relación con el uso selectivo que hacen de la información y las consecuencias empíricas de la exposición.*

La actitud y la opinión ocupan una parte significativa del manual de Schramm (1961). Precisamente el capítulo V de esta obra se inicia con un prólogo donde el autor se ocupa de la naturaleza y funciones de las actitudes. Al contemplarlas como inferencias respecto a predisposiciones a reaccionar de modo evaluativo frente a situaciones de estímulo dadas, como una importante clase de variables que se sitúa entre la comunicación y la respuesta del sujeto y, finalmente, como «estado de preparación» para la acción que permitiría predecir el curso que adopta la acción en relación con el sujeto, Schramm está señalando el lugar clave que la actitud, el concepto más significativo de la psicología social, ocupa en el contexto de la comunicación de masas. Su afirmación de que «los estados de disposición a reaccionar evaluativamente ante el estímulo son estados aprendidos y, por tanto, bajo condiciones apropiadas, presumiblemente reforzados, generalizados y olvidados (Schramm, 1961, p. 209), representa simplemente un reconocimiento respecto al dinamismo de las actitudes. El rumbo que tal dinámica adopta no es ajeno a la presión ejercida por la comunicación de masas. Así pues, parece que en la misma época en que Klapper (1960) manifiesta su escepticismo, está fuera de toda duda para otros como Schramm la capacidad de las comunicaciones de masas para transformar actitudes:

Las actitudes pueden cambiarse merced a la comunicación de masas, la cuestión está fuera de toda duda. En la actualidad contamos con más de un centenar de trabajos que ofrecen evidencia cuantitativa sobre tales cambios, que pueden tener lugar como resultado del flujo de mensajes que discurren a través de cualquiera de los medios o a través de una combinación masiva e interpersonal (*ibid.*, p. 209).

Una de las obras más destacadas en el campo de la comunicación de masas es la de Berelson y Janowitz (1966), reeditada y ampliada más tarde por Janowitz y Hirsch (1981). Esta obra recoge aportaciones clásicas como la de Bryce sobre el papel de los medios en la formación de la opinión, la de Harold D. Lasswell (1955) que es una incursión de tipo teórico en torno a la naturaleza y función de los símbolos empleados en la propaganda política y su relación con la ideología y la de Walter Lippman (1922) sobre los estereotipos. Obviamente es estrecha la relación entre los estereotipos, formación de impresiones y juicios, y creencias y actitudes. Recuérdese que, según Lippmann, en cuanto base de la opinión, el estereotipo se refiere a una presentación simplificada de la realidad y se relaciona con la formación de hábitos perceptivos. El estereotipo es una especie de respuesta a dos tipos de demanda. El primero consiste en la necesidad de introducir precisión y distinción en los juicios perceptivos. El segundo tipo se relaciona con la tendencia a dar estabilidad y consistencia a esos juicios. El conocido enfoque funcional de las actitudes desarrollado por Katz (1960) es una contribución reciente que se recoge en esa obra. Katz señala la existencia de una estrecha conexión entre formación de la opinión, cambio de actitud y el proceso de construcción de la opinión pública. La materia prima de este último proceso es el agregado de actitudes. A partir de las dos explicaciones, racional e irracional, acerca de la naturaleza humana, Katz elaborará su extendida concepción respecto a las funciones (instrumental, adaptativa o de utilidad, defensiva, expresiva y cognoscitiva) de aquellas.

La consideración de la opinión y la actitud como elementos inevitablemente ligados al conjunto del proceso de la comunicación de masas aparece también en el manual de Schramm (1972). Opinión y actitud se ven, en algunos casos, relacionados con los efectos de la comunicación, pero también, al propio tiempo, como elemento intermedio en el proceso de influencia o como factor condicionante en el momento de la codificación del mensaje. Waples, Berelson y Bradshaw (1940) describen con particuar claridad hasta qué punto lo que en la literatura científica sobre medios de comunicación aparece bajo la etiqueta de predisposiciones de la audiencia coincide virtualmente con lo que en la psicología social se entiende por actitud:

Las predisposiciones que determinan parcialmente los efectos de la lectura incluyen las simpatías del sujeto en función de su pertenencia a aquellos grupos en que se sitúa en razón de su sexo, edad, ingresos, educación, ocupación y otros, etc., simpatías que se combinan hasta inclinarse en favor o en contra de la orientación simbólica en la que se encuentra codificada la publicación... sus creencias, lealtades, opiniones y prejuicios presentes, así como otras actitudes relativas al contenido, pueden intensificar, debilitar o alterar completamente el flujo de la influencia que pretende ejercerse [...] [17].

Esta misma visión de la actitud como variable que, dentro de ciertos límites, contribuye a reducir o a incrementar la profundidad de la influencia de la comunicación es compartida también por Berelson (1948). La opinión pública entendida en términos de aprobación, desaprobación o indiferencia respecto a cuestiones controvertidas de naturaleza política y social que reclaman la atención general, es un condicionante de la comunicación en tanto que su conocimiento lleva al comunicante a tratar de adaptarse a ella. La opinión así entendida, no sólo supone la adopción de posiciones respecto a la realidad, sino también expectativas respecto a la forma que deberían de adoptar las descripciones de esa realidad.

De la misma manera, en el *Handbook of communication,* editado por Ithiel de Sola Pool y otros (1973) aparecen referencias sistemáticas al área de la opinión. La contribución más importante es la del propio De Sola Pool. En ella describe la naturaleza y funciones de la opinión pública. En una línea algo diferente, el trabajo de McGuire sobre la relación entre persuasión, resistencia y cambio de actitud es indicativa de la persistencia a la que se ha aludido con anterioridad a la hora de cultivar áreas de trabajo centrales en la psicología social.

Finalmente, si en el análisis histórico que estamos llevando a cabo nos retrotraemos a fechas más recientes, encontramos que ese mismo interés se mantiene e, incluso, llega a ser más explícito. Prueba de ello es la descripción de Chafee, a propósito de los posibles tipos de efectos de los mass media:

---

[17] Véase Waples, Berelson y Bradshaw (1940); citados en W. Schramm, 1972, p. 488.

En primer lugar, podemos separar los efectos atribuibles a un medio debido a sus propiedades físicas y a la intensidad de la exposición de la persona, de los efectos provenientes de los contenidos específicos que transmite [...] es tradicional la división que se establece entre la recepción de la información, la modificación de la conducta y los cambios de sentimientos, opiniones e inclinaciones relativas a la acción; a tales divisiones se las clasifica por lo general como categorías cognoscitivas, conductuales y actitudinales (o afectivas) de los efectos de los medios [18].

De lo dicho se desprende, pues, que opinión y actitud, conceptos clave de la psicología social contemporánea, no aparecen por casualidad en los tratados sobre comunicación de masas. Por el contrario, se tiene la impresión desde un principio que sin tales conceptos no sería posible comprender ni los efectos ni el proceso que da lugar a ellos.

VI.2. *La acción de la comunicación de masas como proceso de cambio de actitud*

En el epígrafe anterior nos hemos referido a la opinión y actitud bien sea en su condición de variables intermedias en el proceso de influencia que se da en virtud de la comunicación, bien en su condición de resultado mismo de ese proceso. Dicho de otro modo, el énfasis se ha colocado bien en el lado conceptual, bien en el proceso de construcción de la actitud y la opinión.

También hemos apuntado que las actitudes cambian. Hay pocas dudas respecto a la ingente labor realizada por la psicología social a la hora de explicar el cambio de actitudes. Se trata de un esfuerzo teórico prolongado que se corresponde con un esfuerzo empírico no menos intenso. Quizá la conexión básica entre psicología social y la teoría e investigación en el campo de la comunicación de masas se produzca justamente en ese ámbito. Y, lamentablemente, el hecho de que el estudio de los efectos de la comunicación de masas no haya incorporado con la debida sistematicidad la contribución de la psicología social en relación con el cambio de actitudes es una de las razones que justifican la afirmación que hacía Berelson al final de la década de los cincuenta de que en lo tocante a la investigación sobre comu-

---

[18] Véase Wilhoit y De Bock, 1980, p. 78.

nicación, «la situación se estaba ensombreciendo». Berelson lamentaba en un artículo el abandono de algunas enseñanzas básicas para el progreso de los estudios de comunicación de masas. Dichas enseñanzas estarían relacionadas con las obras respectivas de Harold D. Lasswell (1949), Lazarsfeld y otros (1944 y 1948), Kurt Lewin y Carl I. Hovland (1949 y 1953).

La sustancia de la aportación de Laswell, patente sobre todo en *The language of politics,* se hallaría contenida en sus profundas observaciones acerca del poder y su relación con categorías fácticas y de valor, especialmente los grandes símbolos de identificación política. Lazarsfeld se orientaría en la dirección de una psicología social con fuertes implicaciones sociológicas, orientación perfectamente plasmada en sus dos obras más influyentes, *The people's choice* (Lazarsfeld, Berelson y Gaudet, 1944) y *Personal influence* (Katz y Lazarsfeld, 1955). La investigación se centrará en el problema de la circulación y los efectos de la influencia política, esencialmente aquellos que producen las campañas electorales, y de la influencia en situaciones culturales en que los medios y la influencia personal entran en concurrencia. Berelson atribuye a la influencia de Kurt Lewin y sus discípulos, que se prolonga hasta el final de la década de los treinta, el mérito de haber producido una línea de trabajo relacionada con la comunicación social informal. Finalmente, habría que atribuir a Carl Hovland, como representante más destacado del Programa de Comunicación de Yale, el mérito de haber estudiado sistemáticamente los factores que intervienen en el cambio de opinión resultante de la utilización de mensajes persuasivos en situaciones experimentales. Aunque trataremos más adelante de ellas, *Experiments on mass communication* de Hovland, Lumsdaine y Sheffield (1949) y *Communication and persuasion,* de Hovland, Janis y Kelley (1953) son obras que contribuyen a cualificar extraordinariamente la naturaleza del cambio de opinión y a determinar el rumbo que tomará en adelante la investigación sobre persuasión.

Está fuera de toda duda que el problema de la naturaleza y la intensidad del impacto de la comunicación en las ideas, las actitudes y la conducta, ha suscitado más investigación que ninguna otra cuestión relacionada con la comunicación de masas. Lo cual no tiene nada de particular si se repara en la importancia que para la sociedad tienen la publicidad y la propaganda política. Antes nos hemos referido al paralelismo entre el concepto de «correlación» en Lazarsfeld y Merton y la idea de influencia social a gran escala mediatizada por la acción de la comunicación de masas. A la psicología social le interesan, entre otros fenómenos relacionados con la comunicación, los procesos que dan lugar al cambio de opinión. Una somera revisión del contenido de algunas de las obras mencionadas con anterioridad y de otras que aún no hemos citado, demuestra hasta qué punto la investigación psicosociológica ha invadido de manera tan penetrante como no reconocida el ámbito de la comunicación de masas. Obviamente ya no se trata del nivel macrosocial, sino de la explicación respecto al modo en que los individuos interiorizan influencias externas y reaccionan a los intentos de persuasión, sean éstos manifiestos o sean latentes.

En la obra de Katz y otros (1954), a la que nos hemos referido antes, el cambio de opinión aparece tratado desde perspectivas variopintas que oscilan entre la propaganda política considerada como agitación (Lowenthal y Guterman) y la modificación de la opinión considerada desde el punto de vista del prestigio del comunicante según el experimento clásico de Hovland y Weiss (1952). Es evidente que se trata en apariencia de fenómenos de distinta naturaleza.

En el caso de la agitación política, tal y como clásicamente se encara en situaciones de conflagración entre Estados o comunidades, una fuente externa al *background* normativo del sujeto intenta lograr transformaciones de actitudes profundamente enraizadas, con la sola ayuda de mensajes persuasivos. Esta situación no es muy frecuente, puesto que el cambio de opinión en situaciones naturales por lo general no se logra a costa de la destrucción de las lealtades grupales básicas del individuo, sino a menudo basándose precisamente en ellas. Hay que tener presente esta distinción que, sin embargo, tiende a olvidarse en la literatura.

A lo largo de las páginas de la obra de Katz y otros (1954) se pone de manifiesto una divergencia que aún no se ha cerrado. En las situaciones naturales propias de los estudios por encuesta se detectan diversas dificultades con las que tropiezan los procesos masivos de influencia. Tal como lo ven Hyman y Sheatsley (1947), en su estudio sobre una campaña realizada en Estados Unidos para favorecer la venta de bonos de guerra, el éxito de las campañas no depende de la información generada, sino de otros factores como la exposición de la audiencia, el contenido absorbido en la exposición y ciertas características psicológicas. Es decir, la creación de un entorno de comunicación específico no determina respuestas paralelas en los receptores con independencia de los procesos psicosociales operantes. Hyman y Sheatsley se refieren a la existencia de «ignorantes crónicos», refractarios al aluvión masivo de mensajes. Las diferencias en interés establecerían diferencias en exposición, al igual que las actitudes previas determinan la selectividad de la exposición. Sin embargo, el hecho de que existe ignorancia pública respecto a cierto tipo de datos sociopolíticos importantes, ¿significa que las personas quedan a salvo de la influencia de la comunicación masiva? No parece que sea así, puesto que, como demuestra Converse (1970) en un estudio por encuesta sobre las actitudes políticas, la gente —ignorante o no políticamente— emite opiniones sistemáticamente cuando se demandan respuestas relacionadas con el mundo político. Tal cosa no significa que esas respuestas no estén basadas en prejuicios, medias verdades y estereotipos. *Probablemente es este segundo tipo de conocimiento y no el juicio experto que debería estar teóricamente en la base de las opiniones el que habría de estudiar a la luz del impacto de la comunicación de masas.* En situaciones naturales, la demostración de los efectos de la comunicacion encuentra serios obstáculos. En el estudio de Shils y Janowitz (1948) sobre el efecto de la propaganda aliada en los soldados de la Wehrmacht, el obstáculo principal se refiere a aquellos factores que incrementan la solidaridad del grupo. La eficacia de la comunicación es proporcional, en este caso, al grado de destrucción de los vínculos primarios del individuo.

Por otra parte, aparecen en el manual de Katz y otros (1954), trabajos como los de Sarnoff, Katz y McClintock (1954) y Cooper y Jahoda (1947), en los que el estudio del cambio de actitud se plantea en estrecha relación con procesos psicológicos subyacentes. En el primero de ellos, tales procesos se refieren a la función motivacional operante en cada situación. Dentro de un enfoque racional, los cambios se encuentran determinados bien por la modificación de los elementos cognoscitivos, bien por el marco de referencia perceptivo. La teoría del refuerzo contempla como importante fuerza motivacional el deseo de ganar *status* en el grupo, estando relacionado el cambio de actitud con la modificación de la percepción respecto a las normas de grupo y, también, con los cambios reales que se producen en las perspectivas normativas del grupo. Desde una perspectiva clínica, las fuerzas defensivas del yo, que obstaculizan el cambio de actitud, podrían neutralizarse mediante la catarsis o la interpretación directa. El análisis de Cooper y Jahoda (1947) se ocupa de las tácticas individuales de evasión de la propaganda utilizada por los sujetos con prejuicios, cuando se enfrentan a comunicaciones cuyo contenido ataca las bases sobre las que tales prejuicios se elevan. El proceso de cambio de actitud se analiza a la luz de aquellos mecanismos perceptivo-cognoscitivos que se ponen en marcha y cuyo resultado es la distorsión del contenido de la comunicación mediante la que se pretende influir en el sujeto.

No faltan tampoco en el volumen de Katz y otros (1954), como en casi ninguna obra de recopilación importante de la época, trabajos que caen más o menos directamente, dentro de la órbita del Programa de Comunicación de Yale. Dichos trabajos representan una corriente diferente en el estudio del cambio de actitud. Frente a los estudios realizados en situaciones naturales, en los que a menudo resulta difícil probar la existencia de efectos contundentes debidos al impacto de la comunicación, en los experimentos realizados por Hovland y sus colaboradores las comunicaciones persuasivas parecen dar lugar a cambios sustanciales de opinión. Algunos de los experimentos relacionados con la influencia de Hovland y que aparecen en esta obra son el de Janis y Feshbach (1953) acerca de los efectos en el cambio de opinión de las apelaciones activadoras del temor, el de Hovland y Weiss (1952) sobre el influjo de la credibilidad de la fuente en la eficacia persuasiva del mensaje y el de Janis, Lumsdaine y Gladstone (1951), en el que se trató de determinar qué efectos producen los mensajes preparatorios sobre las consecuencias y reacciones que desencadenan comunicaciones persuasivas subsiguientes. Aunque trataremos extensamente de la obra de Hovland más tarde, es importante enfatizar su importancia en relación con la explicación del proceso de cambio de opinión. En el experimento de Janis y Feshbach (1953) se estudió el efecto de las apelaciones activadoras de temor en aquellas situaciones en que están implícitos procesos de aprendizaje. Una de esas situaciones es precisamente la del cambio de opinión. La actuación de los símbolos utilizados por los mass media podría utilizarse con la finalidad de suscitar en la audiencia motivaciones socialmente adquiridas. Mediante la manipulación de los símbolos podría estimularse la tensión emocional y ésta incrementaría la motivación por parte de la audiencia a aceptar aquellas recomendaciones que el comunicante presenta como fórmulas de conducta reductoras del impulso. Hovland y Weiss (1952) investigarán el efecto en el cambio de actitud de la variable credibilidad del comunicante entendiendo que, análogamente, el estudio de dicho efecto permitiría averiguar hasta qué punto variables como prestigio, honestidad o credibilidad de los medios introducen variaciones en la magnitud del cambio de actitud. El experimento de Janis, Lumsdaine y Gladstone (1951) tiene por objeto estudiar de qué forma condicionan al individuo las expectativas generadas por su exposición a comunicaciones previas, cuando el mensaje persuasivo se emite en un momento posterior. La finalidad de este experimento no fue la exclusivamente teórica de verificar la inhibición proactiva creada por una comunicación inicial, sino la más práctica de controlar anticipadamente mediante la comunicación las reacciones tan previsibles como indeseables a una comunicación posterior que inevitablemente recibirían los sujetos. El efecto de las comunicaciones preparatorias consistiría en modificar el marco de referencia dentro del cual se perciben e interpretan experiencias y hechos subsiguientes que escapan al control del comunicante. En términos de la teoría del refuerzo, los argumentos poseerían un cierto grado de fuerza del hábito que interfiere con las comunicaciones subsiguientes.

A medida que se va ampliando la perspectiva del análisis se hace patente la extraordinarimente compleja naturaleza del cambio de actitud. En el enfoque de Hyman y Sheatsley (1947), los «procesos sociopsicológicos» del sujeto representan un obstáculo. En el de Hovland (véase Hovland, Janis y Kelley, 1953) se obtiene una magnitud del cambio de opinión considerable, nunca con independencia de las características del comunicante, del receptor, del contenido de la comunicación y del canal a través del cual circula. Pero en ambos casos se trata de procesos del receptor. Ahora bien, el acento puede no colocarse en la audiencia, sino en la fuente. Y así, por ejemplo, en el manual de Dexter y White (1964) el análisis se centra en las normas, valores y estereotipos de los que hace uso el comunicante. En tal sentido parece conveniente destacar el trabajo que, con carácter exploratorio, llevó a cabo White (1950) en relación con los procesos selectivos de los editores de periódicos, considerados en este caso como *«gate keeper»*. El concepto de «gate keeper» o censor se debe a Kurt Lewin quien observó que el flujo de la información que discurre a través de canales puede verse colapsado gracias a la acción de personas o grupos que efectúan funciones de vigilancia o control y que obstruyen o facilitan la corriente de la información al ocupar puntos clave dentro de la estructura del canal. El valor de la comprobación de White estriba en haber detectado la naturaleza subjetiva y altamente selectiva de las decisiones que adoptan los editores de periódicos en relación con las informaciones que son desechadas o puestas en circulación.

El muy conocido libro de T. J. Klapper (1960), *The effects of mass communications* tampoco se sustrae a la profunda influencia ejercida por el área de investigación sobre las actitudes. En esta obra, la creación de opiniones y actitudes es el efecto característico de las comunicaciones persuasivas. En la concepción de Klapper, los medios son una influencia que actúa junto a otras en una situación total, pero no la causa necesaria y suficiente de los efectos. Por lo general su actividad consiste en la consolidación o refuerzo del *statu quo*, aunque, a veces, den lugar a la «conversión», término que Klapper utiliza en lugar del de cambio de actitud. Se trata de la modificación de tendencias importantes de afiliación y rechazo causada por la acción de mensajes persuasivos. A juicio de Klapper la conversión requiere que intervengan factores facilitadores entre el sujeto y la comunicación. La relación entre el estudio de los efectos de la comunicación de masas y la psicología social aparece bastante clara en la descripción de Klapper de las presumibles consecuencias de la comunicación: crear opiniones o actitudes allí donde no existen, aumentar o disminuir la intensidad de las actitudes preexistentes, desplazar a las personas desde los puntos de vista que mantienen a sus opuestos (operación etiquetada por Klapper como conversión) o no producir influencia alguna.

El volumen de Schramm (1961) mencionado con anterioridad se incorpora también a la misma corriente de interés. El cambio de las actitudes se considera la consecuencia natural de la comunicación en la medida que se cumplan diversas condiciones que se refieren tanto a factores de naturaleza psicológica como situacional. En una nota acerca de la naturaleza del cambio de actitudes (véase Schramm, 1961, pp. 210-214) el autor incluye en el primer grupo los procesos de recepción y aceptación del mensaje, las necesidades e impulsos favorables, el grado de similaridad entre el contenido axiológico de la comunicación y el *background* normativo de la audiencia y el efecto de prestigio de la fuente emisora. El segundo grupo comprende básicamente ciertas reglas de la retórica cuyo rol en la persuasión habría sido puesto a prueba en distintos trabajos relacionados estrechamente con la obra de Hovland o realizados directamente por este último en colaboración con otros investigadores dentro del Programa de Comunicación de Yale. No es improcedente la utilización del término retórica usado en este contexto, pues, como se intentará mostrar más adelante, la labor de Hovland consistió básicamente en operacionalizar e introducir en situaciones experimentales los distintos componentes de la fórmula que Smith, Laswell y Casey (1946) propusieron para un análisis completo de los medios de comunicación y que sintetizaron en la expresión «quién dice qué, a quién, en qué canal, y con qué efecto». A mayor abundamiento, Schramm reconoce que la eficacia de la comunicación se refuerza con el empleo de la influencia personal, lo que no representa sino la aceptación del importante papel de los procesos grupales y específicamente, en el caso que se está tratando, de la importancia del liderazgo de opinión tal y como aparece descrito en el estudio de Katz y Lazarsfeld (1955) sobre el flujo de la influencia en la comunidad de Decaut. Por lo demás, la importancia del área de la actitud y la opinión se ve avalada por la presencia en el libro de Schramm de un artículo de Hartley, Hartley y Hart en el que se aborda el análisis de la naturaleza y significado de ambos conceptos y se describen las dimensiones básicas y las operaciones típicas de las actitudes. Si se añade a esto la presencia de trabajos como el de Hovland, Lumsdaine y Sheffield (1949) acerca de la eficacia de las presentaciones sesgadas y equilibradas en el cambio de opinión, el de Hovland y Weiss (1952), mencionado antes, y que se ocupa del estudio del efecto de la credibilidad del comunicante y, sobre todo, el trabajo en el que Klapper (1949) plantea sus objeciones a la viabilidad del cambio de opinión a través de la comunicación, se llega finalmente a la conclusión de que existen extrechos lazos que desde el principio han unido la investigación sobre el cambio de actitudes con la investigación sobre comunicación de masas. Conviene apuntar en relación al trabajo de Klapper (1949), que su publicación produjo un gran impacto y que es el antecedente de su libro de 1960, es decir, que su base argumental consiste en enfatizar lo desusado de la conversión frente a efectos más frecuentes de la comunicación como la modificación y la innovación, restringiendo los cambios drásticos de actitud al marco exclusivo del laboratorio. Las afirmaciones de Klapper se basan en el estudio del impacto sobre amplias muestras de soldados de dos conocidos films propagandísticos, *The battle of Britain* y *Why we fight,* cuya utilización en experimentos sobre el cambio de opinión es una base importante del libro *Experiments on mass comunication* (Hovland, Lumsdaine y Sheffield, 1949).

En el libro de Dexter y White (1964), otro de los manuales clásicos sobre comunicación de masas, también aparecen referencias en la misma dirección. W. P. Davison señala que en el marco del estudio de los efectos de la comunicación, el objeto de la investigación es el cambio de actitud, aunque bajo la consideración del sujeto no como receptor pasivo, sino como agente activo en el proceso. El carácter activo del sujeto aparece relacionado con tres supuestos. El primero de ellos es el de que los medios sólo son un nexo entre el individuo y el sistema social. El segundo es que la acción humana es motivada, esto es, se encuentra orientada hacia la satisfacción de necesidades o metas. Finalmente, la acción humana es contemplada como altamente selectiva y las satisfacciones se realizan en partes diferenciadas del entorno. Resumiendo, las actitudes son vistas aquí como un parapeto del individuo frente a influencias externas y como elemento de orientación de sus acciones, más que como la materia psicosociológica y dinámica sobre la que actúan las comunicaciones. Es notoria la influencia de Klapper en esta concepción. El trabajo de Cox (1964), que también aparece en la obra de Dexter y White, no es más que una aplicación fuertemente pragmática de los resultados obtenidos por Hovland y sus colaboradores al campo de la publicidad. Se trata de una reiteración de las comprobaciones en relación con el rol de la credibilidad del comunicante, el llamado «efecto de adormecimiento», de acuerdo con la caracterización llevada a cabo por Kelman y Hovland (1953), las consecuencias de las apelaciones emocionales y de aquellas que estimulan el temor de la audiencia, etc.

El compromiso con la psicología social es aún mayor si se analiza el contenido de la excelente compilación de Berelson y Janowitz (reeditada más tarde por Janowitz y Hirsch, 1981). El hecho de que incluya en sus páginas el trabajo de Kelman (1961) sobre la influencia social es bastante significativo. Kelman plantea que la predicción del cambio de opinión debería efectuarse a partir del conocimiento de sus dimensiones cruciales, de las motivaciones subyacentes y de los contextos cognoscitivos. En el modelo de Kelman la dimensión privado-público y la caracterización de las situaciones de interacción resultan imprescindibles para explicar adecuadamente el cambio de opinión. Básicamente este marco teórico permitiría determinar la probabilidad de que se expresen las opiniones privadas, la probabilidad de que se produzcan condiciones de donde puedan emerger cambios de opinión y la probabilidad de que se den otras consecuencias conductuales importantes. Distintos tipos de influencia dan lugar a distintos tipos de efecto, y éstos, a distintos tipos de cambio. Kelman pone el acento en la distinción entre aceptación pública y privada, aunque reconoce lo insatisfactorio de una asunción rígida de esta dicotomía, y describe tres procesos básicos de influencia social, sumisión, identificación e internalización, así como sus antecedentes y consecuentes.

Que la teoría de Kelman está incardinada en la tradición psicosociológica más genuina ofrece pocas dudas. Al fin y al cabo, las tres tradiciones en que se basa, según reconoce él mismo, son la de Asch (1952), quien estudia las consecuencias de la presión social en los juicios perceptivos, la de Cartwright y Zander (1953), que se remite al estudio de la influencia en el contexto del pequeño grupo, y la tradición desarrollada por Hovland, Janis y Kelley (1953).

La reedición de esta compilación, a cargo de Janowitz y Hirsch (1981), recoge un conjunto de recientes análisis acerca de la naturaleza genuina de la influencia de los mass media. No parece sino que estos enfoques intentan obviar o sustituir, cuando no exorcizar, el concepto de actitud. Sin embargo, no es menos cierto que el concepto de actitud tomado en un sentido amplio se encuentra implícito en esas formulaciones. Nos referimos a orientaciones que gozan de bastante aceptación actualmente como la de McCombs y Shaw (1972) basada en la hipótesis sobre la función de «agenda setting» de los medios y la teoría de los indicadores culturales de George Gerbner. McCombs y Shaw ponen el acento en el isomorfismo entre el énfasis de los medios en el tratamiento de los problemas y la importancia que los receptores de la comunicación atribuyen a tales problemas. La relación es de naturaleza causa-efecto y consiste en fijar el contexto de prioridades de pensamiento de la audiencia. En particular, el efecto de las campañas de información consistiría en influir en la saliencia de las actitudes políticas que están a la base de las decisiones que la gente adopta en cada caso. Dicho de otro modo, puede que los medios no produzcan conversiones espectaculares de la actitud, pero en cambio parece que tienen la capacidad de determinar cuáles de ellas son las que intervendrán en el proceso de decisión que se desarrolla en cada situación. Gerbner establece una relación sistemática entre ciertos procesos socioculturales y ciertos aspectos del comportamiento relevantes tradicionalmente en la psicología social. En particular la relación que estudia Gerbner es la que existe entre el contenido de los medios y la percepción de la realidad por parte de la audiencia. Tanto McCombs y Shaw como Gerbner coinciden en atribuir a los medios un papel muy importante no tanto en la modificación radical de las actitudes, tal y como la entiende Klapper, sino en el cultivo de nociones compartidas acerca de la realidad, relacionadas tanto con el conocimiento social como con la acción social organizada. Este proceso no es inocuo en la medida que puede orientarse tanto en el sentido de construir nuevas actitudes como en el de reforzar selectivamente las ya existentes. En uno de sus primeros trabajos, Gerbner (1967) señala que la acción de los mass media en la sociedad industrial consiste en crear nuevas bases para el pensamiento colectivo. De esto al reconocimiento de la vigencia del, en apariencia obsoleto, concepto de ideología, sólo media un paso. Un paso que consiste básicamente en la identificación de las formas sistemáticas y mecanismos mediante los cuales las clases sociales y grupos se vinculan a ese proceso. Uno de los coautores de la obra que se comenta, Janowitz (1978), un clásico de la sociología de los mass media, reitera la cada vez más clara utilidad de la perspectiva psicológica en el campo de la investigación de la comunicación de masas al afirmar que una de las funciones esenciales de ésta es la de *definir la situación, es decir, definir las alternativas personales, sociales y políticas existentes.* En trabajos como el de McClure y Patterson (1974), en el que con metodologías rigurosas se pone a prueba el impacto de la publicidad política de la televisión, la evidencia empírica presta apoyo a la idea de que los medios cambian dramáticamente aquellas creencias asociadas consistente y sistemáticamente a los contenidos de la publicidad política, es decir, los medios sí son un elemento importante a tener en cuenta en las transformaciones que experimentan las actitudes políticas.

Habría que señalar que también el manual editado por De Sola Pool (1973) se hace eco de la creciente actividad de la investigación psicosocial en el área del cambio de actitudes, cosa que se refleja en la inclusión de las contribuciones sobre el tema a cargo de McGuire y de Sears y Whitney, respectivamente. El riguroso tratado de George Comstock y otros (1978), que es una síntesis muy completa de trabajos sobre la influencia psicosociológica de la televisión, al tratar de la exposición y sus consecuencias destacan el papel que esta última ejerce en la socialización política. Ahora bien, ¿qué es la socialización política sino la construcción de tendencias de opinión? En cierto sentido, en el libro de Comstock se destaca también el papel de ese importante medio en la construcción social de la realidad. La sociedad es compleja y se compone de clases sociales, grupos, etnias, etc. Toda presentación de la realidad es una síntesis selectiva de la misma porque, como ya advierte Verón (1972), lo selectivo y lo conativo son rasgos inherentes a la comunicación. No se puede transmitir la totalidad de la realidad, sino tan sólo algunos de sus rasgos. En el proceso de determinar qué partes de la realidad serán transmitidas entran en juego los criterios selectivos de la fuente y, en última instancia, sus valores e intenciones. Por tanto, en el proceso de comunicación que lleva a cabo la televisión, a los grupos y categorías sociales se les atribuye características arbitrariamente fijadas por los comunicantes sobre la realidad. Esta reflexión operaría como mediación de las percepciones de la audiencia, esto es, como filtro entre la audiencia y la realidad. Es evidente que esta descripción remite a la función establecedora de la agenda de los medios y a la noción marxista de reproducción ideológica. Como se verá más tarde, uno de los resultados de dicho proceso de reflexión es la creación de una «demografía pervertida», la cual compone un cuadro de representaciones que influirán profundamente en las percepciones de las audiencias de los medios.

Por lo que se refiere a tratados muy recientes como los de Wilhoit y De Bock (1980 y 1981) y Whitney y otros (1982), que por su propia densidad y amplitud no podemos sintetizar aquí, presentan extensas áreas de contacto con el tema de las actitudes y las transformaciones que experimentan en función de la influencia de la comunicación masiva. En estas obras recientes los medios no sólo son un elemento destacable en la constitución de las opiniones políticas, sino que, al aportar una vía permanente de modelado de las representaciones sociales, han de considerarse como agentes de fenómenos más complejos y generales que el de la mera inclinación de la balanza del voto en las campañas políticas. Esta concepción de los medios como instrumentos de transformación de las relaciones sociales parece estar fundamentada desde el punto de vista filosófico-abstracto en el análisis marxista de los medios de comunicación (véase Curran, Gurevitch y Woollacott, 1977) y, dentro de una vena de carácter decididamente empírico, en líneas de investigación como las de McCombs y Shaw (1972) en relación con la hipótesis de la función de establecer la agenda pública, Noelle Neumann (1978), que se apoya en los conceptos de tematización, clima de opinión y espiral de silencio, y la de George Gerbner y sus asociados (1967, 1969, 1976, 1977, 1979, 1981 y 1982), concepciones todas ellas que, desde nuestro punto de vista, quizá superen las explicaciones tradicionales sobre los efectos de la comunicación, pero en ningún caso han logrado sustituir los conceptos de actitud y opinión por otros que se les puedan equiparar en riqueza y potencial explicativo.

2. LOS EFECTOS PSICOSOCIALES DE LA COMUNICACION DE MASAS

I. NATURALEZA DE LOS EFECTOS

Smith, Lasswell y Casey (1946) propusieron hace cuatro décadas lo que ha venido siendo considerado hasta el presente un modo apropiado de describir un acto de comunicación. Esta descripción surgiría al tratar de contestar a un interrogante de conjunto: *¿quién dice qué, en qué canal, a quién y con qué efecto?* Por lo general, la investigación ha seleccionado como objeto alguna de las partes de esta fórmula, lo que ha dado lugar a distintos tipos de análisis. El análisis de control se ocupa de la fuente emisora en el proceso de comunicación; el análisis de contenido de la materia que permite el intercambio significativo entre emisores y receptores; el análisis de medios tiene por misión el reconocimiento de las instituciones de la comunicación; el análisis de la audiencia trata de los agregados humanos a los que va dirigido el flujo de mensajes; finalmente, en el análisis de los efectos se busca información sistemática acerca del impacto de la comunicación sobre la audiencia.

Esta fórmula constituyó una primera aproximación al estudio de la comunicación de masas. Fue una aproximación lúcida y, sobre todo, procedió a realizar la imprescindible tarea de ordenar y clasificar los fenómenos distintos de un área general. Pero no estaba fundamentada en una teoría que permitiera establecer relaciones comprobables entre sus distintas partes. El contenido de cada una de ellas se encontraba escasamente desarrollado y lleno de ambigüedades. La propia idea de impacto sobre la audiencia es un ejemplo de ello. Deja en el aire la cuestión del *locus* donde ha de buscarse preferentemente la ocurrencia de efectos. ¿Se trata de efectos psicológicos, de efectos que se ejercen en el plano grupal, o de las consecuencias macrosociales de la comunicación de masas?

Carl I. Hovland (1954) elaboró una revisión sobre los efectos de los mass media que formaría parte de la primera edición del *Handbook of social psychology*. En realidad, la síntesis de Hovland es algo parcial en la medida que versa esencialmente sobre trabajos emanados del Programa de Comunicación de Yale. Hovland advierte la complejidad de las consecuencias inherentes a la acción de la comunicación de masas y opta por establecer distintas polaridades capaces de incluir todos los tipos de efectos que pueden tener lugar. Habría efectos inmediatos y efectos a largo plazo, manifiestos y latentes, previstos e inintencionados. Además, considera un apartado especialmente importante, el relativo a la conducta política. La caracterización de los efectos sobre la conducta política sigue la pauta de Lazarsfeld, Berelson y Gaudet (1944): la activación de una tendencia general, como por ejemplo la participación o el voto, el refuerzo de tendencias preexistentes que no implican su modificación cualitativa ni su instauración y, finalmente, la conversión. El término «conversión» tiene igual significado en Hovland que en Klapper (1949 y 1960), es decir, el de cambio cualitativo de la actitud. Dentro de la imprecisa laxitud de la clasificación de Hovland, los efectos podrían también diferenciarse en razón del área de la conducta afectada. Entre otros, aparecen efectos psicológicos, políticos, económicos y sociológicos. El problema de cualquier clasificación es que el término efecto no es unívoco. Hovland señala que, mientras que en la ciencia política los efectos que interesan son aquellas influencias acumulativas y a largo plazo que se producen en el devenir de las ideas, en la psicología importan esencialmente los cambios relativamente inmediatos de opinión y actitud, susceptibles de ser evaluados mediante cuestionarios y, desde un punto de vista institucional, se asimilan los efectos de la comunicación a las reacciones de la audiencia ante el medio como un todo, en términos de «preferencia» o comprensión. Ante esta diversidad, señala Hovland que:

> [...] no se puede hablar de «los efectos», sino únicamente de conjuntos particulares de respuestas seleccionadas como objeto de estudio [1].

También en el manual de Schramm (1962) sobre la comunicación de masas se deja sentir el peso de la obra de Klapper, a la que atribuye el mérito no sólo de haber llevado a cabo una síntesis de la investigación realizada entre 1940 y 1960, sino, lo que es más impor-

[1] En G. Lindzey (comp.), *Handbook of social psychology*, 1954, vol. II, p. 1090.

tante, de haber satisfecho una demanda que la ciencia social había venido formulando sistemáticamente. Esta se referiría a la necesidad de relacionar la investigación sobre el proceso de comunicación tal y como había sido estudiado por Hovland y la investigación sobre el proceso social, de acuerdo con las líneas de trabajo de Lazarsfeld y Merton (1949). En otros términos, Klapper habría tendido un puente entre el proceso de persuasión de acuerdo con la identidad que éste adquiere en el laboratorio y los procesos macrosociales de influencia. Klapper emite tres generalizaciones suscritas sin reservas por Schramm. La primera es que la comunicación de masas no es causa necesaria y suficiente de la ocurrencia de efectos, sino que funciona a modo de nexo entre factores e influencias mediadores. La segunda es que la tendencia de los medios no consiste en producir conversiones, sino en llevar a cabo operaciones de refuerzo de tendencias preexistentes. Por último, cuando la actividad de la comunicación masiva determina cambios es porque se da alguna contingencia facilitadora específica. Hay muchos casos paradigmáticos en que es posible esperar que se produzcan efectos directos. Uno de ellos es el que se da en situación de inoperancia de los factores mediadores. También puede suceder que los factores mediadores, que generalmente actúan a favor del refuerzo, actúen como motores del cambio. Finalmente, existen situaciones residuales y secundarias en que la comunicacion masiva produce efectos directos.

Entre la comunicación y el efecto se detectan factores y procesos de distinto origen y naturaleza, pero que tienen algo en común y es el actuar de modo que se altera el resultado o las consecuencias del estímulo comunicativo. Por decirlo de algún modo, Klapper no desarrolla teoría alguna de la comunicación, pero reacciona frente a una conceptualización del proceso en términos S-R proponiendo en su lugar otra de tipo S-O-R. En ese lugar intermedio se dan cita fenómenos distintos de entre los cuales los más destacables son *las consecuencias derivadas de la exposición, percepción y retención selectiva, la diseminación interpersonal de los contenidos de la comunicación, la acción de la influencia personal, el liderazgo de opinión y la naturaleza de los medios en una sociedad de libre empresa.* Como es notorio, tan distintos fenómenos mal podrían servir de base para una elaboración teórica homogénea. La literatura, por otra parte, ha prestado atención desigual al estudio de esos nexos intermedios, centrándose básicamente en la investigación sobre la influencia personal y el liderazgo de opinión y la exposición selectiva. Klapper influye decisivamente en la visión que hasta mediados de la década de los sesenta se generaliza en relación con la influencia de los medios. Esta visión se apoya en tres ideas básicas que se relacionan, por este orden, con los procesos sociales, grupales y psicológicos. La primera es que la acción de los medios en la sociedad de masas consiste básicamente en reforzar y, de modo secundario, en producir, cambios. La segunda es que la acción de los medios se ve condicionada por la existencia de procesos sociales, interpersonales y grupales. En tercer lugar, desde el punto de vista intraindividual, el proceso de influencia de los medios tampoco es libre debido a los procesos selectivos y a la naturaleza del cambio de actitud. En conjunto, la acción de dichos procesos consistiría en moderar, cuando no en neutralizar, todo cambio surgido de las acciones puntuales y extremas de los medios. Inspirándose en las ideas de Klapper, Schramm (1962, p. 269) formula ciertas consideraciones acerca de los efectos en las que se trasluce la equiparación, tan errónea como frecuente, entre capacidad de influencia y capacidad de conversión. El hecho de que los efectos de la comunicación no sean inmediatos y apreciables a primera vista, ¿equivale a suponer su inexistencia y la impotencia por parte de los medios para crear influencias significativas en el nivel de lo sociopsicológico? Schramm parece no estar conforme con esa equiparación, al señalar que:

> En general, se percibe actualmente que los efectos acumulativos y a largo plazo de los mass media, quizá sean más dignos de atención que incluso aquellos inmediatos y espectaculares de pánico, subsiguientes a la emisión de «La invasión de Marte» en 1938 (Schramm, 1962, p. 269).

Durante un período considerablemente largo en el desarrollo de la comunicación de masas ha prevalecido la idea de que la demostración de su eficacia debía de buscarse en relación con las modificaciones de la conducta manifiesta. El reforzamiento del *statu quo* se veía como secuela escasamente significativa de su acción continuada. Y en todo caso, raramente se conceptualiza con rigor el conjunto de factores y procesos que se esconde tras inciertas expresiones como *reforzar el statu quo* o *producir efectos difusos,* tan insistentemente usadas en la literatura. Hacia finales de la década de los sesenta todavía se hacían propuestas tan vagas como la de que los efectos dependían de las variaciones en el mensaje considerado como estímulo y las variaciones que en el receptor individual explican que una comunicación similar produzca consecuencias diferentes. En todo caso parece que comienza a establecerse un marco teórico, más o menos estable, para clasificar distintos tipos de efectos. Las áreas de este marco serían la formación y cambio de actitudes, la adquisición de información, la activación emocional y la creación de tendencias de conducta colectiva (un ejemplo clásico de ellas es la conducta del consumidor). Esta diferenciación fue establecida por Tannenbaum y Greenberg (1968) en un balance de los estudios sobre comunicación de masas de los años anteriores. Hay que hacer notar que una parte importante de ese trabajo está consagrada a estudiar los efectos de la violencia de la televisión sobre la audiencia. De hecho, el estudio sistemático de la televisión viene inevitablemente acompañado del análisis de la relación entre violencia simbólica y agresión. Esta tendencia, que se inicia hacia mediados de la década de los sesenta, ha ido *in crescendo* desde entonces y en el momento presente ofrece una de las áreas de investigación más interesantes y desarrolladas dentro del ámbito de los efectos.

Walter Weiss, en su síntesis sobre los efectos de los mass media, que formaría parte del *Handbook of social psychology* de Lindzey y Aronson (1969), renunciaba a la posibilidad de construir un esquema satisfactorio para categorizar de modo válido los distintos tipos de consecuencias de la comunicación, aunque proponía simultáneamente cuatro dimensiones relevantes como un intento de generar estructura en esa dirección. Estas dimensiones eran las relativas a la naturaleza o magnitud del estímulo eficaz, la unidad social afectada, la extensión temporal del efecto y el tipo de efecto.

En relación con la naturaleza del estímulo, la investigación tendría que clarificar quiénes son los posibles agentes que provocan la influencia, cuestión que no es secundaria, dado que ésta puede ser ejercida por la mera existencia de uno o varios medios, por las características de esos medios, por ciertos contenidos y programas o por algún factor específico de la comunicación. A esta cuestión le confirió una gran importancia Hovland (1959), quien al ocuparse de los distintos resultados que iguales comunicaciones producen en situaciones naturales y en el marco del laboratorio, explica que las diferencias en cambio de opinión a favor de los experimentos se deben al carácter preciso y homogéneo del estímulo empleado en el laboratorio y a la naturaleza difusa y amalgamada que presenta el mensaje en situaciones naturales.

La segunda dimensión se refiere a la naturaleza y tamaño de la unidad social afectada. En teoría ésta puede variar desde un reducido número de individuos a extensos grupos o sociedades enteras.

La tercera alude a la importante cuestión del tiempo que tardan en hacerse visibles, o al menos medibles, las consecuencias de la comunicación. Ciertos efectos se ejercen inmediatamente, mientras que el desarrollo de otros requiere una secuencia temporal prolongada.

Las entradas bajo las cuales Weiss tipifica los efectos presentan un panorama bastante abigarrado. En realidad, se trata de aspectos de la conducta en relación con los cuales existe alguna evidencia empírica, que componen una especie de cuadro en el que estarían incluidos la cognición, la conducta manifiesta, el interés y la conducta relacionada con el interés, los gustos populares, las perspectivas y valores y la vida familiar.

El carácter fuertemente empirista que la investigación en el área de la comunicación de masas ha venido revistiendo tradicionalmente, en detrimento del trabajo teórico que tan necesario hubiese sido en este campo, se refleja en las visibles oscilaciones que existen en relación con la importancia de los efectos. Al ocuparse de recoger el estado de la cuestión sólo dos años después de la publicación del *Handbook*, mencionada con anterioridad, Weiss (1971) asumía la existencia de efectos muy importantes sobre todo en relación con las presentaciones de contenido violento de la televisión. Y, sin embargo, junto a ello, el propio Weiss continuaba confiriendo un gran peso específico a formulaciones que, como es el caso de la hipótesis selectiva, la influencia personal y el liderazgo de opinión y la teoría de los usos y gratificaciones, suponían una fuerte crítica a aquellas concepciones que atribuían un considerable poder de cambio social a la comunicación de masas.

A nuestro juicio, esta contradictoria situación es sobre todo la consecuencia del escaso esfuerzo teórico realizado. Más que en ninguna otra área, las consideraciones teóricas han ido a la zaga del trabajo empírico, con la consecuencia de que, pese a que los efectos han suscitado más interés y esfuerzo empírico que ningún otro aspecto relacionado con la comunicación de masas, no es menor la confusión relacionada con las explicaciones acerca de su naturaleza y el proceso que da lugar a ellos. Parecen plenamente conscientes de este hecho Liebert y Schwartzberg (1977), quienes al tomar como objeto de reflexión las aproximaciones de sus predecesores al fenómeno de la comunicación de masas (véase Schramm, 1962; Lumsdaine y May, 1965; Tannenbaum y Greenberg, 1968; Weiss, 1971), dicen lo siguiente:

Nos sentimos impresionados por el escaso número de estudios citados en revisiones anteriores que se ocupen de los efectos psicológicos de los mass media, ya sea en términos de actitudes, ya sea en términos de conducta. (Liebert y Schwartzberg, 1977, p. 141.)

Liebert y Schwartzberg ponen especial énfasis en lo que denominan efectos «psicológicos», cuyos determinantes son las pautas de uso, el tipo de contenido utilizado en la comunicación, la magnitud en que la exposición transmite información y cultiva creencias acerca de la realidad y, finalmente, la intensidad de la relación entre información y creencias cultivadas, por un lado, y la expresión manifiesta de actitudes y conducta, por otro. Es evidente que no se trata de factores simples, sino más bien de procesos subyacentes bastante complejos cuya consideración es expresión del tránsito desde posturas reduccionistas a una mayor sutileza teórica. La inclusión de las pautas de uso como determinante de la influencia refleja el reconocimiento de la teoría de los usos y gratificaciones como explicación válida de ciertos fenómenos de este campo. La diversidad de pautas de uso de los medios y, sobre todo, la intensidad en el consumo, se ha contemplado como dependiente de categorías sociodemográficas clásicas y de otros determinantes menos tradicionales como, lo que Kline (1971) llama variables de estilo de vida y Chaffee (1972) estructura diádica de la relación paterno-filial considerada como patrón de socialización. Determinantes de este tipo deben verse en relación con la idea general de audiencia activa, lo que, a su vez, surge de una filosofía que pone de relieve la importancia de la motivación como energetizante direccional de la conducta humana. Adquirir información sobre hechos públicos, alimentar la adicción a la televisión, relajarse, activarse, distraerse, hallar compañía y evitar el aburrimiento, son factores que, según Greenberg (1974), están relacionados con la búsqueda activa y planificada de la exposición a los medios. Por lo que se refiere a la naturaleza del estímulo mismo, comienza a tomar fuerza la idea de que los medios se organizan sobre la base de un *curriculum* oculto en virtud del cual se transmite una peculiar perspectiva de valor acerca de la realidad social. Este supuesto se aplica de forma particular y manifiesta al caso de aquellas presentaciones que describen la violencia, el delito y la aplicación de la ley [2].

---

[2] El tema es tratado extensamente en el capítulo 7 de este trabajo, ya que es parte esencial de la contribución de la Escuela de Annenberg.

En una reciente revisión de la investigación realizada durante la pasada década, Roberts y Bachen (1981) se refieren al efecto general de los medios en términos de su poder para configurar el modo en que la gente percibe, piensa y actúa en relación con el entorno. La noción de efecto se habría ampliado considerablemente con el resultado de que la persuasión y el cambio de actitud han pasado a un segundo plano y el estudio de las perspectivas de la audiencia a primera posición en el interés de los investigadores. Los efectos cognoscitivos despiertan en el presente un gran interés, aunque su conceptualización no se ha limitado al estudio de los indicadores típicos de conocimiento, sino que tiene por objeto el contenido de las percepciones de la audiencia y la saliencia que ésta atribuye a los problemas sociales. En realidad, si se toman como referencia las investigaciones realizadas en las dos últimas décadas, no hay prácticamente ninguna dimensión importante de la conducta social que no se haya estudiado a la luz de la influencia de la comunicación de masas (véanse, por ejemplo, W. Weiss, 1969, y Comstock y otros, 1978): la conducta política, prosocial y desviada, las actitudes hacia los grupos sociales importantes, las ideas en relación con las ocupaciones y la conducta de los consumidores, se incluyen en ese conjunto. Desde el punto de vista de Roberts y Bachen tal proliferación produjo en el pasado la tendencia a que las investigaciones se centraran en los efectos «verdaderamente importantes», esto es, en los cambios de actitud y conducta. Pero la acumulación de evidencias empíricas hizo crecer las dudas respecto a los nexos causales entre conocimiento, actitud y conducta. Ultimamente el estudio del impacto de la comunicación en el dominio cognitivo viene siendo objeto de gran atención que, en cierto modo, ha desplazado el interés en relación con la actitud y la conducta. En todo caso conviene advertir que estos tres elementos, conocimiento, actitud y conducta, no han servido sistemáticamente de base organizativa de los datos relacionados con los efectos de la comunicación de masas. De hecho, en manuales recientes como el de Comstock y otros (1978) se procede según el criterio de crear una estructura basada en el tipo particular de conducta sobre el que se supone que influye el contenido de la comunicación (por ejemplo, violencia, política o salud) o bien hacerlo a partir de las audiencias específicas a las que se atribuye una especial vulnerabilidad (por ejemplo, niños, grupos socioeconómicamente desaventajados, mujeres, ancianos, etc.).

Lo dicho hasta el momento lleva a considerar la posibilidad de establecer una clasificación de los efectos según los criterios de nivel, clase y profundidad. De acuerdo con el *nivel,* la influencia de la comunicación, teóricamente, puede ejercerse en el plano individual, grupal u organizativo, institucional, social-global y cultural, si suponemos que el nivel microsocial está representado por el individuo y el nivel más estable de la organización social por las normas culturales. Por su *clase* o categoría los efectos pueden ser cognoscitivos, emocionales o conductuales. McQuail (1985) consideraba incluidos en la primera modalidad el conocimiento y la opinión. La segunda se corresponde con el área de las actitudes y sentimientos. La tercera se refiere a las diversas orientaciones que puede adoptar la conducta manifiesta. El concepto de *profundidad* se refiere a la distinción de Klapper entre conversión o cambio en línea con la intención del emisor, cambio menor (esto es, en la forma o intensidad de la opinión, conducta, etc.) y reforzamiento o confirmación de tendencias preexistentes. Este último no es excesivamente satisfactorio, puesto que la profundidad de la influencia no equivale a su inmediatez o, en otros términos, determinadas conversiones, entendidas como cambio de opinión, sólo lo son en apariencia, tal como Kelman y Hovland (1953) detectaron en relación con el «efecto de adormecimiento» *(Sleeper effect).*

Como se deduce de lo dicho hasta el momento, existe una notable confusión en la etapa de clasificación de los distintos tipos de efectos de la comunicación, lo que llevó a Golding (1980) primero y a McQuail (1983) más tarde a proponer un esquema clasificatorio que aparece representado en el gráfico de la página siguiente.

Como puede apreciarse en el gráfico, cada uno de los posibles efectos de la comunicación resulta de su posición dentro de un plano en el que los ejes representan *dos dimensiones básicas,* la *intencionalidad* por parte de la fuente o emisor y el *tiempo* en que se ejerce el efecto. McQuail (1983) define, no ya en términos abstractos, sino específicos, los tipos de efectos. Sus distinciones son enormemente útiles porque permiten situar las consecuencias de la comunicación en el contexto de las distintas áreas de investigación de las ciencias sociales. Si bien la clasificación de McQuail no es perfecta ni exhaustiva, responde a la necesidad de ordenar y clasificar el complejo panorama de aquellas consecuencias psicosociales que se atribuyen a la comunicación de masas. Las distintas categorías aparecen ordenadas en función de su pertenencia a cada uno de los cuatro cuadrantes. En el cuadrante superior izquierdo (intencionalidad voluntaria-desarrollo temporal a corto plazo) aparecen la respuesta individual y

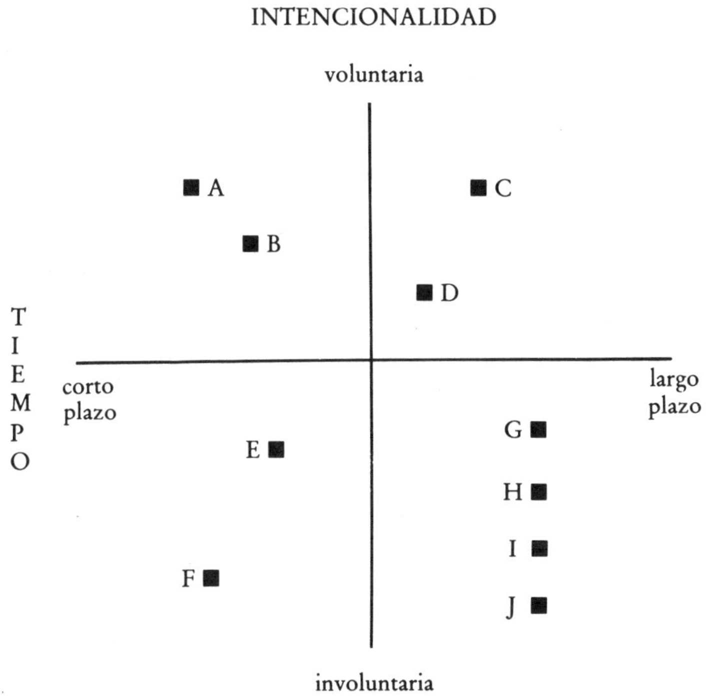

Nota: A: Respuesta individual; B: Campañas; C: Difusión del desarrollo; D: Distribución de conocimientos; E: Reacción colectiva; F: Reacción individual; G: Control social; H: Socialización; I: Definición de la realidad, y J: Cambio institucional.

Fuente: MacQuail, 1985.

la campaña. Por respuesta individual se entienden reacciones más o menos favorables o desfavorables a los mensajes dirigidos a modificar la actitud, conocimiento o conducta. La finalidad de la campaña es alcanzar objetivos definidos (por ejemplo, en términos de política, publicidad o educación) en una población específica sin alterar las normas referenciales de la audiencia. La reacción individual y la reacción colectiva se sitúan en el cuadrante inferior izquierdo (reacción a corto plazo-acción involuntaria). La reacción individual incluye las consecuencias no previstas de la exposición, las más características de las cuales pertenecen a los tipos prosocial y antisocial, tradicionalmente estudiados en el área de influencia de la televisión en los niños. También los fenómenos de identificación con los estereotipos de héroes y estrellas pertenecen a esta categoría. La reacción colectiva es en cierto modo similar a la anterior, aunque se refiere a agregados sociales, no al individuo particular y, por otra parte, el hecho de tomar como referencia manifestaciones de la conducta colectiva como el pánico y el desorden, no pertenecientes al nivel de la acción social organizada, remite directamente a la psicología de masas. Forman parte del cuadrante superior-derecha (intencionalidad voluntaria-reacción a largo plazo) la difusión del desarrollo y la distribución de conocimientos. La primera se refiere a la difusión planificada de innovaciones a escala comunitaria y la segunda a la distribución de información y saberes entre los grupos sociales. El último sector (acción involuntaria-reacción a largo plazo) contiene varias categorías sumamente interesantes. Es importante advertir que en éste como en los demás casos, la naturaleza de dichas categorías se encuentra determinada no sólo por su pertenencia a un sector, sino también por la posición que cada categoría ocupa dentro de cada sector, en términos de su situación en ambas dimensiones. Así, por ejemplo, el control social es un efecto que se produce a largo plazo, pero la acción de los emisores es más intencionada que cuando efectúan definiciones acerca de la realidad, lo cual entra dentro de la lógica de ambos procesos; el control social implica sobre todo la reafirmación de la estructura de poder existente en la sociedad mediante la acción de mecanismos de transmisión de la ideología. En cambio, aunque el hecho de definir las cosas de manera sesgada, distorsionada o, al menos, refractada, tenga como resultado en última instancia la legitimación de la estructura social, el proceso no tiene su origen en la intención deliberada de manipular, sino más bien en la tendencia a presentar los datos de manera idiosincrásica e incompleta. Basándose por excelencia el control social en los símbolos, el proceso de definir resulta de las opciones a que obliga la necesidad de seleccionar de la realidad sólo una parte de la misma y de combinar sus elementos de manera característica. Por la misma razón, la socialización se encuentra a caballo entre los dos tipos de efecto: no obedeciendo a una compulsión tan intensa como el control social, sus reglas son, sin embargo, relativamente explícitas si se las compara con el sustrato perceptivo-cognoscitivo de la acción de definir lo real. Es decir, mientras que en el proceso de construir la realidad social las reglas y normas de conducta pueden no aparecer explícitamente relacionadas con un marco de valores, en la socialización se suele explicitar la relación que existe entre normas, valores, pautas de comportamiento y grupos.

Karl E. Rosengren (1980) ha abordado el problema de los efectos, aunque desde una perspectiva fundamentalmente sociológica. El núcleo en torno al cual gira su planteamiento es el de la vieja cuestión de dilucidar hasta qué punto los medios son agentes de cambio social y en qué medida agentes de refuerzo del *statu quo*. La respuesta a dicha cuestión no se debería codificar en términos genéricos, sino mediante la elaboración de unidades significativas que se relacionarían con los tipos de contenido y el medio, de sociedad y de sector de la sociedad, de cambio y áreas de cambio, etc. Este problema podría resolverse desde la perspectiva de Rosengren considerando la relación entre mass media, cambio social y *statu quo* como un caso especial de una cuestión tradicionalmente relevante dentro del marxismo teórico: la de la relación entre cultura y sociedad. Peterson (1976) propone tres tipos de relación entre cultura y sociedad a los que denomina *autonomía cultural, idealismo* y *materialismo*. Rosengren añade a este trinomio una cuarta modalidad a la que da el nombre de *interdependencia*. Estos cuatro tipos surgen de los cruces entre dos proposiciones a cada una de las que puede adherirse una afirmación o una negación. Dichas proposiciones son, respectivamente, «La estructura social influye en la cultura» y «La cultura influye en la estructura social». La resultante de todo ello queda expuesta en el cuadro 1:

CUADRO 1. *Relaciones entre estructura social y cultura de masas*

La cultura influye en la estructura social	La estructura social influye en la cultura: SI	La estructura social influye en la cultura: NO
SI	Interdependencia	Idealismo
NO	Materialismo	Autonomía

Es decir, existirían cuatro tipos de relación entre la cultura entendida ahora como contenido de la comunicación de masas y la estructura social. En la posición de interdependencia, la cultura de masas influye en la estructura social y sus contenidos son, a su vez, producto de la estructura. En el idealismo, la cultura influye en la estructura social, pero no al contrario. En el materialismo, la estructura de la sociedad marca los contenidos de los medios de comunicación de masas que dependen siempre de ella, pero no son su causa. Es obvio que en la base de este planteamiento está la hipótesis marxista de determinación en última instancia por parte de la economía. En la autonomía, ni la estructura influye en la cultura ni la cultura de masas en la estructura social.

Lo que Rosengren denomina cultura se basa especialmente en la noción de valor considerada en tres dimensiones. La primera es el nivel de abstracción, según el cual los contenidos pueden ser orientaciones de valor, valores, actitudes y opiniones. La segunda dimensión se refiere al tipo de subcomponente implicado: cognoscitivo, afectivo o conativo. En todo caso, los valores cambian y hay distintas modalidades de cambio (por ejemplo, redistribución, pérdida de énfasis, etc.) que pueden adoptar distintas formas (cambios de información, cambios políticos, económico-tecnológicos, etc.). En tercer lugar, al igual que McQuail, Rosengren considera de carácter central la dimensión temporal en el contexto de la relación entre mass media y cambio social, pues si se supone que el límite superior del umbral del cambio corresponde a las orientaciones de valor y el límite inferior a las opiniones, los valores pueden experimentar cambios que se dan en períodos de tiempo relativamente cortos o bien no experimentar variaciones, sino en el curso de etapas históricas muy prolongadas. En todo caso, cabría considerar dos distinciones básicas en relación con el cambio de valores. La primera se refiere al nivel de análisis seleccionado (individuos, grupos, instituciones, sociedad) y la segunda al área en la que aquél se materializa (condiciones sociales, experiencia o actitud hacia dichas condiciones sociales, normas, metas, valores).

Hay algunas investigaciones en las que específicamente se estudia la relación entre estructura social, valores y comunicación de masas. Lamentablemente, al haberse planificado dichas investigaciones de acuerdo con objetivos diferentes, no se pueden establecer generalizaciones válidas para todos los procesos de cambio axiológico. Pese a las diferencias en el planteamiento, que básicamente se refieren a la selección de diferentes niveles de abstracción dentro del marco general antes mencionado (orientaciones de valor, valores, actitudes y opiniones) y a la concepción del propio cambio en términos de distintas secuencias temporales (redistribución de los valores, pérdidas de énfasis, fluctuaciones a corto, medio y largo plazo), las relaciones que aparecen son susceptibles de incardinarse en el esquema de Rosengren (1980), que no es sino una modificación del de Peterson presentado anteriormente:

CUADRO 2. *Posibles relaciones entre el contenido de los mass media y la estructura social en términos de series temporales de datos*

		DESARROLLO GUIADO POR		
		Los medios	La sociedad	Los dos o ninguno
Hay similaridad entre los medios y el contenido de valor en las series temporales de la sociedad.	SI	IDEALISMO Los medios como moldeadores.	MATERIALISMO Los medios como espejos del cambio social.	INTERDEPENDENCIA Los medios moldean y, a su vez, reflejan.
	NO	AUTONOMIA Los medios no reflejan, tampoco moldean.		

Fuente: Rosengren, 1980.

Son cuatro los trabajos situados en la perspectiva relacional valor-cultura (medios)-sociedad. El primero de ellos se debe a Inglis (1938), quien comparó la representación simbólica del empleo femenino en Estados Unidos con los datos reales de empleo en las tres décadas comprendidas entre 1900 y 1930. El análisis demostró que la ficción reflejaba la realidad, aunque también, y en mayor medida, los valores de la sociedad americana. Lazer y Dier (1978) estudiaron la distribución de las ocupaciones entre hombres y mujeres a través de relatos cortos aparecidos en revistas, contrastándola con las cifras del censo entre 1940 y 1970. Resultó que la proporción de mujeres empleadas en la ficción no había variado respecto a la época estudiada por Inglis y, dado que el empleo femenino había experimentado en realidad un incremento, este estancamiento representacional se contempló como discrepancia entre la experiencia ocupacional real de la mujer y la representación de dicha experiencia. En definitiva, se diría que el sutil mensaje que se estaba transmitiendo durante esa etapa acentuaba la falta de desiderabilidad del trabajo femenino. De existir alguna consecuencia en un plano global ésta sería que, aun habiéndose incrementado la participación de las mujeres en la esfera ocupacional, habría sido aún mayor de no haber terciado los medios de comunicación de masas. En el tercero de los trabajos, Middleton (1960) identificó una relación de interdependencia entre fertilidad y valoración de la misma en los contenidos de la comunicación de masas. Por último, Davis (1952) llevó a cabo un estudio sobre el delito, los contenidos de la comunicación en relación con esta modalidad de conducta desviada y las percepciones públicas. El análisis indicó que estas últimas reflejaban más las noticias al respecto que las tasas reales de criminalidad. Al mismo tiempo, las tasas de criminalidad y las informaciones sobre delitos variaban independientemente.

II. ETAPAS EN EL DESARROLLO DE LA INVESTIGACION SOBRE LOS EFECTOS

La investigación empírica sobre los efectos de la comunicación de masas es bastante irregular. De hecho, al enorme impulso que recibe el área durante la década de los cincuenta le sigue una época de recesión que sólo hacia la mitad de los setenta comienza a superarse. Durante un período relativamente prolongado se pensó que los medios no ejercían efectos dignos de ser tomados en consideración. La razón es, desde el punto de vista de D. F. Roberts y C. M. Bachen (1981, p. 308) que: «Hacia el final de los cincuenta esta área renqueaba bajo el peso de la *ley de los efectos mínimos,* o sea, la idea generalizada de que la influencia dominante consiste en reforzar el *statu quo,* efecto considerado de escasa importancia». Nótese cuán contradictorio resulta conceder, por un lado, que los medios refuerzan el *statu quo* y, por otro, que tal operación es irrelevante. Porque, ¿hasta qué punto el refuerzo del *statu quo* no implica una operación continua de influencia a gran escala? No nos detendremos por el momento en esta cuestión, apuntando simplemente que al comenzar los ochenta, Roberts y Bachen se referían a la década anterior como un período de «renacimiento de la perspectiva de que los mass media ejercen poderosas influencias en la manera en que la gente percibe, piensa y, en última instancia, actúa en relación con su mundo» *(ibid.,* p. 308).

Dennis McQuail (1977) afirma que si la historia de la investigación en esta área es tan irregular es, entre otras cosas, por la visibilidad de los medios o, dicho de otro modo, por una especie de ansiedad social que habitualmente ha tendido a relacionar su acción con aspectos tan importantes de la conducta colectiva como el delito, la violencia, la educación y la moral. El resultado ha sido que tanto la investigación como las generalizaciones sin base empírica se han visto condicionadas al mismo tiempo por dos tendencias antagónicas: el interés de los gerentes de los medios en que la influencia sea eficaz y su empeño en evitar al mismo tiempo que dicha influencia sea nociva.

McQuail (1977) ha tratado de poner orden en los cincuenta años de historia con que aproximadamente cuenta la investigación sobre comunicación de masas. El primer período comienza con el presente siglo y concluye hacia el final de los años treinta. Se trata de una época en que se atribuye a la comunicación de masas considerable capacidad para cambiar opiniones y creencias, moldear activamente la conducta y producir transformaciones en los sistemas políticos, incluso frente a la voluntad de los miembros de la sociedad. La mayor parte de esas potencias atribuidas a los medios no se basan en datos empíricos, sino más bien en la constatación del rápido crecimiento de las audiencias de los medios en general y de la prensa sensacionalista, el cine y la radio en particular. En conjunto, el período coincide con el proceso de construcción de conceptos y de desarrollo de métodos que se utilizarán habitualmente en la estimación empírica del impacto de la comunicación. Desde 1940 hasta aproximadamente la segunda mitad de la década de los sesenta se procede a una aplicación bastante intensa de los métodos para investigar tanto los efectos de los medios, es decir, su capacidad para lograr ciertos objetivos, como su efectividad, o sea, sus consecuencias no pretendidas o inintencionadas. Es evidente que esta diferenciación guarda una relación bastante estrecha con la distinción funcionalista entre funciones manifiestas y latentes de las actividades sociales de tipo normativo y repetitivo. Los estudios realizados durante esta época, no siendo muy numerosos, resultaron en cambio muy influyentes. No se planteó un gran número de cuestiones sustantivas, pero el gran prestigio de los investigadores implicados en su tratamiento (por ejemplo, Katz, Lazarsfeld, Hovland y Berelson, entre otros muchos) hizo que las conclusiones ejercieran una gran presión sobre el rumbo que tomaría en adelante la investigación. Piénsese en trabajos como el de Lazarsfeld, Berelson y Gaudet (1944) ya mencionado y en los *Experiments on mass communication* de Hovland, Lumsdaine y Sheffield (1949) que, además, constituyen la tercera parte de una obra colectiva decisiva en el desarrollo de la psicología social contemporánea: los *Estudios de psicología social en la segunda guerra mundial*, más conocidos por el título de sus dos primeros volúmenes, *The American soldier*. Y recuérdese igualmente que *Personal influence* de Elihu Katz y P. F. Lazarsfeld (1955) constituye un hito en la investigación sobre el papel del grupo primario en la circulación de la influencia. En conjunto, la visión que se populariza en esa época, tanto dentro como fuera del contexto norteamericano, enfatiza «la ineficacia e impotencia de los mass media y su subordinación a otros determinantes más relevantes, cualquiera que sea la situación social de influencia» (Janowitz y Hirsch, 1981, p. 264). Klapper es quien más sistemáticamente aborda la tarea de ensamblar los argumentos que apuntalan la hipótesis de los efectos mínimos. Pero, a pesar del esceptismo de los investigadores, el veredicto de la ciencia no contribuyó a reducir la ansiedad de quienes atribuían a la televisión un papel bastante activo en el desarrollo de conductas desviadas y en la orientación de las decisiones de la gente en relación con el voto o el consumo a través de la publicidad. Desde mediada la década de los sesenta comienza una etapa de acumulación de evidencias que confirman la existencia de efectos psicológicos importantes relacionados sobre todo con la televisión. La investigación realizada en esta época se fija metas más limitadas que antes y toma en consideración con mayor rigor las variables intervinientes en el proceso de influencia, especialmente aquellas que se refieren a las predisposiciones de la audiencia. En parte, esto se debe al impacto de la perspectiva llamada de *usos y gratificaciones*, en parte, también a una visión menos rígida sobre los determinantes sociales de la conducta. Tanto la encuesta como el experimento se habían diseñado antes con la finalidad de determinar los efectos a corto plazo en las actitudes de los individuos. En cambio, la investigación actual considera que el desarrollo de los efectos tiene lugar en un espacio temporal relativamente largo, trata de operacionalizar las influencias del contexto social y se dirige en general al nivel de lo cognoscitivo además de cultivar la actitud y la opinión. Ello se corresponde con un estudio más sistemático y riguroso de aquellos contenidos a los que se atribuye poder de influir y con una mayor atención a las estructuras de creencias, opiniones y conductas, consideradas como tendencias generales más que como reacciones individuales.

En la literatura sobre los medios de comunicación de masas se suele aplicar indistintamente las denominaciones de «modelo hipodérmico», «teoría de la bala mágica» y «teoría del impacto» a aquellas concepciones que les atribuyen una capacidad casi ilimitada para producir transformaciones en la conducta colectiva. En realidad, al igual que Lang y Lang (1981), somos de la opinión de que este modelo nunca existió realmente, es decir, no pasó nunca de representar una actitud de asombro y temor no articulados conceptualmente en relación con el poder de la propaganda política vehiculada por los medios. Por ejemplo, diversas teorías trataron de explicar el poder de Hitler sobre las masas en Alemania basándose en las nociones de la vieja psicología de masas o en conceptos como el de hipnotismo o condicionamiento.

No es casual que cuando se habla del modelo hipodérmico suela mencionarse para ejemplificarlo el trabajo de Cantril, Gaudet y Herzog (1940) sobre la invasión procedente de Marte. Como es sabido, un programa radiofónico emitido una noche de 1938 que describía con gran verismo una invasión extraterrestre que acabaría con la civilización, fue captado por seis millones de personas y la evidencia indicó que produjo grados variables de temor en un millón de ellas. Por esa época a la radio se le atribuía el poder de suscitar corrientes de temor y alegría, de modo unidireccional, lo que quedó confirmado por el hecho de que antes de que terminara el programa millares de personas habían sido víctimas del pánico y lo demostraban llorando, rezando o huyendo despavoridas. A la hora de explicar las razones de esa reacción extrema se aludió, además de al realismo de la comunicación, a la ciega confianza de los receptores menos cultos en las comunicaciones respaldadas por un medio oficial, a la introducción de expertos que daban fuerza a los argumentos y al uso de crudas y pictóricas descripciones de los hechos. Pero la prueba de que Cantril, Gaudet y Herzog no suscribían una visión mecanicista del proceso comunicativo es que profundizaron en el análisis de aquellos factores que determinaban la disminución de la capacidad crítica. Uno de ellos es que el mensaje es descodificado en función de un marco de referencia que, además de presentar un sentido totalizador y sin contradicciones internas, es coherente con el contenido del estímulo. Tal cosa sucedía con sujetos muy religiosos que daban como perfectamente posible la ocurrencia de una intervención divina o un cataclismo que pondría fin a un mundo descarriado o con individuos cuya psicosis de guerra les hacía creer en la inminencia de una invasión. En segundo lugar, la tentativa de interpretar el estímulo choca con la carencia de pautas de juicio para una evaluación adecuada. Así, la interpretación fallaba al usar como punto de referencia las percepciones de otros en la misma situación, o al conferir a signos casuales (como destellos luminosos o ruidos) significados acordes con una hipótesis que se había dado por buena desde el principio. En tercer lugar, la distorsión puede tener lugar debido a que, especialmente en el caso de personas con pocos recursos educativos, el hecho enigmático formaba parte de una cadena de otros hechos también inexplicables como los fenómenos económico-políticos o la situación de conflagración mundial del momento. En cuarto lugar, es el caso que muchos sujetos no sólo carecían de elementos de juicio, sino de la idea de que pudieran existir pautas alternativas de análisis, como ocurre con aquellas personas que creen que es verdad todo lo que los medios dicen. En conclusión, existen múltiples circunstancias que podrían explicar el desencadenamiento de un tipo de conducta tan espectacular como el mencionado. Cantril, Gaudet y Herzog se cuidan mucho de sacar conclusiones apresuradas y menos aún de atribuir únicamente al poder del medio y a la inercia reactiva de la audiencia una situación cuyos determinantes eran bastante complejos. Todo ello nos inclina a pensar que el modelo hipodérmico ha sido considerado por la investigación, incluso en sus inicios, con mayor escepticismo del que pueda hacer creer la lectura de trabajos como el de Katz, Blumler y Gurevitch (1974), en el que el desarrollo de un enfoque basado en las motivaciones de la audiencia se justifica en base a los supuestos excesos de dicho modelo. Lo cierto es que tales excesos son más la excepción que la regla en la literatura sobre comunicación de masas.

En todo caso, la evolución descrita por McQuail guarda estrecha relación con el devenir del concepto de audiencia según las especificaciones de Schramm (1973). Hasta mediados del presente siglo prevaleció una concepción que la pintaba como ente pasivo y maleable en el que harían impacto los mensajes de los medios. Dentro de esa filosofía, la comunicación aparece como transferencia de algo, trátese de ideas y sentimientos, trátese de conocimientos y motivaciones. Para utilizar una metáfora, el propagandista dispararía sus proyectiles que producirían en la audiencia el mismo efecto de incandescencia que producen los electrones al atravesar el filamento de una lámpara. Este panorama cambió enseguida porque unas veces la audiencia permanecía impasible, otras el proyectil parecía no penetrar e incluso a veces la audiencia daba síntomas de disfrutar con el contenido de la comunicación sin emitir reacción alguna.

En el intento de superar principio tan elemental, se propone lo que Schramm llama *teoría categorial* de la comunicación, que se corresponde con la estrategia de investigación consistente en seleccionar diversas categorías de la audiencia que permitan clasificarla de acuerdo con ciertas variables y predecir sus respuestas con mayor exactitud. Los que poseían educación superior tendrían gustos diferentes a los de educación básica; los jóvenes, actitudes distintas de las de los adultos; los hombres serían distintos de las mujeres, etc. En definitiva, al profundizar en la investigación se constató que las actitudes o creencias de la gente tenían que ver con la diversidad de sus respuestas a la comunicación o, por decirlo de otro modo, actitudes, opiniones y creencias eran variables que permitían superar las posiciones reduccionistas y proporcionar explicaciones más complejas y adaptadas a los hechos. Por una parte, el uso de categorías haría posible establecer clasificaciones generales de los individuos y, por otro, comprobar que un cierto tipo de contenido daba lugar a un mayor nivel de respuesta en unas clases de sujetos que en otras. Lazarsfeld contribuyó extraordinariamente a determinar el tipo de variables que se incluirían en adelante en la investigación de audiencias. Se debe también a la labor de Lazarsfeld y sus colaboradores el descubrimiento del efecto que ejerce sobre el individuo la pertenencia a grupos. En hipótesis, las personas no se relacionarían con la sociedad de manera directa, sino a través del nexo intermedio que proporciona el grupo primario. Este suministraría, además de una base normativa, el contexto para valorar los mensajes anónimos de carácter externo. En síntesis, hay un momento en la investigación contemporánea sobre los mass media en el que la audiencia comienza a considerarse bajo una apariencia sumamente activa. La influencia masiva no sería más que la punta del iceberg bajo la cual se esconden y actúan de continuo los procesos de influencia personal.

III. LA TEORIA DEL DOBLE FLUJO DE LA COMUNICACION Y EL LIDERAZGO DE OPINION

La investigación surgida de la hipótesis del doble flujo de la comunicación y del liderazgo de opinión intenta resolver un problema de tipo específico y responder a una cuestión de carácter general. El problema es el de averiguar cómo circula la comunicación o influencia dentro de las comunidades humanas. El telón de fondo teórico sobre el que se recorta este análisis específico no es otro que el de la antítesis entre el individuo aislado y las fuerzas impersonales que gobiernan la sociedad. Al desarrollar las nociones de solidaridad mecánica y solidaridad orgánica, Durkheim había descrito los tipos de sociedad en los que predominaba cada una de estas formas. En las sociedades organizadas, la división del trabajo contribuye a centrifugar a los individuos en direcciones divergentes. Durkheim trató de proporcionar una explicación que conciliara la diversificación con el necesario sentido de unidad natural que permite que una sociedad se perpetúe. Su argumento básico fue que la observación de distintas sociedades, y aun la de las más complejas y desarrolladas, permite constatar que junto a la actividad individualista relacionada con la división del trabajo aparece una actividad espontánea o informal, mediante la que unos individuos se vinculan a otros de un modo que recuerda al que predominaba en las sociedades segmentarias.

En el modelo hipodérmico de la comunicación, los medios son una fuerza unitaria o sencillo sistema nervioso que alcanza a todos los miembros de una sociedad caracterizada por una organización social amorfa donde las relaciones personales son escasas. Según eso, las campañas políticas, planificadas para influir en los individuos en determinada dirección, deberían obtener siempre los resultados previstos. Los resultados de la investigación de Lazarsfeld, Berelson y Gaudet (1944) sobre las consecuencias de la campaña política realizada en el condado de Erie en 1940 son el primer tramo de un itinerario en el que la influencia social en situaciones naturales comienza a ser vista en toda su complejidad. *The people's choice* ofreció el sustrato empírico inicial para la formulación de la teoría del doble flujo de la comunicación y el liderazgo de opinión. Llamaba la atención, en primer lugar, la desproporción entre el *output* de la campaña y la exposición de los futuros electores. En el período álgido de la campaña, la mitad de la población estudiada ignoraba artículos importantes de las primeras páginas de los periódicos y las tres cuartas partes, temas centrales que habían sido tratados en revistas. Por otro lado, se comprobó que la exposición tendía a concentrarse, alcanzando siempre al mismo grupo de votantes potenciales. Además, la exposición era recurrente: quien se expone mucho a un medio tiende a exponerse también mucho a los demás. El seguimiento de la tasa de exposición de los sujetos a lo largo de la campaña muestra que la gente se expone en las distintas fases con la misma intensidad característica. La conclusión de Lazarsfeld, Berelson y Gaudet es que la propaganda política no se expande, sino que se concentra en un grupo que se satura de información. Ahora bien, ¿qué característica presentan los sujetos de ese grupo o, en términos generales, qué diferencias existen entre quienes consumen mucha y poca información política? En primer lugar, existe una diferencia sustancial en el interés de ambos tipos de sujetos. Los sujetos interesados y con una decisión ya tomada son los que más se exponen. En todas las fases de la campaña aquellos que más leen y escuchan son los que ya saben de qué manera van a votar. A la recíproca, son los más susceptibles de verse influidos por la comunicación los que se exponen menos. Además, los más interesados presentan ciertas características distintivas desde el punto de vista sociológico: tienen un nivel cultural mayor, más edad, suelen residir en ciudades y ser hombres. Si se comparaba la importancia relativa de los diversos factores en la intensidad de la exposición a la campaña, el interés en la elección se situaba en primer lugar, seguido de la decisión de voto, esto es, la medida en que esa decisión estuviera o no tomada y, finalmente, aparecían las variables sociodemográficas (educación, nivel de renta y sexo).

Estas diferencias en la exposición a la información se encontraban acompañadas por otros datos significativos. En primer lugar, aquellos individuos que a lo largo de la campaña cambian su intención de voto suelen mencionar primordialmente que otras personas —y no las comunicaciones anónimas— están en el origen de su decisión. En segundo lugar, se detectó el hecho de que tiende a votarse asociadamente, esto es, las esposas al igual que los esposos, los hijos de manera similar a sus padres, los miembros de asociaciones como los demás y los trabajadores como sus compañeros. Por otra parte, Lazarsfeld y sus colaboradores sugirieron que los influyentes son, a su vez, influidos por los mass media. La idea emergente de todo ello es que todas las relaciones sociales son marcos potenciales de comunicación y el líder de opinión es el que desempeña un rol clave en las comunicaciones. La investigación sobre la influencia masiva sufrió un fuerte revés como consecuencia del interés despertado por la influencia personal, considerada desde la óptica del grupo primario. La hipótesis que comenzaría a barajarse, llamada *teoría del doble flujo*, es que *las comunicaciones llegan primero a los líderes de opinión y de ellos pasan a los sectores menos activos de la población.*

La teoría del doble flujo fue bien recibida por la ideología democrática porque significa que las formas naturales de organización social protegían a los individuos de los intentos de manipulación. En cierto modo, contrariaba los supuestos sociológicos sobre la sociedad de masas que dibujaban una era contemporánea poblada de muchedumbres atomizadas y asociales. Pero los individuos no afrontan los hechos externos aisladamente, porque pertenecen a grupos que se forman de modo «casi» natural, como la familia, los clubs, los grupos de amigos, trabajo o vecindad. Tales grupos tienen sus propias normas y valores que, por así decirlo, configuran actitudes y pautas de comportamiento difíciles de cambiar mediante mensajes simples. Además, los líderes de opinión llevan a cabo continuamente la acción de filtrar las comunicaciones procedentes del exterior. *El supuesto del grupo como elemento de moderación, refracción o control de las influencias externas y las operaciones del líder de opinión como parte del proceso mediante el cual los sujetos se ven preservados de la acción de los medios han sido los dos pilares más sólidos de la hipótesis de los efectos mínimos.* Sin embargo, el análisis de los resultados de aquellos trabajos en que se basan no se ha realizado, en opinión nuestra, con el debido rigor.

Con anterioridad hemos mencionado las conclusiones globales de la investigación de Lazarsfeld, Berelson y Gaudet (1944). Tres tipos de resultados dieron lugar a la teoría del doble flujo. El primero de ellos se refería a aquellas personas que durante la campaña o al final de la misma habían modificado su intención de voto en relación con su propósito inicial. Comparadas con el resto, tenían más probabilidades de mencionar la influencia personal como base de su decisión. Como se detectó que estas personas dedican más tiempo a conversaciones que al uso de los medios, se concluyó que los contactos personales son más frecuentes y más eficaces que los contactos con las fuentes de información de la prensa o la radio. El segundo se obtuvo al tratar de localizar a los líderes de opinión mediante dos preguntas dirigidas respectivamente a detectar quiénes habían tratado de ejercer influencia y quiénes habían solicitado consejo político. Los influyentes, como se ha señalado, tenían más interés político y se distribuían en todos los estratos sociales. En apariencia, el liderazgo de opinión era independiente de la estratificación social. En tercer lugar, los líderes de opinión se exponían más que el resto a los medios formales de comunicación. Unida a las anteriores, esta constatación sirvió para describir el flujo de la comunicación como una corriente que se origina en los medios, pasa a los líderes y se dispersa mediante la acción de éstos al resto de los individuos.

El propio Elihu Katz (1957) señala que esa generalización carece de una base empírica sólida. El uso del método panel permitió localizar los cambios cuando se producen y relacionarlos con la influencia. El efecto tenía un indicador fácilmente registrable, la decisión de voto. Pero el estudio estuvo limitado por el hecho de que en la selección de los sujetos no se hiciera ninguna referencia a su entorno social. Por otra parte, el procedimiento de autodesignación utilizado planteaba serios problemas de validez. Se averiguó únicamente quiénes eran y no eran líderes de opinión, pero no pudo establecerse relaciones entre líderes y seguidores. Por tanto, del mayor interés de los líderes en las elecciones no se podía inferir que existiera un flujo de información de los más a los menos interesados. Katz opina que, en teoría, pudiera llegar a suceder que los líderes se influyeran mutuamente y la gente sin interés quedara fuera del mercado de la influencia personal. Sin embargo, era fuerte la tentación de pensar que los no líderes eran seguidores y de deducir de la superior exposición de los influyentes que existía un proceso de comunicación en dos etapas.

La investigación de Robert K. Merton (1949) añadió un nuevo matiz a la teoría. El estudio de Rovere se dirigió al análisis de la influencia en una comunidad. Algo menos de 90 sujetos fueron entrevistados para que mencionaran los nombres de aquellos a quienes se dirigían cada vez que querían obtener información y consejo en relación con distintas materias. Se mencionó cientos de nombres, de los que se consideró únicamente los de los que habían sido designados cuatro o más veces. En un intento de superar las limitaciones del estudio anterior se localizó y entrevistó a estos influyentes. La concepción del liderazgo de opinión no coincide con la de Lazarsfeld y sus colaboradores, en el sentido de que el líder de opinión no es cualquiera que proporciona consejo, incluido el esposo o esposa que dice al cónyuge cómo votar. Para Merton, los líderes son únicamente aquellos que ejercen influencia en sentido amplio. Además, en este trabajo no se comparan la influencia masiva y la influencia personal. Dando por supuesta la relevancia de esta última, se procedió a estudiar las características de los líderes.

En el estudio de Katz y Lazarsfeld (1955) sobre la comunidad de Decatur se intenta no sólo detectar el origen de las decisiones, sino también explicar la naturaleza del proceso de influencia. El procedimiento incluye: 1) entrevistas a los influyentes designados como tales en las áreas de asuntos públicos, moda, cine y consumo doméstico; 2) evaluación relativa de la influencia personal en comparación con otros tipos de influencia y cálculo del peso específico de las partes en la díada influyente-influido; 3) importancia de dicho factor como determinante de la influencia; 4) edad como variable interviniente. El liderazgo de opinión es contemplado desde la perspectiva del influido, como acción que sirve más tarde de base a la decisión, y desde la del influyente en cuanto que tiene conciencia de su papel en el proceso. Desde el punto de vista metodológico, el estudio de Decatur sirvió para poner a prueba la validez de la técnica de autodesignación. En cuanto a los resultados mismos, la comprobación inicial se amplió con otra que enfatizaba la complejidad de la cadena de influencias y apuntaba a la existencia de líderes de opinión. Este proceso coincide con una perspectiva del liderazgo nó centrada en los rasgos del líder, sino en los cambios de estructura de la situación. Katz (1957) se refiere a la preponderancia de los adultos jóvenes en las nuevas situaciones de urbanización e industrialización como típicas del caso. En términos generales, la influencia entre líderes refleja la coexistencia dentro del grupo de pautas nuevas y viejas orientaciones de conducta hacia el exterior, indicativas de las distintas posiciones que adoptan los individuos frente a la realidad. Principalmente, la limitación del estudio de Decatur consistió en que en lugar de investigarse la tendencia al cambio en una dirección única y dentro de un conjunto, el análisis se centró en la dinámica de múltiples decisiones que, en hipótesis, podrían neutralizarse mutuamente por ir en sentido contrario.

Para obviar este conjunto de problemas, Menzel y Katz (1957) llevaron a cabo un trabajo de investigación que reunía varios requisitos que pretendían superar algunos *handicaps* de la investigación. Se basaba en ítems específicos, seguía en sus distintas fases el desarrollo temporal de difusión de una tendencia y consideraba dicho proceso en el contexto de una comunidad completa. El objetivo del estudio consistió en averiguar de qué modo los médicos adoptan decisiones en lo tocante al uso de nuevos productos farmacéuticos. Mediante entrevistas a los médicos de especialidades relevantes de varias ciudades se obtuvo información acerca de variables sociodemográficas, actitudes, uso de productos y exposición a varias fuentes de información e influencia. Cada sujeto tenía que mencionar los nombres de tres colegas con los que interactuara frecuentemente en situaciones sociales, de tres con los que frecuentemente intercambiara información sobre sus casos clínicos y de tres a los que soliera pedir información y consejo. Mediante el registro de recetas en establecimientos de venta se obtuvieron datos sobre el proceso por el cual un nuevo producto va ganando aceptación en una secuencia temporal. El estudio de Menzel y Katz ensanchó la óptica con que se había contemplado el rol de la influencia personal en la decisión. Se comprobó que ésta era el resultado de la acción del influyente, pero también de la disponibilidad de información objetiva. Quienes antes adoptan innovaciones son más cosmopolitas, es decir, han estado en contacto con corrientes de influencia más universalistas que quienes lo hacen más tarde. El estudio permitió inferir la influencia no sólo de la autodesignación, sino también de la posición de los sujetos en la estructura sociométrica de la comunidad profesional. Se pudo comprobar hasta qué punto los más influyentes son más permeables a las innovaciones, si la pertenencia a iguales subgrupos implica la adopción de pautas de conducta similares y si las decisiones se corresponden con las influencias ejercidas.

Los tres estudios citados contienen importantes implicaciones en relación con otras tantas cuestiones que se refieren al impacto de la influencia personal, al flujo de la misma y a la dialéctica líderes de opinión-medios de comunicación de masas.

Si se contrastan influencia personal e influencia masiva se aprecia que cada uno de los trabajos describe un panorama ligeramente distinto. En el estudio de Lazarsfeld, Berelson y Gaudet, la influencia personal pesa más que la información de los medios en la decisión de aquellos que cambian durante o al final de la campaña. Los resultados de Katz y Lazarsfeld (1955) indican que la influencia personal incide con mayor frecuencia y eficacia sobre las decisiones relativas a consumo doméstico, moda y gustos cinematográficos. Menzel y Katz (1957) no entran en la comparación de ambos tipos de influencia, aunque el factor integración en la comunidad es el que más pesa en la adopción de innovaciones: cuanto más elegido como colega o amigo, mayor es la probabilidad de ser innovador. El factor integración es el más importante, pero, a su vez, los más integrados están menos aislados, más actualizados y son capaces de adoptar decisiones más arriesgadas.

Una tendencia que se pone al descubierto relaciona la opinión con el grupo primario. Los datos del estudio sobre el condado de Erie indican la existencia de una gran homogeneidad de opinión dentro de familias y grupos de amigos cuyo papel parece ser el de devolver a los desviados a la corriente general. Dicha generalización se estableció al comprobar que quienes cambiaron eran sobre todo aquellos que al principio de la campaña tenían la intención de votar de forma distinta a la de los suyos. También el estudio de Menzel y Katz muestra la forma similar de reaccionar ante situaciones inciertas de los profesionales sociométricamente conectados.

Cada uno de los términos del binomio influencia personal-influencia masiva es acreedor de distinto énfasis y carácter en los trabajos mencionados. En la obra de Lazarsfeld, Berelson y Gaudet, las personas influyen más que los medios porque su acción carece de propósito y es flexible y fiable. La acción de los medios se limita a la reafirmación y se asume que los dos tipos de influencia compiten: la decisión tiene su origen o en el grupo primario o en el medio. Por el contrario, en el estudio de Decatur se asume que los medios juegan un rol muy importante en algún punto de la cadena de influencia. Para mayor confusión, en el estudio sobre medicamentos se distingue entre medios que informan, esto es, los mass media comerciales, y medios que legitiman, esto es, los medios de opinión profesionales, incluidos los colegas.

Esta diversidad también afecta al flujo de la influencia personal. En el estudio de Lazarsfeld, Berelson y Gaudet, el líder de opinión no pertenece a ninguna clase o casta específica y se encuentra en todos los estratos sociales. En el trabajo de Merton, los influyentes locales y los líderes cosmopolitas o universalistas no son las mismas personas. Finalmente, en el estudio de Katz y Lazarsfeld, cada esfera de influencia parece tener su propio tipo de líderes de opinión: las madres de familias grandes sobresalen como influyentes en el consumo doméstico, las jóvenes solteras en moda y cine, y en los asuntos públicos existe una cierta concentración de influyentes que apunta hacia el estrato socioeconómico superior de la población. Hay cierta evidencia de que la influencia discurre de arriba a abajo, aunque en general, en todas las esferas suele ser horizontal.

En el desarrollo de la teoría del doble flujo tiene considerable importancia la cuestión de la dieta de exposición a los medios masivos de comunicación que diferencia a los líderes de los no líderes. Katz y Lazarsfeld hallaron, efectivamente, que los líderes de opinión de una esfera se exponen más que los que no lo son a las fuentes de información que resultan relevantes para la misma. Análogamente, en el trabajo de Merton, los líderes cosmopolitas se exponen a los diarios nacionales y los líderes locales más a los periódicos locales. En el estudio de Menzel y Katz los médicos más influyentes no sólo utilizan más la prensa científica, sino que además citan a otros que les influyen. En conclusión, la secuencia de influencia no se limita exactamente a los medios y a los líderes de opinión, sino que incluye a otros elementos.

En suma, no parece sino que la función de los líderes de opinión consiste en relacionar a sus grupos con las partes relevantes del entorno y así lo formula el propio Elihu Katz (1957) al pasar revista a las principales contribuciones sobre la influencia personal. Nos preguntamos si de todo ello resulta legítimo concluir que los llamados líderes de opinión —padres unas veces, amas de casa, profesionales o amigos íntimos otras— desempeñan una función adversa a la de los medios o si, más bien, cumplen la tarea de facilitar la creación de vínculos entre los procesos de macroinfluencia y los individuos particulares. Mientras que en el primer caso se acentúa la dimensión de inmunidad frente a las presiones del entorno, en el segundo se pone de relieve el papel del líder de opinión como estación de relevo de la influencia masiva, esto es, su acción como elemento reverberante. Convendría traer a colación la noción de reverberación en Física como «persistencia del sonido una vez que ha cesado la actividad del foco sonoro». Esta propuesta parece razonable y coherente con los datos, pues, en apariencia, los líderes de opinión aparecen bajo el carácter de traductores de influencias cuyo origen se sitúa fuera de ellos: en el estudio de Decatur se trata de grandes diarios, en el de Rovere de las revistas políticas y en el de Menzel y Katz de los congresos supralocales.

Un excelente ejemplo de la dinámica del grupo primario en el contexto de la influencia política en condiciones naturales aparece en el informe de Kitt y Gleicher (1950), que no es sino un avance del estudio de Elmira, realizado por Berelson, Lazarsfeld y Mac Phee (1954). Frente a los trabajos anteriores, el de Kitt y Gleicher se sitúa en una perspectiva más detallada del intercambio de influencia. En este estudio se relacionó la tendencia de voto con ciertos factores de grupo intervinientes siguiendo la pauta del método panel. Se tomó datos respecto a los contactos personales (pertenencia a organizaciones políticas, tendencia de voto en la familia y grado de acuerdo o desacuerdo con los amigos en asuntos políticos) y al voto anterior en una muestra de 1000 sujetos. Los resultados del estudio, en línea con los anteriores, indican que los contactos impersonales guardan estrecha relación con el interés o motivación. Pero el verdadero interés de los resultados radica sobre todo en la relación entre el entorno personal y la conducta política. Las características del método panel permitieron determinar qué efectos ejercía sobre los sujetos el conocimiento de la intención de voto de aquellos con quienes estaban comprometidos en una estrecha interacción social. Se operacionalizó como variable independiente el grado de homogeneidad de la convicción política de los otros significativos —amigos íntimos o familia— de acuerdo con las percepciones del sujeto a este respecto. Resultaron tres condiciones cuyo efecto se estudió por separado. La primera condición era aquella en que tres amigos íntimos del sujeto eran los tres de filiación política demócrata o republicana. En la segunda, dos de los íntimos eran de una tendencia y el tercero de la contraria. Finalmente, existe una tercera condición en la que el sujeto ignora cómo van a votar sus íntimos, lo que podría indicar desinterés político por parte del votante o ser un indicador del carácter no político de su entorno sociopersonal.

Los resultados del análisis muestran tendencias sumamente interesantes. Una de las que destacan es la coherencia en el entorno político de la muestra estudiada. Sólo el 15 % de la misma declaraba tener amigos mezclados, es decir, dos amigos de una ubicación política y uno de la tendencia rival. En general, los resultados confirman la idea de que la gente procede en el mundo político de acuerdo con las normas del grupo primario, lo que se patentiza en su deseo de votar como sus íntimos. Dado que, además de la dirección, se determinó la intensidad de la tendencia de voto, fue posible calibrar hasta qué punto la coherencia en el entorno político ejerce consecuencias sobre la conducta individual. En términos generales, los sujetos se sienten más firmes en su decisión a medida que aumenta aquélla: el 90 % de los que tienen tres amigos republicanos y el 81 % de los que tienen tres amigos demócratas votan, con intensidad variable, republicano y demócrata respectivamente. Pero cuando el sujeto pertenece a un entorno mixto disminuye la probabilidad de que esté seguro de su inclinación. Por ejemplo, una intensidad republicana fuerte se da sólo en el 34 % de quienes tienen dos amigos republicanos y uno demócrata y, de la misma manera, la inclinación de voto demócrata de los que tienen dos amigos demócratas y uno republicano se reduce al 50 %. La fuerza de los vínculos primarios queda demostrada, a juicio de Kitt y Gleicher, también en el trasvase de un partido a otro. Cuando se produce este trasvase, el cambio se orienta preferentemente en el sentido de una mayor integración con el grupo primario. Los individuos que tienen tres amigos de cualquiera de las dos filiaciones y se pasan de partido, lo hacen en un número de casos considerablemente mayor al partido al cual pertenecen los otros significativos.

En conjunto, el rumbo que toma la investigación sobre comunicación de masas se encuentra poderosamente determinado, como Katz y Lazarsfeld señalan en su obra sobre la influencia personal, por el «redescubrimiento» del grupo primario. Dicho redescubrimiento se había producido en varias esferas. En la industria, Roethlisberger y Dickson (1939) habían detectado la relación entre moral de grupo y productividad. Los grupos de trabajadores respondían a la atención externa incrementando su rendimiento, pero al mismo tiempo se organizaban para resistir la imposición de incentivos por la dirección para que aumentaran la productividad. En el ejército, la evidencia empírica procedía de la importantísima investigación de Stouffer y otros (1949) *The American soldier.* Esta obra es sobre todo conocida por lo que tiene de contribución al campo de la actitud y la opinión y, de hecho, su propósito fue registrar las actitudes de los soldados durante la segunda guerra mundial. Tolstoi había dicho en *Guerra y paz* que la fuerza de los ejércitos en guerra es el producto de la masa multiplicado por algo más, un factor X, desconocido, que incluye el espíritu de lucha y el deseo mayor o menor de afrontar el peligro. Sin pretensión de hacer literatura, aunque sí psicología social, Stouffer y sus colaboradores entendieron que no eran sino procesos psicosociológicos los subyacentes a lo que se conocía por moral de las tropas, que pasó a ser una de las áreas de investigación más importantes en su trabajo. Una de las cuestiones investigadas fue la influencia del clima psicológico de los grupos en las actitudes de los individuos. Tres variables actitudinales se pusieron en relación con el clima de grupo: la disposición para el combate, la actitud hacia los mandos y la moral de las unidades de combate. Respecto a la primera de ellas, la disposición para el combate, se comprobó que los reemplazos se encontraban a medio camino entre los recién llegados al ejército y los veteranos, lo que sugería que los reemplazos se habían socializado en las actitudes de estos últimos. Se esperaba que los soldados que se incorporaban a compañías en las que los veteranos presentaban actitudes favorables estuvieran mejor dispuestos que aquellos que lo hacían a compañías donde predominaba una actitud contraria a la jerarquía, los oficiales y las condiciones de vida en el ejército. Los resultados indicaron que las actitudes hacia los oficiales eran más negativas en el segundo caso que en el primero y lo mismo ocurría con la moral de los reemplazos: aquellos que presentaban una moral más alta pertenecían a unidades en las que existía un clima psicológico favorable. En definitiva, todo esto indicaba la presencia de procesos de grupo que actuaban de modo penetrante. Las relaciones personales podían contar tanto o más que el odio al enemigo, los éxitos políticos o ideológicos de la guerra y la disciplina.

Dentro de una vena similar, Warner y Lunt (1941), en sus series sobre Yankee City, detectaron también este tipo de relaciones. En la ordenación por importancia de los grupos sociales en una comunidad, la pandilla seguía a la familia. Las personas hablaban con frecuencia de «los míos», «nuestro equipo» o «la camarilla con quien vamos». En este caso, el grupo primario permitía comprender mejor las funciones que tiene el sistema de *status* en una comunidad. También permitía averiguar el criterio que las personas utilizan para asignar mayor o menor prestigio a sí mismas y a las demás.

Shils y Janowitz (1948) habían encontrado evidencias confirmatorias respecto a las funciones del grupo primario al poner a prueba la eficacia de lo que se dio en llamar «guerra psicológica». Los argumentos persuasivos para minar la moral del ejército alemán apenas producían mella en la cohesión y eficacia de éste. La explicación de la inoperancia de la propaganda era que la solidaridad entre los soldados de la Wehrmacht no se basaba en convicciones políticas, sino más bien en las condiciones de vida del grupo en relación con la proximidad espacial, la capacidad para dar cabida a la comunicación íntima, la actitud protectora de los jefes y oficiales hacia los soldados y la gratificación de ciertas necesidades personales como la masculinidad. Se comprobó que la propaganda llegaba a los soldados, pero cuando el grupo primario funcionaba con normalidad no producía efecto alguno. El caso era muy otro cuando por razones distintas se veía destruida la capacidad del grupo para funcionar unitariamente. Las comunicaciones persuasivas actuaban entonces sobre sujetos aislados y desmoralizados y las recomendaciones sobre procedimientos seguros para desertar obtenían bastante éxito. El ataque frontal a los símbolos de identificación era contraproducente, por lo que se recurrió a preparar comunicaciones dirigidas a estimular la discusión en grupo de ciertos problemas que presumiblemente llevaría a debilitar la solidaridad. Estas discusiones permitían llegar a un consenso sobre preocupaciones comunes y, en ciertos casos, a la decisión de rendirse.

En todos estos trabajos hay una propuesta psicosociológica más o menos explícita. En la industria, la productividad se consideró desde la perspectiva del concepto de moral de grupo, superando una visión de tipo economicista. En el ejército, la motivación para el combate presentaba raíces personales, más inmediatas que los ideales abstractos. En la comunidad, la movilidad social podía caracterizarse no sólo sobre la base del progreso económico, sino también sobre la del trasvase de un grupo a otro. Todo esto consolidó una especie de derecho no codificado a suponer que cuando la comunicación de masas actúa, la mera exposición no es causa necesaria y suficiente del cambio de actitud de los individuos. La influencia personal está continuamente presente en aquellas decisiones que implican vínculos de unos sujetos con otros. Las relaciones personales aparecían como puntos de anclaje de actitudes, opiniones, hábitos y valores y como responsables de la génesis y mantenimiento de ideas comunes y esquemas de conducta remisos a ceder. La idea general es que el grupo primario y aquellas organizaciones en las que se dan conexiones sociométricas apoyan casi todas las opiniones, actitudes y acciones individuales. Se diría que cuando la gente expresa opiniones lo hace pensando en grupos de referencia concretos dentro de los que tales opiniones son compartidas. A juicio de Katz y Lazarsfeld (1955) que, a su vez, representan una pauta de pensamiento bastante generalizada, los mensajes de los mass media son eficaces en la medida que el grupo primario suscriba su contenido. Esta proposición, vista a la luz de las contribuciones empíricas anteriores, es totalmente razonable, pero convendría establecer cuáles son sus límites. En primer lugar, las normas actúan en cada caso para establecer la adecuación de los mensajes persuasivos a los valores del grupo de referencia, pero las personas pertenecen a distintos grupos y es preciso saber qué grupo o grupos actuarán como referencia en cada caso para poder predecir las respuestas de los individuos a los intentos de persuasión. Sólo situaciones especiales como las que describen Shils y Janowitz permiten predeterminar qué tipo de grupos actuarán como filtros de la comunicación. En segundo lugar, en todos los estudios citados existe la tendencia a equiparar comunicación con persuasión, asumiendo que la comunicación de masas consiste en una tentativa de influencia mediante la cual se trata de llevar a los individuos de una opinión a la opinión contraria, del anverso al reverso de una actitud, de una conducta normativa a una conducta desviada. Este sesgo se encuentra sin duda relacionado con la procedencia de los datos que sirvieron hasta mediados de los sesenta aproximadamente para elaborar la teoría. Dichos datos se referían esencialmente a los efectos de las campañas, las cuales no son sino uno de los modos posibles de acercamiento a los efectos de los mass media. Un modo de aproximación, por cierto, que enfatiza las consecuencias, a corto plazo, de un conjunto de mensajes en una sola dirección, en relación con una conducta bastante específica como es la tendencia de voto. El tipo de influencia del que menos se ha ocupado la investigación es precisamente aquella que no se dirige al cambio de actitudes o conductas simples, sino a la difusión de influencias complejas que, sin embargo, cambian la pauta de pensamiento de los individuos de una manera que con frecuencia resulta inadvertida para ellos.

La campaña representa una circunstancia especial en el marco de la comunicación de masas y, sin embargo, ha sido utilizada como paradigma en el estudio de los efectos. Cabría citar entre los rasgos que hacen de la campaña algo peculiar el que esté planificada para lograr ciertos propósitos, en un espacio temporal corto, sea intensiva y de amplia cobertura y permita la evaluación. Otra característica de la campaña es que suele estar enfocada hacia objetivos como votar, comprar cosas, educación, salud, seguridad, etc., que no son materia de controversia. Todos esos elementos explican el hecho de que tradicionalmente haya sido considerada como el terreno apropiado para estudiar los efectos de los medios de comunicación de masas.

Pero no cabe duda de que si otros tipos de influencias se sometieran a análisis se llegaría a conclusiones teóricas bastante distintas de las que el estudio de campañas ha producido. De hecho, no es casual que la expansión a la hora de buscar nuevos terrenos en los que se ejercen los efectos de la comunicación de masas haya conducido a nuevas conceptualizaciones.

Dennis McQuail (1977) ha propuesto tomar en consideración otras áreas de referencia además de las campañas políticas o de publicidad. Tres de estas áreas son particularmente destacables. La primera se relaciona con la capacidad de los medios de comunicación para producir definiciones acerca de la realidad social. El supuesto subyacente es el de que los medios transmiten una visión del mundo codificada según ciertas pautas y que en el proceso de exposición las personas asumen de manera incidental dichas versiones. Este argumento consta de dos partes sobre las cuales existen evidencias empíricas desiguales. Hay pruebas bastante consistentes por lo que respecta a la regularidad en el proceso de transmisión de los medios. McQuail ha detectado el uso de patrones de comunicación relativamente estables en las informaciones transmitidas acerca de otros países (Galtung y Ruge, 1965), minorías (Berelson y Steiner, 1950) y violencia (Baker y Ball, 1969). En cambio, hasta época muy reciente no se ha comenzado a investigar cuál es el impacto en las personas de estas presentaciones selectivas del mundo. El criterio que gana crédito ascendente es el de que la principal contribución de los medios consiste en definir los hechos y fenómenos como problemas «objetivos». Una de las primeras investigaciones basadas en esta hipótesis ha sido llevada a cabo por McCombs y Shaw (1972), quienes trataron de calibrar qué incidencia tiene el hecho de crear un contexto de problemas y prioridades produciendo, no tanto la decisión como el sustrato de hechos y cuestiones que habrán de ser tomados en consideración a la hora de tomar la decisión. El objetivo de la investigación pensada según estos cánones se distancia del que suele plantearse en los diseños típicos para el análisis de campañas, puesto que de ningún modo se ancla en la urgencia de probar hasta qué punto los individuos «obedecen» o no a los ítems de información suministrados. Los sujetos que toman decisiones no reaccionan de manera mecánica a los mensajes, sino que utilizan aquellos datos de que disponen a la hora de emitir respuestas. Realmente es alta la probabilidad de hacer falsas atribuciones cuando no se conocen suficientemente los elementos implícitos en la decisión.

McQuail considera igualmente como posibilidad el estudio del efecto de ciertas comunicaciones que pueden dar lugar a reacciones imprevisibles en la audiencia. El análisis sobre los tipos de conducta posteriores a la audición del programa sobre la invasión procedente de Marte de Cantril, Gaudet y Herzog (1940) es un ejemplo de reacción colectiva difícilmente asimilable a una campaña política. Finalmente, cabría tomar como elemento de referencia aquellos cambios socioculturales relacionables con el funcionamiento habitual de los medios. Si bien las formulaciones desarrolladas inicialmente en un marco sociocultural presentan un carácter marcadamente especulativo y giran en torno al problema de la alienación o, en un sentido más general, a la función de reproducción ideológica de la cultura de masas, estas teorizaciones en la actualidad han comenzado a sintetizarse en modelos más limitados y estrategias de investigación susceptibles de poner a prueba hipótesis más concretas, aunque sin abandonar la idea de que existe un estrecho vínculo entre comunicación de masas, poder y estratificación social. Probablemente el antecedente más directo de este tipo de investigaciones es un trabajo de George Gerbner (1967), ya citado, en el que éste desarrolló un incipiente esquema de la teoría de los indicadores culturales. En tal contexto, la función habitual de los medios consistiría en el cultivo de nociones e imágenes acerca de la realidad social que se difunde mediante el proceso de publicación y cuyo resultado es la formación de bases históricamente nuevas de pensamiento colectivo.

IV. LA HIPOTESIS DE LOS EFECTOS NULOS EN LA OBRA DE KLAPPER

En este apartado haremos referencia a la obra de Klapper por entender que su concepción acerca de la influencia de los medios de comunicación ha calado profundamente en el espíritu que ha guiado a la investigación durante buena parte de la década de los sesenta. El enfoque de Klapper no es original, sino que más bien consiste en una síntesis de las ideas de otros investigadores que, en conjunto, se relacionan con el supuesto de que los medios no ejercen efectos de consideración. Aunque la edición de la obra de Klapper data de 1960, no se trata sino de la revisión y ampliación de un memorándum que con el título *Effects of mass media,* este mismo autor publicó en 1949 y que alcanzó rápidamente considerable difusión en el contexto académico norteamericano. En definitiva, a principios de los cincuenta los argumentos de Klapper gozaban de considerable aceptación, aceptación explicable si se piensa que en gran parte se apoyaban en los resultados de investigaciones de gran prestigio como *The people's choice* (1944), *Personal influence* (1955) y el resto de los trabajos efectuados en relación con los procesos de la influencia personal y el liderazgo de opinión.

Entre las razones que justifican el pesimismo de Klapper en relación con la investigación sobre los efectos destaca como factor esencial lo que se denomina autoselección de los públicos en el proceso masivo de comunicación. Pero además, las predisposiciones individuales, la percepción subjetiva de las fuentes de la comunicación, la pérdida de fuerza de los efectos a medida que transcurre el tiempo, el anclaje grupal de normas y actitudes y la acción de los líderes de opinión, son elementos que, considerados conjuntamente, generan los efectos colaterales que debilitan la acción de las comunicaciones de masas. El efecto del libro de Klapper fue tan profundo y generalizado que casi llegó a devaluar completamente esta área de investigación. El proceso implicaba a tantos aspectos de la cultura y la existencia que únicamente resultaba aceptable la proposición de que «ciertos tipos de comunicación acerca de ciertos tipos de asuntos, presentados a cierto tipo de personas, originan cierto tipo de efectos». Obviamente, esta conclusión resultaba tan ambigua como desesperanzadora.

Klapper pretendió apuntillar mediante su «enfoque fenoménico» al modelo hipodérmico supuestamente vigente. Sin embargo, su propia perspectiva se basa en un reducido número de generalizaciones asombrosamente populares. Dos de ellas destacan claramente del conjunto: la primera es que las comunicaciones no son causa necesaria y suficiente de los efectos; la segunda, que la influencia general de los medios no actúa aisladamente, sino inmersa en otro conjunto de factores e influencias. La naturaleza de este conjunto es tal que reduce el papel de los medios al de meros cooperadores en el proceso de reforzar las condiciones preexistentes, sean cuales fueren tales condiciones y sea cual fuere el nivel —individual o social— al que se produce el efecto. A veces las comunicaciones de masas producen cambios, pero ello sucede o bien porque los factores e influencias intermedias son inoperantes, o bien porque, de manera contraria a la habitual, no actúan como agentes de refuerzo, sino de cambio.

La revisión de Klapper se basa primordialmente en datos procedentes de campañas y, en tal sentido, sus propuestas se hallan subordinadas a una modalidad de efectos. De esta limitación es consciente el propio Klapper, quien señala que «no existen prácticamente estudios objetivos acerca del papel desempeñado por las comunicaciones de masas en cuanto a cambios de actitud a largo plazo» (Klapper, 1974, p. 14).

Bajo el rótulo «factores y condiciones intermediarias», Klapper considera varios grupos. Uno de ellos incluye las predisposiciones y procesos relacionados con la exposición, percepción y retención selectivas. Le sigue aquél que señala a los fenómenos derivados de la pertenencia a grupos y, más específicamente, el que se refiere a las normas. En tercer lugar, aparecen los procesos de difusión interpersonal de las comunicaciones, en cuyo contexto sobresalen, como hemos señalado antes, las acciones del líder de opinión. Un examen atento de todo ello permite restringir esta aparente diversidad circunscribiéndola a dos tipos de generales de mediación. Los tres procesos selectivos, en última instancia, a la exposición selectiva. Si fuera posible demostrar que en el proceso de comunicación los individuos seleccionan el contenido de la información a la que se exponen para hacerla coincidir con sus posiciones y creencias, la base esencial de la tendencia selectiva de los seres humanos se vería fuertemente confirmada. La razón es que si seleccionan la información de manera que coincida con sus predisposiciones, será lógico esperar que perciban sesgadamente la realidad (en función de la práctica que ello genera), y que tiendan a pensar de acuerdo con pautas que compiten ventajosamente con aquéllas que se forman sobre la base de ideas, imágenes y sucesos poco frecuentes. Por tanto, si la hipótesis de la exposición selectiva se viera confirmada, ello supondría un fuerte espaldarazo para los supuestos de la percepción y la memoria selectiva. En cuanto a los factores mencionados en segundo y tercer lugar, pertenecen en realidad a la misma esfera, esto es, a la esfera de procesos del pequeño grupo enfocados, unas veces, bajo la concepción del lugar de anclaje de la opinión y la actitud, otras, como red de influencias personales que afectan a la creación de normas y, por último, como conjunto estructurado en torno a un foco singular de influencia que difunde tendencias macrosociales de pensamiento o acción al que se le da el nombre de liderazgo de opinión.

Al sintetizar los resultados generales de los trabajos sobre la influencia personal hemos tratado de indicar que éstos no prueban concluyentemente que el liderazgo de opinión actúe en contra de las influencias masivas. Más bien parece que los llamados líderes de opinión se muestran particularmente activos en el proceso de hacer accesibles para la mayoría, los contenidos relevantes de la comunicación. Pero su rol no debería en ningún caso asimilarse a una actitud discrepante. Y, sin embargo, Klapper da frecuentemente por hecho que la influencia personal corre por una senda contraria a la de la influencia masiva. La exposición selectiva realiza una función protectora parecida. Lazarsfeld hablaba de ésta observando que los consumidores de ideas, una vez que han formado una opinión, la protegen con elevados aranceles contra toda noción procedente de fuera. El problema que se plantea es el de cuán altos son esos aranceles en relación con cada área de opinión y, dado el hecho palmario de que las actitudes sociales cambian, qué hace posible que todos estos mecanismos restrictivos dejen de actuar. La respuesta de Klapper es que los procesos selectivos no siempre operan. Reconoce que «se sabe muy poco acerca de los procesos selectivos en casos de períodos muy largos de exposición a comunicaciones contrarias a las opiniones o actitudes preexistentes» *(ibid.,* p. 24) y añade que «ninguno [de los estudios mencionados] trata, sin embargo, de la exposición a una propaganda durante años. Lo que pueda suceder en materia de procesos selectivos durante un período de tal duración es todavía en su mayor parte tema de especulación» *(ibid.*, p. 24). Parece, pues, que para Klapper las tendencias selectivas no tienen carácter permanente, sino fluctuante, es decir, que *no son un rasgo psicológico de los individuos.* Por otra parte, los efectos de las comunicaciones de masas verdaderamente idiosincrásicas no son las que se producen ocasionalmente, sino las que crea un uso continuado.

Otra circunstancia coadyuvante al nulo poder de conversión que según Klapper tienen los medios es la que alude al papel de éstos en una sociedad de mercado. En tal caso se trataría no ya de un rasgo del individuo, sino más bien de una característica sociológica de los aparatos dentro de una modalidad peculiar de estructura social. En la sociedad de mercado, la continuidad de los medios depende de su capacidad para conservar a la audiencia, pero la audiencia es heterogénea y presumiblemente se hallan representados en ella puntos de vista muy variados, por lo que la comunicación debe codificarse en unos términos de tal naturaleza que no produzcan el rechazo de ningún sector importante de la misma. En cuyo caso, la única alternativa sería «no reflejar actitud alguna, lo que resulta patentemente imposible, o bien restringirse a puntos de vista o valores que no encontraran virtualmente objeción. Dicho de otro modo, sólo podrían hacerse eco de lo universalmente aceptado, y santificar lo ya santificado» *(ibid.*, p. 38). Vemos aquí que desde supuestos bien diferentes a los del marxismo teórico, se llega a conclusiones similares a las propuestas por autores como Stuart Hall (1977), quien piensa en la acción de los medios como relacionada esencialmente con la reproducción ideológica. La diferencia es que Hall pone el acento en el mantenimiento de la desigualdad y Klapper en el del equilibrio.

Una conclusión muy importante a la que llega Klapper y que, por otro lado, comparte con sus coetáneos, es la de que las actitudes «importantes» no cambian. Por actitudes importantes entiende aquellas que suponen una fuerte implicación del yo y que se ejemplifican perfectamente en las actitudes raciales y religiosas. Al ser centrales dichas actitudes en la definición de la identidad presentan una resistencia especialmente fuerte frente a los intentos de persuasión. A su vez, dichas actitudes se encuentran enraizadas en el grupo primario y se relacionan con el líder de opinión, por lo que es harto improbable que su cambio sea tolerado por el entorno social íntimo del sujeto.

Ciertamente, el sentido común indica que esas tendencias profundamente establecidas que sirven de apoyo a la definición de la identidad básica del individuo son difíciles de cambiar. En relación con la importancia de la actitud se plantean varias cuestiones a dilucidar. Por una parte, no hay un único criterio para determinar el grado de importancia de las actitudes. Por otro, lo que el individuo percibe como importante no tiene forzosamente que coincidir con lo que la sociedad considera importante. Finalmente, partiendo de que las actitudes más centrales ofrecen más resistencia al cambio que las periféricas por hallarse estrechamente asociadas a la definición del yo, no se puede llegar a la generalización de que los medios carecen de poder en el cambio de actitud porque sus mensajes específicos no alteran sustancialmente las actitudes muy centrales. *Es posible que actitudes subjetivamente periféricas resulten objetivamente centrales desde el punto de vista de la planificación social de la influencia.* En tal caso, no sería preciso vulnerar las tendencias básicas de afiliación y rechazo de los individuos para reorientar su conducta. Parece que la polémica entre Carl Hovland y Philip Converse (1970) acerca de los factores que intervienen en el cambio de actitud en situaciones naturales y en el marco del laboratorio introduce argumentos a favor de esta conclusión.

Por lo pronto, vamos a considerar la validez de las pruebas que aporta Klapper para apuntalar el supuesto de los procesos selectivos. Un trabajo que suele tomarse como paradigma para ejemplificar la inamovilidad de las actitudes básicas es el que Cooper y Jahoda (1947) llevaron a cabo para estudiar las tácticas que usan los sujetos con fuertes prejuicios raciales o religiosos para burlar la influencia de la propaganda antiprejuicio. El estudio de Cooper y Jahoda indicó la imposibilidad de determinar el momento exacto de la evasión. Esta tenía lugar durante la entrevista, no tanto como reacción a estímulos particulares, sino como un proceso del cual el sujeto no era consciente. El cambio de actitud debería de producirse a través de la identificación con un personaje ficticio lleno de prejuicios y estereotipos. Pero la identificación con el modelo no llega a prosperar porque los sujetos estudiados se extravían en el proceso de comprensión de la situación. La situación experimental consistió en exponer a los sujetos a una serie de dibujos animados cuyo protagonista principal era un personaje de ficción con ridículos sentimientos de hostilidad hacia las minorías. Teóricamente, la audiencia debería abandonar sus prejuicios al verse reflejada en las acciones y expresiones del modelo.

El análisis de las respuestas de los sujetos muestra una situación muy distinta. Estos parecen no comprender el propósito de la situación: perciben correctamente los ítems propagandísticos, se identifican con el personaje y encuentran los nexos entre las posiciones de éste y su propia posición, pero enseguida generan algún medio para disolver esta identificación. Por ejemplo, los sujetos del estudio indican que el modelo es inferior a ellos en *status* o en inteligencia o que se comporta precisamente como lo hacen los extranjeros. Todo ello da lugar a la pérdida de la comprensión inicial del mensaje. Otro tipo característico de pauta de conducta consiste en aceptar superficialmente al mensaje e invalidarlo seguidamente en relación con uno mismo, operación que se realiza según dos procedimientos. Por el primero se asume la validez genérica del argumento, pero al mismo tiempo se justifica la aplicación del prejuicio en situaciones concretas. Por ejemplo, cuando se intenta ilustrar la falta de evidencia fáctica respecto a la mayoría de las generalizaciones sobre los grupos minoritarios, los sujetos manifiestan que son esos grupos los que se colocan fuera de la norma intencionadamente. Por el segundo se evalúa el ítem como convincente, aunque no representativo en relación con las situaciones reales. Las situaciones que describe la película se juzgan reales, pero se consideran excepciones aisladas. Finalmente, el tercer procedimiento que los sujetos utilizan para soslayar el cuestionamiento de sus prejuicios consiste en hacer uso de marcos de referencia distintos a los que sugiere la situación, operación que realizan coloreando las percepciones de tal manera que pasan a ser compatibles con sus principios. Cooper y Jahoda ilustran el caso con un ejemplo tomado del estudio: un congresista de tendencias fascistas recibe una carta de presentación por la que solicita trabajo un individuo cuyos avales son haber participado en sabotajes y haber cometido actos vandálicos. Los sujetos del estudio se refieren a esta situación diciendo que se trata de una huelga comunista o de un partido judío que trata de aumentar el poder de los judíos.

Otra investigación citada por Klapper es la de Hyman y Sheatsley (1947), cuyo objetivo general fue averiguar qué razones explican el fracaso de las campañas de información. Este trabajo reúne todas las limitaciones que ya hemos señalado en relación con los estudios de campañas. Más que enfocar el fenómeno de la exposición selectiva es un estudio sobre opinión pública que abunda, por otra parte, en ideas ya señaladas por Lazarsfeld y sus colaboradores. La base de su argumentación es que la influencia no depende de la cantidad de información generada, sino del porcentaje en la audiencia potencial de ignorantes «crónicos» y de sujetos interesados. Las actitudes y, por razones distintas, el interés, hacen que las audiencias se autoseleccionen, de modo que la comunicación alcanza a aquellos que están previamente de acuerdo con su orientación ideológica o a los sujetos positivamente motivados en relación con la adquisición de información. En las encuestas de opinión aparece sistemáticamente un porcentaje considerable de sujetos que ignoran ciertos ítems relevantes desde el punto de vista público y que tampoco están informados de otros hechos de carácter general. Según Hyman y Sheatsley esta ignorancia crónica no se debe a la menor accesibilidad a la información, por lo que aumentar la cobertura informativa carecería de eficacia. En consecuencia, este grupo es difícilmente alcanzable y su tamaño varía dependiendo del ítem que se considere dentro de un conjunto. Por ejemplo, en relación con los cinco ítems referentes a la política internacional analizados, un séptimo de la muestra ignoraba la totalidad de los mismos y un tercio al menos uno de ellos. Hyman y Sheatsley proponen que las causas de las diferencias en información son las diferencias en interés y motivación. Los resultados de un sondeo de opinión realizado por Hyman y Sheatsley (1947), patrocinado por el NORC [3], permitirían llegar a conclusiones similares. Ocho núcleos de opinión en el contexto de las relaciones internacionales fueron estudiados. El porcentaje de «muy interesados en cada ítem» oscila entre un 80 % y un 28 %. La muestra estudiada se dividió en tres grupos, uno altamente interesado, otro moderadamente interesado y un tercer grupo de sujetos poco interesados. Los resultados generales indican que un 11 % de la muestra presenta poco o ningún interés en relación con los ocho ítems, un 12 % se interesa sólo en uno de ellos y el 25 % está interesado en no más de dos de esos núcleos de opinión. Hyman y Sheatsley ponen el acento en la relación que existe entre apatía e ignorancia pues, aunque la probabilidad de los distintos grupos de ser alcanzados por la comunicación es equivalente, la información alcanzó a un 50 % de los sujetos interesados y sólo a un 20 % de los no interesados. En conclusión, a medida que aumenta el interés, aumentaría el conocimiento y a partir de aquí Hyman y Sheatsley concluyen que el éxito de una campaña depende de que coincida o no con las actitudes previas de los individuos, porque éstos tienden a exponerse a las informaciones acordes con ellas y a evi-

---

[3] National Opinion Research Center.

tar las informaciones que no lo son. En realidad, la de Hyman y Sheatsley es una prueba bastante asistemática respecto a la función selectiva de las actitudes y para comprobarlo no hay más que mencionar dos de los argumentos que esgrimen como constatación de la hipótesis selectiva. Uno de ellos alude al hecho de que aquellos sujetos de la encuesta que conocían un informe de las autoridades norteamericanas sobre la admisión y custodia de los juicios en Palestina eran más favorables al asentamiento que los que no lo conocían. De la misma manera, aquellos que estaban informados de la condena del régimen del general Franco por parte de tres países occidentales eran más hostiles en sus actitudes hacia Franco. En ambos casos, el conocimiento previo de las declaraciones había modificado la actitud y este cambio no era atribuible al efecto de la campaña. En conclusión, la exposición previa de los individuos a ciertas informaciones cambia las actitudes y eso se toma como prueba de que nuevas informaciones no volverán a hacer lo mismo. Aparte de la contradicción inherente a esta formulación, es notorio que la argumentación implica más o menos directamente la existencia de ciertos mecanismos psicológicos por los cuales los individuos tienden a exponerse a las comunicaciones concordantes y a evitar las comunicaciones que discrepan con sus actitudes, opiniones y creencias. Por otra parte, es de destacar la tendencia a colocar en el mismo plano la distribución social del conocimiento y el interés y la de la motivación y la actitud, cuando es evidente que se trata de áreas de la conducta conceptualmente distintas. Si se piensa en la especificidad del trabajo de Cooper y Jahoda y en la ambigüedad del de Hyman y Sheatsley, resulta difícil justificar que hayan podido servir de base para la hipótesis de los efectos mínimos. Como quiera que explícita e implícitamente en gran parte de las formulaciones mencionadas hasta el momento está presente la hipótesis de la exposición selectiva, trataremos de revisar las evidencias empíricas acumuladas en relación con ella.

V. LA CUESTION DE LA EXPOSICION SELECTIVA: EVIDENCIA EMPIRICA

La hipótesis de que existe un mecanismo selectivo que actúa de continuo en relación con aquellas conductas más directamente relacionadas con el proceso masivo de comunicación para proteger al individuo de ciertas influencias indeseables ha sido manejada con bastante frecuencia. J. L. Freedman y D. O. Sears sintetizan en los siguientes términos el contenido de dicha hipótesis:

> [...] los individuos están implicados en una exposición de tipo selectivo [...] los menos predispuestos a cambiar serán los que menos se permitan a sí mismos exponerse a comunicaciones persuasivas [...]. De modo que si una mera porción de información debilitara la estructura de sus ideas y emociones, esta será evitada [...] y si refuerza dicha estructura, será activamente buscada [...]. (Freedman y Sears, 1965, p. 57.)

Las referencias hechas hasta el momento a los resultados de los estudios más conocidos sobre campañas muestran las dificultades que presenta el cambio de opinión tanto si se sitúa en el área de la conducta política como en el de los hábitos de consumo. Modificar las lealtades religiosas o los prejuicios humanos es igualmente arduo, pero, bajo ciertas condiciones, se detectan cambios notables de opinión. Este proceso, en situaciones naturales, se ve obstaculizado por causas que, en conjunto, pertenecen a dos tipos. El primero incluiría el aprendizaje de argumentos contrarios a la apelación persuasiva, la derogación del comunicante o la distorsión del mensaje de acuerdo con la pauta expuesta por Cooper y Jahoda (1947). El segundo tipo es aún más simple: consistiría en la evitación sin más de la información discrepante. En este último caso, la explicación de la inexistencia o insignificancia del cambio de actitud estaría en una exposición que es tan voluntaria como selectiva. Como se sabe, éste es un principio central en la teoría de la disonancia cognoscitiva de Festinger (1957), pero es en el enfoque fenoménico de Klapper donde aparece como uno de los determinantes clave de la inoperancia de la comunicación de masas. Aunque la investigación al respecto no es tan cuantiosa como cabría de esperar, los trabajos que existen son suficientes en número y entidad para enjuiciar la validez de algunas de las conclusiones de Klapper.

Freedman y Sears (1965) en su conocida revisión acerca de la exposición selectiva establecen una distinción que resulta especialmente esclarecedora. Una cosa es la exposición selectiva *de facto* y otra la evidencia experimental respecto a la tendencia psicológica a evitar informaciones discrepantes. En ambos casos se trata de establecer si, y hasta qué punto, la probabilidad de que un mensaje persuasivo alcance a un conjunto de sujetos aumenta a medida que crece el grado de acuerdo con su contenido.

Respecto a la exposición de hecho, de nuevo la evidencia procede en su mayoría de estudios sobre campañas. Y nuevamente se cita el dato de que en la investigación sobre las elecciones presidenciales en el condado de Erie, dos tercios de quienes mantenían una firme intención de voto se exponían principalmente a la propaganda de su propio partido y sólo un 20 % lo hacía preferentemente a la del partido rival. En la misma dirección, Star y Hughes (1950) hallaron una exposición más intensa a la propaganda sobre la Organización de las Naciones Unidas entre quienes ya eran favorables a dicha organización. Un ejemplo de cómo los datos sociológicos pueden utilizarse para efectuar inferencias psicológicas falsas lo ofrece Cartwright (1950) en su estudio sobre los efectos de una campaña dirigida a estimular la venta de bonos de guerra. La venta de bonos de guerra en Estados Unidos se hallaba manifiesta y explícitamente conectada con el intento de paliar la inflación y de acuerdo con ello se llevó a cabo una campaña de información que llegó a alcanzar a algo más del 90 % de la población y logró que el 40 % de ésta adquiriera bonos. Pero lo más destacable, en relación con la cuestión que estamos tratando, es que postulaba la existencia de un mecanismo psicológico por el cual las personas aceptan o rechazan un estímulo particular sobre la base de las categorías a las que suponen que pertenece dicho estímulo. Dichas categorías tienen la función de impedir los cambios no deseados en la estructura cognoscitiva y crean la tendencia a leer informaciones acordes con la actitud o a escuchar preferentemente alocuciones políticas con las que se simpatiza. Cartwright establece la generalización de que la estructura cognoscitiva es relativamente estable y todo cambio implica vencer las fuerzas que tienden a mantenerla. El mensaje puede ser rechazado, distorsionado o, menos frecuentemente, producir cambios en la estructura cognoscitiva. Pero la estructura cognoscitiva apenas varía y los datos en los que apoya Cartwright esta proposición aluden a que pese al intento sistemático de explicar a través de la información la relación entre la venta de bonos y el freno de la inflación, las creencias reales de la gente apenas se vieron modificadas. Al preguntar a los sujetos de la muestra estudiada las razones por las que el gobierno perseguía la venta de bonos, se ofrecían varias alternativas de respuesta como financiar la guerra, ganar la guerra, impedir la inflación, salvar vidas, etc. Luego de un período de treinta meses de insistente publicidad, los porcentajes de sujetos que se adscribían a cada categoría eran similares a los porcentajes obtenidos al principio de la campaña. Esto confirmaría la hipótesis de que las personas seleccionan los argumentos concordantes con su opinión y rechazan aquellos que no lo son. El fallo más grave del estudio consistió en suponer que la gente mantiene estables sus creencias u opiniones en el período considerado, porque los porcentajes en relación con cada categoría de respuesta se mantienen, suposición gratuita en la medida que los sujetos que responden al principio no son los mismos que responden al final del período: *¿cómo conciliar el supuesto de una estructura cognoscitiva estable con la ignorancia crónica que Hyman y Sheatsley atribuyen a los sujetos sin interés por aquellos ítems representativos de problemas que no pertenecen a su entorno cotidiano?* Se supone que al mantenerse los porcentajes en las diversas categorías de respuesta no ha habido trasvases de sujetos de unas categorías a otras durante el período considerado, pero no hay datos que avalen esa proposición. Pero además, si como afirman Hyman y Sheatsley una parte significativa de los sujetos estudiados en las investigaciones sobre opinión pública es crónicamente ignorante y esa ignorancia se relaciona con la falta de interés por los asuntos públicos, cabe atribuir a las opiniones de este grupo una movilidad realmente considerable. No es lógico pensar que se mantenga una postura firme en relación con creencias periféricas, aunque sí cabría esperarla cuando se tratara de asuntos en los que el sujeto se encuentra fuertemente implicado. No parece sino que en muchos de estos trabajos se amalgaman el concepto de opinión y el de actitud. Si, como parece, el objeto de análisis se refiere a opiniones relativamente lejanas a los intereses de los sujetos, más que una estructura cognoscitiva estable serían esperables fuertes oscilaciones en la opinión que no son identificables mediante un diseño como el empleado por Cartwright, aunque sí mediante el método panel, tal como lo demuestra Philip Converse (1970) en su estudio sobre las no-actitudes. La tesis de Converse es que la opinión pública en relación con los asuntos políticos mantiene al ser estudiada en el tiempo sus divisiones de conjunto, pero los individuos oscilan en sus valoraciones, es decir, el todo no cambia, pero las partes sí lo hacen.

El que, en apariencia, las audiencias de los distintos medios se compongan desproporcionadamente de aquellos que se identifican con sus puntos de vista no concede el derecho a suponer que exista una tendencia psicológica general a preferir la información concordante con el criterio del receptor. Factores sociales, económicos y de utilidad también orientan la exposición, como Berelson (1949) mostró en su análisis sobre las funciones de la prensa. En su estudio se puso de manifiesto que las personas utilizan los mismos periódicos para satisfacer distintas motivaciones, lo que no debería confundirse con el intento de encontrar información congruente con la actitud. Por ejemplo, dos sujetos podrían leer el mismo periódico, uno de ellos porque le interesan los contenidos de la publicidad y el segundo con la finalidad de reforzar sus opiniones. Sin embargo, desde fuera parecería que ambos eligen el mismo medio por idéntica razón. *Puede que la exposición a informaciones concordantes sea más frecuente que la exposición a comunicaciones discrepantes, pero debido al efecto incidental de otros factores, con lo que la exposición selectiva, dentro de ciertos límites, sería independiente de la preferencia.* Sin embargo, evidencias relacionadas con la exposición selectiva «de hecho» han generado la tendencia a formular la hipótesis de que hay un mecanismo psicológico subyacente por el cual se prefieren aquellas informaciones que están de acuerdo con las ideas, emociones o conducta. Pero tal como lo ven Freedman y Sears, esas preferencias pudieran no ser la causa, ni siquiera una de las causas.

Diversos estudios experimentales se han diseñado intencionadamente para tratar de probar hasta qué punto existe una preferencia psicológica general por el material informativo concordante. La cuestión considerada es la de hasta qué punto, de entre dos alternativas de información, una favorable y desfavorable la otra, los individuos tienden a efectuar una opción selectiva. El paradigma seguido en la investigación ha consistido en medir primero la opinión del sujeto y darle a continuación la oportunidad de exponerse a información congruente o discrepante. En unos estudios, la variable dependiente es el tipo de alternativa elegido, o bien una puntuación que refleja la magnitud de la inclinación en un sentido o en otro. En otros, la variable dependiente es sencillamente la intensidad de la exposición a las dos modalidades de información supuestamente antagónicas que se ponen a disposición del sujeto.

En primer término vamos a tratar de aquellos estudios que indican que existe preferencia por el material favorable a la opinión. Seguidamente nos referiremos a los que hablan de inexistencia de una preferencia específica. Finalmente mencionaremos otros que indican la existencia de una preferencia relacionada con la información no congruente.

El trabajo de Ehrlich y otros (1957) se relaciona con la primera modalidad. Se entrevistó a propietarios recientes y antiguos de automóviles, estudiando seguidamente el criterio seguido en la elección de publicidad relacionada con marcas de automóviles entre las cuales figuraba la del suyo. Algo más del 80 % elegía publicidad sobre su propio coche cuando de haberse producido la elección al azar sólo lo hubiera hecho el 25 % de los sujetos. En la medida que este resultado se puede considerar como refuerzo de la decisión, los datos indicarían una preferencia significativa de la información concordante. Adams (1961) analizó las preferencias de un grupo de madres dentro del cual una parte era favorable a las teorías hereditarias y la otra a las teorías del aprendizaje en relación con el desarrollo de los niños. Al proporcionarles la oportunidad de escuchar una conferencia en relación con cada una de las teorías, se observó que el 75,4 % de la muestra seleccionaba la que coincidía con su punto de vista. Freedman y Sears (1963) solicitaron a una muestra de votantes que indicara su preferencia entre panfletos que hablaban de candidatos políticos. El 58,4 % de los sujetos seleccionó aquel panfleto que era concordante con su decisión de voto anterior. Los estudios que han seguido una pauta de diseño más compleja ofrecen resultados ambiguos. El primero de ellos es el de Mills y otros (1959), realizado con estudiantes de educación superior. Se dio a cada sujeto la oportunidad de elegir entre ser evaluado a través de un ensayo y serlo mediante una prueba objetiva, advirtiéndose que la decisión era irrevocable. A continuación se entregó a cada sujeto una lista de seis artículos acerca de exámenes para que los clasificaran según su deseo de leer cada uno de ellos. Tres de los artículos eran favorables a la evaluación por ensayo y los otros tres a la evaluación mediante pruebas objetivas. Para unos sujetos, los seis artículos estaban positivamente enfocados y defendían los méritos de estos tipos de exámenes. Para el resto, también los seis eran negativos y críticos. La variable dependiente fue la suma de los rangos asignados a los tres artículos favorables al tipo de examen elegido. Resultó que los tres artículos positivos en relación con el tipo de examen elegido fueron preferidos significativamente por encima de los tres artículos positivos favorables a la alternativa no elegida, con independencia de cuál hubiera sido la elección. Por contraste, los tres artículos favorables al tipo de examen rechazado fueron moderada, aunque no significativamente, preferidos sobre los tres artículos negativos favorables al tipo de examen elegido. Concluyendo, la mitad de los datos proporciona evidencia favorable a la hipótesis sobre una elección en apoyo de la decisión y la otra mitad preferencia por la alternativa contraria. Según Freedman y Sears, este estudio plantea un problema recurrente en el área:

llegar a una definición no ambivalente de lo que significan exactamente los términos favorable y discrepante como complemento al de comunicación. Rosen (1968) replicó al artículo anterior proporcionando a los estudiantes artículos positivos del tipo usado por Mills y otros, pero añadiendo dos títulos que sugerían al sujeto que había adoptado una decisión errónea, como por ejemplo: «Los autores presentan evidencia confirmatoria de que aquellos estudiantes que prefieren las pruebas objetivas generalmente obtienen mejores resultados con los ensayos.» A la recíproca, a aquellos que habían elegido el ensayo se les sugería que el procedimiento objetivo los beneficiaba más. Los resultados indican que los sujetos prefieren la información favorable a la decisión tomada, pero cuando se considera el título explícitamente disonante y el explícitamente consonante, sorprendentemente el 67 % de la muestra elige el artículo disonante, esto es, aquél que indica que el rendimiento hubiera sido mejor de haber recaído la decisión sobre el otro tipo de test. En definitiva, estos dos últimos trabajos proporcionan un apoyo equívoco a la hipótesis selectiva.

Algunas investigaciones sugieren que no existe una pauta de exposición específica. Feather (1963) pidió a un grupo de sujetos que clasificara por orden de preferencia trece artículos, parte de los cuales establecía una relación causal entre el consumo de cigarrillos y el cáncer. El resto de los artículos no presuponía ese tipo de relación. Al comparar las clasificaciones de los fumadores y de los no fumadores no encontró diferencias apreciables. Mills y Ross (1964) llevaron a cabo un estudio sobre la posición de estudiantes universitarios respecto a la procedencia de impartir la enseñanza por televisión. A continuación determinaron el interés de los sujetos en relación con la lectura de artículos a favor y en contra de su posición. Tampoco en este caso se obtuvieron datos sobre una preferencia en un sentido o en otro. Sears y Freedman llevaron a cabo un conjunto de experimentos sobre la exposición voluntaria a la información utilizando lo que ellos denominaron «situaciones de falso jurado», donde se pone de manifiesto la inexistencia de exposición preferencial. Los sujetos leían una versión condensada de un juicio real, llegaban a un veredicto por su cuenta y luego indicaban sus preferencias en relación con información adicional sobre el caso juzgado, clasificando o puntuando una lista de artículos. Como siempre, estos artículos eran favorables, discrepantes o neutros. En tres de los estudios no resultó una preferencia generalizada ni por la información concordante ni por la discrepante. Al considerar juntamente los resultados procedentes de los trabajos de Sears (1966), Sears y Freedman (1963) y Sears y Freedman (1965), resulta que el 46,1 % de los sujetos prefirió uno de los artículos concordantes cuando se dio la oportunidad de elegir entre cuatro posibilidades. Esta ligera diferencia a favor de la información discrepante no resultó significativa.

Por último, otros trabajos informan que los individuos, bajo determinadas condiciones, prefieren la información discrepante. Utilizando dos grupos, el primero compuesto por sujetos que no aceptaban la evidencia sobre la relación entre consumo de tabaco y cáncer pulmonar y el segundo convencido de lo contrario, Feather (1962) puso a prueba la hipótesis de la exposición selectiva. En cada grupo, los fumadores prefirieron un artículo contrario a sus creencias, mientras que los no fumadores no mostraron una preferencia definida, lo que es considerado por Feather un sólido argumento en contra de la tendencia selectiva, tanto más cuanto que afecta a una cuestión en relación con la que existe una fuerte implicación del yo. Brodbeck (1956) estudió la opinión de varios grupos de sujetos en relación con la intervención de líneas telefónicas haciendo creer a los miembros de cada grupo que éste se hallaba dividido. En tales condiciones, cada sujeto indicó con cuál de los otros miembros del grupo preferiría discutir el problema. Los resultados mostraron que los sujetos no tendían a evitar la discusión con quienes mantenían puntos de vista contrarios a los suyos. Un 22,2 % eligió entrar en contacto con alguien con quien compartiera la opinión, mientras que de haber elegido al azar este porcentaje hubiera ascendido al 42,9 %. En una línea similar, Sears (1965) llevó a cabo un experimento en el que el voto de los sujetos en una situación de juicio fue manipulado mediante informes que aquellos recibían y cuyo contenido había sido intencionadamente preparado para provocar en unos casos una decisión condenatoria y en otros la absolución. El 26,7 % de los sujetos a los que se suministró un informe sesgado en favor de la condena seleccionó información congruente con el contenido del intento de persuasión y el 34,1 % de los que habían recibido una comunicación absolutoria seleccionó también información concordante con el contenido de esa comunicación. Finalmente, otro estudio que pone en tela de juicio la idea de que existe una propensión sistemática a rechazar las comunicaciones discrepantes es el de Freedman (1965). Este informó a sus sujetos de que estaban participando en una investigación sobre sensibilidad social, enfatizando al mismo tiempo la importancia de esa habilidad. Cada sujeto escuchó una de entre dos entrevistas en las que un supuesto aspirante a participar en un encuentro a nivel internacional hablaba con la persona responsable de ese encuentro. En un caso, el candidato ofrecía la sensación de ser una persona idónea para ocupar el puesto al que aspiraba y en el otro dejaba mucho que desear. A los sujetos experimentales se les pide a continuación elegir una de entre dos evaluaciones, una muy favorable y otra muy desfavorable, que proceden de personas muy allegadas al candidato. Paradójicamente, de dieciocho sujetos estudiados, diecisiete eligieron aquella valoración que discrepaba de la estimación realizada después de haber escuchado la entrevista, lo cual representa una predilección extraordinariamente fuerte por la información discrepante.

En fin, considerada en conjunto, la evidencia experimental es contradictoria. En todo caso no permite pronunciarse de manera radical ni a favor ni en contra de la hipótesis de la exposición selectiva. De lo que no cabe la menor duda es de que ésta debería formularse en términos diferentes a los habituales. Todas las creencias no son igualmente importantes desde el punto de vista cultural y, desde el punto de vista de la interiorización de dichas creencias, sería esencial establecer el grado en que son centrales o periféricas. Aun así quedaría por estudiar el conjunto de variables situacionales que llevan a los seres humanos a exponerse o a evitar activamente cierto tipo de comunicaciones. Para concluir, la formulación de Klapper deja mucho que desear y la evidencia experimental en la que se ampara no presenta la solidez que podría hacer creer una lectura apresurada de su publicación del sesenta. Esta afirmación se ve reflejada en la clasificación de Freedman y Sears (1965, p. 68) que nosotros reproducimos aquí. Dicha clasificación expresa qué estudios experimentales apoyan el supuesto de la exposición selectiva, cuáles están en contra del mismo y cuáles muestran la inexistencia de una clara preferencia, bien sea por la información concordante, bien sea por la información discrepante. Algunos estudios [concretamente el de Mills y otros (1959) y el de Rosen (1961)] en que aparecen claras diferencias entre grupos experimentales o entre distintos tipos de información, han sido situados bajo más de una categoría (véase cuadro 3).

Freedman y Sears (1965) fueron notablemente perspicaces al diferenciar entre exposición selectiva *de facto* y exposición selectiva *como mecanismo psicológico* que opera de continuo cuando el individuo hace frente a las informaciones de su entorno. Y, por encima de todo, se guardaron de atribuir a la acción de esa supuesta tendencia

CUADRO 3. *Resultado de estudios relacionados con la exposición selectiva*

Preferencia por información concordante:

— Ehrlich y otros (1957).
— Adams (1961).
— Mills y otros (1954): sólo artículos positivos.
— Rosen (1961): sólo artículos positivos.
— Freedman y Sears (1963).

Sin preferencia:

— Feather (1963).
— Mills y otros (1954): sólo artículos negativos.
— Mills y Ross (1964).
— Jecker (1964).
— Sears y Freedman (1963).
— Sears y Freedman (1965).
— Sears (1966).

Preferencia por información discrepante:

— Brodbeck (1956).
— Freedman (1965 *a*).
— Sears (1965).
— Rosen (1961): sólo artículos negativos.
— Feather (1962).

Fuente: Freedman y Sears, 1965, p. 68.

psicológica la exposición selectiva que se presenta en situaciones naturales. Lo que parecen indicar algunos estudios a los que nos hemos referido ya, es que a veces tiene lugar una exposición desproporcionada a mensajes alineados con la opinión. Pero un escrutinio riguroso de los datos advierte que la selectividad se ve determinada por las condiciones en que se mide. Lazarsfeld y sus colaboradores (1944) en la investigación a la que se ha hecho referencia repetidamente y que sirvió como primer peldaño en el desarrollo de la hipótesis selectiva, encontraron que dos tercios de quienes presentaban una tendencia de voto consistente se exponía únicamente a la propaganda del partido de su candidato. Ahora bien, esa tendencia sólo se mantenía en los votantes republicanos. La exposición selectiva parecía no contar para los demócratas, quienes aparecían divididos: el 50,4 % de ellos se exponía principalmente a la publicidad demócrata y el 49,6 % a la republicana. Resultaría chocante que un principio psicológico general fuera aplicable sólo a los partidarios de orientaciones ideológicas específicas. La paradoja resulta aún mayor si se tiene en cuenta la disponibilidad o, como suele decirse, la cobertura, de cada uno de los tipos de propaganda. Los registros de Lazarsfeld y sus colaboradores informan de que el 68 % del total de propaganda disponible era pro republicana. Por tanto, no cae dentro del campo de lo extraordinario, sino del de lo lógico, el hecho de que el 70 % de los republicanos convencidos se expusieran más que nada a información sobre su partido y el 30,3 % principalmente a información demócrata. Dicho de otro modo: al estudiar la exposición en el bando conservador no parecía sino que ésta reflejaba la distribución de información disponible. No andan escasos de fundamento Freedman y Sears cuando ponen de manifiesto la necesidad de definir la exposición selectiva «en términos de las desviaciones a partir de la línea de base que marca la disponibilidad de la información» *(ibidem,* p. 80). Determinadas creencias vigentes en la sociedad se encuentran profundamente implantadas en la conciencia común no tanto porque expresen una posición fuertemente selectiva por parte de los individuos, sino más bien porque hay una cantidad desproporcionada de información relacionada con ellas. Esta proposición no debe ser considerada como negación de ciertos procesos psicológicos como aquellos que han sido identificados en el contexto de la teoría de la disonancia cognoscitiva. Cuando esta última se halla presente, «además de intentar reducirla, la persona evita activamente las situaciones e informaciones que podrían probablemente aumentarla» (Festinger, 1957, p. 15). En situaciones naturales donde los individuos tienen la posibilidad de exponerse a varias alternativas de comunicación, resulta fácil tomar por tendencia de naturaleza psicológica lo que no es sino consecuencia de algún rasgo distintivo del entorno de la comunicación. Eso no significa que dicha tendencia no exista, sino que las pruebas de que se dispone son meramente indicativas y no dan derecho a postular una relación causa-efecto. Por tanto, en la exposición *de facto* debería ser posible separar la parte que corresponde a las operaciones que realiza el individuo de la que corresponde al entorno, aunque dicha tarea presenta escollos difíciles de superar. Una posible vía para hacerlo consistiría en investigar los procesos subyacentes a ciertos patrones diferenciales de exposición relacionados con categorías de tipo sociodemográfico. De entre estas categorías, educación y clase social pasan por ser los predictores más potentes, sobre todo de la exposición a materiales de contenido político o relacionados con asuntos de interés público. Pero el problema es que esa investigación de tipo correlacional presenta las limitaciones inherentes a los estudios de audiencias. Variables como educación y clase social acaban convirtiéndose en fantasmas explicativos cuando se estudian como meras categorías nominales. No es que las diferencias en educación o en *status* socieconómico no tengan entidad real. La tienen, aunque sus definiciones sociológicas son tan molares que, a no ser que se aborde con vigor su traducción psicosocial, raramente van a tener un significado que vaya más allá del significado descriptivo que reciben en el contexto de los estudios clásicos de opinión. Este *handicap* es aplicable a un crecido número de estudios de sociología de la comunicación de masas, citados con frecuencia para avalar la hipótesis de que es el entorno social lo que determina las inclinaciones psicológicas, idea que, bien mirado, no es sino un modo de expresar sociológicamente la hipótesis selectiva. Pero una descripción «objetiva» del entorno, al margen de las explicaciones de los individuos, es necesariamente insatisfactoria, lo que, en última instancia implica que, al menos en relación con las tendencias selectivas, son precisas explicaciones de tipo psicosociológico de las que carecemos por el momento.

Los datos sociológicos, en este caso, podrían servir como primer tramo para llegar a explicaciones más rigurosas. Así, por ejemplo, el trabajo de Star y Hughes (1950) informaba, en el contexto de la exposición a información relacionada con las Naciones Unidas, de que dicha exposición entre los sujetos de educación superior es cuatro veces mayor en tres medios de comunicación distintos que la que se registra en sujetos con estudios básicos. Key (1961) efectuó parecidas comprobaciones en el marco de las elecciones presidenciales de 1956 en Estados Unidos. Al menos el 40 % de la audiencia de informaciones políticas en cuatro medios posee educación superior, mientras que el porcentaje se reduce a la cuarta parte si se toma como referencia a los sujetos de educación básica. A la recíproca, el análisis de la composición del grupo que no sigue habitualmente la campaña, muestra que los sujetos de educación superior están infrarrepresentados (3 %) y los de educación básica sobrerrepresentados (58 %).

El propio Key (ob. cit., p. 354) comprobó que las diferencias se mantienen aun en ocasiones en que cabría esperar que se pusiera en marcha la exposición selectiva. Tal era el caso de los discursos de los líderes de clase trabajadora, dos veces más escuchados por sujetos de *status* socieconómico alto que por los de *status* socioeconómico bajo. Pese a la insatisfacción que produce el hallazgo de estas asociaciones de tipo macrosocial deberían ser consideradas, aunque no fuera más que para introducir ciertas variables de control, en la investigación. De este modo, por ejemplo, la relación que Star y Hughes (1950) encuentran entre actitudes internacionalistas y exposición a las campañas de las Naciones Unidas podría enfocarse de modo distinto si se añadiera que los sujetos más educados tienden a ser más internacionalistas. Por lo mismo, la mayor exposición de los conservadores al alegato de un político conservador que Schramm y Carter (1954) ofrecen como prueba de la tendencia a la exposición selectiva, podría contemplarse desde una perspectiva algo distinta si se añadiera que los conservadores en Estados Unidos suelen ser republicanos, personas con más alto nivel educativo y que, por ende, suelen estar más representados en cualquier acontecimiento de tipo público. Cerramos esta incursión en el campo de la exposición selectiva con una cita de Freedman y Sears que, si ciertamente no debería tomarse en términos absolutos, contribuye a situar en un orden más realista el supuesto de la exposición selectiva: «Muchos informes sobre exposición "de hecho" posiblemente no representan más que casos en que personas con alto nivel educativo, habitualmente sobrerrepresentadas en las audiencias de todo tipo de acontecimientos públicos, presentan también un conjunto compartido de actitudes políticas, sociales y/o económicas» *(ibidem,* p. 81).

Es preciso hacer notar que ha disminuido considerablemente el interés por la cuestión de la exposición selectiva en la época posterior a la publicación de Freedman y Sears, entre otras cosas porque la atención parece haberse desplazado hacia los procesos selectivos de los propios comunicantes. Sin embargo, merecen ser destacadas las aportaciones de Milburn (1978 y 1979) y de Sweeney y Gruber (1984) como continuación del análisis de los anteriores.

VI. LUGAR DE LA ACTITUD EN EL CONTEXTO DE LA COMUNICACION DE MASAS

Nos hemos prodigado hasta el momento en el uso del concepto de actitud, sin duda el más representativo de la psicología social. Desde nuestro punto de vista, fenómenos muy importantes concernientes al efecto en la comunicacion de masas sólo pueden explicarse correctamente dentro de la esfera de las actitudes. Estamos pensando concretamente en la posibilidad de conciliar dos tendencias de los medios, contradictorias en apariencia. Por una parte, aquella que señala a la comunicación de masas como fuente de importantes cambios de opinión. Por otra, la que destaca la impresión general de que en situaciones naturales los medios fracasan en la tentativa de producir cambios drásticos en las actitudes. El modelo «hipodérmico» de la comunicación de masas parece echar raíces en el ambientalismo mecanicista relacionado con las corrientes de pensamiento de principios del siglo XX. Esta época es el marco de una importante confrontación entre el ateísmo positivista y el darwinismo, por una parte, y la ortodoxia religiosa, por otra. El espíritu científico se sentía desconcertado entre la Escila del materialismo mecanicista y la Caribdis del idealismo. La ciencia, inclinada por el conocimiento objetivo, rechazaba sin embargo el postulado mecanicista según el cual el organismo se ve moldeado instantáneamente por el entorno al que se adapta de forma pasiva. En este punto, *el surgimiento del concepto de actitud supone la refutación de tal enfoque al postular una nueva categoría de atributos que actúan como limitación de las fuerzas aniquiladoras del entorno «momentáneo»*. En virtud de los procesos actitudinales, el organismo es contemplado como continente de tendencias psicológicas organizadas y duraderas construidas, sin embargo, gracias a la experiencia previa. De tal forma que el impacto de la situación estímulo debería explicarse no exclusivamente por referencia a su contenido, sino también por referencia a aquellas tendencias preexistentes. Es difícil huir de la tentación de proponer que esta perspectiva marca un nuevo rumbo en el tratamiento de la influencia de la comunicación de masas. Como es obvio, esta concepción compleja y ampliada de la idea de «ambiente» socava profundamente las bases del modelo hipodérmico. En cuanto al sujeto mismo del proceso, las tendencias previamente formadas frenarían las respuestas a los estímulos externos preservando una magnitud considerable de identidad personal. En conclusión, todo ello supone la refutación de un determinismo de tipo mecanicista, pero no la de un ambientalismo sofisticado basado en el supuesto de que el entorno físico habría formado actitudes que, a su vez, amortiguan posteriores impactos de aquél y moderan las respuestas a sus imperativos.

En este contexto se plantea la necesidad de establecer las diferencias que han ido perfilando el concepto de actitud en relación con el de opinión. Thomas se inclinaba a relacionar las actitudes con lo general, duradero y esencial, más que con lo específico y transitorio. Por su parte, Thurstone (1928) les atribuyó un carácter relativamente inaccesible que podría inferirse de modo falible a partir de la verbalización de las opiniones. Thurstone negó algo que parecía evidente, esto es, que la inferencia a partir de la conducta fuera a conducir a conclusiones más seguras que la que se podría establecer a partir de la opinión, pues los actos, lo mismo que las palabras, pueden someterse al control de la prudencia o el tacto. Pese a esa diferenciación, el propio Thurstone suele emplear el término actitud en el lugar que debería corresponderle al de opinión y viceversa. La opinión y la actitud quedaron de algún modo amalgamadas hasta que George Gallup en 1935 concretó la distinción fundando el Institute of Public Opinion. El apoyo de los electores a los candidatos presidenciales se codificó en términos de opinión en razón de que cuando las personas declaran estar a favor o en contra de un candidato electoral parecen no implicarse personalmente demasiado. Otra cosa sería la exploración de las razones por las cuales los sujetos están a favor o en contra, cuestión mucho más compleja que descubriría un espectro de motivaciones y razones diferentes. Los sondeos de opinión se ampliaron a la exploración de las respuestas colectivas en relación con los problemas públicos, lo que condujo a restringir la significación multiforme del concepto de actitud, a la par que confinaba la opinión a un espacio que no coincidía con el de la actitud. Si las opiniones están en la superficie, deberían existir orientaciones más profundas, descriptibles como el motivo de las opiniones. Se trataría de tendencias profundamente arraigadas que se extienden en el tiempo, que apuntalan las opiniones manifiestas y que hacen las veces de pilares de las respuestas del individuo al entorno.

En opinión de Fleming, el término actitud es imprescindible en el discurso científico-social del siglo XX y sus argumentos están revestidos de una gran solidez. En primer lugar, su construcción es paralela a un proceso que ha estado gravitando continuamente sobre la conciencia colectiva en la época contemporánea: el proceso de incorporación de las masas a la actividad pública bajo sus aspectos político, social y económico. En segundo término, dicho proceso requería una conceptualización que no recurriera al vocablo ideas, connotador de un proceso de razonamiento lúcido que da lugar a conclusiones lógicas. Era necesario un término menos intelectualizado, pero lo bastante preciso como para ser aplicado a las a veces inarticuladas perspectivas de pensamiento de los públicos. En tercer lugar, la actitud no demandaba una formulación racional, no apelaba a determinantes conscientes y tampoco era asimilable a las ideas. Cumplía, por tanto, los requisitos que debía reunir una herramienta conceptual aplicable a la conducta de masas. Por último, la incorporación de la actitud a las teorías y a los métodos de las ciencias sociales coincidió con un movimiento general en la sociedad occidental, consistente en operar cada vez más a partir del conocimiento objetivo de las perspectivas afectivo-cognoscitivas de agregados humanos a las que históricamente no se había tenido en cuenta: las minorías raciales, las mujeres, los enfermos mentales, los antisemitas o los habitantes de los guetos urbanos, que pasaban a convertirse en objeto de estudio y reflexión científicos. Dentro de ese campo emergieron varios conceptos relacionados que se convertirían a veces en objeto de investigaciones sistemáticas. Sin duda el más importante es la opinión, cuyo carácter manifiesto y de superficie lo diferenciaría desde un principio del de actitud. Dentro del binomio afectivo-cognoscitivo, la opinión escoraba decididamente hacia la segunda parte. La opinión tendió a convertirse en una subclase de la actitud que privilegiaba la dimensión cognoscitiva. El prejuicio y el estereotipo también incorporaban una dosis de esos términos del binomio, pero si bien los prejuicios y estereotipos son actitudes, no todas las actitudes son prejuicios o estereotipos. La actitud, frente a los dos conceptos anteriores, no necesariamente tiene una connotación peyorativa. En el fondo, la actitud ponía el acento en la transacción constante entre conocimientos y valores.

Sea cual fuere el área seleccionada dentro del reino de la actitud, una vez establecida su importancia, se trataría de averiguar cuál es la naturaleza de su dinámica. El significado de las actitudes y el proceso que está a la base de su formación implican que las actitudes cambian. Particularmente, interesa en relación con los propósitos que guían este trabajo establecer qué tipo de cambios se dan como consecuencia directa o indirecta de la comunicación.

VII. «EL SOLDADO AMERICANO»: OPINION Y ACTITUD

El intento de tender un puente teórico e histórico entre el estudio sistemático de las actitudes y el de la comunicación nos conduce, casi inevitablemente, a una de las obras cumbre de la psicología social contemporánea. Nos referimos a los *Studies in social psychology in World War II*, de Stouffer, Suchman, De Vinney, Star y Williams (1949), más conocidos por el título genérico de sus dos primeros volúmenes, *The American soldier.* Efectivamente, esta obra presenta un carácter mixto que la hace especialmente tentadora a la hora de analizar el conjunto de problemas que da lugar al paso desde el estudio de las actitudes al de sus transformaciones por medio de la comunicación. Es sintomático que, mientras que en los dos primeros volúmenes, titulados respectivamente, *Adjustment during army life* y *Combat and its aftermath,* se aborda la cuestión de las actitudes en una organización formal como el ejército, en el tercero, cuya realización corrió a cargo nada menos que de Carl Hovland, Arthur A. Lumsdaine y Fred D. Sheffield, y que lleva por título *Experiments on mass comunication,* se pase directamente a investigar cómo incide la comunicación en el cambio de actitud de los soldados. Trataremos primeramente de aquella parte del contenido de los dos primeros volúmenes directamente relevante a la hora de hacer más precisas las diferencias entre los conceptos de opinión y actitud, pasando luego a realizar una breve síntesis de los resultados obtenidos en la utilizacion de los films de orientación propagandística.

El objeto general de esta gigantesca investigación fue el estudio de las actitudes de los soldados americanos en la segunda guerra mundial, con especial énfasis en aquellos factores psicosociológicos subyacentes al espíritu y la moral de combate. Se obtuvieron datos de opinión de al menos medio millón de soldados que tenían el propósito práctico de servir de base a la preparación de programas educativos, informativos y de orientación ideológica. Es importante destacar —y así lo hacen los autores— el uso indistinto que se hace de los términos «opinión», «actitud» y «tendencia», lo que en parte es un determinante de los resultados obtenidos. Pero además de ser un factor presumiblemente en la base de la moral de combate de los soldados, la actitud se relacionaba con una «moral» más consuetudinaria. De un cuarto de millón al principio del período de 1940-45 el ejército había pasado a tener siete millones de soldados. A su vez, éstos se veían presionados a adaptarse a una organización jerárquica y autoritaria donde la obediencia no admitía objeciones. Dentro de esa organización, el acceso a las jerarquías estaba rígidamente establecido por regulaciones oficiales. Era sumamente congruente que la investigación de las actitudes se relacionara estrechamente con la adaptación a una organización compleja con sus propias normas de funcionamiento, adaptación que planteaba básicamente un problema: el talante fuertemente democrático de la sociedad civil de la que procedían soldados con un nivel de educación formal bastante alto (se calculó que el 60 % de los aspirantes a oficial había cursado estudios medios o superiores), chocaba con una organización rígida en la que el liderazgo formal estaba en manos de individuos con menos formación que sus subordinados. Al mismo tiempo, las actitudes de los soldados eran sumamente ambiguas porque, si bien estaban frente a los métodos y procedimientos vigentes en el ejército, al mismo tiempo se encontraban poderosamente motivados a escalar en su sistema de *status*.

Cuatro áreas actitudinales fueron estudiadas y relacionadas con la adaptación personal. Interesa poner el acento en esta relación, en tanto en cuanto indicó sin ambages el papel esencial que juegan en la inserción social de los individuos. La actitud era tratada como un factor que explicaba el diferente grado de acomodación de los soldados a las estructuras normativas, lo que, a su vez, resaltaba su carácter instrumental. Situadas en un lugar estratégico entre el sí mismo y la vida institucional, las actitudes sirven para relacionar las metas del yo con las metas del entorno institucional. Dichas áreas actitudinales fueron cuatro:

A. Espíritu personal: Se trata del estado de ánimo general del sujeto durante su permanencia en el ejército.

B. Compromiso personal: Es el grado de interiorización de las obligaciones personales hacia el ejército y la disposición para afrontar los sacrificios que implican los deberes militares en una situación de guerra.

C. Satisfacción con el *status* y las tareas asignadas.

D. Grado de aprobación o crítica al ejército.

Una vez operacionalizadas a través de los ítems de distintos cuestionarios, las actitudes expresadas verbalmente se pusieron en relación con ítems de conducta no verbal que indicaban el grado de adaptación del individuo a la institución, obteniéndose un cuadro de resultados que podría resumirse en los siguientes términos.

Los ítems de cada una de las áreas mencionadas se relacionan positivamente con aquellos índices de conducta no verbal que expresan la adaptación a la institución. Los soldados que emiten respuestas más favorables desde el punto de vista de la institución alcanzan también más éxito en el ejército, por ejemplo, a través del rango alcanzado dentro de la jerarquía de *status*. En términos globales esto confirmaría la hipótesis del carácter instrumental de las actitudes.

Las actitudes podrían ser usadas para predecir la conducta no verbal, dado que se relacionan de manera sistemática con índices objetivos de logro y de inadaptación.

En síntesis, las actitudes, según las estudian Stouffer y colaboradores, son expresión del tipo de transacción que se produce entre el individuo y su entorno. Desde otro punto de vista esto implicaba la posibilidad de predecir qué consecuencias tendrá para el individuo que pertenece a un entorno social dado el hecho de poseer actitudes conformistas o discrepantes con la norma. Véase en el siguiente esquema cómo se relacionan las actitudes con la conducta adaptativa (no verbal) y con una variable sociodemográfica típica como educación:

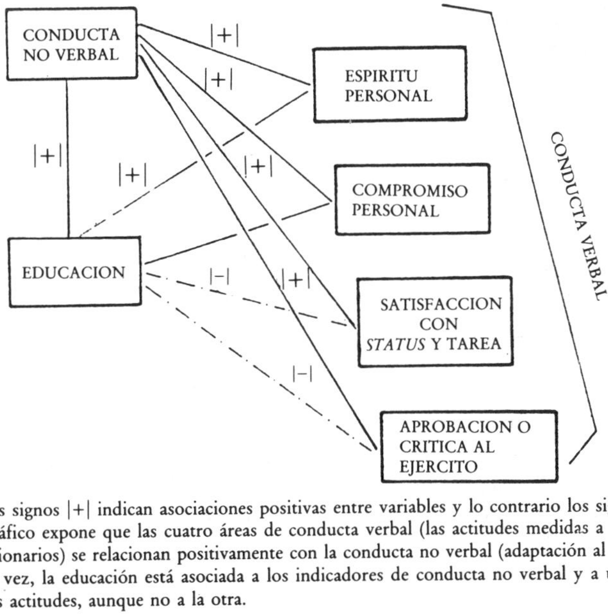

Nota: Los signos |+| indican asociaciones positivas entre variables y lo contrario los signos |−|. El gráfico expone que las cuatro áreas de conducta verbal (las actitudes medidas a través de cuestionarios) se relacionan positivamente con la conducta no verbal (adaptación al ejército). A su vez, la educación está asociada a los indicadores de conducta no verbal y a una parte de las actitudes, aunque no a la otra.

Fuente: Stouffer y otros, 1949, vol. 1, p. 36.

El nivel de adaptación de los sujetos se relaciona con su entorno social previo, pudiendo establecerse, en primer lugar, que las actitudes variaban en función de factores de tipo sociodemográfico, principalmente educación, edad y situación marital. Los más educados suelen presentar puntuaciones más altas en espíritu personal y compromiso personal, pero se muestran más críticos y disconformes en lo tocante a la institución del ejército, en general, y al *status* que tienen asignado dentro de él, en particular. Los de mayor edad, comparados con los muy jóvenes, se muestran más conformistas con su situación en el ejército, pero, en cambio, se sitúan a un nivel más bajo en compromiso personal. Finalmente, en comparación con el resto, los casados resultan más bajos en compromiso personal y espíritu personal. Todo ello ponía de relieve el hecho de que los contextos y situaciones sociales en los que discurre la vida cotidiana de los individuos marca de un modo profundo sus actitudes, de modo que la suerte que correrán en nuevos contextos dependerá de su capacidad para alterarlas sin por ello violentar gravemente su identidad. Esta capacidad, en el caso concreto de *The American Soldier*, se daba preferentemente en los sujetos con un nivel de estudios más alto, quienes siendo más críticos estaban, sin embargo, mejor adaptados a la organización, lo que se evidenciaba en el mayor *status* de las posiciones alcanzadas dentro de la jerarquía. De manera general, esto revela la validez del descubrimiento de Thomas y Znaniecki en *The Polish Peasant:* el porvenir de los individuos en un contexto social nuevo o extraño depende de la flexibilidad del sistema de actitudes interiorizadas con anterioridad.

El valor instrumental de las actitudes parecía quedar avalado por el hecho de que las puntuaciones que obtienen los individuos en las cuatro áreas se relacionan con su avance relativo dentro del ejército. Se estudió las actitudes de varias muestras hacia 1943 y se relacionó la actitud con la promoción subsiguiente manteniendo constantes las variables educación y edad. Los datos resultantes muestran que en un mismo nivel de educación y edad, los que mantienen actitudes más positivas obtienen posiciones más altas y, con independencia del resto de las variables, se comprobó que la actitud contribuye poderosamente a la movilidad social ascendente. Cualquiera que sea el grupo elegido, los sujetos que presentan actitudes más positivas llegan más alto, más rápido. Todo ello hacía suponer que las actitudes son una valiosa moneda de cambio que proporciona ventajas adaptativas.

Otro extremo comprobado se refiere a la evolución natural de las actitudes. El análisis longitudinal de las cuatro áreas llevado a cabo entre 1943 y 1945 mostró el hecho de que algunas áreas cambian, aunque la explicación de estos cambios no siempre sea satisfactoria. Por ejemplo, el compromiso personal no varió sensiblemente en el período considerado, pero, en cambio, las actitudes de los soldados empeoraron considerablemente en lo referente a satisfacción con la tarea, espíritu personal y valoración de los oficiales.

Pero las actitudes no sólo remiten al pasado de los sujetos, sino también a la situación presente, siempre que ésta resulta suficientemente relevante para ellos. El ejemplo más claro de cómo interactúan las actitudes debidas a la socialización y las generadas en el contexto presente se sintetiza en el rechazo por los soldados hacia la norma de *status* adscrito junto a su fuerte motivación por obtener posiciones de privilegio en la institución. Como se ha visto antes, el logro de éstos estaba condicionado por la adopción de una actitud positiva, pero, a su vez, el mantenimiento de la actitud estaba condicionado al cumplimiento de la expectativa. Cuando las expectativas se veían bloqueadas (lo que podía deberse a factores que, como en el caso de la edad, eran ajenos a las disposiciones del sujeto) las actitudes empeoraban. Pero en igualdad de condiciones, la conformidad con los mores militares favorecía la promoción. Al mismo tiempo, aquellos que obtienen las posiciones de privilegio que buscaban tienden a expresarse en términos más favorables hacia el ejército, lo que no implica que tuvieran actitudes favorables antes, pues, como acontece en el caso de los que presentan un nivel educativo más alto, éstas podían ser bastante críticas. En cualquier caso, señalan Stouffer y colaboradores, a menudo el conformismo es el precio que hay que pagar por la movilidad social, como lo demuestra el hecho de que entre aquellos aspirantes al ascenso que reciben la confirmación, cuando se les compara con los que son rechazados, es mayor: *a)* el porcentaje que afirma que el control en el ejército no es muy estricto; *b)* el porcentaje que declara estar satisfecho con ese control, y *c)* el porcentaje que asegura no estar en desacuerdo con la disciplina militar.

Para finalizar, todo ello significaba: 1) que las actitudes estudiadas no eran superficiales, sino relativamente profundas y se relacionaban tanto con la experiencia anterior como con la experiencia presente de los sujetos; 2) que existía un grado considerable de consenso entre los sujetos a la hora de evaluar la realidad circundante, y 3) que no se trataba de percepciones erráticas en relación con episodios aislados, sino de creencias generadas por hechos repetidos que afectaban a muchos individuos por igual. Teniendo *in mente* la naturaleza de las actitudes que constituyen el marco de referencia de Stouffer y colaboradores, es posible juzgar dentro de un cuadro realista y crítico algunos de los resultados obtenidos por Hovland, Lumsdaine y Sheffield (1949) en el intento de modificarlas mediante la comunicación.

VIII. «EL SOLDADO AMERICANO»: CAMBIO DE OPINION Y CAMBIO DE ACTITUD

Experiments on mass communication, de Hovland, Lumsdaine y Sheffield (1949) constituye, según mencionamos antes, el tercer volumen de los *Studies in social psychology in World War II.* No se trata de una obra independiente, sino de la continuación lógica de los primeros volúmenes a cargo de Stouffer y otros, en donde las actitudes y las creencias a ellas asociadas presentan carácter penetrante, se relacionan de modo complejo con el contexto presente y con las actuaciones del pasado, realizan un rol esencial en la adaptación y al mismo tiempo reflejan ese tipo de adaptación. Algunas actitudes echaban raíces en convicciones adquiridas en la socialización precedente y un ejemplo de ello era la actitud más crítica de los sujetos más ilustrados, o la mayor disconformidad de los soldados casados. Otras se relacionan con el contexto inmediato, como es el caso del mayor resentimiento de los soldados estacionados lejos del teatro de operaciones hacia la oficialidad, debido a la existencia de profundas discriminaciones dentro del ejército.

El propósito de este trabajo fue llevar a cabo una evaluación sistemática de la eficacia de las películas de instrucción y de adoctrinamiento mediante el uso de técnicas psicosociológicas de investigación. Desde el principio se distinguió entre dos niveles persuasivos: *a)* aquél que se refiere a cómo intervienen los principios del aprendizaje en la adquisición de conocimientos, y *b)* el que se relaciona con la traslación de esos principios de aprendizaje general a cuestiones como interés, atención y actitud. Se llevaron a cabo cuatro clases generales de estudios: evaluación del efecto de un solo film, evaluación del efecto de una clase de films, investigación experimental del efecto de una sola variable mediante variación controlada y análisis experimental de la combinación de dos o más variables. Nos referiremos exclusivamente a los resultados de los dos primeros tipos de estudios centrándonos especialmente en el impacto de lo que se denominó films de orientación en dos aspectos distintos. Uno de ellos se refiere a los cambios de conocimiento experimentalmente inducidos. El segundo, que es el que resultó verdaderamente central en relación con el cambio de actitud, se refiere a los cambios experimentalmente producidos en las «interpretaciones», las «opiniones» y la «moral» de los soldados. Desde el principio se plantearon dos cuestiones relacionadas con la eficacia de la persuasión. Por una parte, existía una diferencia aparente entre aprendizaje y aceptación del argumento empleado en la comunicación. Por otra, el hecho de que se aprenda un argumento no presupone la incorporación de implicaciones homogéneas o, dicho de otro modo, la relación entre el contenido del film y el cambio de opinión puede no existir en la mente de los sujetos en los mismos términos en que existe en la mente de los experimentadores.

Mediante el uso de la comunicación Hovland, Lumsdaine y Sheffield pretendían alcanzar el objetivo práctico de reforzar convicciones favorables y aumentar el grado de compromiso personal, pero de lo dicho anteriormente se colige que ese tipo de actitudes tienen un fundamento empíricamente compartido en la experiencia de los soldados. Por tanto, la comunicación se orientaba a producir conversiones allí donde era presumible que el intento de persuasión chocara con una fuerte resistencia. La hipótesis en torno a la cual giró esta parte de la investigación se basaba en una supuesta asociación entre la actitud hacia la guerra y las áreas actitudinales mencionadas anteriormente. Dado que aquellos que están convencidos de la necesidad de la guerra expresan mayor compromiso personal y presentan un mejor nivel de adaptación, por ejemplo, en las variables espíritu personal y crítica al ejército, cabría esperar que al hacerse más favorable la actitud de los soldados hacia la guerra se incrementara su compromiso personal. Es obvio que presumir la existencia de esta relación causa-efecto contrasta con el marco de referencia que Stouffer y otros habían descrito en relación con las actitudes. La asunción de un supuesto general como era el sentido de la conflagración no necesariamente tenía que producir modificaciones drásticas en tendencias que guardaban relación con las percepciones cotidianas de los soldados. Las apelaciones usadas para modificar la actitud de los sujetos eran descripciones objetivas, de carácter general, que por sí solas reforzaban la creencia de que la guerra era necesaria. Se suponía que, a partir de aquí, los sujetos efectuarían inferencias correctas aplicables a su comportamiento cotidiano. Pese a las predicciones, los resultados no reflejan una relación directa entre las informaciones y las actitudes supuestamente relacionadas con la variable compromiso personal. Pero ello no es sorprendente si se acepta el supuesto general, en favor del cual hemos mencionado hasta el momento suficientes argumentos, del anclaje social de las actitudes.

Cabría preguntarse en esta tesitura si es que la comunicación no producía efecto alguno. Una respuesta medianamente aceptable a esa cuestión exige en primer lugar señalar ciertas características que se refieren a la naturaleza del estímulo. El material utilizado se componía de varias películas cuyos títulos más conocidos son *La batalla de Inglaterra* y las pertenecientes a la serie *Why we fight*, de la cual Hovland, Lumsdaine y Sheffield citan *Prelude to war, The nazis strike* y *Divide and conquer.* En *Prelude to war,* las máximas, prácticas y filosofía de los países del Eje se contraponían a las de los Estados Unidos y la democracia en general. Se ofrecían pruebas fehacientes del militarismo agresivo de aquellos países y se defendía la tesis de la inevitabilidad de la guerra, dado que habían forjado un proyecto de reparto del mundo. En términos similares, *The nazis strike* descubría la carrera militar de la nación germánica desde la época de Bismarck hasta la invasión de Polonia y el ataque a Francia e Inglaterra, *Divide and conquer,* la invasión de Dinamarca y Noruega y *La batalla de Inglaterra,* la capacidad de las fuerzas británicas para hacer frente al ejército alemán. ¿Qué efectos cabría esperar a partir del impacto de estos contenidos? Era altamente improbable que se produjeran cambios en unas actitudes que guardaban una relación lejana con el contenido de los mensajes, lo que no significa exactamente que no se produjeran otros tipos de influencia. Varios ejemplos tomados del análisis de los efectos de esos films contribuyen a apoyar el sentido de nuestra afirmación. Si se compara la opinión de los grupos experimentales, esto es, aquellos grupos que habían sido expuestos a los films, con la de los grupos de control, que no se habían expuesto a esta tentativa de persuasión, se observa una ganancia en los grupos experimentales a favor de aquellos tópicos que cubre la comunicación. En los grupos que habían visto *La batalla de Inglaterra* era mayor el porcentaje de sujetos que aceptaban que la aviación inglesa había sido la primera en infligir a los alemanes una derrota o que estaba de acuerdo en que los ingleses estaban haciendo todo lo posible por ayudar a ganar la guerra. Ahora bien, no hubo un cambio paralelo en cuanto a la percepción general del papel de Inglaterra en la contienda ni en lo tocante a la valoración de los ingleses. Tampoco se hizo más intensa la disposición de los soldados hacia el combate. En conclusión, parecía no haber tránsfer desde el material específico a las actitudes más generales. Lo mismo ocurrió con el resto de las películas. Los análisis del efecto de *Prelude to war* mostraron un impacto significativo en seis ítems relacionados con tres categorías generales: el poder ofensivo de las fuerzas del Eje, la intolerancia religiosa de los nazis y la guerra como única vía conducente a una sociedad mejor. La influencia acumulativa de *The nazis strike* y *Divide and conquer* consistió en producir cambios sustanciales en al menos 12 ítems de opinión referentes en su mayoría al elevado grado de entrenamiento de los combatientes alemanes y a la brutalidad de sus prácticas en el trato con los civiles. Pero «este cambio de opinión se restringió casi totalmente al material específicamente cubierto por el film» (Hovland, Lumsdaine y Sheffield, 1949, p. 53).

En el primer caso se trata de un efecto de aprendizaje y retención de datos fácticos. Queda fuera de toda duda la eficacia de las películas de orientación propagandística para transmitir conocimiento sobre las circunstancias que dieron lugar a la guerra. El segundo tipo de efectos, menos frecuente y pronunciado que el anterior, es el cambio en relación con referentes específicos. El cambio de opinión suele tener lugar, con intensidad variable, siempre y cuando el ítem de opinión a evaluar se haya preparado a partir del análisis de contenido de la comunicación. En tercer lugar, si se toma como referencia los ítems de opinión generales preparados al margen del contenido del film y que, equivocadamente desde nuestro punto de vista, se toman como criterio de su eficacia persuasiva, los cambios son desdeñables. Todo indicaba que las películas de propaganda tenían escaso eco en los ítems expresivos de la motivación de los soldados en relación con el servicio, uno de los objetivos primordiales del programa de orientación. Pero ello era totalmente esperable si se considera el carácter penetrante y relativamente estable de la actitud, aunque Klapper utiliza estos resultados como punto de apoyo para su proposición esencial de que la comunicación de masas no es condición necesaria y suficiente de los cambios de actitud importantes. Dejando de lado por el momento esta cuestión, quedaría por explicar qué razón de ser tiene la menor frecuencia del cambio de opinión si se lo compara con la regularidad del aprendizaje de datos fácticos. Hay algunas explicaciones tentativas acerca de esta diferencia.

Cabría pensar que gracias al adoctrinamiento ya realizado en la vida civil, la opinión se encuentra fuertemente moldeada, como lo demuestra el dato de que tres cuartas partes de los sujetos estudiados estaba convencida de que caso de que Hitler invadiera América clausuraría todas las iglesias y el 82 % de que perseguiría y torturaría a los judíos y a otros grupos minoritarios. Dado que la conversión se había producido en la mayoría, no eran esperables cambios sustanciales de opinión. En tal caso, las diferencias encontradas al comparar los ítems ideológicos y los fácticos se deberían simplemente a un problema estadístico. Un ítem ideológico como el citado a propósito del fanatismo de Hitler dejaba poco espacio a la persuasión: sólo un 18 % de los sujetos estudiados era susceptible de cambio. Por el contrario, en el caso de los ítems fácticos, sólo el 10 % daba inicialmente la respuesta correcta, por lo que el 90 % restante era, al menos teóricamente, susceptible de reaccionar en línea con el contenido del mensaje. En definitiva, antes de llegar a conclusiones apresuradas acerca de la resistencia al cambio de ítems actitudinales hay que tener *in mente* esta diferencia de conocimiento. Una causa de la inexistencia de efectos es que el grupo susceptible de cambiar representa un reducido porcentaje de las muestras estudiadas: no alcanzaba más que el 18 % en relación con el ítem sobre la intolerancia religiosa de Hitler. Pese a que parte del grupo cambiara a causa de la comunicación, ello supondría una porción insignificante respecto de la muestra total. Si se toma como referencia el ítem «Hitler clausurará nuestras iglesias y nos hará sus servidores», la persuasión muestra una eficacia del 8 %. Ahora bien, si se forma un grupo con los sujetos que inicialmente no dan esa respuesta (y que representan aproximadamente un 25 % del total), entonces la eficacia de la persuasión se eleva a un 32 %, a pesar de que cabe suponer que en ese grupo estén incluidos los más recalcitrantes. Dicha dificultad, consistente en que sólo pueden cambiar los que no han cambiado con anterioridad, constituyó un problema recurrente en el trabajo de Hovland, Lumsdaine y Sheffield.

Otra circunstancia que podría ir a la contra del intento de persuasión tendría que ver con la existencia de motivaciones que entraban en competencia con la aceptación del contenido de la comunicación. Por ejemplo, era presumible que el temor a caer herido o muerto en combate o las presiones familiares chocaran con los efectos motivacionales de las películas. Otro ejemplo de creencia fuertemente arraigada en la estructura motivacional de los soldados tendría que ver con la tendencia a pensar que el fin de la guerra estaba próximo. Pero el contenido de las películas no aludía a estos temas. Aparte de los sujetos con fuertes prejuicios, no cabía esperar que una mayoría reaccionase en contra de la propaganda a favor del pueblo inglés. El intento de persuasión implícito en *Why we fight* atentaba contra actitudes previamente formadas. Ahora bien, los experimentos ponen de manifiesto el poder limitado de aquellas comunicaciones simples frente a la influencia ejercida por los valores del sistema cultural. No era lógico esperar que una comunicación de cincuenta minutos pudiera competir con éxito con años de intoxicación patriótica cuyo resultado era que Estados Unidos aparecía como un país invencible. En este contexto tiene pleno sentido la propuesta de George Gerbner de llevar a cabo el análisis de la comunicación de masas en términos de sus rasgos como sistema cultural.

La eficacia de las comunicaciones persuasivas dependería de la medida en que su contenido cubra específicamente aquellos ítems en relación con los cuales se va a medir el cambio de opinión. Por ejemplo, si el principal efecto de *Prelude to war* fue que los sujetos estimaran que la aviación alemana ocupaba la primera posición mundial en importancia fue porque así se había descrito. Los autores mencionan la mayor eficacia de los guiones de radio que trataban de convencer a los soldados de la larga duración y dificultad de la guerra. Al menos el 40 % de los sujetos que se expusieron modificó sus creencias acerca de la duración de la campaña, efecto que no se obtenía al hacer uso de las películas. La razón que Hovland y colaboradores aducen es que los guiones radiofónicos se basaban en informaciones objetivas suministradas por el Departamento de Investigación y se conocían las formulaciones por medio de las que se iba a juzgar la eficacia de los programas. No cabe esperar que las personas lleguen siempre a conclusiones generales y homogéneas a partir de las recomendaciones implícitas que contiene un mensaje singular. Ello se cumple especialmente en el caso de audiencias con escasos recursos cognitivos. Se asumió que el cambio de opinión se produce a partir de inferencias correctas hechas sobre la base de los estímulos presentados, pero el supuesto no se cumplía de manera general. Por ejemplo, pocos sujetos deducían del potencial bélico de los alemanes que la guerra fuera a durar mucho. Lo dicho anteriormente sobre el anclaje social de la opinión y la actitud alcanza pleno sentido en este contexto. La opinión y la actitud son susceptibles de cambio que, en ciertos casos, se debe al efecto de la comunicación. Pero no todas las opiniones y actitudes son igualmente importantes, ni cumplen las mismas funciones ni alcanzan el mismo nivel de profundidad.

3. EL ESTUDIO EXPERIMENTAL DE LOS EFECTOS DE LA COMUNICACION

I. LAS ACTITUDES Y SU CAMBIO

El entorno nunca les es indiferente a las personas con independencia de la sociedad a que éstas pertenezcan. En la que nosotros conocemos, los individuos adoptan posiciones que tienen a la vez sentido individual y colectivo, es decir, representan simultáneamente una forma subjetiva de afrontar la realidad y una modalidad de conducta colectiva. En mayor o menor medida, el individuo particular percibe que sus reacciones son compartidas. Ante ciertas cuestiones relevantes se adoptan posturas distintas cuando no antagónicas. Se puede estar a favor o en contra de la entrada de España en la OTAN, el aborto, la familia patriarcal, los gitanos, el gobierno, la coeducación o el feminismo. Además, la medida en que se está a favor o en contra de esas realidades socialmente significativas puede variar de unos individuos a otros, de unos a otros grupos, de unas épocas a otras. Las posiciones a que nos estamos refiriendo han sido objeto de importantes contribuciones teóricas y de no menos relevantes investigaciones empíricas dentro del marco de la psicología social en el cual se las ha identificado con la denominación de actitudes.

Bajo determinadas condiciones, las actitudes están sujetas a cambios y ello se debe a varias razones, entre otras, a su ostensible valor adaptativo. En general, hay dos perspectivas a la hora de considerar las transformaciones de las actitudes. Desde el punto de vista diacrónico, el estudio de los grupos permite contemplar cómo las posiciones que éstos adoptan hacia el entorno social se modifican, unas veces con la rapidez inherente a la acción de la propaganda política, otras con la lentitud y profundidad de las transformaciones sociales, como ocurre en los procesos de modernización. Las ciencias sociales han venido mostrando más capacidad para dar cuenta del primero de los procesos que del segundo, diferencia que en igual medida tiene su raíz en determinantes de tipo metodológico que en el pragmatismo que impregna la investigación social, más preocupada por la eficacia inmediata de sus explicaciones que por encontrar las claves de las transformaciones sociales a largo plazo. Es bastante corriente que la sociología ceda esa responsabilidad en el estudio de lo diacrónico a la investigación histórica, a la descripción o a la imaginación. Esta tendencia contribuye a que las actitudes asuman un carácter falsamente estático. Por otra parte, hay que tener en cuenta la dificultad que entraña considerar simultáneamente los datos del presente y los del pasado. La práctica social suele ser el principal motor de los cambios actitudinales y al ser sus móviles esencialmente externos al individuo, es decir, estructurales, y su modo de acción continuo y gradual, la percepción de los primeros se les hurta a los individuos a no ser que forme parte de una reflexión controlada. Por eso mismo, raramente se activa en la colectividad la conciencia respecto a tales cambios que en ocasiones pueden ser muy notables. Sin ir más lejos, piénsese en las modificaciones que han experimentado las actitudes de la izquierda si comparamos sus posiciones en la década de los setenta con las que han comenzado a estar vigentes en la de los ochenta.

Armand Mattelart, teórico e investigador que ha venido trabajando en el área de los medios desde los años sesenta, ha puesto de manifiesto recientemente que uno de los cambios más espectaculares de los que han tenido lugar entre los intelectuales europeos en los últimos años se refiere precisamente a la actitud de éstos hacia los mass media. Según Mattelart, predomina una postura legitimadora que implica dos aspectos, positivo el primero y negativo el segundo. El aspecto positivo resulta de la constatación de que los críticos en el pasado tendían a ser apocalípticos, es decir, procedían en sus explicaciones al margen de los usuarios de los medios. El negativo procede del frívolo tránsito mediante el que se ha pasado de la crítica a la exaltación. Esta mutación puede apreciarse en el hecho de que los mismos que antes se preciaban de no tener televisión lo hacen hoy de seguir regularmente algunos seriales televisados cortados por el patrón del más radical de los convencionalismos. Lo paradójico es, según Mattelart, que los argumentos para justificar este uso son los mismos que antaño utilizaban los publicistas norteamericanos: si no te gusta la televisión es porque no te gusta lo que le gusta al pueblo.

No obstante, el cambio de actitud puede contemplarse desde una perspectiva más restrictiva. Desde hace cierto tiempo, la psicología social se viene ocupando de estudiar la manera en que las comunicaciones persuasivas determinan cambios actitudinales. Las informaciones de los periódicos, las noticias de la televisión, los argumentos personales que chocan con aquellos que por educación, experiencia o ideología tenemos por nuestros, pueden empujarnos a modificar la forma en que percibimos alguna parte significativa del medio social. Por lo general, la psicología social entiende por cambio de actitud la modificación en sentido o en intensidad de las posiciones individuales o colectivas.

El estudio experimental del cambio de actitud se ha llevado a cabo siguiendo una pauta relativamente estable a cuya consolidación contribuyó el desarrollo del Programa de investigación de Yale. El sujeto es interrogado, por lo general mediante ítems que forman parte de un cuestionario de opinión, para establecer su posición respecto a determinado problema o cuestión. Su respuesta (RA) se toma como indicación de la actitud precomunicacional. Más tarde se ve expuesto a una comunicación que expresa la posición de otra persona, grupo o institución acerca de la cuestión (RD). Seguidamente, mediante un retest, se obtiene la nueva respuesta del sujeto respecto a la misma cuestión (RN). La respuesta inicial (RA) se compara con la respuesta posterior a la recepción del mensaje (RN) y con la propugnada por la fuente (RD), lo que permite traducir empíricamente el efecto de la comunicación o, dicho en otros términos, llevar a cabo una estimación del cambio de actitud que ha tenido lugar como consecuencia de la acción del mensaje. En definitiva, se trata de un diseño «antes-después» que implica la introducción de un grupo de control, no expuesto al mensaje, en el que se evalúa el cambio espontáneo entre (RA) y (RN). Por lo general en este tipo de diseño sólo se ha considerado la acción de un factor, aunque posteriormente, se ha abierto la posibilidad mediante el análisis de varianza de considerar varios factores al mismo tiempo y establecer un cierto grado de jerarquización según su importancia. De cualquier manera, la inmensa mayoría de los trabajos pertenecen a la primera y no a la segunda clase.

El estudio del cambio de actitud mediante la comunicación remite al Programa de investigación de Yale. Naturalmente, los trabajos realizados por Hovland y sus colaboradores no bastan para hacerse una idea cabal del rumbo actual de la investigación en el área, porque hay desarrollos posteriores que han contribuido a dar respuesta a algunos de los problemas que Hovland dejó sin resolver. Sin embargo, debido a la envergadura de la labor de Hovland y al carácter relativamente unitario de los experimentos realizados bajo su influencia más o menos directa vamos a considerar su aportación por separado, en lugar de incorporarla a la corriente general de la investigación sobre comunicación y persuasión. Nos mueve a ello, además, el deseo de reconocer explícitamente el mérito de su obra, a nuestro parecer injustamente denostada en ocasiones. Nos sentimos justificados, por otra parte, en la medida que el propósito explícito de la escuela de Yale es el estudio del cambio de opinión mediante la comunicación.

Salvo escasas excepciones, todos los trabajos de Hovland y colaboradores, siguiendo el proceder predominante en psicología social, han empleado el experimento como técnica de recogida de datos. A través de él, han conseguido los tres objetivos que, según Turner (1981), persigue la investigación experimental: 1) establecimiento de relaciones claras entre variables; en el caso de Hovland, por ejemplo, entre credibilidad de la fuente y cambio de actitud, descartando el contenido del mensaje, la organización interna de los argumentos, la implicación del sujeto en el problema, etc.; 2) purificación conceptual de variables; siguiendo con el mismo ejemplo, el intento de trazar una distinción entre credibilidad de la fuente y otras características asociadas a ella pero diferentes, tales como prestigio, experiencia, etc., y 3) síntesis teórica: elaboración de las relaciones invariantes encontradas en los experimentos concretos en generalizaciones empíricas que sirven de base para la formulación de un modelo teórico; en el caso de Hovland, las relaciones entre los diversos elementos del sistema de la comunicación persuasiva. Queda claro que el objetivo de Hovland no era tanto la descripción de resultados relativos al cambio de unas actitudes concretas en situaciones especificadas, sino el uso de tales resultados en la comprensión del cambio de actitudes como consecuencia de la comunicación persuasiva.

II. EL PROGRAMA DE COMUNICACION DE YALE: LA OBRA DE CARL I. HOVLAND

La aportación esencial del grupo de Yale al estudio del cambio de opinión se concreta en dos obras a las que nos hemos referido antes. Se trata, por una parte, de *Experiments on mass communication* de Hovland, Lumsdaine y Sheffield (1949), tercer volumen de los *Studies in social psychology in World War II*, donde se describían en detalle varios estudios experimentales básicamente destinados a determinar la eficacia de las películas «de orientación» a la hora de persuadir a los soldados en relación con aspectos de su conducta que se referían tanto a sus actitudes hacia el combate como hacia el ejército, sus jerarquías y sus normas.

En *Communication and persuasion,* de Hovland, Janis y Kelley (1953), la segunda de estas obras, se abordó más sistemáticamente el estudio experimental del cambio de opinión resultante de la utilización de mensajes persuasivos. En ambos casos se pusieron de manifiesto la formación y el considerable ingenio de Hovland, especialmente en el elegante diseño de los experimentos en cuya preparación y realización intervino directamente.

En lo que sigue se hará referencia a ambas obras, pero especialmente a la segunda por varias razones que es preciso tener en cuenta. En primer lugar, por la poderosa influencia ejercida y que se extiende durante toda la década de los cincuenta y parte de la de los sesenta. Una revisión del trabajo sobre el cambio de actitud que W. McGuire (1969) preparó para la segunda edición del *Handbook of social psychology,* permite constatar lo mucho que éste adeuda a Hovland tanto en la concepción general sobre el cambio de actitud que allí se emplea como en la propuesta respecto a los elementos particulares que intervienen en el proceso. Este reconocimiento respecto a la fuente de inspiración no es tan entusiasta como cabría esperar. Pero en rigor, la visión que se institucionaliza en Yale a propósito del cambio de opinión marca profundamente las perspectivas dominantes en la psicología social en el período citado acerca no solamente del cambio de opinión, sino también del cambio de actitud. En segundo lugar, porque la peculiar concepción de la opinión y del proceso que conduce a su cambio, que resultan esenciales para comprender la influencia que tiene lugar en virtud de la comunicación de masas, se encuentran allí perfectamente plasmadas. Y en tercer lugar porque, sobre todo la obra de Hovland, Janis y Kelley, constituye mucho menos una especulación acerca de los efectos de la comunicación que un ambicioso y generosamente financiado intento de poner a prueba el peso específico que distintos elementos constitutivos del proceso de comunicación tienen en relación con el cambio de las actitudes humanas.

Es frecuente que el behaviorismo de Hovland se atribuya a la casualidad o a la circunstancia de que en la ciencia, como en el resto de los fenómenos humanos, las modas también influyen sobre las opciones que elige el investigador. Pero no hay oportunismo en la concepción conductista que Hovland defiende en relación con el cambio de opinión, sino más bien una cierta continuidad lógica que se relaciona con la labor por él realizada antes de 1940. Prueba de la relevancia de sus trabajos es el hecho de que G. A. Kimble (1969) incluya dos de ellos entre las diecisiete demostraciones paradigmáticas del fenómeno de generalización del estímulo. En uno de estos trabajos, realizado con sujetos humanos (Hovland, 1937*a*), se demostró la generalización en el condicionamiento y la extinción, tomando como indicador la respuesta dermogalvánica y haciendo uso del método de condicionamiento clásico y estímulos de tipo auditivo (4 tonos separados por 25 diferencias apenas perceptibles). En un segundo trabajo (Hovland, 1937*b*), en el que igualmente se utilizaba el método del condicionamiento clásico, se utilizó la respuesta dermogalvánica y estímulos de tipo auditivo, aunque la generalización se estableció tanto en relación con el volumen como con el tono. En este último experimento, Hovland demostró el fenómeno de generalización del estímulo, obteniendo un gradiente de volumen más plano que el del tono. La calidad de la incursión de Hovland en este campo dista de ser secundaria. De hecho, el primero de los experimentos citados es reputado por Kimble (1969, p. 499) como «uno de entre los estudios clásicos sobre generalización». Y este juicio cobra fuerza si se considera la colaboración con Hull en el intento de extender los principios del condicionamiento y el aprendizaje simple a la memoria por repetición (Hull, Hovland, Ross, Hall, Perkins y Fitch, 1940) y la labor en el análisis experimental del conflicto, esto es, el resultado de instigar simultáneamente tendencias de reacción incompatibles. Concretamente, Hovland y Sears (1938) llevaron a cabo experimentos con ratas en situaciones de elección en las que se activaban hábitos competitivos.

El marco conceptual del principal de los componentes del grupo de Yale tendrá un gran peso en la perspectiva bajo la cual se contemplará el proceso persuasivo. Los dos pilares del programa de Yale, según Hovland, fueron la teoría del aprendizaje y la investigación sobre la pertenencia a grupos. Lo cierto es que hay mucho de lo primero y poco de lo segundo. En la letra, desarrollar teoría e investigacion básica eran las dos finalidades esenciales del programa de investigación. Pero el hecho de que el sustrato teórico empleado perteneciera a distintas áreas de la psicología «y campos afines» no facilitaba el camino hacia la construcción de un *corpus* organizado de conceptos e hipótesis. Sin duda resulta paradójico que uno de los propósitos de la realización de los experimentos fuera servir de complemento a los datos obtenidos en los estudios por encuesta. Propósito tan bienintencionado nunca tuvo las consecuencias apetecidas, de modo que la investigación sobre persuasión y los estudios por encuesta sobre la influencia de los medios de comunicación han seguido rumbos independientes.

II.1 *El programa de Yale: opinión, cambio de opinión y conceptos relacionados*

En la definición de opinión de Hovland y otros (1953) cabe distinguir dos partes, una teórica y otra práctica. El contenido teórico se asimila a la corriente general de estudio sobre la opinión. Esta se usa genéricamente para describir interpretaciones, expectativas y evaluaciones, por ejemplo, creencias sobre las intenciones de otros, expectativas sobre hechos futuros y juicios acerca de las consecuencias de la acción. Pero la dimensión operacional representa una alternativa alineada claramente con supuestos conductistas: *la opinión es una respuesta verbal que el sujeto emite como reacción a situaciones estímulo en que se plantea alguna cuestión de tipo general.*

La opinión representa una realidad distinta a la que representan los hechos y las actitudes. Los hechos son entidades no susceptibles de controversia, mientras que la opinión se refiere a proposiciones controvertibles como las que aluden a la eficacia de ciertas medidas políticas, las intenciones de los gobiernos, etc. Opinión y actitud tienen algo en común y es el hecho de que las dos sean respuestas implícitas y, en términos teóricos, variables intervinientes. No obstante, la primera se usa para hacer referencia a un amplio conjunto de anticipaciones y expectativas, mientras que la actitud se reserva para aquellas respuestas implícitas que implican aproximación o rechazo respecto de un objeto, persona, grupo o símbolo dado. En resumen, se adjudica a las actitudes un valor de impulso del que las opiniones parecen estar exentas. Otra diferencia relevante es que mientras que las actitudes son de naturaleza inconsciente, las opiniones son verbalizables, lo que las convierte en una variable adecuada para estudiar el impacto de las comunicaciones persuasivas. Ahora bien, dado que se asume esta diferencia, ¿de qué modo se relaciona el cambio de opinión con el cambio de actitudes?

La respuesta a este interrogante es que muchas actitudes se encuentran mediatizadas por creencias verbales, expectativas y juicios y que la comunicación puede dar lugar a cambios actitudinales alterando esas respuestas verbales. Por su parte, la opinión tiene dos caras, manifiesta una, latente la otra. Es una verbalización, pero, al propio tiempo, esa verbalización tiene un correlato interno por el cual la persona la reconoce y evalúa. Esto no implica que las respuestas internas coincidan siempre con las públicas. Teniendo presente esa dualidad, el cambio de opinión se define en términos de *«Un cambio de la respuesta verbal implícita»* (Hovland *et al.*, 1953, p. 8), lo que significa que una modificación de la respuesta manifiesta que no se vea acompañada por un cambio en la respuesta interna no es realmente un cambio de opinión, sino más bien una táctica de evitación dirigida a ocultar la verdadera opinión. Naturalmente, el peligro de tomar por verdadera opinión lo que tan sólo es distorsión es difícilmente evitable. El recurso utilizado por Hovland consiste en utilizar un tipo de cuestiones que minimicen la motivación de los sujetos para producir supresiones o distorsiones en las respuestas. Era esperable que éstas se produjeran al hacer uso de tópicos con los que los individuos se sintieran fuertemente implicados, por lo que se trabajó con objetos de opinión más inocuos. Pero al proceder así es probable que se estuviera trabajando con una modalidad de actitud relativamente superficial.

En la escuela de Yale se equipara la opinión al hábito. En cuanto tal, la opinión no varía erráticamente, sino que tiende a persistir hasta tanto nuevas experiencias de aprendizaje introducen cambios. Esas «nuevas experiencias de aprendizaje» no son sino aquellas que simbólicamente son suministradas por las comunicaciones persuasivas. Dicho de otro modo, *una comunicación persuasiva que induce un cambio de opinión equivale a una experiencia de aprendizaje de la que resulta un nuevo hábito verbal.*

El proceso que se opera en el receptor sigue una pauta más o menos regular. La recepción del mensaje da lugar a que el sujeto considere mentalmente su respuesta habitual y la respuesta recomendada, el hábito ya establecido y el que se pretende establecer, fenómeno que ocurre gracias a la tendencia de la persona a repetirse a sí misma las comunicaciones a las que presta atención. Sin embargo, ni el mero hecho de pensar en la nueva respuesta, ni su memorización, ni siquiera la práctica, conducen por sí solos necesariamente a la adquisición de una nueva opinión, que requiere la ocurrencia de un fenómeno cualitativamente distinto como es la aceptación. Para que haya aceptación es preciso que se hayan creado con anterioridad incentivos asociados con la nueva conducta que la hacen aparecer superior al hábito verbal preexistente. Según Hovland, existen dos tipos de incentivos. El primero de ellos se relaciona con aquellos argumentos lógicos y datos fácticos que sustentan una apelación y la hacen convincente. Lo que distingue al segundo tipo es su naturaleza emocional. Constituyen una parte muy importante de él los incentivos que generan las expectativas de recompensas y castigos que motivan al sujeto a aceptar o rechazar una opinión dada. La acción sobre los incentivos puede ser realizada indistintamente por tres instancias: la fuente de la comunicación, el contexto de la exposición y determinados *elementos importantes del contenido* del mensaje que se denominan argumentos y apelaciones.

El concepto de opinión y la explicación del proceso de cambio quedaban establecidos. Restaba fijar los elementos singulares del marco en el que se habría de estudiar la persuasión. La elección no entretuvo en demasía a Hovland, quien optó por la pragmática decisión de recurrir a la fórmula clásica de Smith, Lasswell y Casey. Con esa decisión se daba por buena la solución de definir un acto de comunicación en términos de «Quién dice qué, en qué canal, a quién y con qué efecto».

Pese a su complejidad, Hovland supone que el aprendizaje de la nueva opinión se rige por principios similares a los que están presentes en la adquisición de otros hábitos. No obstante, advierte en el proceso de persuasión ciertas especificidades que lo separan de, por ejemplo, la educación y la instrucción. Una de ellas es que la persuasión no necesariamente conlleva la aceptación de la fuente, lo que no ocurre en aquéllas. El aprendizaje corriente suele consistir en una acumulación de proposiciones y datos acompañados de práctica. En cambio, en las situaciones de persuasión típicas, *la opinión recomendada suele consistir en una información simple accesible a la memoria de los sujetos y, muchas veces, dicha comunicación basta para inducir el cambio* (Hovland y otros, 1953, p. 16). Y lo que es más importante, en el caso de la persuasión el almacenamiento de argumentos se ve interferido por la competencia de elementos preexistentes y por la posibilidad de que en el curso de la experiencia posterior se generen nuevas informaciones contrarias a la apelación.

Todo ello lleva a pensar que la situación de persuasión difiere del tipo de influencia que es habitual en la comunicación de masas. Los efectos de la comunicación de masas representan algo más que la consecuencia que produce en la actitud la apelación singular de una fuente prestigiosa. El análisis de la comunicación de masas parece tener sentido sobre todo en la medida que se puedan establecer relaciones entre regularidades en la emisión y regularidades en el plano de las creencias, opiniones, pensamientos o sentimientos de la audiencia. Y es lo regular y no la excepcionalidad implícita en el tránsito de una opinión a la opinión contraria lo que más sentido tiene estudiar. Al menos conviene no descuidar el supuesto de que lo excepcional es el reverso de lo regular. Por otra parte, la posibilidad de efectuar inferencias válidas y aplicables a las situaciones naturales a partir de los resultados experimentales, autoevidente para Hovland en un primer momento, dista mucho de haberse materializado. Pese a todo, el Programa de Yale contribuyó grandemente a especificar la naturaleza y las operaciones típicas de las variables intervinientes en el cambio de opinión. La evidencia empírica a la que nos vamos a referir seguidamente es expresiva de estos dos rasgos. El diseño y el desarrollo excepcionalmente brillante de los experimentos corre parejo a la imposibilidad de acceder a una comprensión cabal de la influencia de los mass media en situaciones naturales.

En la exposición seguiremos la pauta clásica, consistente en hablar en primer término de los resultados obtenidos en relación con el efecto de la fuente o comunicante, y hacer referencia luego a los relacionados con la comunicación, el tipo de apelación y el efecto de la pertenencia a grupos como variable relacionada con la resistencia a la influencia.

II.2. *El efecto de la fuente*

El comunicante o fuente puede afectar a los dos procesos básicos que determinan, según Hovland, la profundidad de la influencia. Tales procesos son la atención prestada a la nueva opinión y el valor de incentivo de la misma. El comunicante, intencionada o inadvertidamente, puede emitir indicios relativos a la actitud aprobatoria o reprobatoria que un grupo relevante o él mismo mantienen en relación con la nueva opinión.

Desde el inicio de la investigación, el *ascendiente* mostró ser una dimensión compleja. En parte depende de la adhesión o afecto que experimenta el receptor hacia el comunicante, de acuerdo con lo que H. C. Kelman caracterizó como *identificación,* en parte, de la percepción del receptor respecto a la capacidad del comunicante para evacuar premios o castigos en razón de la adopción de sus recomendaciones. French y Raven (1959), en su contribución teórica acerca de las bases del poder social, propusieron que el poder de recompensa y el poder coercitivo constituyen dos importantes pilares de la influencia social. La coerción o bien la capacidad de control de recompensas parecen estar en la base del proceso de sumisión de Kelman (1961). Por otro lado, los individuos pueden aceptar el punto de vista de la fuente a la vista de su conocimiento, inteligencia y sinceridad. La descripción que French y Raven efectuaron del poder del experto y lo que Kelman entiende por internalización parecen implicar grandemente aspectos del estilo del conocimiento, la experiencia y la honradez. Se desprende de todo ello la existencia de actitudes diversificadas hacia las posibles fuentes de la comunicación, actitudes socialmente aprendidas que generan expectativas respecto al contenido de la comunicación y las intenciones del comunicante. La importancia de tales expectativas radica en su repercusión sobre la credibilidad que, en hipótesis, depende tanto de la experiencia como de la honradez percibida en el comunicante. La experiencia establece la medida en que la fuente posee información válida y la fiabilidad u honradez el grado en que el comunicante está dispuesto a comunicar sin sesgos. El sentido común indica que la intencionalidad percibida en el comunicante es factor comprometido en la influencia, pero, además, Hovland, Lumsdaine y Sheffield (1949) habían detectado experimentalmente la disminución de la eficacia de las películas propagandísticas cuando la audiencia las percibía como tentativas de manipulación. No obstante, los tres experimentos clásicos sobre el rol de la credibilidad se deben respectivamente a Hovland y Weiss (1951), Kelman y Hovland (1953) y Hovland y Mandell (1952).

El procedimiento seguido en el experimento de Hovland y Weiss (1951) consistió en presentar idénticas comunicaciones a dos grupos, suministradas respectivamente por una fuente altamente creíble y por una fuente poco creíble. El cambio de opinión se determinó mediante cuestionarios de opinión administrados antes, inmediatamente y un mes después de la exposición. Cuatro tópicos u objetos de opinión fueron presentados en otros tantos artículos que los sujetos debían leer y al final de los cuales se consignaba el nombre de la fuente. Los tópicos se referían a cuestiones generales como el uso de antihistamínicos, la construcción de submarinos atómicos y la escasez del acero. En un grupo, la comunicación se atribuyó a fuentes muy creíbles (una revista científica, el científico Robert Oppenheimer y un boletín informativo gubernamental), en el otro a fuentes poco fiables (una revista sensacionalista, *Pravda* y un periodista ultraconservador). El efecto de la variable crítica se consideró en dos planos: en la manera en que la percepción de la fuente influye en la valoración de la comunicación y en la manera en que influye en la magnitud real de cambio de opinión. Los datos mostraron, en primer lugar, diferencias importantes en la atribución de credibilidad. En segundo lugar, las comunicaciones atribuidas a fuentes poco creíbles fueron estimadas más frecuentemente como menos imparciales y menos justificadas. Por último, en concordancia con la valoración, el cambio de opinión tuvo lugar más significativamente a menudo en el caso de las fuentes más creíbles cuando la comparación se establecía con las fuentes poco creíbles. Sorprendentemente, sin embargo, las diferencias en cambio de opinión introducidas por ambos tipos de fuente se vieron neutralizadas cuatro semanas más tarde. En síntesis, el efecto de la fuente era muy notable en el momento inmediato a la recepción, pero su intensidad disminuía más rápidamente que los efectos del contenido con el paso del tiempo.

En el experimento de Kelman y Hovland (1953) se pedía juzgar el valor educativo de un programa de radio que abogaba por el empleo de una tolerancia extrema en el trato de los delincuentes jóvenes. El influjo de la variable credibilidad se estudió mediante la creación de tres situaciones experimentales. En la versión «positiva», la fuente era una autoridad en criminología, experta y honesta. En la versión «neutra», la conferencia era pronunciada por un miembro del público elegido al azar. El emisor «negativo» había sido delincuente en su juventud, se encontraba en el presente implicado en un asunto delictivo y se expresaba despectivamente respecto a la justicia y sus propios padres. Como en el trabajo anterior, se administró un cuestionario antes, inmediatamente después de la exposición y tres semanas más tarde. Los datos confirmaron en términos generales los resultados de Hovland y Weiss: la imparcialidad atribuida a la comunicación era mucho mayor cuando emanaba de la fuente positiva, significativamente menor cuando el origen era la fuente negativa y se situaba en un lugar intermedio cuando se trataba de la fuente neutra. Del mismo modo, el cambio de opinión reproduce las diferencias evaluativas. El máximo cambio de opinión está asociado al comunicante prestigioso y el menor al comunicante poco fiable. Al igual que en el estudio anterior, tres semanas después de obtenerse este resultado, las diferencias entre los grupos experimentales ya no se hallan presentes. A lo que parece, el efecto en la aceptación del comunicante positivo disminuye, al mismo tiempo que aumenta la del comunicante negativo. Los resultados de ambos experimentos aparecen sintetizados en la figura 1:

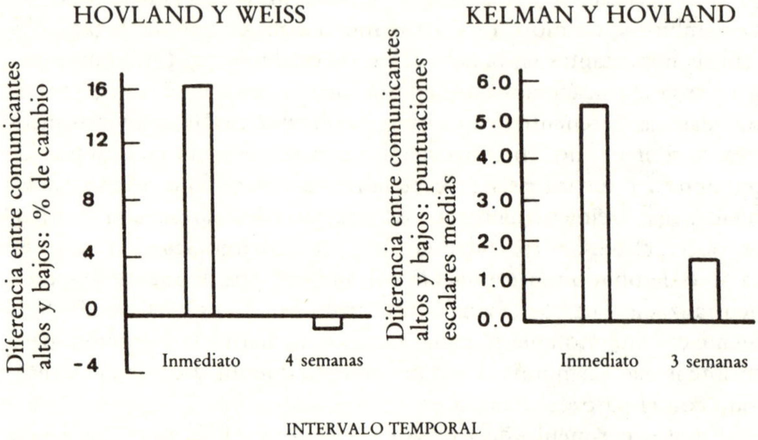

Nota: En la figura se advierte la influencia de la variable tiempo en la magnitud del cambio de opinión (inmediato y demorado).

Fuente: Los resultados se deben, respectivamente, a Hovland y Weiss (1951) y a Kelman y Hovland (1953). La gráfica aparece en Hovland, Janis y Kelley, 1953, p. 40.

FIGURA 1. *Eficacia diferencial de comunicantes altos y bajos en credibilidad*

Finalmente, Hovland y Mandell (1952) realizaron un estudio con el fin de determinar la repercusión que tiene la confianza que inspira el comunicante en la eficacia de una comunicación persuasiva. En este caso se utilizó un mensaje preparado para convencer a la audiencia de la conveniencia de la devaluación de la moneda. La variable a estudio se manipuló mediante una introducción previa a la exposición. En un caso, ciertas señales generaban sospechas sobre las auténticas intenciones del comunicante, en otro lo hacían aparecer como un sujeto imparcial sin ningún interés personal en relación con el punto de vista expresado. Concretamente, el primero de los comunicantes era presentado como directivo de una empresa importadora que posiblemente se vería beneficiada por la devaluación y el comunicante «objetivo» como economista perteneciente a una prestigiosa universidad. Paradójicamente los resultados confirmaron sólo una parte de los resultados habituales: al tiempo que las estimaciones de los sujetos pintan al primer comunicante en términos de mayor parcialidad y menor equidad, el cambio de opinión que se produce en ambas situaciones es equivalente.

Se puede pensar en dos explicaciones alternativas en relación con los resultados anteriores, relacionadas respectivamente con la atención y con la aceptación. En hipótesis, cuanto más desfavorable es la actitud que despierta el comunicante menos atención se presta, con lo que empeoraría la comprensión del significado y, por ende, el aprendizaje del contenido de la comunicación. Pero el fenómeno que tiene lugar puede no ajustarse a esa pauta. En teoría puede suceder que esa misma actitud desfavorable haga sentirse al receptor menos inclinado —o en términos de Hovland menos motivado— a aceptar o creer los argumentos y recomendaciones del comunicante. La evidencia tiende a descartar la primera hipótesis porque en ninguno de los tres experimentos mencionados se confirma que la credibilidad esté asociada al número de ítems aprendidos. La fuente parece no influir en la magnitud que alcanza el aprendizaje. Hovland propone que el cambio de opinión requiere no sólo el aprendizaje del nuevo punto de vista, sino también la inducción de una motivación que conduzca a la aceptación. Esta motivación dependería en parte de las actitudes hacia la fuente percibida de la comunicación. En cuanto a la duración del efecto, el impacto de la credibilidad parece crucial en el momento que sigue a la presentación del mensaje, pero en lo que respecta al cambio de opinión su importancia se reduce más tarde. Obviamente, en los dos estudios tratados en primer lugar se encuentran presentes dos fenómenos opuestos: expuestos a la comunicación y conformes con el punto de vista de que se trate, los receptores experimentan una apreciable regresión hacia su posición previa. Y, por el contrario, al rechazo inicial puede sucederle más tarde una «ganancia» o aproximación a la advocación del comunicante. Este fenómeno, al que se dio el nombre de *«efecto de adormecimiento» (sleeper effect)*, parece operar en el proceso estudiado por Hovland y Weiss y por Kelman y Hovland. Los dos últimos comprobaban además que la reinstauración experimental de la asociación entre comunicación y comunicante despierta nuevamente la tendencia de la audiencia a desacreditar o bien magnificar la validez de la comunicación, una vez que el efecto ha cesado.

II.3. *El efecto de la comunicación*

El elemento más «natural» de la comunicación, el que reviste en menor medida un carácter accesorio, es a todas luces el conjunto de signos, símbolos e imágenes que, siendo en sí mismo una realidad, nos remite a otra realidad relacionada con nuestro conocimiento y nuestra experiencia sensible. El mensaje transmite uno o varios significados inteligibles y esos significados a los que accedemos pueden modificar nuestras actitudes. Sin embargo, la obra de Yale sólo implícitamente toca la cuestión del significado, considerando el factor comunicación casi exclusivamente desde dos puntos de vista. El primero de ellos se dirige a establecer cómo influyen en el cambio de opinión las comunicaciones que activan la emocionalidad de la audiencia. El segundo se sitúa en una perspectiva totalmente distinta. Parte del principio de que la influencia varía de acuerdo no sólo con lo que se dice, sino también con la forma en que se dice. En consecuencia, el discurso puede adoptar distintas estructuras que hacen variar su eficacia persuasiva. La naturaleza y los principios vigentes en cada una de estas cuestiones son diferentes. Si se consideran bajo un mismo epígrafe es por puras razones de organización.

Desde que el estudio de la opinión pública tomó carta de naturaleza surge un cierto interés en relación con las bases emocionales que se encuentran en la raíz de su formación. Como se ha visto en el apartado anterior, la motivación no es ajena a la tendencia a aceptar o rechazar las recomendaciones que contiene un mensaje. En este contexto surgió la idea, no ya de estudiar el rol de la motivación, sino de aquellas comunicaciones que generan temor en la audiencia. Uno de los primeros en abordar esta problemática, por cierto de manera un tanto ingenua, es Hartmann (1936), quien comparó la eficacia relativa de los panfletos formulados en términos emocionales y de los formulados en términos racionales. En ambos casos el objetivo era incrementar la tendencia al voto socialista en una comunidad. Pero mientras que en el panfleto emocional se utilizaba un lenguaje sentimental para incrementar en el votante la conciencia del peligro de la guerra y el estancamiento económico, enfatizando la instrumentalidad del apoyo al programa socialista, el racional se limitaba a suministrar información sobre los contenidos esenciales del programa y el deber de apoyarlo en caso de acuerdo. La tendencia de voto se estudió en tres secciones electorales. En una de ellas se distribuyó sólo la comunicación emocional, en otra sólo la comunicación racional y en la última no se utilizó tratamiento alguno. La comparación entre los métodos, que se estableció en términos de la diferencia entre la tendencia al voto socialista en cada sección y el nivel de apoyo que ese partido había logrado un año antes, dio como resultado una cierta superioridad a favor del «método» emocional.

Posteriormente la escuela de Yale propuso el principio de reducción del impulso como base explicativa del efecto de las apelaciones inductoras de temor. Una manera de estimular la aceptación consiste en presentar las recomendaciones que contiene el mensaje como un medio para evitar el rechazo social o cualquier forma de privación o peligro. La apelación amenazante no es sino una descripción viva e inteligible de las consecuencias nocivas que tendrán lugar caso de que el receptor no adopte la propuesta que contiene el mensaje. En realidad, la vida social nos enseña que este procedimiento de persuasión es de uso común: los gobiernos ganan el apoyo popular a la política de rearme describiendo las intenciones belicosas de algún estado enemigo, las instituciones sanitarias se valen de crudas descripciones de las fatales consecuencias de ciertas enfermedades para incrementar la disposición de los individuos a someterse a vigilancia médica y, en situaciones límite, el poder, presentando a ciertos grupos como enemigos de la sociedad, justifica la persecución y destrucción de dichos grupos y esta acción de exterminio quizá es vivida con alivio por quienes sentían amenazada, con fundamento o sin él, su seguridad.

Desde el punto de vista teórico aquellas emociones que, como en el caso del temor o el sentimiento de culpabilidad, producen desequilibrios internos, incorporan las propiedades funcionales de un impulso. Creencias y actitudes pueden verse reforzadas si se establece una asociación entre ellas y la reducción de esas tensiones internas. El miedo puede servir de base al aprendizaje de respuestas actitudinales o al refuerzo selectivo de las que existen ya:

> Cuando se aprende el temor en respuesta a una nueva situación, éste actúa como impulso que lleva a iniciar conductas de ensayo y error. Una reducción de la intensidad del temor refuerza el aprendizaje de cualquier nueva respuesta que lo acompaña (Hovland y otros, 1953, pp. 61-62).

Esta nueva respuesta, que no es otra cosa que la actitud preconizada, se adquirirá siguiendo un proceso relativamente simple. El mensaje induce reacciones emocionales perturbadoras que incrementan la motivación a ensayar respuestas manifiestas y simbólicas cuya función es aliviar un estado emocional ingrato. Paralelamente, el mensaje contiene conclusiones que se pretende hacer asumir al sujeto. Su aceptación dependería al mismo tiempo de la medida en que la tensión inducida llegue a adquirir carácter de impulso y de que la *práctica implícita* de la creencia o actitud se vea seguida de la reducción de la tensión. Generalmente, las creencias o actitudes adoptan la forma de noticias tranquilizadoras o proposiciones asociadas a la posibilidad de evitar o burlar la amenaza y se concretan en resoluciones, juicio o planes que disminuyen la tensión emocional.

La evidencia experimental relacionada con el esquema anterior fue aportada en primer lugar por Janis y Feshbach (1953), quienes estudiaron el efecto de inducir grados variables de temor en relación con la disposición a adoptar ciertas prácticas relacionadas con la higiene dental. Una misma comunicación, consistente en una breve charla acerca de las enfermedades dentales, acompañada en cada caso de una amenaza de intensidad variable, se presentó a grupos de características equivalentes. La *apelación más amenazada* enfatizaba los graves peligros de una higiene dental inadecuada, la *forma moderada* describía esos riesgos en términos más fácticos y menos alarmantes y la *forma mínima* apenas aludía a las consecuencias nocivas de la falta de cuidados. Los resultados indicaron que el empleo de una amenaza extrema da lugar a un cambio de opinión significativamente menor que el asociado a una amenaza débil, situándose la versión moderada en una posición intermedia. La aceptación no aumentó en proporción a la magnitud de la tensión generada. Fue la comunicación que menos ansiedad evocaba la que dio lugar a una mayor conformidad con las recomendaciones.

Una contribución experimental algo distinta fue la realizada por Janis, Lumsdaine y Gladstone (1951), quienes se interesaron en determinar qué tipo de influencia ejerce una comunicación en las reacciones de la audiencia ante un hecho evocador de la ansiedad que se produce *a posteriori*. Las reacciones de varios grupos se compararon con las de un grupo experimental que anteriormente había sido expuesto a una comunicación pesimista. Concretamente en un momento álgido de la llamada «guerra fría» en que los dos bloques habían quedado consolidados como enemigos potenciales, la comunicación preliminar relataba los altos niveles tecnológicos alcanzados por los rusos en materia de energía nuclear y la existencia en aquel país de plantas para la producción de bombas atómicas. Tres meses después de la presentación se confirmó oficialmente el hecho de que, en efecto, Rusia era una potencia nuclear. Al estudiar las reacciones de los sujetos a esa información se constató que el grupo inoculado expresaba menor preocupación por la amenaza de un conflicto nuclear que los grupos restantes.

II.3.1. La estructura de las comunicaciones persuasivas

El supuesto de que la disposición que adoptan los argumentos dentro de una comunicación persuasiva determina en parte la magnitud del cambio de opinión fue sometido a prueba desde diversos puntos de vista. En realidad no existía una teoría específica respecto a la relación entre la estructura de un mensaje y su poder persuasivo. Más bien se trataba de poner a prueba determinadas normas que son un lugar común en la oratoria, de modo que cabía esperar que se establecieran complejas relaciones entre principios de motivación, percepción, atención y aprendizaje. En los experimentos a que nos vamos a referir se pone de manifiesto el decidido pragmatismo que caracteriza algunos aspectos de la labor del grupo de Yale.

a. *Formular explícitamente las conclusiones* versus *permitir a la audiencia que las deduzca por sí misma*

Una de las cuestiones estudiadas se refiere a las consecuencias que tiene para el cambio de opinión el hecho de que el comunicante, aparte de exponer los argumentos generales, formule explícitamente sus conclusiones o, por el contrario, las deje implícitamente planteadas esperando que la audiencia sabrá acceder a ellas.

El experimento de Hovland y Mandell (1952), ya mencionado, utilizó un alegato a favor de la devaluación de la moneda. Todos los sujetos escucharon la misma comunicación con la diferencia de que a la mitad se le presentó explícitamente las conclusiones y al resto se le dejó que las sacara libremente. Los resultados parecían confirmar la superioridad —en una proporción de 2 a 1— de la forma de presentación explícita, no apareciendo relación con variables como inteligencia, debido entre otras cosas a la circunstancia de que la extracción de los sujetos (universitarios) era muy homogénea. Los autores llegaron a la conclusión de que no cabe esperar una superioridad invariable en el uso de cualquiera de los procedimientos en la medida que otros factores como el comunicante, el tipo de audiencia y el tipo de cuestión planteado, están presentes. Respecto al comunicante, existe la posibilidad de que si además de parecer poco fiable, saca conclusiones explícitas, su éxito disminuya. En lo que respecta a la audiencia, la variable educación resulta crucial. Es improbable que los menos cultos puedan llegar por sí mismos a conclusiones correctas derivadas de planteamientos complejos. Por otra parte, cuando la audiencia no tiene demasiada información y está además poco implicada en la cuestión, aumenta la probabilidad de que tome la opinión prestada. Por el contrario, tenderá a reservarse el derecho a formarla por su cuenta si su fuerte implicación la conduce a inspeccionar los argumentos y conclusiones del comunicante.

b. Comunicaciones sesgadas versus *comunicaciones equilibradas*

Cuando se trata de convencer a una audiencia de un determinado punto de vista ¿qué es mejor, presentar tan sólo los argumentos favorables a la recomendación del comunicante o considerar también los argumentos contrarios a la posición defendida? Cabe citar dos experimentos clásicos sobre la cuestión. El primero de ellos fue llevado a cabo por Hovland, Lumsdaine y Sheffield (1949). Dicho experimento fue realizado en una época en que la firma del armisticio con Alemania había producido una oleada de injustificado optimismo entre los soldados americanos respecto a la inmediata rendición de Japón. Se trataba de averiguar que método sería el más eficaz para contener la euforia de los soldados tomando en consideración el potencial bélico y la voluntad de los japoneses de no poner fin a las hostilidades. Se trabajó con dos grupos experimentales (N = 214) y un grupo de control (N = 197) en donde la eficacia de la comunicación se determinó por referencia al pronóstico de los soldados respecto a la duración de la guerra. Se determinó la creencia de éstos antes e inmediatamente después de la exposición a la comunicación. Uno de los grupos experimentales se vio expuesto a un mensaje que defendía la tesis de una larga guerra con el Japón, fundamentada en datos sobre su potencial bélico y sus recursos humanos. El segundo grupo recibió una comunicación equivalente, pero, además, se incluyeron consideraciones que refutaban la primera parte del mensaje, resaltando las limitaciones económicas y las pérdidas que ya había sufrido aquel país. Se propuso la hipótesis de que en el caso de aquellos que se oponen, la comunicación que presenta sólo una de las caras de la cuesción proporcionaría la oportunidad de ensayar la propia posición y buscar nuevos elementos en que apoyarla en la medida que se atribuye a una intencionalidad sesgada. Los resultados indican que considerando la audiencia como un todo, la eficacia de los dos procedimientos es similar, pero el caso es muy distinto si se tiene en cuenta la posición del receptor. La comunicación que consideraba tanto los argumentos favorables a la posición defendida como los desfavorables fue más eficaz con quienes se oponían inicialmente, esto es, con quienes alimentaban una expectativa de guerra corta. Por el contrario, con quienes favorecían inicialmente esa posición, es decir, pensaban en una larga y cruenta guerra, la comunicación parcial resultaba más eficaz. Y al mismo tiempo, mientras que la comunicación que contenía argumentos a favor y en contra fue más eficaz con los sujetos de mayor nivel educativo, la comunicación parcial producía más cambio de opinión en el grupo de sujetos con estudios de tipo básico. En síntesis, el efecto no era uniforme, sino que parecía depender al mismo tiempo de la posición actitudinal inicial y del *status* educacional de la audiencia.

El experimento de Lumsdaine y Janis (1953) permitió comparar la eficacia de ambos métodos persuasivos en relación con la resistencia a la contrapropaganda. Se trataba de convencer a los sujetos de que los rusos no serían capaces de fabricar bombas nucleares sino tras un largo período de tiempo. Un grupo experimental fue expuesto a una comunicación que incluía argumentos a favor y en contra de dicha tesis y otro a una comunicación orientada sólo en sentido favorable. Una semana después, la mitad de cada grupo fue expuesta a contrapropaganda, esto es, a un mensaje que defendía el supuesto de que los soviéticos fabricarían bombas a gran escala en breve plazo. El cambio de opinión era la variación en la expectativa respecto al tiempo que emplearía Rusia en convertirse en una potencia nuclear. Ambos procedimientos demostraron ser igualmente eficaces en relación con aquellos grupos no expuestos a contrapropaganda, pero la táctica de proporcionar argumentos a favor y en contra demostró incrementar en mayor medida que la táctica unilateral la resistencia a la contrapropaganda.

c. *Primacía* versus *recencia*

El contenido de una comunicación influye en el efecto que produce, pero ¿qué ocurre con el orden en que se disponen los argumentos?

El discurso se puede considerar en bloque, o bien entender que se compone de subunidades cuya colocación condiciona la respuesta de la audiencia. Un supuesto que podía ponerse a prueba era el de si los argumentos que ocupan la parte inicial del discurso ejercen mayor, menor o igual influencia que los colocados al final del mismo. En definitiva, se investigó la validez del principio de primacía y la de lo que un lamentable uso del castellano da en llamar principio de «recencia».

Ambos principios se han estudiado en el marco de dos tipos de situación. En el primer caso, el mensaje presenta sólo uno de los lados o tesis de la cuestión para inclinar a la audiencia favorablemente. En esas circunstancias, el análisis trata de dilucidar qué resulta más eficaz, si colocar los argumentos decisivos al principio del mensaje o bien hacerlo al final. La primera estrategia recibe en la literatura la denominación de *orden descendente (anticlímax)* y la segunda la de *orden ascendente (clímax).*

Los primeros trabajos en relación con esta temática se deben a Sponberg (1946) y a Cromwell (1950). Sponberg utilizó comunicaciones sobre la desiderabilidad de los matrimonios de guerra, procediendo a dividir el mensaje en tres fragmentos con el fin de preparar órdenes de tipo ascendente y de tipo descendente. Un grupo de 92 sujetos fue expuesto al primer tipo de argumentación y otro de 93 al segundo. Los resultados revelaron superioridad del orden descendente, lo que se tomó como prueba empírica favorable a la *ley de primacía de la persuasión.* Sin embargo, Cromwell (1950) llegó a conclusiones opuestas. Cuatro grupos de estudiantes fueron expuestos a comunicaciones sobre la asistencia médica estatal. Una parte de los sujetos escuchó una charla afirmativa en la que los argumentos de peso precedían a los argumentos secundarios y otra parte equivalente recibió comunicaciones similares, pero en orden inverso. La resultante fue un cambio de actitud significativamente mayor en aquellos sujetos expuestos a una comunicación ascendente, lo que iba en contra de las conclusiones del primer autor.

El segundo tipo de situación es aquel en que los argumentos a favor y en contra de una conclusión se presentaban sucesivamente. En este caso se trataría de determinar si, cuando se presentan dos argumentos enfrentados, el que ocupa la primera posición aventaja al que ocupa la última o sucede lo contrario. Lund (1925) llevó a cabo un estudio cuyos resultados fueron tomados como aval de lo que bautizó como *ley de primacía en la persuasión.* Lund preparó seis comunicaciones, cada una de las cuales contenía una argumentación positiva y una argumentación negativa en relación con cuestiones de tipo general como la igualdad de derechos, el matrimonio monogámico, los impuestos estatales, etc. Tres grupos de 40 sujetos se vieron expuestos a comunicaciones que contenían las dos caras de la cuestión, es decir, argumentos a favor y en contra. Las actitudes de los sujetos fueron medidas antes y después de la exposición. En su examen de los resultados Lund corroboró que la primera parte de la comunicación provocó un cambio paralelo y la segunda una reacción en sentido contrario, es decir, una vuelta a la posición original, pero la magnitud del retroceso fue inferior al avance imprimido por la primera parte del discurso. Los resultados favorecían en resumidas cuentas a la hipótesis de la primacía.

II.4. *Los procesos del pequeño grupo y la resistencia a la influencia*

Como señalan Katz y Lazarsfeld (1955) el «redescubrimiento» del pequeño grupo por las ciencias sociales permitió contemplar desde una perspectiva más rica los fenómenos de influencia social. El papel del pequeño grupo se relacionó con la teoría del doble flujo de la comunicación y el liderazgo de opinión. La influencia personal se contrapuso a la influencia de los mass media y de esta comparación se hizo eco también el grupo de Yale, aunque desde supuestos pertenecientes a la teoría del aprendizaje. El interés recayó en dos procesos distintos. Por una parte, en la resistencia a aquellas comunicaciones que ponen en cuestión las creencias y normas del grupo. Por otra, en el papel del grupo de referencia como un marco menos restrictivo en relación con el anclaje social de normas y actitudes.

La conformidad se debería al deseo de obtener aprobación y evitar el rechazo social. Al menos tres tipos de factores inducirían el conformismo con la norma de grupo: aquellos que tienen su origen en la atracción que ejercen sus miembros, en el deseo de *status* y en el interés por las actividades que se hacen posibles a través de la pertenencia, los relacionados con la tendencia a evitar amenazas y privaciones externas y los provenientes de las presiones que ejerce el propio grupo para que el individuo se mantenga dentro de sus límites con independencia de sus deseos.

Un aspecto de la relación entre el individuo y el grupo que se consideró pertinente para el estudio de la persuasión fue la valoración subjetiva del grupo. La hipótesis que más atención reclamó fue la de que conforme aumenta el valor que se adjudica al grupo, crece la influencia que genera en sus miembros, particularmente en las áreas donde el individuo percibe que el grupo posee normas. Datos relevantes al respecto se obtuvieron en los estudios de Kelley y Volkart (1952), Charters y Newcomb (1952) y Kelley (1953).

Kelley y Volkart (1952) estudiaron la resistencia al cambio de las actitudes «ancladas» en el grupo, con la pretensión de demostrar que la valoración de la pertenencia está negativamente asociada a la influencia generada por comunicaciones contranormativas. Se estudiaron las actitudes de 12 grupos de scouts que estimaban altamente las actividades al aire libre y la vida de campamentos. Mediante cuestionarios se estableció la actitud de los sujetos hacia estos valores oficiales del grupo y, en contraposición, hacia las actividades típicamente urbanas. La mitad de los sujetos fue expuesta a una comunicación que enfatizaba las excelencias de las actividades urbanas y denostaba los hábitos y destrezas aprendidos en el campamento. Se dividió a los sujetos en una condición pública y en otra privada; en la primera se advertía que las respuestas serían dadas a conocer a los compañeros. Los resultados mostraron la existencia de una relación significativa y negativa entre cambio de actitud y valoración de la pertenencia en el caso de los sujetos pertenecientes a la condición privada.

Charters y Newcomb (1952) trataron de obtener evidencia respecto al papel que juega la saliencia del grupo en la expresión de las opiniones personales. Se administró un cuestionario de opinión a tres grupos similares haciendo variar en cada caso la medida en que se hacía saliente la pertenencia a la fe católica. En el primer caso, la aplicación de la prueba se realizaba estando el sujeto en una clase con otros estudiantes; en el segundo, se trataba de una situación de pequeño grupo con otros católicos y en el tercero se añadía a la situación de pequeño grupo la declaración del propósito de los experimentadores de utilizar las respuestas para establecer los principios básicos del catolicismo. Los resultados indicaron que los sujetos del último grupo respondieron en términos más dogmáticos respecto a los fundamentos y normas de la religión católica.

Así pues, la saliencia que el grupo adquiere guarda relación con la posición que el sujeto está dispuesto a adoptar en distintas situaciones. Kelley (1955) estudió la relación entre saliencia del grupo y resistencia a las comunicaciones contrarias a la norma. Los sujetos del experimento recibían en unos casos comunicaciones escritas que enfatizaban su pertenencia a la Iglesia católica y en otros material neutro. A continuación se determinaba mediante ciertos ítems de un cuestionario (relativos a la censura, al derecho de los padres a vigilar la educación moral de los hijos, etc.) la posición de los sujetos respecto a las normas católicas. Además, dos de cada tres sujetos recibieron una comunicación divergente en relación con tales normas incluida por escrito en el cuestionario. En general, al aumentar la saliencia del grupo normativo aumentó la conformidad o, en otros términos, la resistencia al cambio aumenta cuando se pone de relieve la pertenencia del sujeto. En líneas generales, esto significaba que se podría controlar el cambio de actitud mediante la táctica consistente en manipular la saliencia de los valores del grupo y relacionar el cambio de actitud con esos valores. Esto no sólo representa un avance teórico, sino que también tiene una repercusión práctica más que evidente. Las personas poseen actitudes y opiniones, pero su grado de implicación con ellas puede variar considerablemente de situación a situación. En cierto modo, muchas opiniones se encuentran almacenadas a disposición de la persona que espera que determinadas señales le adviertan cuáles de ellas son importantes. *Cuando arbitrariamente se logra establecer un vínculo entre los valores del grupo y la opinión se puede introducir de modo indirecto un cambio de opinión. El mecanismo seguido en este caso estriba no ya en reestructurar el entorno simbólico, sino en despertar la conciencia del sujeto respecto a la relación que existe entre las opiniones y algún valor esencial del grupo.*

II.5. *La consolidación del cambio de opinión*

Una cuestión que se derivaba del estudio sistemático del cambio de opinión era la de la duración del efecto producido por la persuasión. La cuestión interesaba particularmente en relación con la influencia de los mass media, pero difícilmente podía recibir una respuesta adecuada en el contexto de la experimentación. La razón es que el recuerdo de un mensaje simple no puede servir de base para juzgar la naturaleza de las consecuencias de un discurso que se reitera una vez tras otra en sus claves básicas. Produce una gran frustración contemplar la escasa atención que Hovland y sus colaboradores prestaron a la acción persistente de la prensa o la radio. De hecho, la única tentativa llevada a cabo consistió en distinguir entre la conservación del aprendizaje y la de la aceptación. Ya Peterson y Thurstone (1933), al ocuparse de las actitudes hacia la nacionalidad, la raza o el delito trasmitidas por el cine habían descubierto algo que se haría patente más tarde y que resultaba paradójico: el efecto de la persuasión se debilita con el paso del tiempo, pero a veces sucede justamente lo contrario. Un efecto de la comunicación inicialmente despreciable, puede adquirir entidad más tarde. Hovland, Lumsdaine y Sheffield (1949, ob. cit., pp. 182-200) registraron excepciones del olvido gradual del material aprendido a partir de las películas de propaganda. El efecto de la comunicación sobre ciertos ítems parecía activarse con el tiempo y a este fenómeno se le dio el nombre de «efecto de adormecimiento».

Basándose en la hipótesis del doble requisito, de almacenamiento y de motivación, del cambio de opinión, Hovland, Janis y Kelley ofrecieron una explicación de dicho fenómeno. Una considerable evidencia, que tiene su base en la psicología del aprendizaje, indica que a la adquisición le sigue un rápido olvido del material verbal y luego un decrecimiento más lento, dependiendo la forma de la curva de olvido de diversos factores como la naturaleza del material, la amplitud del aprendizaje realizado, ciertas variables de personalidad, etc. Por otra parte, Hovland considera que la motivación también se encuentra relacionada con la memoria. Bartlett (1932) había llevado a cabo durante los años treinta una serie de estudios acerca del papel de la motivación en el recuerdo y, algo más tarde, Clark (1940) había relacionado las actitudes con el recuerdo selectivo del contenido de la comunicación. Tomando como referencia esos estudios, Hovland asumió que tiende a retenerse mejor aquel material de la comunicación que apoya las creencias individuales.

Empero, la dinámica de la aceptación llamaba la atención sobre dos fenómenos en apariencia opuestos. En unos casos, la audiencia acepta las conclusiones del mensaje, pero regresa luego a su posición original. En otros, la audiencia rechaza el punto de vista del comunicante en el momento de la recepción, pero sin que medie razón alguna se reconcilia más tarde con la opinión rechazada. El experimento de Hovland y Weiss (1951) ejemplificaba este fenómeno. Las comunicaciones originadas en fuentes poco creíbles se ven inicialmente «descalificadas» y, por el contrario, se sobrestiman las que proceden de fuentes prestigiosas. Se hace patente en este fenómeno el hecho de que *ningún estímulo actúa fuera del contexto social.* La comunicación aparece como figura que se recorta contra un fondo social al que se liga indisolublemente. No obstante, el tiempo debilita esa tendencia, cosa que se hace patente en el retest llevado a cabo un mes después del momento de la exposición y que muestra que la magnitud de cambio inducida por ambas fuentes es similar (véase figura 2).

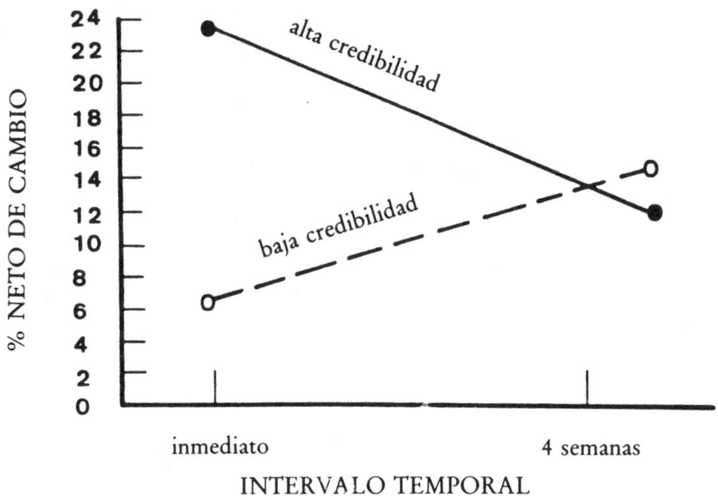

Nota: Las variaciones del efecto en relación con la variable tiempo se contemplan tanto en el caso de una fuente altamente creíble (línea continua), como en el de una fuente poco creíble (línea discontinua).

Fuente: Los datos proceden del experimento de Hovland y Weiss (1951). La gráfica ha sido tomada de Hovland, Janis y Kelley, 1953, p. 255.

FIGURA 2. *Cambios en el grado de acuerdo con la posición defendida por fuentes a las que se confiere alta y baja credibilidad*

En síntesis, la diferencia no parecía haber sido introducida por el aprendizaje —que era similar en ambos casos—, sino por el comunicante. ¿Cómo explicar que ese factor de diferenciación, de naturaleza social, dejara de actuar en un momento dado? Hovland apuntó que el efecto de halo de la fuente no desaparece, sino que es la tendencia a asociar espontáneamente contenido y origen, lo que tiende a debilitarse con el tiempo. Una parte del experimento de Kelman y Hovland (1953), que había mostrado el impacto de la variable credibilidad, se dirigió a constatar que se puede reproducir el efecto inicial reinstaurando experimentalmente la asociación entre fuente y mensaje. Utilizando tres fuentes —positiva, negativa y neutra— se dirigió un mismo mensaje a grupos equivalentes de sujetos en el cual se abogaba por la tolerancia en el tratamiento de la delincuencia juvenil. Inicialmente, el máximo cambio de opinión estaba asociado a la fuente positiva y el mínimo a la negativa, pero la medición realizada tres semanas más tarde mostraba una pérdida significativa en el cambio debido al comunicante prestigioso y una ganancia igualmente significativa en la opinión atribuida al comunicante percibido como deshonesto, sesgado o inexperto. En esa situación se procedió a hacer nuevamente saliente la figura del comunicante, lo cual demostró la necesidad de seguir considerando la credibilidad como factor crucial en la persuasión. Como puede verse en la figura 3 de la página siguiente, la reinstauración determina que vuelva a cobrar vigencia el efecto de halo de la fuente.

III. EL ESTUDIO DE LA PERSUASION DESPUES DE HOVLAND

La influencia de la escuela de Yale se extiende a lo largo de toda la década de los cincuenta y de parte de la de los sesenta, aunque dicha influencia hay que contemplarla más en relación con una peculiar manera de concebir el proceso persuasivo que con una teoría sistemática. La perspectiva dominante consideraba el cambio de actitud como la consecuencia de una comunicación simple. Se trataba en el fondo de una fórmula S-R, complicada de vez en cuando por la introducción de variables de la fuente, la comunicación o el sujeto. Por otro lado, los estudios correlacionales, a no ser en sus pautas metodológicas, no diferían grandemente de ese esquema en lo que respecta a la relación propuesta entre comunicación y conducta. En los estudios por encuesta de Lazarsfeld, se esperaba detectar cambios de actitud relacionados con la acción de campañas de información; en los experimentos de Hovland reacciones actitudinales o mensajes simples. Utilizando el procedimiento de variación controlada en el laboratorio, los segundos obtuvieron resultados relativamente convincentes, pero en los primeros el cambio de actitud no se hacía empírica-

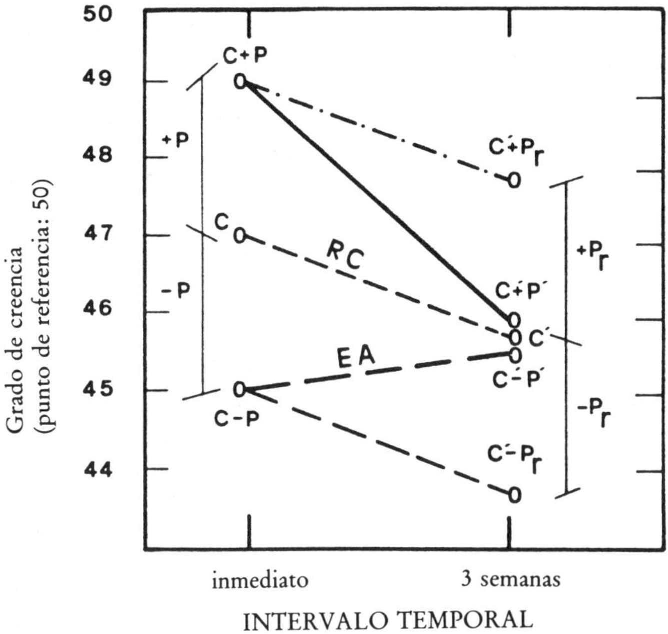

Nota: C representa el efecto inicial de la comunicación, que decrece en el curso del lapso de tiempo considerado. En la gráfica C' representa ese valor al final del período. El efecto del comunicante es elevar o hacer disminuir el valor original de C; +P y −P representan, respectivamente, la influencia positiva y negativa del comunicante (efecto de prestigio); +P' y −P' el efecto retenido del comunicante positivo y negativo. En conjunto, el efecto del tiempo supone la disminución de la influencia de la comunicación, así como la tendencia a que se neutralice el efecto del comunicante (C'+P', C' y C'−P', se encuentran prácticamente en la misma posición). Sin embargo, se puede proceder a una reactivación positiva o negativa, +P*r* y −P*r* respectivamente, con iguales consecuencias que las que se observan en la primera parte del experimento (C'+P*r* y C'−P*r*). En la gráfica las siglas RC y EA corresponden respectivamente a retención del contenido y a efecto de adormecimiento.

Fuente: La gráfica ha sido tomada de Kelman y Hovland, 1953, p. 333.

FIGURA 3. *Efectos de los factores de contenido y prestigio en el grado de creencia medido inmediatamente después de presentada la comunicación y tres semanas más tarde*

mente patente, lo que se atribuyó a la inoperancia de los medios de comunicación de masas como agentes de influencia en situaciones naturales. A nuestro juicio la atribución resultaba injustificada, aunque por una razón trivial en apariencia. Casi toda la investigación sobre comunicación y cambio de actitud había girado sobre los goznes de la fórmula de Smith, Lasswell y Casey, pero, bien fuera por la dificultad que presentaba su operacionalización, bien por habérseles adjudicado un carácter ambiguo o secundario, hubo dos componentes de la comunicación que fueron tratados a título exclusivamente nominal. Sin embargo, el *quid* de la cuestión radicaba precisamente en su consideración sistemática. Dichos factores son lo que se da en llamar canal y destino. El canal o medio exigía que los datos tomaran en consideración la especificidad de la situación en que se da la recepción de la comunicación de masas y, sobre todo, la naturaleza penetrante, acumulativa y sistemática de los estímulos suministrados. Quizá la comunicación de masas constituye una modalidad especial de comunicación y la extrapolación a partir de los resultados experimentales o de un número limitado de campañas políticas no sea muy legítima, por cuanto la función *típica* de los medios no consiste en producir mensajes simples e independientes dirigidos a crear reacciones específicas. El término «destino» aclara qué tipo de efectos cabe esperar sean los usuales, regulares y distintivos en la comunicación de masas. Pero, aunque en el Programa de comunicación de Yale se reparó en la necesidad de captar aquellas tendencias de opinión que tienen continuidad y que, sin duda, se relacionan con procesos de influencia social, se prefirió atribuir al grupo primario o a la socialización en abstracto la responsabilidad de esas tendencias considerando a los medios como un agente activo, al tiempo que peligrosamente inaprehensible. En consecuencia, la investigación posterior a Hovland se ha venido circunscribiendo a parecidos tópicos, si bien los avances en el campo de la psicología social han producido algunas reorientaciones. Pero de suyo, tales innovaciones no han surgido desde dentro de la investigación sobre persuasión, sino que más bien se ha producido una especie de comercio con contribuciones en el área de las actitudes. Un caso representativo de esa transacción es el operado en relación con *la teoría de la disonancia cognoscitiva de Festinger (1957).* Pero causa una relativa sorpresa comprobar cómo, quince años después de que Carl I. Hovland (1954) preparara una síntesis sobre los efectos de los medios de comunicación de masas, destinada a formar parte de la primera edición del *Handbook of social psychology*, McGuire (1969) contribuyera con otra sobre actitudes y cambio de actitudes para la segunda edición de esta misma obra que básicamente era una reproducción, bien es cierto que corregida, aumentada y matizada por las aportaciones teóricas producidas durante ese período, de la obra de Yale.

III.1. *El modelo de cambio de actitud de McGuire*

El modelo de McGuire (1969) se mantiene a caballo entre el compromiso con la versión conductista del cambio de actitud y una concepción más abierta y compleja de los procesos subyacentes al mismo. El cambio de actitud se plantea como una relación entre variables *antecedentes* (variables de la comunicación verbal) y variables *consecuentes.* Al conjunto de variables antecedentes pertenecen las mismas propuestas por Hovland: la fuente, el mensaje, el canal, el receptor y el destino [1]. La expresión más genuina de las variables consecuentes es la actitud, aunque no de manera exclusiva. Por su parte, el cambio de actitud es un proceso que se da según una secuencia de cinco etapas sucesivas, a saber: *atención-comprensión-aceptación-retención-acción.* Como señala Montmollin (1984), las fases de atención-comprensión dan lugar conjuntamente a la recepción y el término «aceptación» («yielding» en inglés) se resiste a una traducción afortunada, ya que remite al concepto de aceptación, excesivamente cognitivo, y al propio tiempo al de *sumisión,* que sin duda tiene una connotación algo peyorativa. Además, Montmollin considera necesario incluir una fase de *evaluación,* que precede a la de aceptación y que implica al mismo tiempo un proceso cognitivo (evaluación de la conclusión del mensaje) y emocional (evaluación de las consecuencias de plegarse y rechazar la conclusión del mensaje).

La perspectiva de McGuire supone, en cierto modo, una superación de la de Hovland, básicamente por dos razones. En primer lugar, porque el cambio de actitud se diversifica según situaciones distintas entre las que cabe incluir como mínimo las de *sugestión, conformidad, discusión de grupo, persuasión y adoctrinamiento.* Probablemente, los conceptos, variables y procesos a tener en cuenta en dichas situaciones difieran sustancialmente. En segundo lugar, lo que se denomina cambio de actitud encubre otros efectos de la comunicación, cuales son los de naturaleza no actitudinal, los que influyen indirectamente sobre las actitudes y los que actúan en *la mayor o menor saliencia que adquieren los problemas y cuestiones sobre los que*

---

[1] La variable *destino* incluye factores relativos al objetivo al que específicamente se dirige el mensaje. Por ejemplo, el tipo de cuestión del que se ocupa el intento persuasivo, la distinción efectos a corto plazo-efectos a largo plazo, cambio verbal de opinión *versus* cambio de conducta manifiesta en sentido amplio, constituyen otros tantos casos de factores de destino.

incide la comunicación. En consecuencia, el cambio al que dan lugar las comunicaciones persuasivas no equivale sólo a la transformación de un hábito verbal, ya que existen distintos escalones o niveles en el cambio, distintas situaciones y distintos tipos de efecto. Sin haber abandonado del todo la visión convencional, McGuire propone explícitamente la existencia de un considerable número de combinaciones entre los factores, lo cual lleva a que el proceso de cambio de actitud mediante la comunicación diste mucho de ser una relación causa efecto y comience a configurarse bajo un carácter tan multiforme que la presunta claridad que había llevado a Hovland a elegir el marco del laboratorio para exorcizar las complicaciones del estudio de la comunicación en situaciones naturales comienza a aparecer como un argumento insostenible, cuando no como un absurdo.

La relación entre comunicación y cambio de actitudes difícilmente podría ser simple, principalmente si se consideran tres tipos de argumentos. En primer lugar, no existe una dimensión singular para aprehender las variaciones que se dan en los factores antecedentes. Por ejemplo, la fuente puede evaluarse desde el punto de vista de su honestidad, intencionalidad, experiencia o similaridad con respecto al receptor. Por lo que respecta a la comunicación, la distinción inicial entre contenido y estructura remite a otras subdivisiones cuyo número es difícil de prever. Lo mismo ocurre con el canal: piénsese en las tres modalidades clásicas de comunicación masiva, cara a cara y en grupo. Y si la referencia se hace al receptor, el problema de la operacionalización amenaza con pasar de la complejidad al caos. Al fin y al cabo, tanto las variables de tipo aptitudinal como las variables de personalidad y sociodemográficas han mostrado ser relevantes. En segundo lugar, el modelo de McGuire admite la posibilidad de que cualquiera de las variables antecedentes pueda relacionarse con cualquiera de las etapas (atención, comprensión, aceptación, retención, acción) del cambio de actitud y no necesaria y exclusivamente con la última, aunque esta posibilidad presenta dos limitaciones. Una de ellas es que resulta difícil aislar los factores de la comunicación por hallarse éstos estrechamente conectados. Además, el proceso de cambio actitudinal no tiene forzosamente que desarrollarse siguiendo la pauta citada. Por ejemplo, el supuesto de la percepción subliminal es que existe aceptación sin atención; en la exposición selectiva la atención sucede, y no precede, a la aceptación; y en los fenómenos de distorsión perceptiva, la aceptación es anterior a la atención y a la comprensión. En tercer lugar, cualquiera que sea el tipo de relación que se establezca entre las variables, el proceso de influencia puede darse en el contexto de, al menos, cinco situaciones diferentes. Estas son las de sugestión, conformidad, discusión de grupo, persuasión y adoctrinamiento. Quizá los procesos que se dan en ellas no sean radicalmente distintos, pero algunas de sus características permiten presentarlas como tipos. En la *sugestión,* se lleva a cabo una presentación repetitiva de la actitud o conducta hasta que ésta es incorporada por el sujeto. En las situaciones de *conformidad,* lo que presumiblemente da lugar al cambio es el hecho de mostrar la discrepancia entre la creencia del receptor y la norma de la autoridad o el grupo relevante, aunque el cambio de actitud también puede lograrse mediante el enfrentamiento de los argumentos del sujeto y los del grupo en una discusión abierta. En la *persuasión,* como hemos tenido ocasión de comprobar, se emite un mensaje que contiene ciertos argumentos para que la audiencia adopte una conclusión relacionada con cierto problema. La labor de investigación realizada bajo el programa de investigación de Yale sigue en su práctica totalidad esta última pauta y, lo que resulta paradójico, una gran parte de lo que hasta comienzos de la década de los setenta se ha dado en llamar investigación de los efectos de la comunicación de masas se ha desarrollado siguiendo idéntico procedimiento. Finalmente, en el *adoctrinamiento,* el agente de influencia dispone sin restricciones de todos los medios para facilitar el cambio de actitud, como se pone de manifiesto en dos situaciones típicas: la psicoterapia y el llamado lavado de cerebro.

En conclusión, se habían introducido en la fórmula del cambio de actitud nuevos elementos. Había crecido el número de factores en juego hasta tal punto que adherirse a una concepción reduccionista en lo tocante a la interacción entre comunicación y conducta resultaba inviable. Expresión de esta inviabilidad era no sólo la fórmula del cambio de actitud propuesta por McGuire, sino también su concepción ampliada de las posibles consecuencias de la comunicación que ahora se agrupaban en una gama más extensa. Por de pronto, reconocía que la comunicación puede dar lugar a cambios actitudinales y no actitudinales, producir efectos relacionados indirectamente con las actitudes y actuar sobre la saliencia que adquieren los problemas. Así pues, el enfoque conductista de Hovland, al desarrollarse y hacerse más complejo, no vio incrementada su solidez, sino su debilidad. La modificación de una respuesta verbal como reacción a un mensaje era sólo una de las consecuencias —y no precisamente la más significativa— de la comunicación. Diríase que la fragmentación de la fórmula de Smith, Lasswell y Casey y la operacionalización de sus componentes, realizada para simplificar el estudio de la comunicación, al aplicarse al área de los efectos de los mass media confirió a esta área de investigación una apariencia de inaccesibilidad que restringió tan injustificada como significativamente los esfuerzos de los investigadores. Esa tendencia a que la investigación incorpore un carácter multiforme e invertebrado está presente en los desarrollos de la década de los sesenta.

III.2. *El efecto de la fuente*

La investigación sobre el efecto de la fuente siguió suscitando después de las contribuciones de la escuela de Yale el máximo interés. El paradigma no varió grandemente: consistía en utilizar iguales mensajes dirigidos a sujetos de características similares y atribuir la comunicación a fuentes diferentes. A su vez, el término «fuente» comprendería un amplio número de instancias. Personas específicas, grupos, etiquetas cargadas de valor, organizaciones, partidos, categorías sociodemográficas, mayorías o minorías identificables podían hacer las veces de fuente. Habitualmente la fuente variaría en experiencia, honradez, atractivo o similaridad y estas cualidades se pondrían de manifiesto mediante el proceso de atribución que realiza el experimentador y no por las tácticas o pautas de conducta de la fuente.

En opinión de McGuire (1969), la «valencia» de la fuente estaría determinada por tres componentes cruciales: la credibilidad, la atracción y el poder. La teoría de Kelman (1961) sobre los procesos de influencia arranca del supuesto de que cada componente da lugar a otras tantas modalidades de cambio actitudinal, llamadas respectivamente *internalización*, *identificación* y *sumisión*. La *internalización* destaca la motivación para lograr una posición objetiva y válida sobre el problema en juego, pone en marcha la experiencia de la fuente y su intención de transmitir sin sesgos y conduce a la integración de la actitud en el sistema de creencia del sujeto. Cuando la base del cambio de actitud es la *identificación*, la motivación dominante es establecer una relación gratificante con la fuente. En ese caso, el atractivo de la fuente, estrechamente relacionado con otros factores como la similaridad, la proximidad o el agrado, se hace saliente. El ascendiente depende de la relación de rol que el sujeto desea mantener o establecer con la fuente y es justamente esa relación de rol lo que es preciso poner de relieve en el intento de influencia. La *sumisión* trata de aquellas situaciones en que se logra aquiescencia pública respecto a la posición de la fuente sin que medie aceptación privada. La capacidad de influir depende del control ejercido por la fuente sobre los recursos que el sujeto precisa para acceder a metas deseables. A su vez la fuente, para lograr sus propósitos, ha de ser capaz de aplicar refuerzos positivos o negativos, desear la sumisión del receptor y poseer medios para establecer la magnitud de la obediencia. La teoría de Kelman y la teoría de French y Raven (1959) sobre las bases del poder se hallan estrechamente relacionadas. Los últimos propusieron cinco modalidades de poder: el poder *de experto, de referencia, coercitivo, de recompensa* y *legítimo.* El poder de experto y el poder de referencia se corresponden respectivamente con la credibilidad y la identificación de Kelman. Tomados conjuntamente, el poder de recompensa y el poder coercitivo entrarían de lleno en la esfera de la sumisión. El poder legítimo podría considerarse en parte relacionado con la identificación o bien constituirse como un nuevo factor.

III.3. *El efecto del mensaje*

Por decirlo de algún modo, el mensaje es la «materia prima» de la comunicación. A diferencia de lo que sucede con la fuente, sus componentes son más fácilmente aprehensibles por no remitir a un contexto de fenómenos ajenos al proceso. En el caso del mensaje, se trata del contenido y forma del discurso, aspectos que se refieren a un estímulo cuasi físico y, como tales, resultan más fácilmente operacionalizables que las variables de la fuente, con un carácter inevitablemente más abstracto. El grupo de Yale imprimió una orientación a la investigación sobre el mensaje que resultará decisiva para el rumbo que tomará en adelante. Prueba de ello es que la influencia se ha venido contemplando en función de las variaciones en el mensaje, el orden de presentación de argumentos y la magnitud de discrepancia entre fuente y receptor. Todas estas temáticas estuvieron presentes, cuando no constituyeron objetivos centrales, en la labor realizada por Hovland y sus colaboradores.

En efecto, Hovland y Mandell (1952) y también Hovland, Lumsdaine y Sheffield (1949) habían obtenido, en el contexto de las inclusiones y omisiones del mensaje, evidencia favorable a la modalidad de presentación explícita de conclusiones. La diferencia se relacionó con la eliminación de la situación de aquellas ambivalencias que produce una fuente carente de poder. Como se vio anteriormente, en el Programa de Yale se estudió también la cuestión de si en un mensaje que precede a una contracomunicación conviene considerar exclusivamente los argumentos favorables o es preferible tomar en consideración al mismo tiempo los argumentos de la oposición. A mayor abundamiento, no se abandonó del todo la investigación en torno al orden de presentación de los argumentos, que remitía a los principios de primacía y recencia en la persuasión. McGuire (1957) propuso un principio que es aplicable a los casos en que la comunicación contiene una parte agradable y otra desagradable y que se basa en la teoría del aprendizaje. Dicho principio desemboca en la estrategia de colocar los argumentos positivos en el inicio del mensaje y dejar los negativos para el final. En hipótesis, los ítems agradables refuerzan la atención del sujeto para seguir el resto del discurso. De proceder en sentido contrario, esto es, presentando los argumentos negativos al principio, tendría lugar una reacción de evitación que daría lugar a la disminución de la atención y, por ende, a una exposición incompleta al mensaje. Pese a la ambigüedad de la dicotomía «agradable-desagradable» empleada por McGuire, el autor informa de un cambio de opinión significativamente mayor en las situaciones en que se presentan las «buenas noticias» al principio y se dejan las malas para el final. De alguna manera este resultado apoya el principio de primacía en la persuasión.

La investigación acerca del tipo de orden (ascendente o descendente) que deberían seguir los argumentos para lograr la máxima eficacia persuasiva continúa en esta segunda etapa de la investigación sobre persuasión, aunque sin obtener confirmaciones sólidas en un sentido específico. En uno de los últimos estudios realizados sobre el tema, Gulley y Berlo (1956) no hallaron diferencias a favor de ninguno de los dos tipos de orden. Por un lado, la atención de la audiencia quizá es mayor cuando se inicia la comunicación, con lo que es tanto más probable que los argumentos importantes sean captados si se colocan al principio. Por otra parte, puede ser útil reservarlos para cuando decae la atención de los receptores. La cuestión se complica aún más si se tienen en cuenta las características del aprendizaje serial. Estas indican que el material inicial se aprende mejor que el que ocupa la posición final y que el aprendizaje en ambos casos es superior al que se produce con el que ocupa una posición intermedia. En conjunto, esta pauta supondría un apoyo complementario del principio de primacía. En una revisión exhaustiva de estudios relacionados con el tema, Rosnow y Robinson (1969, p. 89) concluyen que no existe nada que se parezca a una ley general de primacía o recencia, sino una variedad de condiciones, parte de la cual da lugar a efectos de primacía, parte a efectos de recencia y parte a ningún tipo identificable de efecto de orden. Pese a todo, al contemplar los efectos de orden desde dos perspectivas teóricas tan distintas como la teoría del aprendizaje y lo que se ha dado en denominar «formación de impresiones» (Sherif, 1935, y Asch, 1946) parece confirmarse un supuesto similar. En la teoría del aprendizaje, la primera parte del discurso actúa en detrimento de la que le sucede debido al fenómeno de inhibición proactiva. En función del paradigma del tránsfer negativo, el aprendizaje de la primera parte del mensaje interfiere en el de la segunda. En la «formación de impresiones», la familiaridad con una situación crea un marco de referencia cognoscitivo en relación con el cual se asimila la experiencia posterior. Así pues, también aquí el principio de primacía se vería favorecido si se produce la tendencia a que los argumentos presentados en primer término creen ese marco [2]. Por razones distintas, ambos planteamientos suponen un cierto apoyo para el principio de primacía. En el primero de ellos la calidad del aprendizaje de aquel material que se presenta en último lugar es inferior. En la teoría perceptual tiene lugar una distorsión del sentido a favor de la tendencia creada inicialmente.

Existe una creciente tendencia a considerar el mensaje como un todo al que se pueden asociar distintas propiedades que, de manera más o menos directa, son determinantes de cierto tipo de efectos. La clasificación de los tipos de mensaje arranca de la distinción aristotélica entre el Ethos, el Pathos y el Logos. Según el predominio en el mensaje de cada uno de estos principios se introducirá una connotación dominante en el proceso de persuasión. Siempre que se apele a la autoridad de una norma, jerarquía, comunión religiosa, institución o ideología no se estará sino recurriendo al Ethos y, en última instancia, a aquellos mecanismos por los cuales una fuente genera influencia. La persuasión basada en el Pathos presenta un sentido más restrictivo porque la presión se ejerce de modo relativamente específico sobre emociones, sentimientos y valores, de manera que se vea

---

[2] Para un acercamiento al concepto de Sherif de norma como marco de referencia véase el trabajo de este autor en J. R. Torregrosa (dir.), *Teoría e investigación en la psicología social actual*, Madrid, IOP, 1974, pp. 663-680.

facilitada la creación de un estado de ánimo peculiar que condiciona su alcance. Por último, el criterio dominante en la persuasión basada en el Logos es el de que la posición o actitud de un sujeto en relación con una cuestión puede modificarse mediante la llamada a principios generales que acepta o a evidencias fácticas a partir de las que puede sacar conclusiones. Como es notorio, las dos últimas modalidades suponen un replanteamiento de la eficacia comparada de la emocionalidad y la racionalidad encarnadas en la comunicación. Existe parca evidencia empírica respecto al impacto de las comunicaciones «racionales» y es que ha habido una desafortunada definición del concepto de «comunicación racional» y una todavía más lamentable operacionalización. La investigación sobre el efecto de las apelaciones emocionales se ha circunscrito básicamente al estudio del poder persuasivo del temor, que se inicia con la investigación de Janis y Feshbach (1953) y que presenta otras prolongaciones posteriores de considerable interés.

Otro de los factores del mensaje que han sido objeto de estudios experimentales es el que se refiere a la amplitud de la divergencia existente entre la posición del sujeto y la preconizada por la comunicación. El experimento de Hovland y Pritzker (1957) tuvo como objeto estudiar en qué medida resulta cierto que cuanto mayor es la distancia entre la posición que preconiza el mensaje y la posición individual, mayor el cambio que cabe esperar como resultado de la comunicación. En dicho experimento se establecía la opinión de los sujetos respecto a varios problemas utilizando una escala de siete puntos y se les enfrentaba seguidamente con la opinión de una supuesta «mayoría», de forma que las diferencias resultaran ligeras, moderadas e intensas, dentro del espectro de la escala utilizada. Resultó que el cambio, en términos absolutos, es mayor cuando mayor es la divergencia, pero al relacionar el cambio con la distancia inicial se constató que los sujetos en su conjunto tienden a aproximarse más a la posición de la fuente cuanto menor es la discrepancia. Existe actualmente la tendencia a pensar que la magnitud del cambio de opinión se relaciona de manera directa con la amplitud de la divergencia, pero sólo hasta cierto límite, más allá del cual la opinión no cambia en línea con la apelación e incluso puede experimentar una regresión hacia la posición contraria. En suma, también en este caso podría pensarse en la existencia de una relación no monótona en relación con la cual Sherif y Hovland (1961) generaron una explicación bastante plausible y que contribuye, por otro lado, a profundizar en el concepto de opinión. Más que un punto en una escala, la opinión es un margen en torno a un punto. Existe un margen de aceptación, compuesto por aquellas posiciones que el individuo considera cercanas a la suya, un margen de rechazo compuesto por las posiciones que estima inaceptables y un margen de indiferencia; cuanto más extrema es la posición del individuo, mayor es la amplitud del margen de rechazo. A esta noción sobre los espacios o márgenes de opinión hay que añadir las operaciones propias del fenómeno de distorsión perceptiva, concepto proveniente de la psicología del juicio de estímulos ordenados. En relación con estas operaciones, Hovland, Harvey y Sherif (1957) verificaron empíricamente la validez del principio gestáltico de asimilación y contraste. Las posiciones o actitudes que el sujeto considera aceptables son percibidas por el receptor de la comunicación como más próximas de lo que realmente están debido a un efecto de asimilación. A la recíproca, el efecto de contraste lleva a que las posiciones rechazadas se perciban como más distantes de lo que en realidad se encuentran en la escala. En virtud de todo ello, una divergencia genuina, aunque moderada, puede no determinar un cambio debido a que el receptor la hace corresponder arbitrariamente a la suya, así como tampoco lo haría una divergencia extrema, pues la posición del comunicante se incluiría dentro del margen de rechazo.

Por último, la influencia de los factores del mensaje podría contemplarse en relación con cada una de las etapas del proceso de cambio. Probablemente, el estilo, estructura, disposición de los argumentos y el contenido emocional de la comunicación cumplen un papel importante en la fase de atención. En la fase de comprensión juegan un importante rol los factores de tipo aptitudinal, por lo que probablemente serán determinantes las opciones que se adopten en relación con el modo de presentación de los argumentos (comunicaciones unilaterales *versus* comunicaciones bilaterales, conclusiones explícitas *versus* conclusiones implícitas, etc.). En cuanto a la evaluación de los argumentos, el tipo de mensaje juega un papel contradictorio. Hay que tener en cuenta que el cambio de opinión tiene lugar probablemente porque el sujeto examina la validez de los argumentos subyacentes al mensaje y los compara con los fundamentos de su propia acción. Esta actividad que el sujeto lleva a cabo ha sido denominada por Petty y Cacioppo (1981) actividad de *contra-argumentar.* No obstante, si se piensa en las argumentaciones que inducen temor, las alternativas dependen, sobre todo, de las percepciones del sujeto más que de una evaluación desinteresada: en el caso de sujetos con ansiedad crónica o que se consideran altamente vulnerables, la consideración de argumentos y conclusiones puede verse bloqueada, mientras que en otros casos quizá tenga lugar una activación significativa de la tendencia a considerar atentamente aquellos argumentos que apoyan la regularidad de la relación entre un hábito o norma de conducta y sus consecuencias nocivas (así, en las comunicaciones que tratan de reducir el consumo de cigarrillos o de promover en los conductores hábitos de conducción más seguros). Todo ello se relaciona de modo más o menos directo con la discusión sobre el papel que lo «emocional» y lo «racional» juegan en la persuasión. En este contexto resulta pertinente la propuesta de Cialdini y otros (1981) sobre las dos pautas diferenciadas mediante las que se opera el cambio de actitud. La primera de ellas viene a ser la *vía regia* de la persuasión y se da cuando la nueva convicción arranca de la validez atribuida a los argumentos empleados por la fuente. Probablemente la retención que tiene lugar en este caso no es pasajera, sino que la nueva actitud se interioriza y pasa a formar parte del sistema de creencias del sujeto. La segunda pauta de cambio opera en aquellos casos en que la aceptación ocurre por razones distintas a la validez atribuida a los argumentos manejados en la comunicación *(vía periférica)* y el resultado es que las consecuencias de la persuasión son más inestables. Obviamente estas dos posibilidades hacen pensar que la forma en que tiene lugar la persuasión determina la profundidad de la retención. Ahora bien, ni las características de la fuente ni las del mensaje permiten explicar adecuadamente el nivel de la acción manifiesta relacionado con el cambio de opinión.

En varios experimentos se ha puesto de manifiesto la existencia de una actividad contraargumentadora que puede verse inhibida o activada por las instrucciones del experimentador. En un estudio de Allyn y Festinger (1961) se trató de modificar la opinión de los jóvenes respecto a la edad legal para obtener la licencia de conducción de automóviles. Los sujetos estaban implicados personalmente en el tema e interesados en que no se viera incrementado el límite de edad. En tales condiciones recibieron un alegato contraactitudinal en defensa de la tesis de que debería elevarse la edad de obtención del carnet de conducir. En uno de los grupos experimentales se advierte a los sujetos que recibirán una comunicación contraria a su opinión y se les ruega presten atención, ya que se recabarán más tarde sus ideas sobre el tema. En el otro se les pide simplemente que presten atención a los rasgos de personalidad del comunicante porque más tarde habrán de formular un juicio sobre él. El resultado es que un porcentaje significativamente menor del primer grupo cambia en favor de la elevación de la edad legal. También en el experimento de Eagly (1974) se obtuvo evidencia favorable a la hipótesis de que la motivación para contraargumentar incrementa la resistencia personal frente a la comunicación. El autor pidió a los sujetos que buscaran argumentos contrarios a la posición que iba a ser defendida en la comunicación. En comparación con los miembros del grupo de control, a los que no se daba consigna alguna, quienes recibían el tratamiento experimental resultaron menos influidos. En otro experimento, esta vez a cargo de Petty y Cacioppo (1977) se informa a los sujetos de que se intentará modificar su actitud en el sentido de una comunicación de la que reciben un breve resumen. Se proporciona un período de tiempo durante el cual los sujetos deben reflexionar sobre la cuestión y formular por escrito aquello que han pensado. Lo que Petty y Cacioppo comprueban es que no tiene lugar una reacción simple, sino más bien una actividad cognitiva bastante compleja. En realidad ha habido una cierta polémica en la que se ha tratado de dilucidar cuáles son las operaciones cognoscitivas que lleva a cabo el sujeto cuando se le informa de que va a ser expuesto a una opinión divergente de la suya. McGuire y Millman (1965) han defendido el supuesto de que la razón por la que algunos sujetos cambian menos de lo que cabría esperar (o no cambian nada) tras haber recibido el mensaje es que el cambio ha tenido ya lugar con anterioridad. El sujeto necesitaría mantener un cierto nivel de autoestima y al mismo tiempo precisa en grado variable obtener aprobación. Al cambiar antes se desembaraza de la ingrata sensación que produce ser crédulo en exceso. Esta explicación, algo simplista, se ha visto superada por otra más satisfactoria a cargo de Cialdini y otros (1976), la cual se fundamenta en la idea de elasticidad de la opinión y de autocontrol de la imagen de sí mismo. Al concepto de «no actitud» de Converse (1970) subyace la idea de que las personas no siempre saben expresar lo que piensan realmente y/o no siempre tienen ideas demasiado firmes sobre cuestiones relevantes. El efecto de informar a un sujeto de que va a tener que afrontar una opinión distinta a la que mantiene es que se aproxime a la nueva opinión. Pero que el sujeto mantenga la opinión tras la fase de exposición depende de que el mensaje evoque una opinión que se encuentre dentro del margen de aceptación o de que ésta se sitúe fuera de ese margen. En el primer caso, la opinión adquirida se mantiene; en el segundo, el sujeto tiende a regresar a la posición inicial. El concepto de autocontrol de la imagen remite a una tendencia muy reforzada en nuestra sociedad que consiste en considerar favorablemente a las personas que tienen un talante receptivo en relación con las nuevas opiniones y comportamientos. Quizá el sujeto produce un cambio para mostrar su espíritu abierto, aunque Cialdini y colaboradores señalan que dicha respuesta únicamente tiene lugar si el problema no es subjetivamente muy importante, ya que si lo es, la estrategia de conducta consiste en extremar aún más la opinión y regresar después de recibida la comunicación a la posición inicial, con lo cual quedaría de manifiesto la voluntad de compromiso al mismo tiempo que la creencia que se tiene por propia se ve salvaguardada.

La escuela de Yale puso de relieve que aquellas comunicaciones que contienen los pros y los contras de un problema incrementan la resistencia a contracomunicaciones posteriores. En un experimento sumamente interesante, McGuire y Papageorgis (1961) demuestran indirectamente la sobresaliente vulnerabilidad de aquellas creencias que precisamente por hallarse muy asentadas en la cultura carecen de argumentos firmes a los que los individuos puedan apelar cuando se plantea la necesidad de defenderlas. El propósito del experimento fue demostrar que someter a las personas a una amenaza débil contra sus creencias estimula la capacidad para defenderse de cuestionamientos posteriores. Se hizo uso de cuatro «truismos» culturales, esto es, creencias que gozan de aceptación general y que, por lo mismo, raramente son puestas en tela de juicio. Se somete a los sujetos a uno de entre dos tipos de tratamiento. El primero es una inmunización de apoyo (leer —procedimiento pasivo— o bien encontrar por uno mismo —procedimiento activo— argumentos favorables a los truismos). El segundo es una inmunización defensiva que consiste bien en leer, bien en encontrar por cuenta propia, argumentos en contra de los truismos junto con refutaciones de dichos argumentos. Cumplida esta fase, los sujetos se ven expuestos a una comunicación que ataca críticamente esos truismos. La verificación de que, efectivamente, los truismos se encuentran generalizadamente asumidos se ve acompañada por la mucho más importante de que los sujetos no inmunizados ofrecen una deficiente resistencia a la formulación crítica. Una idea de la fuerza del impacto puede darla el hecho de que los sujetos que en una escala de acuerdo de 15 puntos se sitúan en un promedio de 12, bajan a seis tras la recepción del mensaje. La inmunización de apoyo no parece muy eficaz y los sujetos a quienes se brinda —o que han encontrado por su cuenta— argumentos defensivos no resisten mejor que los no sometidos al tratamiento experimental. Por el contrario, la preparación por refutación incrementa la resistencia al cuestionamiento, especialmente cuando los sujetos no tienen que encontrar por sí mismos argumentos, sino que les son proporcionados por una agencia externa. Montmollin (1985) ha visto en estos resultados los efectos propios de la motivación para contraargumentar y, al propio tiempo, una constatación de la hipótesis de Moscovici [3] según la cual la acción de una minoría firme y consistente puede quebrantar la adhesión a las normas que las personas están habituadas a asumir de forma natural. Por otra parte, resulta aleccionador el hecho de comprobar que ciertas creencias que las personas tienen como centrales pueden verse drásticamente transformadas. Cabría preguntarse si el hecho de que ciertas fidelidades y adhesiones se basen en la costumbre las hace invulnerables a las presiones externas que a menudo en nuestra sociedad se encuentran canalizadas por la comunicación de masas. Existe la tendencia a confundir las opiniones que adoptan un carácter mayoritario con las actitudes fuertes que suelen llevar aparejado un intenso componente emocional. Sin embargo, esas opiniones mayoritarias frecuentemente se basan más en la costumbre y el consenso que en sólidas argumentaciones teóricas, por lo que difícilmente puede pensarse que en las ocasiones en que se ejercen presiones sociales intensas van a mantenerse incólumes, especialmente si esas presiones se asocian a la voz de la mayoría o a la «Raison d'Etat». El experimento de McGuire y Papageorgis pone de relieve una cuestión y es que existen opiniones y creencias generales que son sumamente inestables. Tal vez contribuya a producir la impresión de estabilidad el hecho de que en una época dada circulan como moneda corriente en la sociedad. No obstante, al no estar fundamentadas en una base cognitiva firme, muchas opiniones presentan un carácter extraordinariamente lábil. Naturalmente, esta labilidad es difícilmente apreciable en el marco de los estudios de laboratorio, aunque en ocasiones como la de referencia se demuestra que un mensaje simple puede incidir de manera llamativa sobre principios indiscutibles de la cultura.

---

[3] El punto de vista del autor acerca del papel de las minorías en el proceso de influencia se encuentra expuesto en Moscovici y Faucheux (1967) y Moscovici y Ricateau (1972).

IV. DOS TEORIAS SOBRE EL CAMBIO DE ACTITUD: LA TEORIA DE LA ACCION RAZONADA Y LA CONCEPCION SOBRE EL CAMBIO DE ACTITUDES BASADAS EN LA ACCION

Aunque no tenemos el propósito de dar cuenta detallada de las contribuciones teóricas al área del cambio de actitud porque su realización desbordaría los límites de este trabajo, sí nos parece necesario hacer referencia a dos muy relevantes en relación con los problemas que estamos tratando.

IV.1. *La teoría de la acción razonada: el modelo de Fishbein y Ajzen*

El modelo de Fishbein y Ajzen sobre el cambio de actitud es tal vez el que goza de mayor predicamento en la actualidad. Su versión actual es producto de contribuciones realizadas con anterioridad [principalmente, Fishbein (1967 y 1980), Fishbein y Ajzen (1975) y Ajzen y Fishbein (1980)]. En cierto sentido se trata de un modelo clásico al respetar presunciones ampliamente aceptadas en la teoría psicosociológica respecto a la relación entre creencias, actitudes, intenciones y conductas. La más esencial de ellas radica en el supuesto de que las creencias que las personas forman sobre el objeto influyen en las actitudes hacia dicho objeto.

En la teoría de la acción razonada, la actitud es un compuesto cuyos elementos son creencias, el valor afectivo del compuesto una función del valor afectivo de las creencias y su sentido general, como en las definiciones clásicas, es el de una predisposición a responder favorable o desfavorablemente en relación con el objeto.

La actitud se relaciona con la totalidad de las intenciones o conductas respecto al objeto, así como con la totalidad de las creencias, aunque puede que suceda que una creencia, intención o conducta aislada guarde escasa o nula relación con la actitud. No es esperable tampoco que haya una correspondencia puntual entre creencias específicas o intenciones o conductas.

Fishbein y Ajzen tratan de establecer distinciones precisas entre los conceptos de creencia, actitud e intención de conducta. Tales conceptos se solapan a menudo, con el resultado de que haya una extraordinaria diversidad en las operaciones destinadas a medir las actitudes: escalas, índices sobre ítems verbales, afirmaciones sobre sentimientos, cogniciones o intenciones, medidas fisiológicas de conducta, etc. Fishbein y Ajzen (1972) identifican en la literatura hasta 500 operaciones distintas para medir las actitudes e informan de que entre 200 estudios donde se empleó más de una medida de la variable dependiente (actitud) hay un 70 % que arroja resultados distintos. Es así que un problema conceptual como es el de distinguir con claridad los distintos referentes de la actitud supone importantes limitaciones para la investigación. Por ello, al afrontar la subdivisión entre lo cognitivo, evaluativo y conativo, proponen que el término «actitud» se reserve para la localización del sujeto en la dimensión afectiva.

En el modelo, las creencias ocupan una posición central. Estas son percepciones de que un objeto (o persona) posee ciertas características o está relacionado con algún otro concepto, objeto o persona. Las creencias se establecen pidiendo al sujeto que haga una estimación respecto a la relación entre objeto y concepto, presentando el objeto y pidiéndole que estime el grado de relación con otro objeto o concepto, o presentando el objeto y permitiendo que el sujeto indique relaciones con otros conceptos en un formato de respuesta libre. A este juicio subyace una dimensión probabilística considerada típicamente como cognición o creencia, esto es, la medida se interpreta como emplazamiento de la persona en una dimensión de probabilidad subjetiva sobre la relación entre un objeto o conducta y algún concepto relacionado. Por otro lado, las creencias a través de las que se determina la dimensión cognoscitiva de la actitud no necesariamente están relacionadas entre sí. Por esa razón, si la medida se efectúa a través de diferentes creencias se puede llegar a diferentes resultados. Cada creencia sobre el objeto lo conecta con un concepto diferente y representa, por tanto, una dimensión de probabilidad diferente.

Por su parte, la intención de conducta reflejaría la intención o deseo de implicarse en varias conductas respecto, o en presencia, de una persona u objeto dados. La medida correspondiente consiste por lo general en presentar una persona u objeto estímulo y alguna conducta (o conductas) susceptibles de desempeñarse en correspondencia con dicho objeto o persona y pedir al sujeto que indique su disposición a implicarse en la realización de la conducta o conductas. En este caso, el sujeto se emplaza en una dimensión de probabilidad que lo relaciona con una acción.

En todo caso, el concepto de actitud debería emplearse únicamente cuando exista evidencia razonable de que la medición obtenida sitúa al individuo en un continuo de naturaleza afectiva.

Esencialmente, la investigación sobre cambio de opinión versa sobre una situación experimental en el curso de la cual se modifican creencias. A causa de la exposición, el sujeto forma creencias sobre los objetos de la situación. Podría pensarse en la existencia de tres tipos de estímulo y tres tipos de juicios de probabilidad en función de los cuales calibrar el cambio que tiene lugar. Los estímulos en cuestión serían: (X), estímulo que se da en el contexto del experimento; (Y), estímulo diferente al anterior, pero que también se da en el contexto del experimento, y (Z), estímulo que no se da en el contexto del experimento. Los juicios de probabilididad serían (O) dijo que (X) es (Y), (X) es (Y) y (X) es (Z). En definitiva, se trata de que el sujeto diga si, en el contexto del experimento, alguien relacionó (X) e (Y) si de hecho cree que (X) es (Y) o de que efectúe una inferencia (Z) a partir de (X). De manera que Fishbein y Ajzen ponen de relieve la existencia de varias operaciones que el sujeto puede efectuar en un experimento sobre persuasión: atribuir a la fuente la emisión de un mensaje que contiene creencias (O dijo que X es Y), proceso esencialmente relacionado con la memoria, llegar a creer que un estímulo (X) se relaciona con un estímulo (Y) bajo cierto grado de probabilidad, lo que toca más bien a la fase de aceptacion que a la de retención y, finalmente, el sujeto puede efectuar inferencias o atribuciones sobre los hechos que se producen en la situación experimental, lo que conduce a un apartado tan importante como es el de la psicología social del experimento, que por razones de espacio no puede ser tratado aquí con el rigor que requiere el caso.

Sea cual fuere la base de la creencia y sea cual fuere el objeto (persona, cuestión o conducta), la actitud siempre se relaciona con las creencias, esto es, hay que contemplarla como una función del efecto asociado a las creencias de la persona acerca del objeto. De la combinación de los valores afectivos resulta la actitud general de la persona y en ese proceso combinatorio habría que estimar el valor afectivo o evaluación de cada concepto que se cree relacionado con el objeto de la actitud y el peso asignado a cada uno de los valores afectivos en la formación de la actitud general.

Finalmente, aparece el importante problema de la relación entre la actitud y la intención de conducta. Habitualmente la actitud es contemplada como determinante de las intenciones y de la conducta misma. De hecho, existe evidencia de una no despreciable relación entre la actitud y conjuntos heterogéneos de intenciones. También la hay de que la actitud puede no relacionarse con todas y cada una de las intenciones específicas. La propuesta general de Fishbein y Ajzen es que las intenciones de conducta tienen suficiente entidad como para devenir en sí mismas objeto de investigación. Más concretamente, la intención de conducta sería función de un componente actitudinal y de un componente normativo cuyo peso específico estaría en función de diferencias individuales, variables situacionales y de la conducta objeto de estudio.

Como se verá en detalle más adelante, en la teoría de la acción razonada el componente actitudinal es la actitud hacia la conducta misma. Esta estaría en función de las creencias del sujeto acerca de las consecuencias de realizar la conducta y de la evaluación de dichas consecuencias.

IV.1.1. El cambio de actitud en la teoría de la acción razonada

El procedimiento usualmente empleado en la persuasión consiste en asociar el objeto de la actitud con algún otro objeto, concepto o valor y proporcionar apoyo o evidencia que confiera credibilidad a esa asociación. Tómese como referencia el ejemplo de Fishbein y Ajzen. El mensaje «La bebida deteriora las relaciones familiares», acompañado de evidencia fáctica del estilo «el 75 % de los bebedores habituales tiene conflictos matrimoniales», desde el ángulo del paradigma clásico del cambio de opinión implica que aceptar la evidencia fáctica favorece la aceptación de la conclusión y que esa evidencia se tiene por cierta. Sin embargo, en numerosos estudios ni se pone a prueba el grado de aceptación de las creencias de apoyo, ni tampoco la relación existente entre aceptar la evidencia y aceptar la conclusión. Y, sin embargo, el objeto de la actitud se relaciona con otros conceptos positiva o negativamente evaluados. En el caso tratado, el hecho de beber podría deteriorar las relaciones familiares, provocar accidentes de automóvil, ayudar a hacer amigos, remediar la sensación de soledad, etc. Esas creencias existen, determinan cambios de actitud y pueden estar o no incluidas en la comunicación persuasiva. En síntesis, la actitud estaría en función de las creencias (sobre la bebida en nuestro caso) y en función de los valores afectivos asociados a esas creencias.

También se puede considerar el efecto de la comunicación sobre el cambio en la intención de conducta. Los mensajes persuasivos suelen incluir recomendaciones sobre actos que el receptor debería ejecutar (por ejemplo, «Las personas que tienen el hábito de beber debieran seguir tratamiento médico» o «Usted en particular debiera dejar de beber»). Es habitual que se asocie aceptación a cambio de actitud y, por ende, a la tendencia a poner en práctica las recomendaciones, lo que no siempre sucede. Se puede pensar que el alcohol o el tabaco son perniciosos y no por ello abandonar su uso. Hay una razón: las actitudes hacia los actos son determinantes de la intención de conducta, pero no con independencia de factores normativos que pueden regular la intención de llevarlos a cabo. En la formación de la intención de conducta, lo relevante sería la actitud del sujeto hacia «su» pasar a la acción. Este puede no verse a sí mismo como un bebedor crónico o llegar a la conclusión de que «en su caso» beber no es un hábito nocivo. Y hasta existe otra posibilidad y es que no acepte la idea de que el hecho de poner en práctica las recomendaciones va a atajar de manera efectiva el peligro.

IV.1.2. Conclusiones

De lo dicho hasta el momento, tres son las conclusiones a que se podría llegar. La primera es que la exclusiva medida de uno solo de los componentes de la actitud (cognición, afecto o conación) es insuficiente para una predicción adecuada de la conducta. Los índices sobre conjuntos de creencias (cognición) o de intenciones de conducta (conación) correlacionan altamente con las medidas de la actitud (afecto), pero dichos índices no permiten una buena predicción de la conducta. La segunda es que las actitudes son predictores adecuados de la conducta siempre que se cumplan dos condiciones: la medida de la actitud debería adecuarse al tipo de criterio al que se refiere la predicción y el criterio debería ser metodológicamente aceptable. En tercer lugar, probablemente la inconsistencia en muchos resultados de investigación se deba a una elección sistemáticamente inadecuada del criterio de conducta y al fracaso a la hora de realizar distinciones precisas entre creencias, actitudes e intenciones de conducta por referencia a cada acto del que se esté tratando. En tal sentido, el mejor predictor de un acto simple sería la intención de la persona de ejecutar ese acto concreto.

IV.1.3. La conducta y su predicción

Estos principios generales de la teoría se han desarrollado hasta alcanzar un considerable grado de formalización que permite operacionalizar los componentes que habían sido enunciados de manera meramente teórica.

En el modelo, la meta última es la predicción y comprensión de la conducta humana, partiendo de la idea de que la mayoría de las conductas socialmente relevantes se hallan bajo control volitivo, esto es, el determinante por excelencia de la acción es la intención de llevarla a cabo.

Por su parte, la intención es función de un determinante de naturaleza personal y de otro que refleja básicamente la influencia social. Ese factor personal es la *actitud hacia la conducta* o evaluación positiva o negativa que el sujeto hace de ejecutar la conducta. El segundo factor es la percepción sobre las presiones sociales (prescripciones, disposiciones, mandatos, etc.) que se ejercen para que la conducta en cuestión se ejecute o inhiba y recibe la denominación de *norma subjetiva.* En términos generales, se intentará realizar una conducta cuando se la evalúe positivamente y se piense que otras personas importantes opinan que debería ponerse en práctica. La teoría postula que en la determinación de la conducta oscilará el peso que quepa atribuir a los factores actitudinales y a los normativos dependiendo del objeto de investigación que se considere. La relación entre los elementos queda expresada en la siguiente ecuación:

$$B \sim I = f\,(w_1\ A_B + w_2\ SN)$$

B:	conducta de que se trate.
I:	intención de la persona de realizar B.
A_B:	actitud de la persona hacia la ejecución de B.
SN:	norma subjetiva de la persona concerniente a la ejecución de B.
w_1 y w_2:	peso relativo, empíricamente identificado, de los parámetros que reflejan la importancia relativa de A_B y SN.

Fuente: Fishbein y Ajzen, 1981, p. 280.

Aunque en la fórmula anterior no aparece indicación expresa, la actitud hacia el objeto se encuentra determinada por las creencias acerca de ese objeto. La creencia personal es la probabilidad subjetiva de que el objeto tenga determinado atributo, refiriéndose «objeto» y «atributo» a cualquier aspecto discriminado del mundo individual (por ejemplo, una raza, una institución, un partido, un grupo, etc.). Si, por ejemplo, una persona indica que hay un 75 % de probabilidades de que el político X sea honesto, el objeto de actitud político X se vincula al atributo honestidad con una probabilidad subjetiva de 0,75.

La finura del modelo la indica la reflexión respecto a la naturaleza de las creencias. Se postula que, aunque las personas mantienen muchas creencias sobre los diversos objetos de su mundo, solamente pueden atender a un corto número de ellas en cada momento concreto. Este número, según la teoría, oscila entre 5 y 9. Un postulado complementario es que estas creencias salientes son los determinantes inmediatos de la actitud. De aquí se deriva la implicación de que para averiguar por qué una persona mantiene determinada actitud hacia un objeto es preciso llevar a cabo un test sobre sus creencias salientes acerca del objeto. Se utiliza el procedimiento de pedir al sujeto que haga una lista de las características, cualidades y atributos del objeto según una pauta de respuesta libre, estableciendo paralelismo entre saliencia y dominancia. De tal suerte que las creencias salientes estarían entre las 5 y 9 primeras creencias que el sujeto evoca.

En particular, cada creencia vincula al objeto con un atributo valorado. La actitud vendría determinada por la evaluación que la persona hace de los atributos asociados al objeto y por la fuerza de esas asociaciones. De modo más concreto, la evaluación de cada atributo saliente contribuye a la actitud en proporción a la probabilidad según la persona de que el objeto tenga el atributo en cuestión. En consecuencia, al multiplicar la fuerza de la creencia por la evaluación del atributo y sumar los productos resultantes, se obtiene una estimación de la actitud basada en las creencias salientes de la persona hacia el objeto. Las relaciones mencionadas se expresan formalmente en una ecuación que contempla las operaciones de procesamiento de la información implícitas en la actitud:

$$A = f\left[\sum_{i=1}^{n}\right] b_i e_i$$

A: actitud.

b_i: creencia —o probabilidad subjetiva— de que el objeto de la actitud posee el atributo *i*.

e_i: evaluación del atributo *i*.

$\sum_{i=1}^{n}$: sumatorio de *n* creencias salientes.

Fuente: Fishbein y Ajzen, 1981, p. 263.

Así pues, de manera notoria, la actitud es función de las creencias. Por lo general, casi todas las creencias salientes relacionan la conducta con resultados valorados positiva o negativamente. Como se indicó anteriormente, cuando se cree que una conducta conducirá primordialmente a resultados positivos, se tendrá una actitud favorable hacia su desempeño, mientras que si se cree lo contrario, la actitud hacia esa conducta será desfavorable. Reciben el nombre de *creencias de conducta* aquellas que subyacen a la actitud de una persona hacia la conducta en cuestión.

Las *creeencias normativas* incorporan una cualidad distinta, al referirse a percepciones sobre la aprobación o desaprobación externa del desempeño o bloqueo de la conducta. Creencias de este tipo son las que subyacen a la norma subjetiva. En general, la persona que cree que aquellas referencias personales, grupales o de autoridad que tiene como suyas y a las que está más motivado a someterse son del criterio de que debería desempeñar una conducta específica, percibirá la existencia de presiones sociales en tal dirección. Lo contrario —esto es, los referentes estiman que la persona debería abstenerse de llevar a cabo la conducta— también es cierto. La tercera ecuación expresa el tipo de relación existente entre creencias normativas y norma subjetiva:

$$SN = f\left[\sum_{j=1}^{n} bj\ mj\right]$$

SN: norma subjetiva.
b_j: creencia normativa concerniente al referente *j*.
m_j: motivación de la persona a someterse al referente *j*.
n: número de creencias normativas salientes.

Fuente: Fishbein y Ajzen, 1981, p. 280.

IV.1.4. Una conclusión general sobre la teoría de la acción razonada

La teoría de la acción razonada, casi huelga decirlo, se constituye en torno al objetivo fundamental de captar a través de constructos intervinientes las causas de la conducta que tienen su fundamento en las creencias. Existen tres niveles de explicación. En el primer nivel, el más general de todos, se asume que la conducta se encuentra determinada por la intención. En el segundo, dichas intenciones se explican en términos de actitudes hacia la conducta y normas subjetivas. En el tercero, estas actitudes y normas subjetivas se relacionan con las creencias sobre las consecuencias que se atribuyen al desempeño de la conducta y con las expectativas normativas de referentes relevantes.

Importa poner de manifiesto, por tanto, que las creencias de los individuos acerca del entorno social, la conducta y sus consecuencias, realizan una función central en la formación y en el cambio de las actitudes. *De la misma manera importa resaltar la estrecha relación que existe entre la comunicación y la construcción de las creencias acerca de lo que existe, lo que es importante y la forma en que se relacionan los objetos de la realidad.* Por tanto, son las creencias que sirven de base a las actitudes las que hacen entrar de lleno a éstas en el campo de la comunicación y, desde nuestro punto de vista, no de una manera superficial y accesoria, sino penetrante y continuada. Dicho de otro modo, la comunicación de masas actúa de manera permanente en aquel proceso mediante el cual las creencias se forman, ganan y pierden saliencia. Los propios Fishbein y Ajzen (1981, p. 281) parecen estar de acuerdo con ese supuesto:

> En el análisis final, entonces, la conducta de la persona se ve explicada por referencia a sus creencias. *Dado que las creencias de las personas representan la información (correcta o incorrecta) que tienen sobre su mundo, se deduce que su conducta se encuentra en última instancia determinada por esta información* [4].

IV.2. *El cambio de actitud basado en la acción: la teoría de Kelman*

Desde que en 1953 H. C. Kelman, uno de los teóricos más brillantes de la psicología social, leyera su tesis doctoral, se ha venido ocupando sistemáticamente del cambio de actitud contemplado desde la perspectiva de la acción. Dicha relación ha servido de base a su intento de construir una teoría.

Lo dicho sobre la actitud hasta el momento habrá servido para di-

---

[4] Las cursivas son nuestras.

bujar los límites, bien es verdad que muy flexibles, del concepto. Las apreciaciones de Kelman enfatizan su naturaleza social. En efecto, las actitudes: *a)* fluyen de la interacción y al propio tiempo la orientan; *b)* representan nexos entre el individuo y las diversas partes del sistema social con las que aquél se relaciona, y *c)* son compartidas en magnitud variable. En definitiva, lo que distingue a las actitudes de otros procesos psico o sociológicos es el hecho de que en su formación, expresión y funcionamiento se solapan siempre lo individual y lo colectivo.

En el modelo no se trata del cambio de actitud en general, sino del cambio de actitud significativo, el cual «siempre ocurre en el contexto de la acción» (Kelman, 1979, p. 119), siendo la acción aquella «conducta manifiesta que produce algún cambio en el entorno y tiene consecuencias para la vida real del actor» *(ibidem,* p. 119). Ello implica que cuanto más pública, irreversible y comprometida es la conducta, mayores son los cambios que produce en el entorno y de mayor trascendencia resultan las consecuencias reales para el actor. En definitiva, el autor no tiene *in mente* tanto los cambios puntuales en virtud de los que se ven modificadas algunas opiniones superficiales de los individuos, sino más bien las transformaciones importantes que son consecuencia de la realización de acciones no triviales. ¿Qué tipo de acciones suministran el contexto para el cambio de actitud? En principio, son cuatro los tipos de acción susceptibles de generar las fases de dicho cambio.

Es importante señalar que las ideas de aprendizaje y autodesarrollo se acentúan frente a las de defensa y equilibrio, lo que al fin y a la postre no representa sino una cierta oposición a las teorías de la consistencia. En la teoría de la disonancia cognoscitiva la acción contraria a la actitud es el desencadenante por excelencia del cambio. De modo diferente, Kelman (1979, p. 120) propone cuatro tipos de acción que establecen bases para el cambio de actitudes y que aparecen representadas en el cuadro 4 de la página siguiente.

En el cuadrante superior izquierdo aparecen las demandas situacionales inducidas por acciones que típicamente se ponen en marcha en los experimentos sobre sumisión forzada. Por exigencias de la situación o del rol o por presiones sociales, el sujeto se implica en una acción respecto del objeto, acción cuyo rasgo más notório es el de estar divorciada de la actitud interna inicialmente mantenida en relación con el objeto.

Bajo la denominación «adhesión a una nueva política» se pone de

CUADRO 4. *Relaciones entre acción y cambio de actitud*

Tiempo de la acción	FUENTE DE LA ACCION: Fuerzas sociales	FUENTE DE LA ACCION: Actitudes personales
Anterior al proceso de cambio.	Respuesta a exigencias situacionales. (1)	Manifestación de la actitud. (2)
Hacia la mitad del proceso de cambio.	Adhesión a una nueva política. (3)	Verificación de una nueva actitud. (4)

manifiesto el hecho de que los cambios políticos, en circunstancias específicas, pueden desencadenar cambios conductuales o de actitud. La adhesión a nuevos supuestos políticos quizá ponga en marcha acciones en el curso de las cuales se obtiene un nuevo conocimiento del objeto y, por esa vía, puede tener lugar un cambio de actitud. Cualquiera que haya analizado la militancia en un partido político sabe que la mejor manera de que los recién reclutados adquieran las nuevas convicciones no consiste tanto en persuadirles verbalmente como en facilitar el camino para que se comprometan en acciones a través de las que se adquiere una definición práctica de los objetos sociales en relación con los que se ejecuta la acción. Al mismo tiempo, y este poder es sobresaliente en el modelo de Kelman, la solidez de las definiciones es mayor en la medida que son compartidas, esto es, en la medida que son sociales.

Las actitudes son predisposiciones a actuar favorable o desfavorablemente en relación con los objetos sociales, es decir, se relacionan con conductas que se está dispuesto a adoptar en relación con ellos. El cuadrante superior derecho indica que el proceso mediante el cual las actitudes se manifiestan en conductas equivale a una transacción con el objeto en el curso de la cual se producen experiencias —en forma de *feedback,* por ejemplo— capaces de remodelar la actitud.

El cuadrante inferior derecho expresa que no sólo hay intercambios involuntarios con el objeto, sino acciones intencionadamente orientadas a reexaminar o reevaluar las actitudes ya adquiridas.

Las actitudes poseen tres rasgos centrales: están asentadas sobre bases funcionales, son socialmente compartidas y representan un rango de compromiso con el objeto. Estos tres rasgos se relacionan con las condiciones que están presentes en el proceso de cambio.

Antes de avanzar en la exposición parece conveniente explicitar el *papel que le corresponde a la comunicación en la formación de las actitudes.* Podría pensarse que en la perspectiva de Kelman se adjudica a la expresión «interacción con el objeto» una significación muy restringida. Esta interpretación dista mucho de ser cierta, ya que Kelman señala que la interacción con el objeto, proceso básico en la formación y cambio de actitudes, puede ser directa como cuando nos enfrentamos sin mediación con una persona o grupo, e «indirecta», distinción que no es sino un reconocimiento de la contribución de la comunicación al cambio de actitud:

> La interacción indirecta hace referencia a aquellas interacciones con el objeto de la actitud que tienen lugar por mediación de otras personas o a través de los medios de comunicación de masas (Kelman, 1979, p. 127).

Kelman confiere a las actitudes un carácter funcional en relación con las metas que persiguen las personas o los valores que desean maximizar. El contexto de motivaciones determinará el tipo de actitudes esperables, las condiciones en que la acción tendrá por base la actitud y las condiciones en que es probable que cambien. No es probable que las metas que se fijan las personas y los contextos de valor cambien continuamente, lo que conduce a pensar que los cambios de actitud en la práctica son lentos y graduales. En ese sentido, la de Kelman es una posición clásica, especialmente si se tiene en cuenta su coincidencia con la noción de actitud en W. I. Thomas. Recuérdese que en *El campesino polaco,* las actitudes ya establecidas sirven para crear un marco que modela las relaciones con el objeto. La nueva información presiona en favor del cambio, pero la actitud preexistente crea fuerzas en favor de la estabilidad, no sólo en forma de resistencia a la transformación, sino también en la de experiencias inherentes al funcionamiento cotidiano de la actitud.

En segundo lugar, las actitudes se distinguen por su esencia de cosa compartida, aunque al propio tiempo representan una predisposición de carácter individual. *Sólo son significativas las actitudes que además son compartidas,* aunque nunca deba pensarse en ellas como si se tratara de una «copia al carbón» que se repite en todos los individuos. Se puede pensar en el cambio de actitud desde la plataforma de la distinción formulada por Kelman (1961) entre los procesos de sumisión, identificación e internalización, cada uno de los cuales es indicador del grado de transformación de la actitud, partiendo de una demanda de tipo social, propia del rol, hasta llegar a una demanda de tipo personal, esencialmente axiológica. En tal sentido *un cambio en respuesta o una exigencia mediatizada por la sumisión no es una nueva actitud, sino más bien una respuesta verbal. La adquirida en razón del proceso de sumisión funciona en esencia como una exigencia del rol. Por último, la adquirida por internalización aun siendo compartida, es la única que permite establecer estimaciones independientes de las presiones sociales. Pero en cualquiera de los tres casos, señala el autor que el cambio de actitud echa raíces en el proceso de comunicación social.*

Por último, la actitud habría que verla como la solución a un compromiso, dado que implica la coexistencia de asociaciones positivas y negativas, de tendencias de aproximación y evitación. *Esta concepción de la actitud como rango de compromiso permite tender un puente hacia la idea de «no actitud» de P. Converse, hacia el supuesto vigente en la teoría de la acción razonada sobre la heterogeneidad de creencias subyacentes a la actitud y también hacia la idea de la actitud como «margen».* Justamente son estos supuestos los que al tiempo que representan una concepción flexible y ajustada del concepto de actitud parecen ofrecer una vía de entrada al de la comunicación social como fuente de cambio de las actitudes, sin que por ello se elimine la significación que éstas tienen en la psicología social contemporánea. Así señala Kelman (1979, p. 133) que «la actitud hacia un objeto, muy a menudo es una resultante de aproximaciones conflictivas y componentes de evitación», añadiendo, «[...] En mi investigación sobre las actitudes me he sentido totalmente impactado por la frecuencia con que actitudes totalmente contradictorias parecen coexistir en el mismo individuo y emerger bajo diferentes circunstancias» (*ibidem*, página 133).

A juicio del autor se impondría medir separadamente los componentes de aproximación y de evitación que existen con independencia de que la posición del sujeto en una escala exprese el modo más probable de relación con el objeto en el momento presente. *Lo im-*

portante, desde el punto de vista del proceso de influencia que genera la comunicación, es que la actitud incluye otras opciones que no están reflejadas en la posición actual y que pueden activarse al hallarse bajo el control de la interacción social y de las motivaciones individuales. El concepto de rango de compromiso sugiere que existen relaciones con el objeto tan alejadas del punto modal que difícilmente se manifestarán en las fluctuaciones situacionales, lo que no significa que no lo hagan bajo las circunstancias apropiadas. Desde esa perspectiva, el cambio de actitud no debería contemplarse como oscilación en torno al punto modal, sino como un desplazamiento genuino a otro punto del rango e, incluso, como un desplazamiento del rango como un todo.

Esta concepción, al presentar la actitud más como continente de alternativas potenciales de acciones, creencias y sentimientos que como una posición fija respecto al objeto supone una interesante aportación al campo de la influencia mediante la comunicación. Al fin y al cabo implica que *la actitud no debería verse sólo como un elemento de resistencia al cambio, sino como un marco de opciones afectivo cognitivas que puede ser activado en direcciones distintas.* La comunicación representa un proceso típico a través del cual se activan posiciones latentes. Y en realidad el resultado de esa acción es lo que aparece habitualmente considerado como cambio de actitud. Para Kelman es importante discriminar «si y hasta qué punto el hecho o experiencia precipitadores marcan el principio de un proceso de cambio estructural o, por el contrario, se trata de un fenómeno temporal y aberrante» (Kelman 1979, p. 135). Como puede observarse *esa distinción representa un problema recurrente en la literatura psicosociológica: el de distinguir entre cambio de actitudes superficiales y cambios de actitud significativos.* Si establecer con claridad esas diferencias resulta arduo en la teoría, lo es aún más en la práctica. Con frecuencia puede constatarse que la activación de posiciones psicológicamente secundarias, como por ejemplo votar en unas elecciones generales, representa un proceso socialmente significativo como es el de dar apoyo a una nueva alternativa política que se constituye en encarnación del Estado. *Lo que se puede expresar de otro modo diciendo que en la dimensión de relevancia no siempre hay paralelismo entre lo social y lo psicológico.* Desde el punto de vista de los efectos de la comunicación en las actitudes, ese fenómeno de desequilibrio presenta varios aspectos interesantes. Puede que uno de los que valga la pena considerar de manera rigurosa es el de que *las comunicaciones persuasivas, y la comunicación social en general, tienen capacidad para activar posiciones latentes que, siendo psicológicamente secundarias, quizá resulten socialmente primordiales.* Dicha activación, al menos en hipótesis, podría adoptar la forma directa que habitualmente presentan los llamamientos persuasivos y la forma indirecta y acumulativa mediante la que la comunicación social cultiva normas, creencias y pautas de comportamiento. En la literatura ambas modalidades se han estudiado por separado, pero esto, más que indicar una contradicción, expresa la tendencia al uso del método experimental en el estudio de la persuasión y del método correlacional en el de los efectos de las comunicaciones masivas.

4. EL ENTORNO PUBLICO DE LOS EFECTOS DE LA COMUNICACION DE MASAS

I. EL PROGRAMA DE YALE: LA CRITICA DE KIESLER, COLLINS Y MILLER

Lo dicho en el capítulo anterior pone de manifiesto cuán fuertemente impregnada se encuentra la investigación sobre el cambio de actitud por la concepción de Hovland. Esta concepción presenta dos limitaciones, referidas respectivamente a la idea de opinión como «modificación de un hábito verbal en respuesta a una situación de tipo general» y al hecho de que el contexto habitual de la investigación sea el del laboratorio. Desde un punto de vista objetivo esto en absoluto resta validez a los resultados de la investigación en persuasión. Sin embargo, están ausentes del marco del laboratorio ciertos rasgos esenciales que distinguen las situaciones de influencia de la comunicación de masas de otras alternativas. Por otro lado, y eso está relacionado con lo anterior, la investigación en persuasión tiene por objeto el estudio de consecuencias a corto plazo. El estudio de los efectos de la comunicación de masas sólo en parte consiste en el análisis de las consecuencias inmediatas de la comunicación. Las consecuencias más importantes no se ejercen, como trataremos de demostrar más adelante, a corto, sino a largo plazo.

Kiesler, Collins y Miller (1969) formulan una serie de consideraciones conducentes en conjunto a descalificar el contenido teórico del Programa de investigación de Yale. Mencionaremos los más importantes de entre los argumentos que esgrimen:

1. La naturaleza teórica de la obra de Hovland es la consecuencia lógica de haber partido, no de un conjunto de proposiciones formales, sino de una fórmula meramente descriptiva como la de Smith, Lasswell y Casey (1946) sobre la relación entre elementos y efectos de la comunicación.
2. Resulta notoriamente injusta la tendencia del propio Hovland

a calificar de pragmático el estudio de los efectos de la comunicación en situaciones naturales, es decir, básicamente, el estudio de los efectos que ejercen las campañas sobre el público analizados mediante la técnica del cuestionario, contraponiéndolo al estudio de los efectos en el laboratorio, supuestamente asociado a un sólido marco de referencia teórico. El desarrollo de la teoría no es un fruto visible del Programa de comunicación de Yale.

3. Uno de los terrenos en los que no se logró el avance deseado es en el de la formulación de conexiones entre los conceptos de opinión y actitud. En la obra de Hovland y otros (1953), la opinión es una respuesta verbal que se emite ante situaciones en que se plantea alguna cuestión de carácter general, a diferencia de la actitud que, no aviniéndose con manifestación tan limitada, se corresponde mejor con las tendencias de aproximación y rechazo, de naturaleza no consciente, respecto a objetos, personas, grupos o símbolos dados. Se distingue en esa misma obra entre la respuesta que se emite verbalmente (opinión) y la que realmente tiene lugar en presencia del objeto (actitud), un agregado de aspectos conductuales, emocionales y cognoscitivos. Implícitamente se propone que las comunicaciones persuasivas que coadyuvan a la aceptación de una nueva opinión constituyen una experiencia de aprendizaje en el curso de la cual se adquiere un nuevo hábito verbal y que, al encontrarse mediatizadas muchas actitudes por creencias y juicios verbales, cabe suponer la existencia de un nexo entre opinión y actitud. Paradójicamente la exploración de tan importante conexión en ningún momento constituye objeto de reflexión teórica ni de verificaciones empíricas. Esos intentos se producirán más tarde y fuera del contexto de la investigación sobre comunicación y cambio de actitud.

4. La contribución de Hovland y otros (1953) carece de los requisitos básicos para constituirse en teoría formal de la persuasión y tampoco sigue de manera sistemática las pautas de verificación de una teoría S-R (por ejemplo, establecer la frecuencia de conducta, la interacción entre impulso y tasa de respuesta, entre impulso y complejidad de la tarea, etc.). Ni siquiera los términos generales en que está codificada la obra de Hovland permite incluirla entre las teorías S-R [1].

---

[1] Hay que señalar, no obstante, que el programa de Yale se desarrolla en la obra de Deutsch y Krauss en calidad de subapartado de las teorías del refuerzo (véase Deutsch y Krauss, 1965, pp. 90-94).

5. La aportación de Hovland y otros (1953) sólo es innovadora en apariencia, dado que los mismos tópicos en torno a los que gira habían sido discutidos por Murphy, Murphy y Newcomb (1937) dos décadas antes en una revisión sobre las actitudes.

No obstante, tan categórica descalificación se ve contrabalanceada por el reconocimiento de Kiesler, Collins y Miller de que los experimentos realizados bajo la cobertura del Programa de Yale, permiten apreciar el número y complejidad de las variables comprometidas en el cambio de actitud como no lo habría hecho ninguna línea de investigación precedente.

Por muy válidas que puedan resultar estas consideraciones críticas, no contribuyen en gran manera a resolver un interrogante. ¿Cuál es la dinámica de las actitudes en situaciones naturales? En uno de sus últimos trabajos Hovland (1959) respondía implícitamente a esta cuestión recurriendo, por un lado, a evidencias empíricas y, por otro, a consideraciones metodológicas.

II. EL CAMBIO DE ACTITUD EN EL LABORATORIO Y EN SITUACIONES NATURALES

En un número no despreciable de experimentos las comunicaciones persuasivas se manifiestan con capacidad para modificar opiniones, actitudes o algún aspecto de la conducta relacionado con ellas. Hovland (1959) informa que entre la mitad y un tercio de los sujetos de los experimentos sobre persuasión presentan cambios en consonancia con el contenido invocado por el mensaje.

Por contra, en situaciones naturales (aquellas bajo las que habitualmente se estudia la emergencia de efectos) el intento de demostrar el impacto de la comunicación en las actitudes resulta insatisfactorio. Hovland recuerda que sólo una minoría (un 5 % de sujetos para ser exactos) en la investigación de Lazarsfeld y otros (1944) cambia su intención de voto y la mayoría de los sujetos que se pasan de un partido a otro declara que en el origen de su decisión están las personas y no las influencias anónimas de los mass media.

A juicio de Hovland (1959) esa contradicción no debe servir para cuestionar el poder persuasivo de las comunicaciones, porque sus determinantes son de tipo metodológico. Concretamente muchas diferencias se deben a las estrategias típicamente usadas en la investigación experimental y en los estudios correlacionales. Veamos cuáles son, en opinión de Hovland, las esenciales.

1. En los experimentos, los sujetos se exponen a una comunicación simple y al mismo tiempo se controla el efecto de otras variables, al margen del cual podría establecerse una falsa relación entre comunicación y cambio de actitud. En los estudios correlacionales la información sobre exposición y cambio de opinión se obtiene mediante cuestionario, lo que introduce mayor probabilidad de riesgo.

2. La definición de exposición es diferente en cada método. En el experimento, una audiencia cautiva se ve expuesta a la totalidad del estímulo, el mensaje persuasivo. En los estudios por encuesta, la audiencia se limita a aquellos sujetos que se exponen voluntariamente en una situación natural.

Presumiblemente, parte de los sujetos experimentales no se expondría a ciertos contenidos en un contexto que permitiera libertad de elección, debido a lo que Hovland tiene por norma, el principio de exposición selectiva, cuyos límites han sido advertidos por Freedman y Sears (1965) y, lo que es tal vez más importante, que habría que tomar en consideración exclusivamente en aquellos casos en que *el contenido de las comunicaciones, tal como lo percibe el sujeto, sea de naturaleza contraactitudinal.*

A la exposición selectiva se unen otras tendencias que conducen a incrementar el potencial de elección en situaciones naturales, concretamente las diferencias en motivación e interés. En tal sentido se puede decir que Hovland adopta una postura ecléctica porque su concepción conductista del cambio de opinión no le impide contemplar la comunicación como un proceso a través del cual el individuo satisface necesidades y obtiene gratificaciones, supuesto netamente funcionalista que constituye la base de lo que se ha venido dando en llamar desde la publicación de Katz, Blumler y Gurevitch (1973) «enfoque de usos y gratificaciones».

Sin embargo, se trata de un eclecticismo implícito, ya que no se deduce de formulaciones manifiestas de Hovland, sino del hecho de que éste, en lugar de mantenerse fiel a la postura ambientalista según la cual está concebida su idea de opinión, descarta la posibilidad de que se produzca una distribución homogénea de contenidos que al no desafiar las creencias de la audiencia, tampoco ponen en acción sus hipotéticas aptitudes selectivas (las que tampoco pueden darse como una constante a la luz de la evidencia presentada por Freedman y Sears, 1965).

No es ésta la óptica de la que parte Hovland, sino de otra bien distinta en la que las actitudes se consideran socialmente ancladas y, por lo mismo, resistentes a todo intento de cambio. En las situaciones naturales, el grupo que se expone a las comunicaciones sería un grupo sesgado a favor del contenido porque, en general, en la elección están implicadas las preferencias, esto es, las tendencias de aproximación y rechazo propias de las actitudes. Por tanto, una explicación de las diferencias en resultados entre experimentos y estudios por encuesta es que en los primeros se obtienen medidas de los efectos de la exposición en la totalidad del microcosmos de la audiencia estudiada, la cual está compuesta de individuos tanto a favor como en contra de la posición invocada. Ahora bien, si resulta cierto que en condiciones naturales las audiencias de los medios «se autoseleccionan», los datos de encuestas describen únicamente los cambios de aquellos que desde el principio están de acuerdo con el punto de vista defendido en la comunicación. En tal caso, el porcentaje de cambio de opinión en las situaciones naturales de que se ocupan los estudios correlacionales es necesariamente menor si se le compara con su equivalente en los experimentos sobre persuasión.

3. La unidad de análisis utilizada por cada método permite también explicar algunas de las diferencias. En la encuesta la influencia la genera un conjunto de estímulos constitutivos de un todo complejo (piénsese, por ejemplo, en una campaña política, de publicidad, o en una tentativa de cambio social a gran escala, como ocurre con los procesos de modernización planificada). En el experimento, la unidad de comunicación es un mensaje simple y lo que se intenta modificar es un aspecto particular de la conducta, ordinariamente una opinión o creencia. Esta diferencia justifica de suyo —así lo afirma el propio Hovland— la improcedencia de una comparación directa de resultados.

4. Por otra parte, el factor temporal también contribuye a las diferencias, pues mientras que en el experimento se mide el cambio de opinión inmediato a la recepción del mensaje, en la encuesta este registro se efectúa cuando probablemente el efecto ha disminuido en intensidad.

5. Hay que añadir la posibilidad de una reducción adicional debida a las influencias divergentes del grupo primario en las situaciones naturales. En cambio, en la situación postexperimental los inter-

cambios verbales son escasos o nulos, la comunicación no es socialmente re-evaluada. El experimento mide el «efecto puro» de la comunicación, mientras que en los estudios correlacionales se mide el «efecto contaminado». *De nuevo Hovland apela al factor de influencia social estudiado por Katz y Lazarsfeld (1955): ahora bien, la influencia la considera exclusivamente como una traba, nunca como un elemento de facilitación.*

6. Para terminar, Hovland está convencido de que subyace un soporte teórico a los experimentos, ausente en los estudios correlacionales. En los experimentos, la elección recae sobre aquellas actitudes susceptibles de cambiar por la acción de la comunicación para evitar el riesgo de que los cambios que se produzcan sean inapreciables. Pero las actitudes de las que se ocupan *los estudios correlacionales conllevan una fuerte implicación personal, se encuentran profundamente enraizadas en la experiencia y son socialmente significativas. Por tanto, el margen de cambio esperable es necesariamente menor.*

Concluyendo, las diferencias en el cambio de actitud tienen su razón de ser en las posibilidades de cada método. En condiciones naturales la audiencia se autoselecciona y, por si fuera poco, *en los experimentos actúan condiciones de motivo-incentivo que incrementan el efecto de la comunicación.* Se trata, en suma, de elementos de facilitación como la credibilidad del comunicante, la estructura de los mensajes que produce la impresión de que la comunicación es verdadera, las apelaciones positivas que hacen salientes las recompensas derivadas de la aceptación, las apelaciones negativas que describen consecuencias nocivas asociadas a la no aceptación y los símbolos que operan a modo de incentivos positivos (Hovland, Janis y Kelley, 1953).

Hovland finaliza su argumentación indicando que el método correlacional describe mejor la vida real, pero al no poder evitar el impacto de influencias sobre opiniones y actitudes, se encuentra pobremente dotado para poner a prueba relaciones causales entre la comunicación y el cambio de actitud. De cualquier forma, apunta sarcásticamente Hovland (1959), efectos como los que cabe atribuir a obras filosóficas o literarias como *El capital* o *La cabaña del tío Tom* no podrían captarse mediante el uso del método experimental.

III. LA POLEMICA HOVLAND-CONVERSE: ACTITUDES Y NO-ACTITUDES

La argumentación de Hovland parecería razonable si no fuera porque algunas de las premisas en las que se basa no se han visto confirmadas a plena satisfacción.

El dogma de la autoselección de audiencias, basado a su vez en el principio de exposición selectiva, no cuenta con apoyos suficientemente sólidos.

Cabría esperar que los individuos rechazaran las comunicaciones que amenazan sus actitudes, pero muchas de éstas no atentan contra sus creencias básicas.

Pese al volumen de la aportación del Programa de Yale, debido al contexto en el que se desarrolla la investigación, no hay una contribución básica que permita establecer si y hasta qué punto las actitudes cambian merced a la influencia masiva. También se encuentran ausentes los recursos metodológicos necesarios para medir estos cambios.

El argumento de que en la vida real las personas tienen actitudes, en tanto que predisposiciones estables a pensar, sentir y actuar en relación con objetos sociales, que no cambian, se reitera con profusión. Esta proposición no es cierta en términos absolutos.

La concepción de Hovland, y no sólo la de Hovland, se encuentra viciada por la propensión a considerar el efecto de la comunicación en términos S-R. En este sentido es análoga a la que predomina en aquellos estudios dirigidos a medir el impacto inmediato de las campañas políticas. El ejemplo más claro, como siempre, es el de Lazarsfeld y otros (1944). Sin embargo, la idiosincrasia de la influencia masiva requiere el desarrollo de una metodología capaz de medir *tendencias* del cambio en respuesta a un *flujo continuo* de influencia. Desde esta perspectiva, lo que se pone de relieve *no es la superioridad de un método sobre otro, sino las diferencias existentes en sus objetivos.*

El paradigma de la dinámica «natural» de las actitudes es el de las actitudes políticas. Estas apenas cambiarían cuando se toma por referencia, por ejemplo, la intención de voto, una de las actitudes que, según Lazarsfeld, ocupan una posición dominante en la jerarquía de la estabilidad. Los individuos difícilmente modificarían sus orientaciones políticas. De modo que cabría concebir expectativas de cambio más bajas en los estudios correlacionales dado que las actitudes objeto de investigación suscitan una más profunda implicación individual, se relacionan estrechamente con la experiencia y son socialmente significativas.

Dos cuestiones se plantean en este contexto. La primera se puede formular como pregunta: ¿las actitudes socialmente significativas son también personalmente significativas? Dicho de otro modo, ¿hasta qué punto hay coincidencia entre lo que es sociológicamente central y lo que es psicológicamente central? La cuestión no es secundaria dado que teóricamente son las actitudes más centrales las más resistentes al cambio. La segunda representa más bien un problema metodológico, pero, en última instancia, el éxito a la hora de resolverlo depende de que antes pueda demostrarse que las tendencias actitudinales no representan de modo generalizado posiciones inamovibles. Esta cuestión alude al problema de cómo demostrar relaciones estables entre comunicación de masas y cambio de actitudes en sentido amplio.

La investigación de P. Converse (1970) sobre las no actitudes y otros trabajos realizados a raíz de sus proposiciones más importantes, esencialmente los de Bishop, Hamilton y MacConahay (1980), Schuman y Presser (1980) y Judd y Milburn (1980), resultan de crucial importancia para responder adecuadamente a la primera de las dos cuestiones.

Converse (1970) inicia el estudio de las actitudes en el lugar en que Hovland lo había abandonado. Los datos aportados por este último se refieren a cambios de opinión en audiencias cautivas, los del primero al cambio de ciertas actitudes políticas en la vida real.

Converse estudia algunos aspectos específicos de las fuentes de variación en los procesos naturales de cambio actitudinal. Los resultados que obtiene son relevantes tanto en relación con el estudio del cambio de actitud mediante el método experimental como con la propia conceptualización del continuo actitudinal. Dichos resultados se basan en datos procedentes de un estudio panel realizado entre 1956 y 1960, sobre actitudes políticas con recogida de datos o intervalos de dos años.

La primera constatación de Converse se refiere a la modificación temporal de las actitudes. La dispersión de las correlaciones entre ítems actitudinales es considerablemente amplia (de 0,10 a 0,80). Algunos de los ítems presentan correlaciones bastante estables en períodos de tiempo comparables (por ejemplo si $r_{t_1 - t_2} = .40$,

$r_{t_2-t_3}$=.40±03–04) [2]. La actitud asociada a ciertos ítems presenta modificaciones temporales importantes, la asociada a otros una considerable estabilidad. En suma, hay sensibles diferencias en la variabilidad de la estabilidad de los ítems representativos de actitudes políticas. Al no haber cambiado, por definición, los ítems, las correlaciones inferiores a 0,20 indicarían cambios significativos en el objeto de la actitud. Del mismo modo, las correlaciones en torno a 0,80 serían representativas de aquellas respuestas que evocan los grandes partidos; en definitiva, estaríamos en presencia de actitudes fuertes y estables.

Pero Converse no se detiene en estas consideraciones generales, sino que pasa a estudiar específicamente las transformaciones que experimenta la opinión contemplada desde una dimensión temporal. Concretamente lleva a cabo una investigación sobre varias cuestiones políticas de interés general, objeto de debate público en esa época. Se trata de actitudes hacia temas generales como derechos civiles, seguridad social, regulación estatal *versus* privatización de servicios comunitarios, política internacional, etc., actitudes, en fin, similares a las que se estudian en los experimentos sobre comunicación y persuasión.

Esa exploración que, en el trabajo de Converse, tiene por objeto establecer los componentes psicológicos de los sujetos, arroja resultados sorprendentes: sin excepción, las correlaciones test-retest se sitúan dentro de la mitad inferior de la matriz de correlaciones (aproximadamente .23 y .46).

En hipótesis cabría atribuir este resultado a la modificación colectiva del flujo de opinión debida a la evolución de eventos objetivos, explicación carente de validez debido a que *en conjunto* la distribución de actitudes en la muestra no varía. De haber actuado determinantes externos lo habrían hecho en una dirección común. Lo que Converse observa es un fenómeno de «variación compensatoria»: todo cambio actitudinal en una dirección se ve contrabalanceado por una magnitud equivalente de cambio en sentido contrario, con lo que la distribución permanece equivalente. Otra explicación es que, debido a su carácter secundario, los temas planteados determinan ostensibles oscilaciones en las posiciones de los sujetos. Por el contrario, no se trata de temas superficiales, *sino de aspectos básicos de la*

---

[2] t_1, t_2 y t_3 indican respectivamente el momento inicial de recogida de datos, la etapa intermedia y el momento final en el período de realización del estudio, 1956 a 1960.

realidad social que debieran suscitar respuestas estables. El examen de éstas muestra que cuanto más básicas, ideológicas y distantes son las cuestiones, mayor es el trasvase de opinión que se produce. Converse pone el ejemplo del cambio en la posición de los sujetos hacia el tema de la privatización *versus* estatalización de la vivienda. Resulta chocante que sin una causa externa que lo justifique, los sujetos pasen masivamente de defender una posición de intervencionismo estatal a una posición de apoyo al criterio de libre empresa, sin que medie causa externa alguna.

Estas evidencias inclinan a Converse a cuestionar la propia formulación del concepto de actitud y, posteriormente, a proponer un modelo que se adecue a los procesos de cambio actitudinal en la esfera pública. El interés por las cuestiones sería una variable clave: ciertas personas carecen de interés por ciertos ítems y en ese caso no debe hablarse de actitudes en sentido estricto. La estrategia para obtener resultados consistentes consistiría en eliminar de la muestra a los sujetos que no presentan una reacción afectiva hacia los ítems, es decir, a los sujetos sin opinión. *El uso de esa estrategia en la investigación de Converse no produce los resultados previstos: los sujetos sin opinión hacen aproximadamente un tercio de la muestra, siendo el resto individuos que sí la tienen: Pues bien, son justamente aquellos que dicen tener opinión quienes presentan una actitud inconsistente que se materializa en las bajas correlaciones test-retest mencionadas antes.* De ahí que el autor proponga una hipótesis que ha venido siendo objeto de discusiones posteriores, pero que es bastante coherente con los resultados de las encuestas de opinión: *en lo tocante a las opiniones políticas existen dos sectores en la población. El primero de ellos emite respuestas actitudinales estables. Las respuestas actitudinales del segundo varían al azar.*

III.1. *El modelo de Converse y el concepto de «no actitud»*

El estudio de la evolución de las actitudes políticas en una muestra heterogénea en el marco de una secuencia temporal jalonada por los momentos t_1 (inicial), t_2 (intermedio) y t_3 (momento terminal) permite identificar los siguientes grupos: *a)* un grupo de «azar puro» formado por sujetos que entre t_1 y t_2 pasan de la posición «de acuerdo» a la posición «en desacuerdo» o viceversa; *b)* el resto, compuesto, a su vez, por aquellos sujetos que, también por azar, presentan respuestas idénticas, más los sujetos genuinamente estables.

De acuerdo con tales supuestos se formularon varias predicciones. Las correlaciones inter-ítems (rt_2-t_3) en el grupo de azar puro serían del orden de 0,00. En el grupo «contaminado», cabría esperar correlaciones superiores a las de la población total, aunque siempre inferiores a 1, debido a la influencia de sujetos que entre t_1 y t_2 producen respuestas estables por azar, pero en la secuencia posterior responden de forma inestable. *Se puso a prueba este modelo haciendo uso de constantes actitudinales, vale decir, ítems muy ideológicos, representativos de actitudes firmemente establecidas y poco proclives a generar cambios de significación sustanciales con el paso del tiempo.* Todo ello queda sintetizado en el cuadro 5:

CUADRO 5. *Predicciones del modelo*

	Correlaciones esperadas (t_2-t_3)	Correlaciones obtenidas (t_2-t_3)
Grupo de azar puro	r=.00	r=.004
Grupo contaminado	r=.47	r=.489

Fuente: Converse, ob. cit., p. 174.

Al tomar como referencia otros ítems actitudinales, la hipótesis no dejaba de cumplirse, si bien con menos fuerza. En el grupo de azar puro no se detectaron en ningún caso correlaciones superiores a .09.

Estos resultados son interpretados por Converse a partir del concepto de «no actitud». Lo que se da en llamar respuestas al azar proviene de sujetos sin opinión que se sienten obligados a pronunciarse. Las oscilaciones en las respuestas se deben a que muchos sujetos son incapaces de establecer correlaciones entre sus respuestas y un conjunto más amplio de hechos. Resulta notable, señala Converse, que en el ítem «gestión pública *versus* privada de equipamiento y servicios» sólo un 20 % de la muestra presente una actitud estable, al tiempo que el 80 % restante o se declara sin opinión o emite respuestas al azar. Lamentablemente es la segunda opción la mayoritaria.

Estos datos deben tomarse en consideración para obtener una visión de contraste con las proposiciones de Hovland respecto a la idiosincrasia de las actitudes sociales. Una correlación test-retest inferior a 0,3 supone un coeficiente muy insatisfactorio, pero en el caso de lo que requiere reparación no es tanto el ítem como la población. O dicho de otro modo, algunas de las deficiencias que Hovland atribuye al método correlacional habría que atribuirlas en realidad a la aparentemente inevitable forma en que la gente formula y, presumiblemente, se representa sus actitudes en situaciones naturales. Sencillamente, en algunos campos de investigación el método correlacional y el experimental no son comparables.

Estos resultados son aleccionadores en relación con otro problema, el de la fiabilidad, habitualmente una característica del instrumento de medición. Lo que los datos advierten es que la fiabilidad, en el contexto de las actitudes en situaciones naturales, debe verse como una propiedad conjunta del instrumento y del objeto que se mide.

En todo ello hay una lección aplicable, en general, a la psicología social y, en particular, a la investigación sobre los efectos de la comunicación de masas: la existencia de un núcleo universalmente homogéneo de actitudes es problemática. *En otras palabras, el hecho de que se elija un objeto familiar de controversia no garantiza la emergencia de «verdaderas» actitudes en la mayor parte de la población. No se encuentra fijado el número ni la naturaleza de los objetos que generan auténticas actitudes, lo que parece indicar que las personas en sus reacciones hacia los objetos pueden ser intensas, aunque al mismo tiempo hay una considerable variabilidad interindividual en el subconjunto de objetos al que se aplican estas tendencias.* Por tanto, el reconocimiento de que existen actitudes firmemente establecidas es perfectamente compatible con el hecho de que la comunicación de masas actúe sobre la opinión pública. *Las actitudes no paralizan su acción.* Por otra parte, indica Converse, las sensibles diferencias que a escala social existen en atención e información sugieren que es más fácil encontrar objetos de no actitud que lo contrario.

Converse se pronuncia muy críticamente en relación con el modelo de persuasión de la escuela de Yale para la que adquirir una opinión requiere consideración mental de la respuesta propugnada, retención, práctica y la acción de incentivos. Ahora bien, las actitudes públicas requieren una práctica distinta a la que generan la entrevista o el experimento, de modo que lo que resta aplicabilidad práctica a los experimentos sobre el cambio de actitud no son sólo las cuestiones de diseño. *Lo que subraya Converse es que si la práctica genuina que se requiere para la formación de verdaderas actitudes no existe, tampoco existen estados a medir y medir estados inexistentes inevitablemente conduce a la obtención de resultados poco fiables.* El problema no existiría si los sujetos que responden a las preguntas de un cuestionario no se sintieran impelidos a generar sentimientos *ad hoc*, pero eso no suele ocurrir: confesarse sin opinión equivale a reconocer una deficiencia personal. *Así pues, el riesgo de trabajar con no actitudes es mayor en la encuesta que en el experimento, por todas las razones expuestas y, además, por las características de los sujetos empleados: el porcentaje de no actitud en la población viene a ser dos veces mayor que el del estrato superior en educación y no hay que olvidar que los sujetos de los experimentos suelen ser estudiantes,* lo que restaría aplicabilidad a los resultados obtenidos por Hovland y sus colaboradores.

El concepto de no actitud remite a otras nociones psicológicas con las que se emparenta estrechamente. Entre ellas cabe citar las de centralidad (Sherif y Cantril, 1947), interés de la cuestión (Rosenberg, 1960) e importancia de los elementos cognoscitivos (Festinger, 1957) en la teoría de la disonancia. Las no actitudes serían las que despiertan los objetos poco centrales, interesantes o importantes. Lo contrario ocurriría con los objetos que suponen una fuerte implicación para el sujeto. El hecho de que en la teoría de la acción razonada de Fishbein y Ajzen la importancia de las creencias sea una dimensión central muestra que esta temática se encuentra plenamente vigente en las contribuciones psicosociológicas más recientes.

III.2. *Contribuciones recientes al campo de las no-actitudes*

En lo que sigue vamos a comentar algunos resultados y conclusiones que en parte apoyan, en parte extienden y en parte limitan las apreciaciones de Converse en el campo de las no actitudes. Básicamente se derivan de los trabajos de Bishop, Hamilton y McConahay (1980), Schuman y Presser (1980) y Judd y Milburn (1980). Los dos primeros suponen una evidencia a favor de las ideas ya expuestas sobre las no actitudes, pero no así el tercero.

Bishop y otros (1980) parten de la tesis central de Converse: las actitudes significativas en el área de los asuntos públicos se restringen a una élite pequeña y con un nivel educativo alto, dejando de ser válido el concepto habitual de actitud cuando, en ese mismo orden de cosas, se aplica a las capas menos educadas de la población. Seguidamente pasan a centrarse en el problema de la organización y la estabilidad de las actitudes. En particular ponen a prueba dos hipótesis de Converse. La primera vendría a decir que las actitudes sobre cuestiones públicas en la población suelen estar desorganizadas y no se relacionan ni entre sí ni con las actitudes sobre otros temas de forma coherente. La segunda es que, en ese mismo grupo, tienden a ser inestables.

Bishop y otros (1980) estudian siete cuestiones políticas en dos grupos, uno compuesto por 56 sujetos con educación superior (al que denominaremos G_1) y otro compuesto por 59 sujetos que no han accedido a ese nivel (G_2). G_1 es considerado como grupo de élite y G_2 como la masa. El período transcurrido entre test y retest es de nueve-once meses, algo inferior al utilizado en el estudio de Converse. Habrá que tener buen cuidado en apuntar que los términos élite y masa no deben ser tratados en sentido literal. Sirven únicamente para distinguir a los sujetos que han recibido educación superior de los que no la tienen. Las siete cuestiones estudiadas se operacionalizaron en forma de siete afirmaciones que cubrían una amplia gama de temas (aborto, amnistía, control de armas, defensa, drogas, etc.) en relación con las que los sujetos tenían que expresar su grado de acuerdo o desacuerdo en una escala de 15 puntos.

Los resultados apoyan parcialmente las hipótesis enunciadas, ya que en seis de las siete cuestiones las actitudes G_1 y G_2 son estables, aunque en una de las cuestiones estudiadas (el tema de la liberación femenina) solo G_1 se muestra estable. Al abordar el estudio de la organización actitudinal o modo en que se agrupan entre sí los elementos, también aparecen diferencias. El agrupamiento, establecido mediante correlaciones entre las puntuaciones en los ítems, es más fuerte y también más estable en G_1 que en G_2. Por otra parte, los resultados generales indican mayor estabilidad en las actitudes de G_2, aunque las diferencias no son significativas. Hay una excepción, la de la «liberación femenina», cuestión en relación a la cual en G_2 quizá haya no actitudes que Converse asocia a la poca importancia percibida de ciertos fenómenos.

El estudio de Schuman y Presser (1980) enmarca la cuestión de las no actitudes en el contexto de unos experimentos sobre el efecto de la forma de presentación de la opción DK (esto es, alternativa de respuesta «no sabe»). Los autores se hacen eco del mismo problema que plantea Converse. El efecto de enfrentar a las personas con temas que desconocen es la obtención de pseudoopiniones. Informan de un trabajo de Gill (1947) en donde el 70 % de la muestra estudiada declaraba su deseo de emitir su opinión en relación con un tema ficticio, el «Metallic Metal Act».

El procedimiento de Schuman y Presser consistió en comparar dos formas de presentación de alternativas sobre la tendencia de los sujetos a producir pseudoopiniones. En la forma *standard*, la alternativa DK es opcional, pero no se incluye como tal, mientras que en la forma «filtrada», la alternativa DK se incluye explícitamente. Ambas formas se aplican para averiguar la posición de los sujetos sobre el «Agricultural Trade Act de 1978», que existía, pero era prácticamente desconocido. Los resultados se resumen en el cuadro siguiente:

	Forma *standard*	Forma filtrada
A favor .... En contra	31 %	10 %
DK (no sabe)	69 %	90 %

Estos datos parecen confirmar la hipótesis de Converse con escasa fuerza, como lo muestra la columna de la izquierda. No parece adecuado decir que la mayoría emite una opinión cuando carece de ella, aunque la proporción que lo hace (categorías «a favor» y «en contra») supone un tercio de la muestra. En la segunda alternativa se confirma lo mismo, pero con mayor intensidad: únicamente un 10 % de los sujetos genera una opinión *ad hoc*. Se diría, pues, que cuando es preciso la gente confiesa su ignorancia.

Los autores informan además de una asociación mayor entre la alternativa de respuesta DK y los niveles de instrucción altos que entre esa alternativa y los niveles bajos. Dicho de otra manera, son los sujetos menos instruidos los que en el caso estudiado tienden a producir pseudoopiniones. Sugieren Schuman y Presser que tal vez lo hagan porque las alusiones a instituciones gubernamentales en el encabezamiento de las preguntas parecen instar a la contestación. Aún es más difícil averiguar por qué las respuestas a favor del «Agricultural Trade Act» son dos veces superiores a las respuestas en contra.

Tal vez esté implícita, aparte de la significación de la expresión, la confianza de las personas en el gobierno.

Las conclusiones de Schuman y Presser son contradictorias y, al mismo tiempo, incitan a buscar soluciones en el campo del que estamos tratando en este trabajo. Subrayan que a la hora de responder los sujetos no se la juegan «a cara o cruz», sino que hacen sus conjeturas y luego responden. Estas respuestas se parecen a las no actitudes en cuanto que no hay un pensamiento anterior sobre el tema en cuestión. Sin embargo, se vinculan a una confianza general en el gobierno y el poder establecido que sugieren que las actitudes tienen entidad real. Por nuestra parte trataremos de demostrar más tarde que el concepto de no actitud subyace inevitablemente a las oscilaciones de la opinión pública asociadas a la creación del «clima de opinión», según lo ha estudiado Noelle Neumann (1978). Y por otro lado, la no actitud es perfectamente compatible con la existencia de actitudes verdaderas tal y como el propio Converse señala.

Finalmente, Judd y Milburn (1980) también ponen a prueba la hipótesis de las diferencias entre el sistema actitudinal de la población y de las élites. Su labor se dirige a obtener datos sobre el grado de «constricción actitudinal» en el ámbito político, así como de la medida en que las actitudes son reflejo de la posición ideológica en el continuo liberal-conservador. El concepto de tensión actitudinal hace referencia a la posibilidad de predecir a partir de ciertas actitudes las respuestas a otros temas o cuestiones. El concepto de estabilidad alude a la permanencia de la actitud hacia cuestiones o temas en un plano diacrónico.

Al comparar una muestra de políticos profesionales y una muestra de la población, Converse (1964, p. 229) encuentra una asociación media de 0,53 en el primer grupo y de 0,23 en el segundo, es decir, mayor nivel de constricción actitudinal en la élite que en el público en general. Al estudiar las variaciones en las actitudes en cuanto a su grado de consistencia respecto al continuo liberal-conservador, sucede algo parecido. Converse informa de que mientras que menos de un 3 % de los sujetos estudiados usa coherentemente ese continuo para evaluar líderes políticos, un 9 % lo hace superficialmente y la mayoría (un 88,5 %) no es capaz de utilizar consistentemente esa dimensión. Concluye que el grado en que se usa un principio ideológico general para evaluar los problemas se relaciona con la fuerza de la relación entre los ítems actitudinales. Concretamente, propone Converse (1964) que la estructura factorial en las élites es más simple que en la población o, en otros términos, un solo factor o, en todo caso, un menor número de factores explicaría la varianza común a los ítems actitudinales.

Judd y Milburn realizan un estudio panel para analizar la constricción actitudinal, la estabilidad y la base ideológica de las actitudes. A intervalos de dos años analizan las respuestas a cinco cuestiones, pero asumiendo que la variación puede deberse a tres constructos: *a)* cambios en el continuo ideológico subyacente; *b)* variaciones en la respuesta a un ítem actitudinal no asociadas a una dimensión ideológica subyacente; *c)* cambios en la respuesta a un ítem por un error debido al azar en ese momento, que no correlacionan con modificaciones en otros ítems actitudinales ni con el mismo ítem actitudinal en otros momentos. Las tres fuentes de variación las incorporan Judd y Milburn a una ecuación estructural que es la utilizada en el estudio, en el cual la distinción entre élite y masa también se efectúa de acuerdo con el criterio educativo. Una vez más, la actitud, medida mediante una escala de siete puntos, se refiere a cuestiones de tipo general (integración social, derechos legales de los delincuentes, apoyo gubernamental a minorías, responsabilidad estatal frente al trabajo individual, etc.).

Los resultados obtenidos por Judd y Milburn no coinciden con los de Converse. Si la constricción y la estabilidad actitudinal se calculan respectivamente mediante correlaciones entre diferentes ítems el mismo año y mediante correlaciones entre los mismos ítems en diferentes años, los resultados de ambas investigaciones concuerdan [3]. Ahora bien, al aplicar el modelo basado en la ecuación estructural, la matriz resultante en cada muestra no se desvía significativamente de la predicción básica de que todos los sujetos tienen una actitud subyacente relativamente estable que contribuye a sus respuestas a cuestiones parciales.

En ambos grupos hay una estructura factorial común y relativamente simple que subyace a las respuestas a los ítems actitudinales. En otros términos, un determinante ideológico general realiza un papel explicativo esencial de la totalidad de la covarianza entre los ítems actitudinales específicos, cualquiera que sea el momento y al margen de la constricción o estabilidad propias de cada muestra.

Por otra parte, sí existen diferencias que parecen deberse al grado

[3] Las correlaciones medias son de .47 (E) y .31 (NE) en constricción actitudinal y de .64 (E) y .51 (NE) en estabilidad. (E, muestra de élite, y NE, muestra heterogénea).

en que las respuestas a cada cuestión en cada una de las muestras reflejan el continuo ideológico subyacente. En el ejemplo de Judd y Milburn: la posición en el continuo liberal-conservador predice mejor la actitud hacia la integración racial en la muestra de élite, mientras que ese mismo continuo es mejor predictor de la actitud hacia la política estatal de protección del empleo en la muestra heterogénea. Algo similar sucede en lo que respecta al tema de la estabilidad diacrónica de los ítems. Al analizar las variaciones temporales en las respuestas a los ítems se ponen de relieve diferencias en estabilidad en ambos grupos, pero no exactamente en el sentido de la hipótesis de Converse. La estabilidad que presenta el grupo de élite es mayor que la muestra heterogénea en cinco de los diez casos, pero la situación es justamente la contraria en relación con los cinco restantes: la muestra heterogénea da respuestas más estables en relación con éstos últimos.

En definitiva, los resultados de Judd y Milburn podrían sintetizarse en tres puntos. Tanto en la élite como en el grupo heterogéneo existe una estructura factorial simple y común. No hay evidencia en apoyo de una mayor constricción actitudinal en la élite. Los coeficientes que indican el grado de constricción actitudinal en ambos grupos no difieren significativamente, existiendo al propio tiempo diferencias intergrupo en la intensidad con que la ideología determina las respuestas a cuestiones específicas. Finalmente, las respuestas de la élite no son generalizadamente más estables que las de la población.

Aunque no es aconsejable sacar conclusiones precipitadas, el inicio de la investigación sobre el tema de las no actitudes o pseudoopiniones descubre una nueva perspectiva desde la que contemplar el proceso de cambio de opinión en situaciones naturales. Pese a la inexistencia de una coincidencia plena en los resultados de la investigación sobre el tema, no parece haber en el conjunto serias objeciones a la hora de dar por válidos algunos supuestos que vamos a enumerar seguidamente.

El principio de inmutabilidad de las actitudes aplicado en términos absolutos es inaceptable. En todo caso existen sustanciales diferencias en la estabilidad de las actitudes, lo que parece depender del tipo de ítem o cuestión, de las características del sujeto que responde o de ambas cosas a la vez.

En ciertos sectores de la población, determinadas cuestiones parecen no desencadenar tendencias de respuesta estables. La centralidad o importancia de la cuestión parece jugar un rol importante en la estabilidad con que se responde a los ítems actitudinales. Esto pone de relieve la importancia de los procesos perceptivos subyacentes.

La aceptación de los anteriores supuestos no equivale a asumir que exista una organización actitudinal más consistente y estable en los grupos de mayor *status* socioeconómico. En cambio, pone sobre aviso respecto a la naturaleza más maleable y dinámica de aquellas áreas en las que grupos, agregados o clases de sujetos presentan no actitudes *debido a la menor relevancia percibida o al menor grado de pensamiento previo en relación con ellas.*

En todo caso, esto no supone negar el concepto de actitud, sino más bien llamar la atención respecto a la necesidad de diferenciar entre aquello que es socialmente relevante y lo que es psicológicamente significativo. En términos más concretos: lo que desde la perspectiva del científico social o, simplemente, desde la perspectiva de la encuesta, desencadena actitudes, en realidad puede generar a veces no actitudes.

Probablemente en aquellas áreas en que predominan las no actitudes es donde cabe presumir que el impacto de influencias externas sea mayor. Entre estas influencias ocupan un lugar muy destacable las ejercidas por la comunicación de masas.

Finalmente, la discusión sobre las no actitudes se origina en el contexto de los experimentos de Hovland sobre el cambio de opinión. La contribución de Converse, al menos implícitamente, contiene una incitación a la búsqueda de aquellos procesos que dan lugar a cambios en apariencia debidos al azar. Entendiendo que tales procesos pueden explicarse mejor por, como diría Borges, *las secretas leyes que por el oscuro azar,* trataremos de relacionar esas oscilaciones con fenómenos característicos de la comunicación de masas.

IV. EL CONTEXTO PUBLICO DE LA OPINION: REFERENCIAS HISTORICAS

El interés que ha venido despertando el estudio de las actitudes se debe sin duda, entre otras cosas, a su naturaleza dual: al tiempo que públicamente relevantes son también psicológicamente significativas. Muchas actitudes importantes son compartidas y, sin embargo, entre los procesos peor explicados están aquellos mediante los cuales las opiniones alcanzan un grado visible de implantación pública, esto es, un cierto carácter normativo.

Con todo, expresiones como «opinión pública», «voz de la mayoría», «aspiraciones colectivas» y muchísimas más parecen hablar de la existencia de una fuerza o acuerdo colectivo que apunta en una dirección única. A pesar de todo, no sólo no hay una teoría de la opinión pública, sino que esa misma expresión ofrece contornos vagos y confusos pese a haber sido tradicionalmente objeto de reflexión en la historia del pensamiento político y en la sociología.

En las reflexiones tradicionales acerca de la opinion pública se mezclan simultáneamente disquisiciones acerca de su naturaleza, su contenido, sus efectos, sus agentes y el proceso mediante el que se operan sus transformaciones.

Al margen de esta confusión se puede advertir en las contribuciones teóricas acerca de la opinión pública dos tendencias: una restrictiva y otra abierta. En la tendencia restrictiva, los contenidos propios de la opinión pública son las actitudes políticas o, en general, las actitudes hacia los asuntos públicos, entendiendo por tales las ideologías, las instituciones, la economía o los problemas manifiestamente importantes en la vida de una comunidad. En la tendencia abierta, el foco es mucho más amplio y parece aludir a las representaciones sociales. Es el propio Moscovici [4] quien establece la relación entre el campo de las representaciones y el de la opinión: «[...] las representaciones tienden a clasificar la información en dos categorías: "cuestiones de opinión" y "cuestiones de hecho". Las últimas tendrían un punto de referencia externo, las primeras no.» Ampliar el área de la opinión al de la representación supone mejorar la comprensión sobre los efectos típicos de los medios, dado que éstos no sólo transmiten opiniones sobre asuntos públicos, sino que también, y de modo más continuado, llevan a cabo una tarea de construcción social de la realidad.

Esta evolución o, por mejor decir, ampliación, en las perspectivas sobre los efectos corre pareja a la de expansión en lo que se considera fenómenos pertenecientes a la opinión pública.

En el ensayo «Of the first principles of Government», David Hume (1741) formula una descripción de la opinión pública que la hace aparecer como el instrumento por excelencia mediante el que los gobernantes ejercen el poder sobre sus súbditos [5].

---

[4] S. Moscovici, «On some aspects of social representations». Comunicación presentada al «Symposium on Representations» de la American Psychological Association, Anaheim, Cal. 1983, p. 43.

[5] «Nada más sorprendente para el que contempla los eventos humanos desde una

Floyd H. Allport (1937) se ocupa extensamente de la opinión pública desterrando algunas de las falacias más extendidas en relación con ella. Básicamente éstas se deben a la tendencia a reificar el concepto de opinión pública y el propio concepto de público escindiéndolos del fenómeno de la estratificación social. En definitiva, la opinión pública no es una entidad abstracta ni en lo temporal ni en lo social.

Otro autor, Kinball Young (1948), señala que los elementos constitutivos de lo que se entiende por público son básicamente dos: la cultura y las operaciones propias de la comunicacion de masas. Esta precisión es muy importante porque atribuye a los medios de comunicación de masas potencial no ya para servir a las necesidades de los públicos, sino para constituirlos a través de los estímulos que suministran y que éstos comparten.

El término opinión pública se encuentra asociado al de democracia en las contribuciones de Lowell (1926), Binkley y Moos (1952), Calhoun (1845) y W. Lippmann (1922). En conjunto, la tendencia resultante de estas contribuciones es la desmitificación de la opinión pública como una fuerza espontánea que conduce al progreso de la sociedad.

En efecto, Lowell se refiere a ésta como la voz emergente y manifiesta de la mayoría. En cambio, Binkley y Moos ponen el acento en la naturaleza multigrupal del Estado, de modo que la opinión general se construye en virtud de la acción de grupos y personas que hacen uso de las agencias formales de comunicación para hacer oír su voz, es decir, su opinión. De este modo, la opinión pública es el resultado de una lucha de intereses. Por su parte, Calhoun destaca esa misma idea: la opinión pública no es la opinión conjunta de toda la comunidad, sino usualmente la voz de las minorías o grupos que representan los intereses más poderosos. De modo que, claramente en el plano político, no es espontánea, sino que se relaciona con la distribución del poder.

---

perspectiva filosófica que la facilidad con que muchos son gobernados por muy pocos y la sumisión implícita con que los hombres ponen sus sentimientos y pasiones en manos de sus gobernantes. Cuando inquirimos a través de qué medios se opera este prodigio hallamos que, así como la fuerza está siempre del lado de los gobernantes, esos mismos que gobiernan nada tienen en qué apoyarse salvo la opinión. Es por tanto la opinión el asiento del gobierno. Esta máxima se aplica tanto al más despótico y militar de los gobiernos como al más liberal y popular de ellos [...]» (De Sola Pool, 1973, p. 779).

Lippmann (1922) es quizá quien más extensamente se ha ocupado del tema. Es en su famoso libro *Public opinion* donde pone de manifiesto la escasez de la literatura acerca de sus fuentes y procesos de formación. Señala que el esfuerzo de los tratadistas se ha dirigido a estudiar el modo en que el gobierno puede expresar la voluntad popular o la forma de impedir que esa misma voluntad popular subvierta los propósitos en función de los cuales el gobierno existe. En el comienzo de su reflexión, Lippman contrapone la idea de Hobbes sobre la condición esencialmente egoísta de la naturaleza humana con una línea de pensamiento opuesta, según la cual la armonización social puede lograrse siempre que existan funciones y derechos definidos a los que los individuos se sometan. Si sucede así, las opiniones, erróneas o acertadas, poco importan, pues el resultado es la armonía.

Maquiavelo en *El príncipe* da la espalda a ese esquema de derechos y obligaciones e introduce la idea de conflicto y de lucha por el poder en las relaciones sociales. Todas las palabras y gestos del príncipe deberán ir encaminados a producir la impresión de humanidad, rectitud y religiosidad, *pues la mayoría juzga por lo que ve y los pocos que por su condición saben realmente de la naturaleza y el propósito de sus acciones no osarán desafiar «la opinión» de la mayoría por temor a que caiga sobre ellos todo el peso de la majestad del Estado.* Así que al tiempo que el príncipe apela por un lado, y de continuo, a la concordia y la buena fe para granjearse el respeto de sus súbditos, deberá ser, por otra parte, el más hostil a ambas cualidades si su deseo es conservar el reino y la reputación.

En Jefferson, uno de los ideólogos más significados de la democracia americana, aparece claramente expuesta una de las grandes contradicciones de la opinión pública que, a su vez, explica algunos resultados de investigaciones sobre las actitudes muy influyentes en su momento como la de Hyman y Sheatsley (1950). A juicio de Jefferson, las opiniones públicas deben ser espontáneas y subjetivas y pueden serlo en la medida que su objeto sea el hábitat natural de las personas. Los contactos con intereses, grupos y problemas más allá de la comunidad autosuficiente *(self-contained community)* añaden un componente de incertidumbre y amenaza para la colectividad. Para que la democracia sea espontánea es preciso que sus campos de interés permanezcan simples e inteligibles. Las condiciones en que se crea la opinión pública han de parecerse a las de una comunidad rural, donde cada cual tiene un conocimiento cierto y directo de lo público.

Blumer (1948) señala con acierto que las aproximaciones al campo de la opinión pública son tan precarias que ni siquiera existen criterios precisos para determinar qué fenómenos deberían excluirse e incluirse bajo tal área, deficiencia que suele burlarse mediante la proposición operacionalista de que la opinión pública es lo que miden las encuestas. La versión que Blumer da del proceso de la opinión pública consiste en presentarla como la materialización en actos de los intereses de grupos. Los actos adoptan la forma de conductas organizadas y dirigidas hacia las posiciones de la estructura social cuya misión es evaluar las presiones e influencias, tomar en consideración las más relevantes y hacerlas disponibles para la sociedad.

Bryce [6] se acoge a una concepción intencionadamente ambigua de la opinión pública: «[...] la impresión prevaleciente en el momento. Es lo que cualquier hombre —aunque no todos— dice, esto es, el pensamiento o deseo natural que evoca la ocurrencia de algo» [7]. En su formación hay cuatro estadios: *a)* creación de una impresión general de signo positivo o negativo, condicionada por creencias preexistentes; *b)* toma de posición, a favor o en contra, por parte de los medios de comunicación de masas; *c)* apertura del debate público y formación de posiciones en torno a la cuestión; *d)* cristalización de posiciones y materialización en conducta de las mismas. A juicio de Bryce, la mayoría de los determinantes de la opinión son externos (la familia, los líderes políticos, los periódicos), aunque cada individuo atribuya originalidad a sus puntos de vista. Al igual que Lippmann, Bryce se hace eco de la discrepancia existente entre la utopía democrática, según la cual cada hombre debiera tener opiniones propias y genuinas, y la realidad del hombre común, receptáculo de unos cuantos prejuicios o aversiones y unas cuantas preferencias por los partidos y sus líderes. Esta observación no debe ser tomada como indicadora de elitismo, sino más bien como una forma de decir que, mientras que en lo privado se reconoce el derecho a la diversidad de opiniones, conductas y personalidades, en lo público la homogeneidad se superpone a la diversidad. Es preciso distinguir entre la idiosincrasia del marco con que cada individuo se aproxima a los hechos y la síntesis social de esas particularidades, forzosamente más simple y homogénea, como se hace patente en algunas de sus manifestaciones

---

[6] Véase Janowitz y Hirsch, 1981, pp. 3-9.

[7] Véase M. Janowitz y Hirsch, 1981, p. 3.

más típicas, por ejemplo, la conducta de voto o la adhesión a un partido.

V. LA OPINION PUBLICA: INSTANCIA CRITICA *VERSUS* INSTANCIA RECEPTIVA

El término opinión pública evoca una significación ambigua pese a su alusión a un ente social raciocinante capaz de guiar las acciones del Estado en relación con los asuntos públicos.

Ultimo representante del Institut für Sozialforschung, Jürgen Habermas deshace las múltiples confusiones del concepto manejando con destreza datos sociológicos, históricos y jurídico-políticos.

A nuestro entender, aunque la obra de Habermas (1962) no es psicosociológica, sí lo son sus implicaciones, las cuales permiten tender un puente entre el tema de la ideología y el de las fluctuaciones de las opiniones sociales, afincado este último en el campo de la investigación empírica. Nuestro análisis se centrará básicamente en los capítulos IV y VII de su obra referidos respectivamente a la publicidad burguesa y al concepto de opinión pública [8].

En primer término, Habermas distingue entre opinión pública como instancia crítica «en relación a la notoriedad pública, normativamente licitada del ejercicio del poder político y social» y como «instancia receptiva en relación a la notoriedad pública "representativa" o manipulativamente divulgada, de personas e instituciones de bienes de consumo y de programas» (Habermas, 1962, p. 261). En síntesis, el común destinatario de ambas formas es la opinión pública.

El relato sociohistórico de Habermas pone de manifiesto que este carácter contradictorio y ambiguo es justamente una de las características más notables de la opinión pública.

Antes del siglo XVIII la opinión presenta dos acepciones que tienden a fundirse: la de reputación o crédito para la consideración del otro (costumbres, ideas y convenciones más extendidas) y la de juicio incierto.

En el siglo XVIII la *public opinion* u *opinion publique* se divorcia de esa significación, asociándose a la actividad de un público capaz

[8] La obra de Habermas data de 1962; las citas, sin embargo, se refieren a la versión castellana (Habermas, 1981).

de enjuiciar los asuntos públicos y no meramente guiado por el prejuicio. Según Habermas, esa contradicción se refleja en la oposición *reason-judgment* y en la polaridad *opinion-critique* en el pensamiento político inglés y en Francia respectivamente.

También en el *Leviathan* de Hobbes (1951) aparece tratada la opinión. Ahora bien, los asuntos del Estado no son objeto de la opinión del público, sino que se encuentran exclusivamente sujetos a la autoridad del soberano. En este sentido, las creencias son privadas y carecen de consecuencias para el Estado, desde cuya perspectiva presentan igual valor. Al propio tiempo, emancipada la conciencia particular de su sujeción a la Iglesia, Hobbes atribuye a sus productos —opiniones, juicios y creencias— un cierto valor.

En la obra de Locke se utiliza indistintamente la denominación de «law of opinion» y «law of private censure» para describir a una misma instancia. Se reasigna a la opinión el significado de reputación o crédito y su conjunto constituye un cuerpo informal de hábitos y tradiciones populares *(folkways)* que hacen las veces de agencia de control de las personas.

Bayle, contemporáneo de Locke, eleva la *Crítica,* es decir, el examen objetivo en el que la opinión no equivale a hábito, sino a razón destructiva, a ley filosófica. En los enciclopedistas razón y crítica son equiparables, instrumentos ambos para deshacerse de la «escolástica, de la opinión, en una palabra, de los prejuicios y la barbarie» (Habermas, ob. cit., p. 127).

El antecedente más próximo al sentido contemporáneo de opinión pública aparecerá en la expresión *public spirit,* cuya dimensión objetiva es la opinión general y que se asocia a la prensa y a la oposición. El opinar de la mayoría no es degradado a la condición de prejuicio porque en el pueblo —hasta en el pueblo no ilustrado— existe un instinto para distinguir lo justo y lo correcto.

Poco antes de la Revolución francesa, Burke separará la inclinacion de la opinión del público racionante. Esta última resulta de la reflexión privada y la discusión pública; es, por tanto, no espontánea. Sólo puede darse en las sociedades donde, por ser libres, los hombres hacen suyos y juzgan los asuntos que atañen a la generalidad. Lo que Burke llama opinión general comenzará a merecer enseguida el nombre de opinión pública.

También en Francia el término opinión pública reencontrará su sustancia en el buen sentido del pueblo, de la mano de la naturalidad que Rousseau atribuye a las costumbres, usos y opiniones populares.

Ahora bien, para que ese buen sentido germine y la sociedad civil se convierta en su beneficiaria es preciso que las opiniones se encaucen a través de la frecuente congregación del pueblo en la asamblea pública. En definitiva, la sociedad política no ha de elevarse sobre el exclusivo discurso de los iluminados, producto de su razón.

Hegel y Marx generan una dura crítica de la noción de opinión pública basada, en última instancia, en el supuesto de la libertad individual para construir y emitir juicios. Dos supuestos alternativos de Hegel, el de desigualdad y el de conflicto de intereses, socavan profundamente el concepto de interés común, presentándolo como interés particular de los propietarios políticamente raciocinantes. La opinión pública pasa de ser una entidad unitaria a convertirse en el subjetivo opinar de muchos, razón por la cual la publicidad *(Öffentlichkeit)* deviene principio de integración supraindividual y debiera sustituir a la ficción de la opinión pública. Esta —la publicidad— realiza la función de llevar a la esfera del pensamiento público —e individual en último término— los campos de actividad, valores y normas del Estado, por lo que Marx la toma no como la esfera donde se realiza la razón, sino como un instrumento de formación, equiparando finalmente opinión pública a *falsa conciencia.*

También hace crisis la noción de opinión pública como dominio de la razón y el interés común en el contexto de la teoría del liberalismo, en la expresión que ésta adopta a través de las obras de John Stuart Mill y Alexis de Tocqueville. Varias son las razones, a juicio de Habermas; por un lado, el incremento de la publicidad y la propaganda tiene como consecuencia un descenso notable de la instrucción del público; por otro lado, la publicidad es teatro de violentos conflictos entre grupos, lo que sería positivo a no ser porque los intereses prevalecientes son los de los más poderosos. Tanto en Mill como en De Tocqueville la opinión pública se acaba convirtiendo en una forma de tiranía de las masas hacia la crítica. De suerte que, compuesta esencialmente por opiniones prefabricadas, es la libertad del pensamiento individual de los inconformistas la que habría que preservar frente a las presiones públicas y no al contrario.

Resumiendo, en la sociedad burguesa la opinión pública, o «ficción del estado de derecho», como gusta llamarla Habermas, no es una instancia crítica, sino de legitimación del poder. Por lo que se refiere a la cualidad de actividad que se adhiere con frecuencia al público, contrasta con su inoperancia. La articulación del público es externa a él, se produce en el curso del proceso de comunicación y se activa, de modo llamativo, en los procesos electorales.

Sólo puede insertarse la opinión pública en el contexto de las ciencias sociales a condición de situarla en el marco de las relaciones de poder.

Por otra parte, se refiere Habermas a un proceso de «disolución sociopsicológica» íntimamente relacionado con la ambigüedad de los contornos que presenta el concepto de opinión pública. Este proceso estaría jalonado por cuatro fases: *a)* el deslizamiento desde el público a las masas, acompañado de la separación de la opinión pública de su contexto político y de su introducción en un proceso de comunicación «en» las masas; *b)* la restricción de la opinión al marco del grupo, lo que supone una abstracción respecto al proceso social; *c)* el paso de la consideración de la opinión pública como expresión sobre cuestiones controvertidas a la expresión de actitudes a secas; *d)* la ampliación del campo de la opinión hasta el extremo de incluir cualesquiera hábitos o costumbres. Las opiniones serían simplemente modos de conducta.

En definitiva, la demanda que formula Habermas es la de que el estudio de las opiniones y actitudes ha de insertarse, si es que se pretende que tenga significado psicosociológico, en el ámbito de las relaciones de poder.

VI. LA DIMENSION EMPIRICA DE LA OPINION PUBLICA

La novedad de la democracia consiste en colocar en primer plano una opinión pública ilustrada y libre que actúa sobre la vida política proporcionando un *feedback* constante de los asuntos públicos. Esa descripción es más la representación de un *desideratum* que un reflejo de la realidad. No se trata ya de los profundos análisis de Hegel o Marx, o de las contribuciones críticas de la escuela de Franckfurt. La propia investigación empírica de la opinión pública arroja un balance discordante con su noción idealizada. Las interpretaciones de Habermas no encuentran su contradicción en algunas investigaciones memorables sobre las opiniones del público, sino que confieren al conjunto de los datos un marco interpretativo sin el cual resultaría incoherente.

Lo que muestra, en parte, la investigación contemporánea son fenómenos que sólo pueden sorprender a un espíritu positivista anclado en una concepción ingenua de la opinión pública. La exploración sociológica de la opinión pública no confirma la idea de una multitud ilustrada e interesada en relación con los problemas sociales. No se trata de la disolución sociopsicológica del concepto, sino del apartamiento del público del contexto del debate político.

Al mismo tiempo, el público deja de constituirse como un ente unitario y presenta una imagen heterogénea. Sin embargo, esa heterogeneidad no estalla en conflictos de intereses y no lo hace porque las agrias disputas ideológicas parecen tender a verse crecientemente neutralizadas por la pública ignorancia. En realidad, esta ignorancia pública es consustancial al proceso de delegación política que se produce en las democracias parlamentarias y a la liquidación de aquellos órganos informales mediante los cuales el público participaba directamente en el proceso político. Por eso viene a resultar cierto que, desde que la política se hace en el Parlamento, los foros y los clubs donde el pueblo discute y opina se disuelven y la calle se despeja. Lo cual, si bien resulta funcional para el orden, resulta extremadamente negativo para el aumento de la lucidez política de los ciudadanos.

Es contradictorio esperar un compromiso político y espontáneo de la opinión pública con los intereses del Estado y disolverla al mismo tiempo. Por otra parte, la opinión pública no disuelta, o el «público raciocinante» según expresión de Habermas, no adoptaría una tendencia aquiescente respecto a esa finalidad del Estado revestida de racionalidad, pero que camufla su carácter de clase. En apariencia, el alejamiento del público de la esfera política es de naturaleza espontánea, aunque de hecho se relaciona con las peculiaridades de la estructura social en la sociedad burguesa, con su distribución de la responsabilidad política. Lejos de formar su opinión en la discusión, el público es confrontado con el exhibicionismo (la publicidad u *öffentlichkeit)* del Estado que expone sus personas, su orden y sus tareas y, periódicamente, es llamado a las urnas para que confiera legitimidad al proceso y avale sus acciones. Pero, por otra parte, esta forma de expresarse la voluntad pública es un pálido remedo de la práctica genuina del público raciocinante.

La empiria aplicada al campo de las opiniones del público confirma este estado de cosas. La opinión pública se dibuja a sí misma como un ente esencialmente inerte y receptivo y esa forma que adopta se identifica más tarde, a través de mediaciones sociopsicológicas como el interés o la motivación, con su «verdadera» naturaleza. Esos conceptos socio o psicosociológicos no deben ser desestimados, aunque sí puestos en su lugar para que la cadena explicativa resulte correcta. La distribución diferencial de motivación, atención y conocimiento explica las diferencias en interés e información política de los individuos. Pero, al mismo tiempo, esa distribucion refleja el tipo de organización social y, básicamente, la desigualdad en el acceso a aquellos instrumentos intelectuales y motivacionales que permiten una cabal comprensión de la esfera política.

Estas contradicciones encuentran su manifestación aprehensible en algunos de los primeros y más citados estudios sobre la opinión pública. Dos de ellos, el de Hyman y Sheatsley (1950) y el de Hyman y Sheatsley (1947), las ilustran en muchos sentidos de forma paradigmática. Sus resultados devienen comprensibles en el marco teórico anteriormente descrito, así como en el marco menos globalizador, aunque plenamente inmerso en la misma corriente, de las no actitudes de P. Converse (1970): los objetos sociales no despiertan inclinaciones universalmente estables entre los individuos, pese a que para el científico social constituyen problemas importantes. Tampoco Walter Lippmann (1922) es ajeno a la cuestión cuando pone en cuarentena el supuesto de una capacidad espontánea para juzgar sobre los supuestos políticos de una sociedad moderna a partir de las capacidades del individuo encapsulado en la comunidad rural. En tal sentido hay un profundo desequilibrio entre la expectativa que sobre el individuo tiene la democracia parlamentaria y su legado político real que apenas va más allá de la socialización. Igual sentido tiene la afirmación de Bryce de que el individuo medio se maneja con un corto número de preferencias, aversiones y estereotipos.

En el estudio de Hyman y Sheatsley (1950) la polaridad «opinión pública-pública ignorancia» se resuelve a favor de la segunda parte del binomio. El estudio se inicia poco después de la terminación de la guerra con el propósito de establecer el *status* real de la opinión pública en Estados Unidos y el también confesado de incrementar el apoyo a la política oficial. Se estudiaron cinco áreas de opinión: el interés y la preocupación por problemas no cotidianos, la participación, el rol del pensamiento crítico en la opinión pública, las actitudes hacia los líderes e instituciones políticas y la adhesión a los principios de la democracia.

En el análisis se pone de manifiesto la existencia de un núcleo básico de preocupaciones relativas a la lucha por la existencia y las consecuencias de la guerra (esencialmente las relaciones con la URSS y el temor a la bomba atómica). Paralelamente, los resultados cuestionan el supuesto de la capacidad generalizada para emitir juicios objetivos sobre los asuntos públicos. Aunque nueve de cada diez encuestados escuchan asiduamente la radio y leen algún periódico, la mayoría carece de interés en relación con los problemas no inmediatos y no posee información válida sobre temas políticos básicos como los líderes políticos de los partidos y las instituciones básicas del Estado. En concordancia con lo ya apuntado sobre las pseudoopiniones, la falta de información no determina la no-opinión. Así, al tiempo que el estudio de los ítems permite constatar una falta de información que llega a afectar al 40 % de la muestra, el porcentaje de no opinión raramente supera el 15 %. De los datos se desprende que tres cuartas partes de los sujetos está afiliada a alguno de los grandes partidos, aunque, al propio tiempo, no aprecia diferencias entre las políticas de tales partidos, y uno de cada tres es incapaz de explicar un solo argumento que le haya servido para dar o retirar su apoyo a un partido específico. Por lo general, las actitudes se definen como un estado de preparación para la acción y ciertamente Hyman y Sheatsley apuntan casos en que realmente funcionan así: los ciudadanos norteamericanos secundan la declaración de guerra de su gobierno, asumen los sacrificios del racionamiento, del reclutamiento y de la elevación de las tasas de producción. Pero, debido a la delegación habitual en el gobierno o los expertos, las actitudes políticas no se traducen en acciones, lo que explica que la mitad de los sujetos de la muestra nacional estudiada por Hyman y Sheatsley considere ineficaz la acción de los particulares o los grupos en el cambio político. En suma, el sistema de delegaciones de la democracia incrementa la alienación respecto al proceso político y ésta, a su vez, la ignorancia política, la cual se asocia a la simplificación del proceso conceptual mediante el que aquél se define.

La argumentación se refuerza cuando Hyman y Sheatsley pasan a estudiar la comprensión pública de los principios de la democracia. Teóricamente, el apoyo a tal sistema implica una concepción concordante del tipo de relación individuo-sociedad que le es propio. La realidad se constituye en un mosaico contradictorio. Así, el hecho de que un alto porcentaje (88 %) opine que Norteamérica es una democracia y reaccione negativamente frente a símbolos como «socialismo», «dictadura», «comunismo» y «fascismo», no es obstáculo para que cuatro de cada cinco sujetos fallen en el intento de mencionar algún rasgo diferenciador de la democracia frente a otros sistemas políticos. Esta incapacidad tan extendida no está reñida con la devoción hacia los principios de libertad (política, económica y religiosa) e igualdad (cuya concreción es el derecho a elecciones libres y a la representación en el gobierno), de todo lo cual no se siguen consecuencias coherentes. Y así, una parte estimable de los sujetos (25 %) se opone a que los socialistas gocen de libertad de expresión, otra, aún mayor (33 %), se manifiesta en contra de la crítica periodística a las acciones del gobierno y la mitad del total es contraria a la igualdad entre blancos y negros. Una mayoría se pronuncia en contra de la igualdad de derechos ocupacionales de ambos sexos y de las minorías étnicas y la mayoría de los sujetos de confesionalidad católica reprueba el acceso de los judíos a los puestos políticos de responsabilidad.

Resumiendo, los datos ponen al descubierto que, paradójicamente, la opinión pública no debería estudiarse desde una perspectiva exclusivamente sociológica. Las posiciones sociológicas asumen con frecuencia una visión objetivista de los fenómenos de conducta colectiva. En el ámbito político existen ciertamente actitudes hacia los símbolos más visibles de la cultura, pero el hecho de que existan actitudes firmes no implica forzosamente que las conductas —derivadas o asociadas— sean coherentes con ellas. De hecho, coexisten posturas antagónicas como la adhesión al principio de igualdad y el apoyo de la discriminación racial, una convicción positiva respecto al principio de libertad y restrictiva en cuanto a la libertad de expresión de los que secundan ideologías distintas a la propia. Y estas tendencias no asumen un carácter minoritario. Hyman y Sheatsley han querido ver en la opinión pública que característicamente emerge en las democracias parlamentarias una fuerza neutralizadora de las propuestas de cambio radical en la sociedad: la mayoría, que huye de esas propuestas, se sitúa en el espacio intermedio entre conservadores y radicales, se considera mayoritariamente de clase media y en una medida considerable no ve con buenos ojos la revisión de los principios constitucionales. Esto hace aparecer a la mayoría, a la opinión pública, como un elemento de equilibrio depositario del buen sentido, si no fuera porque, al propio tiempo, Hyman y Sheatsley constatan su tendencia a adoptar una posición conformista respecto a las decisiones del poder, esto es, a aceptarlas como hechos consumados.

En el segundo trabajo de Hyman y Sheatsley (1947) se aborda el estudio de las actitudes públicas, si bien bajo una perspectiva mucho más psicosociológica. La razón es que no se limitan a su mero registro, sino a tratar de ofrecer explicaciones sobre la resistencia al cambio en situaciones naturales, esto es, cuando se instaura una tendencia de comunicación masiva. Por tanto, la problemática de este estudio es más directamente relevante en el tema que nos ocupa y expresa un fenómeno observable en otros casos. Cuando se quiere pasar del nivel descriptivo al explicativo en el marco de los efectos de la comunicación de masas, los conceptos sociológicos pierden mucha de su validez, al tiempo que crece la relevancia de los psicosociológicos. En realidad Hyman y Sheatsley abogan por un modelo de tipo psicosociológico en el mismo momento en que tratan de explicar las diferencias sustanciales en los efectos producidos por las campañas de información masivas.

El punto de partida es la dudosa eficacia de éstas. La información, a menudo, no produce la conducta esperada y ello se debe a la abundancia de «ignorantes» crónicos. A su vez, se postula que esa incidencia se relaciona con otra variable, el interés. Un porcentaje estimable de la audiencia carece de interés por ciertos problemas y a ese grupo de crónicamente apáticos resulta muy difícil alcanzarlo. La extensión de la ignorancia pública se hizo patente al estudiar la información en cinco áreas relacionadas con sucesos internacionales ampliamente difundidos. Un alto porcentaje de sujetos carecía de información sobre tan importantes cuestiones (uno de cada siete sujetos ignoraba completamente las cinco cuestiones; uno de cada tres, al menos una de ellas). Las variaciones en información se interpretaron en función de la variable interés. Conforme aumenta éste, crecería la información que tienen los sujetos. Pero, en realidad, el referente psicosociológico del interés sería la motivación, esto es, sería la motivación el factor determinante en la adquisición de conocimientos. Dicho de otro modo, las diferencias en conocimiento no son el reflejo de diferencias en el proceso de comunicación, sino de diferencias psicosociológicas, esto es, motivacionales, entre individuos o grupos. El estudio de la opinión pública, señalan Hyman y Sheatsley, sólo será una constatación sobre las diferencias en ignorancia de la gente si previamente no se evalúa la apatía y el interés. Con lo cual, intencionadamente o no, el estudio de las diferencias individuales o grupales tiende a introducirse en el de los efectos de la comunicación. Prueba de ello es el intento de relacionar el interés respecto a ocho cuestiones políticas [9] con el conocimiento sobre las mismas. Al

---

[9] Los datos proceden de una encuesta del NORC (National Opinion Research Cen-

establecer en la muestra tres niveles de interés —alto, moderado y escaso—, y relacionarlos con la variable información se cumplió la predicción general. La información alcanza por término medio al 50 % de los interesados y sólo al 20 % de los no interesados, no pudiéndose explicar las diferencias por las variaciones en la oportunidad de acceso a la información, equivalente en los tres niveles.

De cualquier modo, la investigación de Hyman y Sheatsley está llena de contradicciones y la conceptualización empleada deja mucho que desear. Esto es obvio cuando se reflexiona sobre la forma de explicar las relaciones entre actitudes previamente formadas y la persuasión posterior. Las campañas de información tendrían éxito en la medida que su contenido fuera concordante con las actitudes de la audiencia. En los ejemplos de Hyman y Sheatsley, las personas que conocían la existencia de un documento en apoyo de la presencia de los judíos en Palestina, eran más favorables a su asentamiento que aquéllas que ignoraban la promulgación de ese documento. Quienes sabían de la condena del régimen de Franco por parte de los países occidentales eran más hostiles a la dictadura que los que carecían de esa información. Lo que vendría a significar que la comunicación es menos responsable del efecto que las actitudes preexistentes, las cuales, por otro lado, también son consecuencia del impacto de la comunicación. Obsérvese que este planteamiento se inserta plenamente en lo que se ha venido llamando «investigación de audiencias», cuyas características son dos: el intento de buscar las consecuencias inmediatas de la comunicación en el campo de las actitudes o en cualquier otro nivel de la conducta y, junto a ello, la tendencia a atribuir las diferencias a las características sociodemográficas de los distintos grupos en la audiencia, sin abandonar en ningún momento la idea de impacto directo.

Este problema se plantea de forma recurrente en la investigación. La idea que se tiene del cambio de actitud en situaciones naturales obedece a un esquema de acción-reacción que con frecuencia no se cumple. Pero en lugar de cuestionarlo, la salida consiste en buscar la explicación en las diferencias individuales. Este proceder desvía el

---

ter) y las cuestiones en relación con las cuales se evaluaba la información que poseía el sujeto incluían las relaciones Estados Unidos-URSS, el tema de la bomba atómica, la política exterior de Estados Unidos respecto a Alemania, las relaciones con España durante la dictadura del general Franco, etc.

foco hacia los procesos psicológicos (la motivación, el conocimiento, el interés, etc.), por lo cual deja mucho que desear como explicación de la influencia de la comunicación en un sentido global.

Un punto discutible de la investigación de Hyman y Sheatsley es que junto al carácter general que le atribuyen a la ignorancia y a la apatía públicas se acoge al criterio de que las actitudes ya formadas dan lugar a exposiciones selectivas que bloquean el cambio, teóricamente posible en el caso de que existiera virginidad actitudinal. Pero, de hecho, no hay un principio que permita esperar una evitación activa de las comunicaciones contraactitudinales en tanto en cuanto lo que se evidencia es que en algunos campos (por ejemplo, en el político) esas actitudes o no existen o despiertan tan escaso interés y motivación personal que no pueden equipararse a las vivas disposiciones emocionales normalmente asociadas a las actitudes.

El problema de la persuasión pública se resolvería, según Hyman y Sheatsley, si se lograra establecer una conexión entre la estructura motivacional de la audiencia (necesidades, motivos y deseos) y las opciones de opinión. Por lo cual para que las campañas de información logren su objetivo de modificar las visiones del público, sería preciso que las nuevas opiniones se presentaran como medios para realizar alguna parte importante de la estructura motivacional. En la investigación de Hyman y Sheatsley este supuesto se habría visto confirmado en razón de una relación directa entre el apoyo a la aprobación de un crédito a Gran Bretaña y la medida en que los sujetos percibieron que de esa concesión se derivarían ventajas para el propio país.

El estudio de Cartwright (1950) sobre los resultados de una campaña para incrementar la venta de bonos de guerra en Estados Unidos también llamó la atención sobre la relevancia de la motivación en el cambio de actitud. En otras palabras, se trataba de inducir una acción colectiva, pero para ello era preciso establecer previamente un marco cognitivo y motivacional. En definitiva, la dificultad del proceso masivo de influencia arranca de la necesidad de crear tres tipos de estructura: cognitiva, motivacional y de acción.

La creación de una estructura cognitiva quizá se vea dificultada por la existencia de otra que no coincide con ella. En el estudio de Cartwright, los sujetos tendían mayoritariamente a relacionar la venta de bonos con la finalidad del gobierno de financiar o ganar la guerra y, en una medida mucho menor, con la lucha contra la inflación, que era el principal propósito oficial. La masiva propaganda parecía no contribuir grandemente a desviar las percepciones del público, no importa el momento que se tomase para efectuar la verificación de éstas, en el curso de una campaña que duró treinta meses.

Seguidamente Cartwright se centró en la relación entre motivación y conducta. El supuesto del que partió fue que para inducir una acción mediante la comunicación de masas es preciso que dicha acción sea percibida por la persona como una vía para lograr una meta propia. La compra de bonos era percibida como una acción instrumental en relación con las siguientes metas: ganar la guerra, obtener seguridad económica y cumplir con los deberes de buen ciudadano. Así pues, la persuasión se vería bloqueada desde el momento en que no fuera posible encontrar una conexión razonable entre acciones y metas. Por otra parte, la relación entre acción y meta debería encajar en la estructura cognoscitiva de la persona. Dado que la conexión entre la compra de bonos y la reducción de la inflación era una idea extraña a la concepción de la economía de la mitad de la población, era disfuncional establecer ese tipo de relación. De la misma manera, no cabía esperar un gran éxito de la tentativa de persuadir a aquellos que pensaban que su inversión no les iba a ser restituida en la postguerra de que compraran bonos para asegurarse el futuro. Al señalar esta circunstancia Cartwright no hacía sino llamar la atención sobre la existencia de creencias que ponen límites al intento de persuasión. Por otra parte, cuanto mayor es el número de metas de la persona que pueden lograrse mediante una acción, tanto mayor la probabilidad de que resulte elegida frente a otras alternativas. En el estudio de Cartwright, aquellos que relacionan el hecho de comprar con mayor número de razones (patrióticas, personales, económicas) lo hacen en mayor medida que quienes perciben menos razones asociadas a esa acción.

El problema de influir sobre la conducta desde sus bases motivacionales consiste en que las motivaciones usadas en la comunicación de masas no ejercen una presión manifiesta sobre el individuo. Este puede sustraerse a su satisfacción porque su naturaleza no es apremiante, esto es, porque no es «primaria». A esta dificultad se suma el hecho de que la conducta puede hallarse bajo el control de distintos sistemas motivacionales que compiten entre sí. La posibilidad de determinar empíricamente cuándo, cómo y por qué unos sistemas motivacionales predominan sobre otros en situaciones naturales es señalada por Cartwright como un objetivo importante de la investigación, aunque es bien conocida la enorme dificultad que entraña.

VII. EFECTOS DE LA COMUNICACION DE MASAS: UNA PERSPECTIVA DIACRONICA

No existe una teoría rigurosa de la opinión pública. Tampoco existe su equivalente en el campo de los efectos. En apartados anteriores ha habido ocasión de mostrar que los efectos no van en una dirección única, sino que se ejercen en distintos planos de la conducta y pueden contemplarse como mínimo en tres niveles: el individual, el grupal y el colectivo.

Ha habido ocasión de poner en claro que, exista o no una teoría, cuando las conductas u opiniones adquieren la naturaleza de públicas incorporan una gran fuerza frente a las conductas u opiniones particulares a las que interpelan. Esta metamorfosis parece indicar el tránsito desde el dominio de lo multiforme al de lo normativo. Que el área de las actitudes y creencias puede y debe ser tomada como marco teórico se encuentra justificado por su continua presencia en la investigación sobre los efectos, así como por la evidencia de que el rigor teórico, en el campo de las actitudes sobre todo, no tiene parangón con las realizaciones en ningún otro campo afín a la comunicación de masas. Finalmente, en el propio contexto de la investigación sobre los efectos de la comunicación de masas no pasa desapercibida una evolución desde el simplismo que muchas veces reviste la aplicación del modelo de búsqueda de correspondencias, a la mayor complejidad de otras concepciones que quieren abrirse paso a partir de lo que en los países anglosajones se denomina *agenda setting function*, o *función de establecer la agenda*, y en nuestro contexto *«tematización»*. En lo que sigue, vamos a tratar de demostrar que esa evolución es progresiva, se deja sentir como demanda desde el comienzo de la investigación y empieza a articularse en la década de los setenta para dar lugar a importantes contribuciones empíricas a finales de la misma y en los primeros años de la de los ochenta.

La irrupción de la televisión en la vida cotidiana de la sociedad es un fenómeno intrínsecamente importante, pero aún lo es más en el contexto de los otros medios. Apoyándose en evidencias empíricas fiables, Weiss se referirá al desplazamiento del resto de los medios en los gustos del público y a la masiva orientación hacia la televisión como fuente de información general, cuando el componente icónico del relato es esencial y cuando la información es de naturaleza supralocal. Hay múltiples referencias que indican que este medio ocupa la primera posición en credibilidad (Blumler y McQuail [1969], Chang y Lemert [1968], Greenberg [1966], Greenberg y Dominick [1968], Jacobson [1969], Lyle [1967], Roper [1969], Starck [1969]). Datos más recientes destacan sin el menor género de dudas que la televisión goza de las preferencias del público, sin posible comparación con ningún otro medio (Comstock y otros, 1978).

Observa Weiss que los cambios que se operan en el entorno de los medios producen una redistribución de la atención. Resulta interesante comparar el uso público de la televisión y de la prensa en función del nivel de instrucción. Así, mientras que la relación entre nivel de instrucción y uso es positiva en el caso de la prensa (Bogart, 1968; Donohew y Thorp, 1966; Greenberg y Kumata, 1968; McLeod, Ward y Tancill, 1965; Robinson, 1967), resulta negativa en el de la televisión (McLeod, Ward y Tancill, 1965; Orenstein, 1968; Robinson, 1969; Sargent y Stempel, 1968).

Como se verá más tarde, esta tendencia se introduce de modo profundo en el funcionamiento de nuestra sociedad. La televisión, un medio accesible y de fácil decodificación, es el instrumento mediante el que los estratos bajos en renta e instrucción acceden a la esfera sociopolítica, mientras que la prensa queda como instrumento de conocimiento a disposición de los más documentados, que buscan informaciones más críticas y complejas.

También Weiss menciona la pequeña invasión funcionalista que supone la perspectiva de los usos y gratificaciones. Esta trata de encontrar aquellos factores de naturaleza no sociodemográfica que están en la base de las diferencias en el uso de los medios. Aunque las evidencias reunidas por Weiss (Rees, 1967; McLeod, Ward y Tancill, 1965; Sargent y Stempel, 1968) no permiten apoyar la idea de una relación sistemática entre variables de personalidad y uso, esto no descarta la posibilidad de encontrar explicaciones en otros factores.

Ya por la época de la revisión de Weiss se plantea de forma recurrente la cuestión de la incidencia de la violencia en la socialización de los niños y jóvenes, cuestión que comienza a relacionarse con la televisión, en la medida que este medio es una fuente de estimulación permanentemente disponible y constituye una modalidad de aprendizaje que no requiere el alejamiento de los sujetos jóvenes respecto al contexto familiar. Las hipótesis al respecto parecen situarse en tres líneas. Por una parte está la hipótesis de la frustración-agresión de Berkowitz (1964) frente al modelo rival basado en la hipótesis del efecto catártico de la violencia de Feshbach (1969). En tercer lugar, se encuentran diversas contribuciones basadas en el modelado, entre las que cabría citar los trabajos de Walters y Willows (1968), Nelson, Gelfand y Hartmann (1969), Thelen y Stoltz (1969) y Hicks (1968).

Weiss se ocupa de un capítulo casi inexcusable en el campo de los efectos como es el de la conducta política. En su tratamiento de la cuestión se constata una vez más la profundidad con que ha calado la hipótesis de la exposición selectiva en las consideraciones sobre los efectos, pese a que la evidencia sobre estudios electorales reunida por Weiss (Sears, 1968; Sears y Freedman, 1967) sugiere que la selectividad que se pone en funcionamiento es del todo insuficiente para mantener a los individuos aislados de las informaciones sobre puntos de vista y argumentos políticos contrarios a los suyos. Un estudio electoral de Blumler y McQuail (1969) sirve como contraste a los prejuicios existentes en relación con la exposición selectiva. Los resultados ponen de manifiesto los siguientes hechos: 1) a las elecciones concurren tres partidos, pero el tiempo de exposición a las comunicaciones del partido preferido nunca supera al tiempo de exposición a los mensajes de los otros dos; 2) sólo la mitad de quienes se exponen a las emisiones políticas de la televisión lo hace por razones políticas, siendo el mejor predictor de la exposición a las emisiones políticas, la variable intensidad de la exposición a la programación ordinaria; 3) la variable «interés en la campaña» sólo se relaciona positivamente con la exposición en el caso de consumidores ligeros o moderados; 4) lo que se denomina exposición selectiva incide sobre la muestra estudiada en una proporción de uno a cuatro. Los sujetos que seleccionan las informaciones que reciben, indican que utilizan los mensajes de la televisión para reforzarse ideológicamente y para obtener argumentos que luego utilizarán en las discusiones. Son más estables en su intención de voto, más activos políticamente y declaran más a menudo que cuando evitan las emisiones políticas es porque su decisión está tomada. Dicho de otro modo, quienes menos probabilidades tienen de cambiar en virtud de la exposición son los que tienden a evitar las comunicaciones contraactitudinales. Es habitual que a tales sujetos se les llame «líderes de opinión».

Hacia el final de la década de los setenta, *Liebert y Shwartzberg (1977)* reunirán nuevamente las últimas contribuciones sobre los efectos lamentando la poca atención concedida a los más relevantes, las actitudes y la conducta. Hay una inflexión tan sutil como importante en la referencia a los tres determinantes de estos efectos. Los dos primeros son las pautas de uso de la audiencia y la naturaleza de los contenidos a los que se expone. *Remiten respectivamente estos determi-*

nantes a la teoría de los usos y gratificaciones y a aquellas estrategias que ven en el análisis de contenido de la comunicación el punto de partida para estudiar los efectos. El tercero vendría a ser la capacidad de la comunicación *para transmitir información y cultivar creencias* y, en correspondencia, la medida en que la información y las creencias cultivadas son determinantes de la expresión manifiesta de actitudes y conductas.

Esta formulación expresa un cambio cualitativo por lo siguiente: postula que las diferencias en el uso tengan una base motivacional, sociodemográfica o de cualquier otro tipo, ejercen consecuencias importantes en la conducta de la audiencia; establece la necesidad de llevar a cabo análisis más finos de la comunicación; asume que la comunicación realiza la acción de introducir conceptos, impresiones o creencias acerca de la realidad, *acción no ostensible ni inmediata, sino similar a un proceso continuo cuyo resultado no es el abrupto cambio de actitudes y conductas, sino el cultivo diferente de las mismas.*

Por lo que se refiere a las pautas de uso, se asume que tanto las variaciones en la intensidad de la exposición como las expectativas respecto al contenido influyen en la orientación personal hacia los medios y posiblemente, aunque sobre esto no hay acuerdo general, en los efectos psicosociológicos de la comunicación. De lo primero, la obra de Comstock y otros (1978) es una prueba fidedigna, en la medida que variables sociodemográficas clásicas como edad, sexo, clase social, nivel de instrucción y raza, se toman como base de comparación de la conducta de la audiencia. De estos análisis se obtiene un expresivo cuadro sobre las preferencias, gustos, hábitos y actitudes de la población respecto de los distintos medios. La segunda parte es mucho más problemática y tiende a concretarse en la explicitación de las gratificaciones que los miembros de la audiencia obtienen o esperan obtener de su utilización de los distintos medios. Los individuos son continente de necesidades o motivos que tienden a cumplir realizando conductas. Obviamente existen diferencias en la intensidad con que son percibidas esas necesidades y motivos, así como en las tendencias a relacionar su cumplimiento con la utilización de la comunicación de masas. Existen investigaciones sobre la cuestión que serán ampliamente comentadas más tarde y que, como mínimo, han generado tipologías sobre expectativas de satisfacción e hipótesis que tratan de vincular el supuesto de los usos y gratificaciones con las teorías más clásicas de los efectos.

En cuanto a la relación entre la comunicación y sus efectos, lo que implica la expresión «análisis más finos» es sencillamente que se impone ir más allá del establecimiento de vínculos entre el mensaje —o incluso un conjunto de mensajes— y el cambio de actitud. Por tanto, el ejemplo de las campañas representa una importante restricción de la acción habitual de los medios de comunicación. Liebert y Schwartzberg (1977), al precisar que es menester aprehender el «curriculum oculto» de los medios y la forma e intensidad con que éste es incorporado a las explicaciones de la audiencia sobre la sociedad, están sugiriendo el tipo de tarea que se le plantea a la investigación. Paradójicamente, el contenido de la expresión «curriculum oculto», remite a la noción clásica de *ideología.*

Un ámbito en el que esta forma de proceder ha venido siendo aplicada en los últimos años es el de la violencia. Concretamente, los estudios sobre el impacto de la violencia de la televisión en el público ha constituido un área prioritaria en las investigaciones de la escuela de Annenberg, cuyo principal representante es George Gerbner. La forma de encarar la cuestión difiere sustancialmente de la habitual, porque la violencia simbólica no es tomada como un estímulo que incrementa las conductas agresivas de los que se exponen, sino más bien como un mecanismo a través del cual se expresan las relaciones de poder en la sociedad. Por una parte, existe evidencia de que la violencia es una pauta de acción dominante en el entorno simbólico de la televisión [10]. Por otra, también hay constancia de que la representación de la violencia es sesgada. Por poner un ejemplo, los datos de Dominick (1973) muestran que mientras los delitos contra la propiedad son los más habituales de hecho, los delitos contra las personas son los más representados en la televisión. Finalmente, la consecuencia de esta tendencia es la acentuación percibida de las características amenazantes del entorno. Esta impresión no es indiferente al estado de ánimo de las personas. Por el contrario, los datos de Gerbner y sus asociados tienden a demostrar que se incrementa su sensación de peligro y vulnerabilidad.

Sin duda la novedad más importante de la década de los setenta —y que desde luego no pasa desapercibida en la publicación de Liebert y Schwartzberg—, es la popularización del concepto de función

[10] Gerbner y Gross han registrado en su análisis una tasa de ocho actos de violencia por hora, en la programación para adultos, y un acto de violencia cada dos minutos en la programación para niños. Otros estudios, como el de Slaby, Quarfoth y MacConachie (1976), hablan de una tasa de 21,5 actos de violencia por hora.

de *agenda setting*, o función de establecer la agenda, de los medios. Esta función *expresa el reverso de la hipótesis selectiva* tal como fue postulada por J. T. Klapper (1960), es decir, *estudia el efecto de la operación de selección que producen los comunicantes en la comunicación en lugar de las tendencias a exponerse o evitar mensajes según su contenido percibido* por parte de los receptores. El concepto de *agenda setting* o tematización aparece como un concepto abierto, no ha sido aún definido de modo tajante y puede significar cualquiera de las siguientes cosas: A) que en el proceso de transmisión de informaciones se incluye la referencia a unos hechos y no a otros; B) que la comunicación presta más atención a unos hechos que a otros; C) que en el proceso de comunicación, los fenómenos son situados diferencialmente en una dimensión valorativa, lo cual determina también valoraciones diferenciales por parte de la audiencia. En cualquiera de los tres casos, la consecuencia de esa operación es parecida: en opinión de la audiencia unos hechos son más relevante que otros y ello no es sino un reflejo de su *status* en el entorno simbólico que crean los medios.

La hipótesis ha sido puesta a prueba mediante el procedimiento de establecer correlaciones entre el grado de atención que los medios dedican a los hechos y la importancia percibida por el público de esos hechos o cuestiones. En definitiva, lo que se ha hecho es establecer relaciones entre datos de análisis de contenido y datos de opinión medidos a través de cuestionarios. Cabe citar dentro de esta línea los trabajos de Bowers (1973), Funkhouser (1973*a)*, Funkhouser (1973*b)* y, sobre todo, McCombs y Shaw (1972). Las verificaciones del proceso de establecer la agenda distan mucho de haber obtenido un respaldo definitivo. Por ejemplo, McCombs (1975) comprueba el paralelismo entre la agenda del medio y la agenda individual en el caso de la prensa, pero no en el caso de la televisión, y Tipton, Haney y Basehart (1975) han manifestado sus discrepancias respecto al carácter general de este efecto, que no se cumpliría cuando no existe concordancia entre los medios a la hora de definir hechos, problemas y cuestiones y cuando los sujetos tampoco son estables en sus evaluaciones. Como se verá más tarde, la idea de concordancia u homogeneidad evaluativa es más importante de lo que a primera vista pudiera pensarse, así como también es cierto que, contra todo pronóstico, en relación con problemas que por su relevancia deberían despertar la confrontación entre posiciones discrepantes, existe una sorprendente coherencia por parte de los medios.

En el comienzo de los ochenta, la impresión dominante es que la investigación se ha diversificado y se comienza a proceder a un intento de construir teoría, aunque éste no vaya más allá de la comprobación empírica de hipótesis que no se derivan de una teoría propiamente dicha. La revisión de Roberts y Bachen (1981) indica al menos una revitalización del área de la que son buena prueba dos rigurosas síntesis sobre los efectos de la comunicación de masas, la de Comstock y otros (1978) y la de Murray y Kippax (1979). Junto a ellas, destaca la ocurrencia de ciertos cambios que, en conjunto, representan la continuación de las tendencias mencionadas antes. Uno de ellos consiste en el abandono de la idea de cambio de actitud —la conversión en términos de Klapper— para acogerse a una concepción en la que el efecto se contempla como la transformación de las perspectivas de la audiencia acerca de la realidad. Obviamente a este cambio está muy unida la reevaluación y posterior incorporación del dominio cognoscitivo. Hay que añadir la enorme atracción suscitada por el estudio de los efectos de la televisión, el medio más popular. No es casual que el título de una de las obras más rigurosas, la de Comstock y colaboradores, sea *Television and human behavior*. Unido al efecto sobre las creencias de la audiencia está el intento de establecer las pautas de conducta dominantes respecto al uso de los medios. Principalmente las variaciones en el consumo de televisión comienzan a estudiarse sistemáticamente en relación con las variables *status* socioeconómico, sexo y edad [11].

En la revisión de Roberts y Bachen la perspectiva de usos y gratificaciones es considerada, aunque no tanto en calidad de modelo generador de avances sustantivos en el área, sino más bien en su condición de objeto de toda suerte de críticas, de entre las que mencionamos las más destacables. Una acusación frecuente es la notable imprecisión de términos como función, uso, necesidad y motivo. La misma ambigüedad sería característica del término «audiencia activa», porque la actividad debería evaluarse más que en relación con la exposición, en relación con el proceso cognoscitivo de asignar significado a la comunicación. El producto más destacable de este enfo-

---

[11] Llama la atención la coincidencia entre distintos estudios (véase Bower, 1973; Comstock y otros, 1978) a la hora de establecer la relación entre la exposición a la televisión y la edad cronológica. El uso de la televisión comienza hacia los dos o tres años, progresa de forma creciente hasta la adolescencia, período en el que experimenta una brusca caída y sufre luego un incremento gradual hasta llegar al período de consumo más exhaustivo, después de los cincuenta, ya en la ancianidad.

que, una extensa lista de necesidades, no ha representado una aportación de peso. Además, causa perplejidad la confusión entre la búsqueda del medio apropiado para satisfacer necesidades y la obtención real de gratificaciones. Por otra parte, la diversidad verbal de funciones psicológicas que cumplen los medios (vigilancia, excitación, refuerzo, comunicación anticipatoria, interpretación, etc.) y que se encuentran documentadas en trabajos como los de MacLeod y Becker (1974), Kippax y Murray (1977) y Becker (1979), se subsume en la función más general y común de buscar entretenimiento.

La tendencia dominante en el área de los efectos consiste en contemplar la comunicación de masas como un conjunto de influencias que inciden en la forma en que el público percibe el entorno. Realmente la hipótesis sobre la función de establecer la agenda brota de este contexto y se orienta de acuerdo con dos versiones de amplitud distinta. La más amplia, relaciona los elementos del contenido de la comunicación con las representaciones acerca del poder, los roles o las normas de la cultura. Un buen ejemplo de la más restringida consiste en el establecimiento de relaciones entre la agenda del medio y la agenda del público en una campaña electoral. Por cierto, conviene llamar la atención sobre la tendencia a atribuir capacidad para fijar la agenda pública no sólo a las comunicaciones con el propósito implícito o manifiesto de influir, sino también a aquéllas cuya función es entretener. Si la comunicación recrea los valores de las agencias y sus representantes, el proceso no puede ser intermitente. Ahora bien, el tipo de aprendizaje que tiene lugar responde a una pedagogía muy *sui generis* porque, de acuerdo con los resultados de algunos trabajos, existe una correlación positiva entre uso de la prensa y conocimiento público (véanse Atkin y otros, 1976, y Atkin y Heald, 1976), pero esa correlación tiende a ser nula en el caso de la televisión (véanse Patterson y MacClure, 1976; Clarke y Fredin, 1978; Becker y Whitney, 1980), la cual parece conferir un difuso marco de información cuyas lecciones implícitas se refieren más bien a usos, costumbres y modos de vida con escasa referencia a los problemas públicos. En el fondo, este paradójico efecto de la televisión encaja perfectamente con la idea de agenda *setting* a la que Cohen (1963) se refirió con una frase muy citada: *Se trata de las cosas en las que se piensa, en oposición a lo que se piensa de las cosas.*

Suponiendo que se pudiera vencer el obstáculo metodológico de determinar los contenidos respectivos de la agenda del medio y de la agenda pública quedaría por decidir cuál de entre las versiones de la relación resulta más correcta. Sin olvidar que la hipótesis central predice paralelismo entre la importancia que un medio concede a un problema o cuestión y la relevancia que el público le confiere, esa similaridad podría ser global (la agenda del medio y la agenda pública incluyen problemas parecidos), moderada (los problemas coinciden y se clasifican en igual orden) o estricta (no sólo se ordenan, sino que también se evalúan de igual modo).

Los distintos procedimientos de medida de la agenda del medio persiguen la misma finalidad. Tratan de aprehender la importancia con que es tratado un tema valiéndose de indicadores como el espacio, la intensidad o frecuencia. La estrategia seguida en algunos trabajos como los de Funkhouser (1973) y MacKuen (1979) consiste en seleccionar un problema y establecer el número de artículos periodísticos que tratan de él en diarios o revistas. En otros casos (véase Williams y Semlak, 1978) se establecen categorías analíticas y se cuantifican de acuerdo con el tiempo o la extensión con que se reflejan en la televisión y los periódicos respectivamente.

También hay una variedad de procedimientos para determinar la agenda pública. Por ejemplo, Gormley (1975) pide a los sujetos que hagan estimaciones sobre la importancia de los problemas que se presentan en una escala. McCombs y Shaw (1972), que se cuentan entre los pioneros de esta concepción, se inclinan por solicitar de los sujetos la descripción de los problemas personalmente importantes en un cuestionario de preguntas abiertas. En otros trabajos se pide a los sujetos simplemente que mencionen los problemas que más frecuentemente aparecen en sus conversaciones con otros.

Uno de los problemas de la hipótesis se refiere a su naturaleza causal. Al no haberse realizado un esfuerzo tendente a explicitar los mecanismos mediante los cuales los sujetos incorporan las perspectivas de la comunicación resulta muy difícil determinar bajo qué condiciones variará la intensidad del proceso. Por esa razón, se apela a factores de carácter externo cuando se trata de ofrecer explicaciones. Ordinariamente esas explicaciones toman como punto de partida las características del medio, sin arbitrar relación intermedia alguna, o bien, la intensidad de la exposición.

Es difícil hallar una obra más avalada o prestigiosa que la última edición del *Handbook of social psychology* para obtener una impresión objetiva y fiable sobre el *status* actual de los efectos en el contexto de la psicología social. Roberts y Maccoby (1985), a cuyo cargo corre la puesta al día de la cuestión en la citada obra, no se recatan a la hora de informar de una enorme expansión del área, que contrasta con el escepticismo dominante en los años sesenta, expansión que corre pareja a una masiva concentración de la atención de los investigadores en las repercusiones de la comunicación sobre la conducta humana, con el desplazamiento de otros elementos accesorios.

La cuestión de los efectos, esto es, la relación entre comunicación y conducta debería en rigor cumplir con cuatro requisitos metodológicos. En primer lugar, el control y/o evaluación de los medios y/o su contenido. En segundo lugar, la estimación de la exposición. En tercer lugar, la definición y cuantificación de las consecuencias de la exposición. Por último, la estimación, elaboración e interpretación de las condiciones y procesos que median entre la exposición y sus resultados.

Se advierte en la forma de desarrollar el contenido de estas cuatro pautas que las tendencias que hemos venido señalando se encuentran firmemente consolidadas en la actualidad.

La captación de la esencia del estímulo no remite a Roberts y Maccoby al lugar común del análisis de contenido, sino al intento más ambicioso llevado a cabo por la escuela de Annenberg de establecer la naturaleza de los sistemas de mensajes masivamente producidos por referencia a las características del sistema social dentro del que se generan. Añádese que los trabajos de esta escuela discurren por el cauce de la función de establecer la agenda.

En cuanto a la estimación de la exposición, Roberts y Maccoby se limitan a señalar la dicotomía, plenamente vigente, entre los trabajos experimentales que estudian el impacto del estímulo en audiencias cautivas y los estudios correlacionales, en los que, teóricamente, las audiencias se autoseleccionan.

En relación con las consecuencias, esto es, con los efectos de la comunicación de masas, Roberts y Maccoby constatan que, pese a los avatares ocurridos en el área, continúa plenamente vigente la tradición clásica que contempla la comunicación de masas como un determinante activo del proceso de reproducción ideológica: «Pese a todo, el impacto [...] sobre las actitudes y valores aún sigue estudiándose [...] y las consideraciones sobre valores y actitudes siguen siendo el núcleo de lo que Katz (1978 y 1980) denomina teorías de los efectos ideológicos» [12].

---

[12] Las teorías de los efectos ideológicos han venido ganando crédito en los últimos años y se encuentran, de un modo más o menos directo, comprometidas con el

Sin embargo, existen múltiples quejas sobre la disfuncionalidad del concepto de actitud no ajenas a la fascinación ejercida por aquellas formulaciones que buscan codificar los efectos de la comunicación de masas en términos cognitivistas. Este proceso no implica para Roberts y Maccoby la devaluación de la actitud, sino el intento de aquilatarla al tipo de efectos comúnmente observados en el marco de la comunicación de masas: «Con escasas excepciones, parece que incluso cuando el impacto de la comunicación es esencialmente afectivo, el cambio de actitud se describiría mejor como un lento proceso de erosión que como una repentina conmoción que da lugar a la conversión» (Roberts y Maccoby, 1985, p. 547).

Con independencia de las limitaciones del concepto de actitud, no cabe duda de que la fuerte ola de cognitivismo actualmente dominante en la psicología no ha dejado incólume el área de estudio de los efectos, donde el componente emocional de la actitud se ve fuertemente desplazado por todo lo que implica su lado cognoscitivo. De hecho, en una referencia a Chaffee (1977), Roberts y Maccoby resumen las ventajas de centrarse en el estudio de los efectos cognoscitivos: los efectos emocionales no son necesarios ni suficientes para causar influencias en la conducta; los cognitivos son necesarios y suficientes y, finalmente, los efectos cognoscitivos son intrínsecamente importantes.

Por su parte, Roberts y Maccoby consideran que la función de establecer la agenda pública es un efecto netamente cognitivo que agrupa líneas de trabajo como las de McCombs y Shaw (1972), Noelle Neumann (1973, 1974 y 1977) y Gerbner y sus asociados. En cada una de estas líneas de trabajo se cumple que *el efecto* no es valorado como un cambio en la posición del sujeto en una escala, sino como la adquisición de una perspectiva global de hechos y valores, razón por la cual *se refiere no a la reacción frente a un estímulo, sino a una adaptación de las creencias y supuestos a la información que se recibe.*

Hemos hecho notar anteriormente el escaso esfuerzo realizado en pro de las explicaciones acerca de las condiciones y procesos, esto es, acerca de variables entre la exposición y los efectos. Realmente di-

---

concepto de reproducción de la estructura de poder dominante en la sociedad. En Estados Unidos, la teoría de los «indicadores culturales» de George Gerbner es clasificada dentro de esa tendencia. En Europa, tiene su fundamento teórico en las concepciones de Louis Althusser acerca de las funciones de los «aparatos ideológicos de Estado» y su concreción empírica, algo ajena a los presupuestos radicales de Althusser, en los trabajos de E. Noelle Neumann acerca de la influencia del «clima de opinión».

chas explicaciones han tenido lugar en el contexto de las descripciones sociológicas del cambio de actitud y raramente en el del proceso de comunicación. Con todo, Roberts y Maccoby informan de tres tentativas debidas respectivamente a MacLeod y Reeves (1980), Comstock y otros (1978) y McGuire (1969 y 1973).

MacLeod y Reeves (1980) clasifican las variables condicionantes en función del momento de su actuación *(antes, durante o después* de la exposición). Al propio tiempo diferencian entre *variables contingentes* —aquellas que establecen la presencia o ausencia de efectos en diferentes subgrupos o situaciones— y *variables contributivas* que influyen en la probabilidad o tasa de ocurrencia de los efectos. Algunos ejemplos permiten apreciar la naturaleza de estas distinciones. En la hipótesis de la desigualdad de conocimiento *(knowledge gap hypothesis)* [13], la educación previa es una variable contingente porque marca diferencias intergrupos. En la hipótesis sobre la instigación de la agresión de Berkowitz, activar la ira antes de exponer a representaciones simbólicas de la violencia, dará lugar a un incremento de la agresividad posterior, en cuyo caso la ira actuaría como condición contribuyente. Un ejemplo de condicionante postexposición es el de la interacción personal tras un debate político. Las conversaciones informales podrían actuar sobre la intención de voto o la opinión sobre un candidato.

En el modelo de Comstock y otros (1978) la distinción entre variables se efectúa con arreglo a su *locus* de ocurrencia: *en la persona, en el estímulo o en el entorno.* Los factores de la persona incluyen los de tipo sociodemográfico como edad, sexo o raza y los psicológicos como desarrollo cognitivo, inteligencia o las distintas variables de personalidad. En el estímulo pueden incidir variables del medio, de la comunicación y de la fuente. Los factores del entorno son condiciones externas al estímulo que operan durante o después de la exposición como las distracciones o la similaridad estructural entre la condición comunicacional y la postcomunicacional.

Finalmente, en el modelo de McGuire (1969 y 1973), el proceso de persuasión se desarrolla de acuerdo con *seis etapas* entre el *input*

---

[13] La hipótesis de la desigualdad de conocimiento *(knowledge gap hypothesis)* se debe a Tichenor, Donohue y Olien (1970) y propone que los estratos socioeconómicamente aventajados obtienen ganancias en conocimiento significativamente mayores a partir de la información que reciben de los medios debido a su superior nivel de instrucción en comparación con las personas pertenecientes a estratos con bajo nivel de instrucción.

y el *output: exposición, atención, comprensión, aceptación, retención y conducta.*

En suma, los tres enfoques precedentes se relacionan respectivamente con el *momento* en que actúa una condición (antes, durante o después de la exposición), con la instancia *donde* actúa (en la persona, en el estímulo o en el entorno) y con *aquello a lo que afecta* (cualquiera, o la totalidad, de las etapas de procesamiento de la información).

Tal como se vio en el capítulo anterior, los elementos de la matriz de las comunicaciones persuasivas propuestas por McGuire son la fuente, el mensaje, el canal, el receptor y el destino. Todos ellos formarían parte del esquema clasificatorio para categorizar las variables condicionantes según su localización (en la persona, en el estímulo o en el entorno). Las variables implícitas en esas instancias de localización podrían cruzarse con las distintas etapas en la secuencia de procesamiento de la información (exposición, atención, comprensión, aceptación, retención y conducta). Resultaría de ahí una tabla de relaciones condición-proceso influyentes en los efectos de la comunicación de masas. Pero además, las distinciones temporales de McLeod y Reeves (1980) constituyen una dimensión independiente de las anteriores.

Sobre la base de todo ello, Roberts y Maccoby (1985, p. 522) proponen una combinación de las tres dimensiones, tal como muestra la figura 4 de la página siguiente.

Lo que expresa esa matriz tridimensional es que cualquier condición interviniente en la relación entre la comunicación y sus consecuencias conductuales es susceptible de emplazarse en alguna de las tres instancias mencionadas (la persona, el estímulo comunicacional o el entorno), funciona según una relación temporal con la exposición (antes, durante o después) y opera sobre una o más de las actividades pertenecientes a la secuencia de procesamiento de la información.

En nuestra opinión, este marco analítico ensancha y engloba clasificaciones anteriores, a la par que permite una contemplación no reduccionista de los efectos de la comunicación porque esta última se inscribe en un contexto conceptual que prevé la ocurrencia de consecuencias distintas a partir de un mismo mensaje. Decididamente, esta consideración del proceso persuasivo poco tiene que ver con los planteamientos iniciales del Programa de Comunicación de Yale.

En el ejemplo de Roberts y Maccoby, el efecto de la violencia de

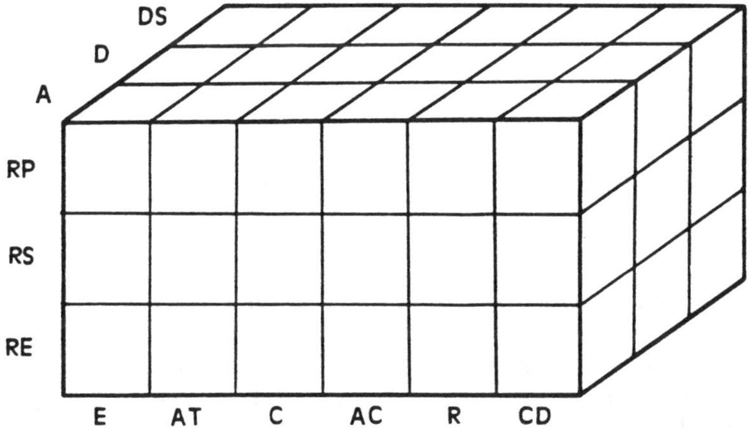

Nota: En la figura, las siglas significan: E, exposición; AT, atención; C, comprensión; AC, aceptación; R, retención, y CD, conducta; RP, relativo a la persona; RS, relativo al estímulo; RE, relativo al entorno; A, antes; D, durante, y DS, después.

Fuente: Roberts y Maccoby, 1985, p. 552.

FIGURA 4. *Dimensiones de variables que condicionan los efectos de la comunicación de masas.*

la televisión sobre la conducta de un sujeto dependería de dos condiciones: del hecho de que se active o no la ira y del momento en que esto se haga. El nivel de cólera inducido (condición relativa a la persona) podría influir en la exposición (y tal vez en la atención) si esta emoción es experimentada por la persona antes de introducirse en la situación de comunicación. Pero si esa vivencia coincide con la exposición, el nivel emocional probablemente actuará sobre la atención y/o comprensión. Aún podría ocurrir que ocurriera tras la exposición, con lo que la condición mencionada afectaría al recuerdo o a la conducta.

5. EL ENFOQUE DE LOS USOS Y GRATIFICACIONES

I. TEORIA GENERAL DE LOS USOS Y GRATIFICACIONES

El trabajo seminal sobre la teoría de usos y gratificaciones es sin discusión el de Katz, Blumler y Gurevitch (1974), trabajo que recoge el libro de Davison y Yu y que había sido publicado un año antes en la revista *Public Opinion Quarterly*.

La perspectiva de usos y gratificaciones ha venido gozando de cierto éxito en las dos últimas décadas, aunque también ha merecido toda suerte de críticas.

Hasta cierto punto representa una reacción frente a las teorías de la «incitación», denominación bajo la cual se sitúan los modelos que buscan esencialmente explicaciones acerca de las reacciones del receptor, en lugar de explicaciones acerca de sus acciones como usuario del entorno. Este ofrece diversas posibilidades de satisfacción de ciertas demandas individuales y colectivas y los medios de comunicación forman parte de esas posibilidades. De cualquier forma, la acusación de mecanicismo a las teorías de la incitación no está justificada porque ninguna de ellas confiere un carácter totalmente pasivo al sujeto. Los procesos del sujeto existen y los distintos modelos psicosociológicos sobre el cambio de actitud han tratado de explicarlos, como ya ha habido ocasión de constatar.

Lo que parece diferenciar a las teorías de la incitación de la perspectiva de usos y gratificaciones es, sobre todo, la atención que en cada caso se concede a distintos momentos de la relación individuo-comunicación.

El postulado esencial de la perspectiva de usos y gratificaciones es que el uso diferencial de los medios incide sobre el proceso de los efectos. A esto va unido otro supuesto básico que sirve para explicar ese uso diferencial: los individuos son portadores de necesidades que tienden a satisfacer de diversos modos, entre los que cabe incluir la utilización de la comunicación de masas. De la utilización se derivan gratificaciones, cuyo origen se sitúa indistintamente en el contenido de la comunicación, en el acto de exponerse o en el contexto social en que se produce el uso.

La investigación sobre los usos y gratificaciones se remonta a los orígenes del estudio empírico de los efectos. La investigación de Berelson (1949), quien aprovechó una huelga de periódicos para averiguar las razones o motivos por los cuales los lectores echan de menos su diario habitual o la de Arnheim (1944), quien trató de establecer qué funciones psicológicas desempeñaba el serial para las amas de casa, tienen un carácter pionero. En ambos casos se seguía un enfoque cualitativo mediante el que las declaraciones acerca de las gratificaciones obtenidas se agrupaban en categorías ya establecidas sin relacionarlas con posibles determinantes psico o sociológicos de las necesidades.

De esos y de otros análisis se concluyó que los medios parecían cumplir funciones muy generales. Katz y sus colaboradores nos hablan de algunas de ellas: compararse con los demás, obtener información y consejo para la vida cotidiana, lograr confirmación de la dignidad y utilidad de cada cual en la existencia, etc.

Este período inicial se ve enseguida eclipsado por la gran atención que despierta el estudio de los efectos, bien en la versión de la persuasión propia de la escuela de Yale, bien en la que Lazarsfeld presenta en sus estudios sobre el impacto de la comunicación en la conducta política. Sin embargo, existen algunos intentos que coinciden con la fase álgida en el estudio de los efectos. Dos bastante memorables se deben respectivamente a Schramm, Lyle y Parker (1961), y a Himmelweit, Oppenheim y Vince (1958). Ambos estudios relacionaron el grado de adaptación familiar y escolar de los niños y la dieta diferencial de comunicaciones de contenido realista y fantástico. Los resultados parecían indicar que las diferencias en adaptación social dan lugar a diferencias en necesidades, las cuales conducen a pautas de selección distintas, lo que resulta en diferencias en exposición y, finalmente, en la naturaleza de las gratificaciones obtenidas.

En un intento de diferenciar su modelo de las teorías sobre los efectos, Katz y otros enuncian una fórmula general que expresa el contenido de la idea de los usos y gratificaciones. Este tipo de investigación se ocuparía de: «1) los orígenes sociales y psicológicos de; 2) aquellas necesidades que generan; 3) expectativas respecto a; 4) los medios de masas y otras fuentes, lo que conduce a 5) esquemas diferenciales de exposición a los medios (o dedicación a otras actividades), resultando 6) gratificaciones de la necesidad, y 7) otras consecuencias, tal vez, en su mayoría, involuntarias» [1].

I.1. *Supuestos del modelo de usos y gratificaciones*

En términos más generales, el objeto de esta perspectiva es expresar el modo en que las personas utilizan la comunicación, entre otros recursos del entorno, para satisfacer necesidades y alcanzar objetivos.

Katz, Blumler y Gurevitch formularon cinco supuestos para caracterizarlo, más allá de esta descripción tan general:

1.º supuesto. Señala que el público es activo, es decir, que, en gran medida, el uso de los medios se relaciona con el logro de objetivos.

Pese a tan tajante formulación, o precisamente por ello, este supuesto no goza de aceptación general. Un argumento que se esgrime frecuentemente es que gran parte del uso está relacionado con el entretenimiento y no con un propósito planificado. Una crítica más sólidamente fundamentada es la de Blumler y MacQuail (1968), quienes constatan que el número de programas políticos a los que se expone una muestra de electores puede pronosticarse con no menor precisión a partir de los hábitos de los espectadores que a partir de la motivación para obtener información política de la televisión.

Así pues, la asunción es discutible. Por otra parte, el significado de necesidad es peculiarmente ambiguo porque su satisfacción puede lograrse de fuentes distintas a los medios, como la familia, los amigos y otras alternativas. Para mayor confusión, señalan Katz y otros que, las percepciones, roles, valores y el contexto social de la persona condicionan también el uso. Ahora bien, todas esas nociones no se encuentran en el modelo coordinadas entre sí ni con las llamadas «necesidades».

2.º supuesto. Dice que corresponde al miembro de la audiencia la iniciativa de vincular la gratificación de la necesidad con la elección del medio, lo que implica la existencia de una fuerte restricción a cualquier relación lineal entre la comunicación y las actitudes o conducta.

---

[1] W. P. Davison y F. T. C. Yu, 1974, p. 14.

En realidad, este supuesto es una formulación condenatoria del concepto de efecto, la cual se refuerza a través de la archirrepetida máxima de que «más que investigar qué hacen los medios a las personas, debiera estudiarse lo que las personas hacen de los medios».

Hay que decir que el supuesto es ambiguo porque no está claro hasta qué punto: *a)* postula la no generalidad de los efectos; *b)* propone la existencia de efectos generales siempre y cuando estén asociados a categorías demográficas, sociológicas o psicológicas precisas; *c)* parte de una fórmula de causalidad mecanicista que, de hecho, sólo es ilustrativa de una visión sesgada de las explicaciones psicosociológicas sobre el cambio de actitud.

No habiéndose resuelto esas contradicciones, lo que parece indicar el énfasis en la actividad del sujeto es una reclamación para que se coloquen en primer plano sus expectativas, las cuales no sólo introducen diferencias en la exposición, sino que también pueden mediar en el impacto de los efectos a corto y largo plazo.

3.º supuesto. Asume la existencia de una relación de competencia entre los medios y otras fuentes de obtención de gratificaciones.

4.º supuesto. Se trata de un supuesto metodológico según el cual los individuos poseen lucidez para identificar sus motivos o necesidades, espontáneamente o cuando se les confronta con ellos mediante el procedimiento adecuado.

Este principio se ha visto fuertemente cuestionado por varias razones. En primer lugar, en razón de las diferencias en instrucción en la población, esa capacidad para identificar distintas orientaciones de conducta debería experimentar fuertes variaciones. Por otra parte, los individuos tienden a dar una imagen positiva de sí mismos, con lo que ciertas funciones de la comunicación, como las de evasión o entretenimiento, es probable que tiendan a inhibirse en los autoinformes en favor de otras funciones más prestigiosas, como la de obtener información.

5.º supuesto. Especifica que los juicios de valor acerca de la significación cultural de la comunicación de masas son inválidos sin la previa exploración de las orientaciones del público.

En última instancia, llevar este criterio hasta el extremo implicaría dar por buena de manera general la posición solipsista. Pues si bien lo que cuentan son las significaciones de los mensajes, éstas emergen de una base objetivable que es la de las comunicaciones. Aunque éstas no determinen de manera unilateral las significaciones que toman para cada individuo, lo que sí pesa en las consideraciones subjetivas son las consideraciones públicas o mayoritarias. La posición opuesta conduciría a pensar que la realidad que crean los medios no es nada porque todo está en la mente de los individuos, con lo cual carecería de sentido cualquier intento de explicación de la influencia.

1.2. *Tipologías sobre gratificaciones*

En la perspectiva de usos y gratificaciones el concepto de necesidad o motivación es central, lo que no quiere decir que haya acuerdo a la hora de proponer una relación sobre los determinantes de la conducta de la audiencia.

Katz y otros han tratado de sintetizar las clasificaciones más sobresalientes, no llegando a conclusiones muy esperanzadoras, ni siquiera en ese primer intento de acotar el campo. Así, aparecen tipologías *unifuncionales,* en las que la motivación básica no pasa de ser una necesidad no articulada de contacto social; *bifuncionales,* que giran en torno a la dicotomía motivación hacia la búsqueda de información o motivación hacia la búsqueda de evasión; *tetrafuncionales,* como la de Wright (1960), que considera las funciones de vigilancia del entorno, correlación, entretenimiento y transmisión cultural, y *multifuncionales,* que amplían considerablemente este marco.

Es notoria la inexistencia de una teoría sobre las necesidades aplicables a la cuestión de las funciones que cumplen los medios y, más aún, de hipótesis específicas que vinculen necesidades particulares con gratificaciones particulares de los medios. Esta segunda carencia ha tratado de ser superada en la investigación posterior.

En teoría, las gratificaciones que los individuos obtienen podrían derivar de tres fuentes distintas: el contenido de los medios, la exposición *per se* y el contexto social en que tiene lugar la exposición. El contenido percibido de los medios puede aportar la gratificación que el individuo busca, pero la propia forma (escrita, oída o audiovisual) puede constituirse en fuente del atractivo. Finalmente, la situación típica de exposición (en el hogar o fuera de él, solo o en compañía) quizá es un objetivo en sí misma.

Katz, Blumler y Gurevitch intentan precisar cuáles son los orígenes sociales de las necesidades del público y sus gratificaciones, pero al hacerlo emiten un postulado tremendamente ambiguo: los usos específicos están determinados por la combinación de disposiciones psicológicas, factores sociológicos y condiciones ambientales que condicionan las elecciones personales.

Sin embargo, enumeran una serie de ejemplos que pretenden aclarar de qué modo contribuyen las situaciones sociales a condicionar las expectativas, motivaciones o conductas de los individuos en relación con los medios:

— Cabría esperar que ciertas situaciones carenciales como el divorcio, la ancianidad, la viudedad o la falta de ocupación incrementaran la tendencia a hacer uso de los medios para hallar compañía sustitutiva.

— Asimismo, la vivencia frecuente de tensiones y conflictos quizá impulse al sujeto a buscar alivio a través de la comunicación de masas.

— El hecho de que en el curso de la vida social se incremente la importancia de ciertos problemas quizá intensifique la tendencia a buscar información de los medios.

— El contexto social puede generar significativas restricciones en la satisfacción de ciertas necesidades, lo que puede dar lugar a que los individuos hagan uso de los medios para obtener satisfacciones complementarias o sustitutivas.

— Por mor de la interacción social se generan ciertas expectativas y a la vez el individuo se familiariza con ciertas cuestiones, problemas y tópicos. *El cultivo de estos últimos resulta instrumental para mantener la integración con grupos sociales a los que se tiene en alta estima.*

No obstante el atractivo que suscitan este tipo de combinaciones entre variables de carácter motivacional o de naturaleza contextual, algunos investigadores han hecho notar que el mismo contenido puede servir para cumplir funciones diferentes (por ejemplo Rosengren y Windahl, 1972). Una vez más la investigación topa con la cuestión de la significación. Así, por ejemplo, en un trabajo de Blumler, Brown y McQuail (1970) se ofrece evidencia respecto a las múltiples funciones (referencia personal, identificación con personajes, exploración de la realidad y entretenimiento) que puede realizar una película de serie típica de televisión. *Se diría que la relación entre categorías de necesidad y de contenidos es muy compleja y carece de la rigidez que sugerirían los supuestos de Katz y sus asociados.* Lo que unos sujetos perciben como evasión constituye para otros un modo de anclarse en la realidad. Ante el carácter tan notablemente multifuncional de idénticos contenidos de la comunicación, los proponentes del enfoque de usos y gratificaciones llegan a cuestionarse sus ventajas, sobre todo frente a las teorías, «más convencionales», de la incitación. Sencillamente, Katz, Blumler y Gurevitch se preguntan hasta qué punto la diversidad de propósitos personales es un puro ornamento teórico que no impide la ocurrencia de efectos debidos a la exposición reiterada a ciertos materiales de evasión o de contenido violento: «Las hipótesis sobre los efectos acumulativos de la exposición ante tales materiales [...] podrían ser formuladas a sabiendas del hecho probable de que algunas personas están presenciando esos espectáculos primordialmente con una finalidad de evasión, mientras otras los están utilizando para gratificaciones en la exploración de la realidad» [2]. La confrontación entre los dos modelos ha sido abordada en un plano teórico por S. Windahl (1981), quien considera que no son mutuamente excluyentes, al referirse a momentos distintos del proceso de comunicación. Dejaremos para más adelante esa discusión porque algunos elementos de juicio necesarios para abordarla se derivan del trabajo empírico llevado a cabo siguiendo las pautas de este enfoque.

I.3. *Usos y gratificaciones: investigación empírica*

El enfoque de los usos y gratificaciones no presenta el aspecto de una teoría propiamente dicha, sino más bien el de una amplia concepción que presta especial atención a los vínculos entre los individuos y los medios como parte de su entorno. No obstante, el concepto de actividad puede resultar engañoso por cuanto sugiere que las tendencias de conducta dirigidas hacia los medios tienen determinantes exclusivamente internos. Una visión menos atenta a los enunciados que a su concreción en la investigación pone de manifiesto que, las más de las veces, los determinantes de la actividad individual están en el contexto social.

Es cierto que existe la tendencia a considerar a las teorías de la incitación y a la perspectiva de los usos y gratificaciones como modelos rivales, pero ni las primeras se basan en la noción de sujeto pasivo ni la segunda niega tajantemente la ocurrencia de efectos en las actitudes y la conducta. Las diferencias radican, como se señaló an-

[2] Davison y Yu, ob. cit., p. 27.

teriormente, en el momento del proceso al que se presta atención, en las variables de interés y en las estrategias metodológicas usadas en cada caso.

Al analizar las concreciones empíricas de la perspectiva de usos y gratificaciones dos circunstancias saltan a la vista. La primera es que los supuestos centrales han sido enunciados en forma tan general que su incorporación a la investigación no ha resultado en absoluto en un cuestionamiento de la idea general de que la comunicación de masas ejerce consecuencias importantes sobre la conducta y tampoco es un apremio conducente a la sustitución de modelos. La segunda es que la consideración conjunta de algunos trabajos realizados en esa línea aporta un punto de vista ampliado sobre el proceso de comunicación de masas en la sociedad. Por un lado, al acentuar las funciones de la comunicacion para los individuos, se confirma la problemática entidad-teórica y metodológica de los determinantes motivacionales. Pero, al propio tiempo, *se pone de manifiesto la necesidad de conceptualizar adecuadamente un conjunto de determinantes de las acciones humanas en cuyo origen está la interacción social. Ese espacio abre una vía para relacionar el plano de lo psicosocial con el del entorno social más amplio del cual forman parte los medios de comunicación.*

Esa situación algo desestructurada, e incitante al mismo tiempo, que plantea el modelo de usos y gratificaciones es apreciable a partir de una somera revisión de trabajos empíricos bastante representantivos del *modus operandi* de los investigadores situados en línea con aquel enfoque. Dedicamos al resto de este apartado a esas contribuciones.

I.3.1. Integración social, desarrollo y uso de los medios

Johnstone (1974), en el contexto de un brillante estudio sobre la conducta de los adolescentes, explora la cuestión de la exposición partiendo de un análisis de la situación grupal de los individuos.

Distintas descripciones sobre la adolescencia presentan a esta parte del ciclo vital como una etapa en la que disminuye la orientación hacia la familia y aumenta la intensidad de la orientación hacia los iguales. Al estar asociado el consumo de televisión al hogar, conforme avanza la adolescencia disminuiría el consumo.

En efecto, al analizar la pauta de consumo entre los quince y los dieciocho años en una muestra de más de 3000 sujetos, Johnstone constata un descenso que progresa con la edad. Pese a que el cambio podría estar multideterminado, lo relaciona con determinantes de naturaleza social y, específicamente, con la influencia de una orientación predominantemente hacia los padres o hacia los iguales. En conjunto, los resultados indican que la intensidad de la orientación parental tiende a disminuir con la edad. Paralelamente, las comparaciones en cada grupo de edad indican que cuanto más fuerte es la orientación hacia los padres (estimada en términos del deseo de realizar actividades con ellos), más alta resulta la puntuación en consumo de televisión.

La contribución respectiva de los determinantes sociopsicológicos y los cronológicos o biológicos a la conducta de exposición de los sujetos se estableció mediante el análisis de las diferencias intragrupo (intracurso) e intergrupo (entre cursos). Este análisis permitió concluir que la importancia de los determinantes sociales y de los cronológico-biológicos en las orientaciones hacia el medio es aproximadamente la misma (6,7 % y 6,9 %, respectivamente).

Todo ello conduce a Johnstone a proponer la existencia de una relación entre la interacción social y una pauta de actividad en relación con el entorno como es el uso de la televisión. Los individuos tratan de adaptarse a las normas predominantes en el contexto de interacción con los otros significativos. Al incrementarse la importancia de los iguales, ciertos comportamientos habituales, como la exposición a la televisión, pasan a un segundo plano.

La segunda parte, tal vez la más interesante de la investigación de Johnstone, tiene como objeto encontrar regularidades en la relación integración social-uso de los medios. Dada la importancia de los iguales cabría esperar que la falta de reconocimiento por parte de éstos diera lugar a una situación insatisfactoria que el individuo trata de remediar. En hipótesis, una vía para hacerlo consistiría en llevar a cabo más actividades de evasión y una de las más accesibles consiste en exponerse a la televisión, a la que se atribuye una función catártica o de recuperación. Los dos indicadores de integración social utilizados fueron la *popularidad* y el *status*. La variable *popularidad*, sobre la base de su definición sociométrica habitual, se operacionalizó de acuerdo con el número de veces que el sujeto era preferido por sus compañeros. Al dividir a los sujetos según que sean objeto de tres o más elecciones o dos o menos elecciones, la muestra, compuesta por adolescentes de diez escuelas, quedó dividida en dos mitades. Por su parte, la variable *status* se definió como la posición percibida en la jerarquía de influencia. Su estudio permitió clasificar a los sujetos en tres tipos: líderes autodesignados, que saben que sus opiniones son oídas por los otros y llevan la voz cantante; aspirantes, que querrían ser líderes, pero no lo son; finalmente, no competidores, que ni se definen como parte del grupo dirigente ni desean llegar a serlo.

El análisis de datos se centra en los concomitantes de la autoimagen. Los adolescentes que son objeto de más elecciones y los que se tienen a sí mismos por líderes, presentan autoimágenes más positivas. Las más negativas pertenecen a aquellos sobre los que incide la doble circunstancia de pertenecer a la categoría de aspirantes y recibir menos de tres elecciones sociométricas. Estas tendencias generales parecen marcar la conducta de los sujetos en relación con la televisión. El grupo de aspirantes, comparado con el de líderes y no competidores, presenta el mayor porcentaje de consumidores «duros» de televisión (en el estudio éstos son los que ven más de dos horas diarias). En el grupo de los líderes, los consumidores duros aparecen a título excepcional. Las diferencias entre categorías de popularidad son casi totalmente consistentes, dado que, en la práctica totalidad de las comparaciones efectuadas, que ascienden a un número de 24, la exposición más alta la presentan quienes menos elecciones sociométricas reciben. La condición negativa por partida doble, que se da en los aspirantes poco elegidos, pone de relieve que la privación de *status*, añadida a la falta de popularidad, constituye el núcleo predictor de una actividad de evasión que corre pareja al uso duro de televisión. Esta tendencia es menos notable entre las mujeres que entre los varones, los cuales responden en mayor grado a la repulsa de la sociedad adolescente refugiándose en el mundo de la televisión.

El planteamiento general de este trabajo, así como el de otros que se acogen a la solución de los usos y gratificaciones, no se basa en una confianza ilimitada respecto al concepto de motivación o necesidad. De hecho, son los procesos de interacción social los que dan cuenta de las tendencias de la muestra de adolescentes considerada como audiencia potencial de los medios. Es de la mayor importancia hacer notar que las consideraciones acerca de los efectos están ausentes, pero no porque se piense que la exposición a la televisión no los genera, sino porque la fase de los efectos se emplaza en una posición posterior a la de la exposición, que es la que reclama toda la atención.

I.3.2. Estructura motivacional de la exposición

B. S. Greenberg (1974) lleva a cabo una comprobación más directa de la teoría de usos y gratificaciones. Su investigación está planificada para obtener evidencia empírica sobre los motivos y gratificaciones subyacentes al uso de la televisión en niños y jóvenes [3].

El primer paso dado por Greenberg consiste en pedir a los sujetos una composición libre acerca de las razones por las que ven la televisión. A partir del análisis de estas percepcioes sobre los motivos conducentes al uso de dicho medio obtiene una lista de 31 ítems que agrupa luego en siete categorías. Estas son la expresión de las razones más destacables desde el punto de vista de los sujetos y constituyen un marco que incluye desde la explicación del uso en calidad de pasatiempo o recurso para olvidar problemas personales, hasta su relación con el aprendizaje sobre uno mismo o el entorno. Greenberg elabora un instrumento en forma de cuestionario que es aplicado a la muestra y cuyos resultados son tratados mediante análisis factorial, del que resultan siete conjuntos independientes de razones para ver la televisión:

1. *Para aprender.* Se trata de un factor simple y consistente, que remite al aprendizaje de cuestiones fácticas y a un aprendizaje sobre la forma de conducirse adecuadamente en situaciones sociales.
2. *Como hábito.* Esta función describe una forma inespecífica de ver la televisión. Los sujetos lo hacen porque es habitual, interesante o entretenido.
3. *Para obtener compañía.* Es un motivo singular relacionado con la evitación de la soledad cuando no hay nadie con quien interactuar.
4. *Para activarse.* Es un uso mediante el cual se busca encontrar estímulos que activen las emociones.
5. *Para relajarse.* Los sujetos indican que ven la televisión porque buscan tranquilidad y encuentran que un modo agradable de descansar es exponerse a ella.
6. *Para olvidar.* El objetivo que cumple esta función es el de sustraerse a los problemas familiares y olvidar las obligaciones que pesan sobre los sujetos.

---

[3] Los datos de Greenberg se basan en una muestra de N= 726 sujetos de edades comprendidas entre nueve y quince años.

7. *Para pasar el tiempo.* Se trata de un factor que incluye dos subfactores independientes: I (porque la televisión hace que el tiempo corra) y II (porque es una forma de sobrellevar el aburrimiento).

Esta estructura factorial presenta varias características notables. Es común e igualmente válida en los tres grupos de edad (nueve, doce y quince años) estudiados. En razón de su importancia percibida como determinante del acto de exponerse, los factores siguen el siguiente orden jerárquico, siendo el primero el más importante: Hábito, Pasatiempo (II), Pasatiempo (I), Compañía, Activación, Aprendizaje, Relajación y Olvidar. La consistencia intergrupal en cuanto a la importancia percibida de las razones para ver la televisión es muy alta. La idea de una estructura motivacional similar se ve reforzada por la magnitud del coeficiente de concordancia (0,83). Por otra parte, resulta más que llamativo el hecho de que las funciones que se sitúan en los tres primeros puestos tiendan a confirmar la idea de que el propósito más frecuente a la hora de exponerse a la televisión sea entretenerse más que satisfacer funciones altamente específicas.

Una vez establecida la estructura de las funciones de la exposición a la televisión, Greenberg procede a relacionar esas funciones con otros conjuntos de variables. Uno de esos conjuntos es la orientación de conducta hacia los medios. Incluye medidas de exposición global, medidas específicas de exposición a contenidos violentos en la televisión y medidas de uso de otros medios. El segundo grupo incluye varias medidas sobre actitudes hacia la televisión, las cuales se determinan mediante índices: similaridad percibida entre la realidad y su representación en la televisión, dependencia de la televisión, frecuencia con que la interacción verbal gira en torno a los temas de los que trata la televisión e impacto de la publicidad en los deseos de consumo de los sujetos. Resultan de todo ello varias asociaciones dignas de ser tenidas en consideración.

La relación más consistente es la que existe entre las siete funciones descritas y las variables de interacción verbal acerca de los temas que presenta la televisión y ver cosas en la televisión de las que los sujetos desean hablar. Por otra parte, cuanto mayor es la afinidad con la televisión, mayor la propensión a mencionar las gratificaciones, excepción hecha de la función de aprendizaje. Además, la susceptibilidad a dejarse guiar por la publicidad es un correlato positivo de todas las funciones (dicho de otro modo, el repertorio de motivaciones crece conforme aumenta el número de cosas que el sujeto desea y ve anunciadas). Además, las funciones se relacionan con las variables sociodemográficas y la más significativa de estas relaciones es la que presentan con la edad: la identificación con las funciones es más masiva en el grupo de menos edad y más discriminada entre los sujetos mayores. Un caso destacable es el de los correlatos de las funciones relajación y hábito. Los sujetos que más probabilidades presentan de buscar gratificaciones de este tipo se caracterizan por ser consumidores más ávidos de la televisión, en general, y de sus contenidos violentos, en particular. Además, hablan más de dicho medio y le adjudican más prestigio que el resto. Al estudiar a los sujetos que puntúan muy alto en el uso de la televisión para evadirse y para activarse, resulta un cuadro característico. Los primeros declaran hablar mucho de lo que ven y presentan puntuaciones por encima de la media en los distintos índices de agresividad. Los que manifiestan exponerse principalmente porque la televisión les estimula y anima, presentan una disposición favorable al uso de la agresión y se exponen dos veces más que el resto a los contenidos violentos. *En suma es probable que aparezcan en aquellos sujetos que buscan y obtienen excitación en la exposición, inclinaciones positivas hacia la violencia y las actitudes agresivas.*

Concluyendo, del estudio de las percepciones de los sujetos resulta una estructura relativamente simple de factores de gratificación que en distintos grupos de edad es equivalente y se jerarquiza de forma parecida. Resulta sorprendente, y ello debería conducir a un replantemiento acerca de la lucidez de los sujetos para acceder a la cuestión de las funciones reales de la comunicación, que *entre las razones apenas se alude a las de «interactuar verbalmente con los otros significativos», ya que se comprueba que conversar de los temas que se ven en la televisión es una actividad fuertemente relacionada con todas las funciones.* Es igualmente chocante que la *función de entretenimiento,* central en la terminología de los investigadores, apenas se mencione. Otro problema queda por resolver. No es posible discernir si los datos se refieren a motivaciones, a gratificaciones obtenidas, o a alguna combinación de ambas modalidades. La metodología usada impide saber si la respuesta de la persona es una descripción de lo que suele desear al proceder a la acción de exponerse o una reflexión acerca de lo que piensa que suele obtener.

I.3.3. Un caso especial: efectos de la concurrencia entre los medios en la organización de la actividad social

La tercera muestra de este breve tránsito por la aportación empírica de la perspectiva de los usos y gratificaciones se encuentra representada por el elegante trabajo de Brown, Cramond y Wilde (1974), quienes distinguen entre dos modelos de investigación.

El primero relaciona características individuales y orientaciones de conducta hacia los medios. Las asociaciones se interpretan en términos de gratificaciones proporcionadas por el medio o algunos de sus contenidos. Hay varios ejemplos de este modelo, a alguno de los cuales se ha hecho referencia anteriormente. Piénsese en los casos en que las limitaciones impuestas por el contexto social se consideran el motor para la búsqueda de gratificaciones sustitutivas.

En el segundo modelo los medios se contemplan como causantes de efectos, aunque peculiares. No se trata de consecuencias como aquellas de las que se ocupan las teorías de la incitación, sino de la redistribución de las actividades en el entorno social, que tiene lugar en correspondencia con la introducción de un nuevo medio. En este segundo modelo, las inferencias sobre gratificaciones se efectúan a partir de la exposición y no se toman como referencia los propósitos declarados de los individuos.

Brown, Cramond y Wilde parten de tres supuestos que, a juzgar por los resultados de su investigación, debieran matizarse cuando no someterse a revisión: *a)* los medios no son multifuncionales, sino que sirven a un número limitado de necesidades; *b)* su contenido observable es una vía adecuada para el conocimiento de las satisfacciones que producen; *c)* conviene partir de la idea de contexto de competencia, según la cual las necesidades de las personas se ven satisfechas más adecuadamente por unos medios que por otros y los que lo hacen peor se ven desplazados en ese intercambio.

Como va a haber ocasión de comprobar a continuación, la posición de Brown y sus colaboradores es *notablemente ambientalista.* por lo que encaja a duras penas con la idea de una acción originada en los individuos y que se consuma en los medios. La explicación que se adecua mejor a los fenómenos de reestructuración del entorno de la comunicación es la de que *algunos medios son particularmente potentes a la hora de invadir las esferas de conducta habituales, dis-*

locando éstas hasta tal punto que una magnitud significativa de la actividad gira como un satélite en torno a ellos.

La investigación tuvo lugar en el contexto de un experimento natural diseñado para establecer las consecuencias en la conducta de la población infantil de una aldea (grupo A) —emplazada en lo que se llama una «zona de sombra»— de la introducción de la televisión y la radio, inaccesibles con anterioridad. El efecto de la televisión se estimó por referencia a los datos de una población similar a la anterior (grupo L), que no tuvo acceso a ese medio durante el tiempo que duró la realización de la investigación. Finalmente se consideró como grupo de control a una tercera población, equiparable a las anteriores, en la que se encontraba ya extendido el uso de la televisión (grupo F). La recogida de datos se efectuó cuatro meses antes y ocho meses después de que la televisión hiciera acto de presencia en lo que hemos dado en llamar grupo A. Los resultados obtenidos hacen posible contemplar bajo una óptica poco habitual y muy atractiva los fenómenos que desencadena el cambio en el entorno de la comunicación.

Estos resultados confirman a primera vista el principio de «similaridad funcional». Se atribuye a la introducción de la televisión la reducción en la frecuencia de aquellas actividades que —se supone— realizan la misma función que ella (lectura de *comics* y uso de la radio).

Por otra parte, el uso de la televisión parece inhibir la realización de actividades extraescolares, ya que siendo el número de las que se realizan en el grupo A (sin televisión) mayor que las que presenta el grupo F (con televisión) al principio del período de un año, al final de éste las diferencias han desaparecido virtualmente y, sin embargo, en el grupo L, sin contacto con la televisión durante la totalidad del período, la frecuencia de esas actividades tiende a aumentar. La interpretación de Brown y sus colaboradores es que la llegada de este medio neutraliza una tendencia que está en alza.

No obstante, la hipótesis de la similaridad funcional fue sometida a una verificación más estricta mediante el análisis de distintas actividades de los niños, clasificadas en tres categorías: actividades en el hogar, actividades extrafamiliares reguladas (práctica de deportes, juegos de reglas y otros actos de tipo social) y actividades extrafamiliares no reguladas (actividades expansivas no sociales). El grupo F refleja la pauta de cambio en un contexto de comunicación estable. Se produce un pequeño incremento en los dos primeros tipos de actividad y ningún cambio en el tercero. Por el contrario, en el grupo A se produce un descenso significativo en las tres categorías, que resulta especialmente fuerte en la actividad en el hogar. De modo que parece legítimo hablar de efecto de la comunicación, aunque no sea en la esfera de las actitudes. Pese a la repugnancia que inspira a los partidarios de la teoría de los usos y gratificaciones el modelo hipodérmico de influencia, ello no parece impedirles aportar pruebas confirmatorias de consecuencias que se ejercen directamente en la conducta, como sucede en este caso.

Más allá de las anteriores consideraciones, ¿cuál es el valor funcional de estas alternativas? El supuesto de la similaridad funcional parte de que los medios cumplen funciones específicas y, sólo cuando se solapan, los más competentes desplazan a los más inadecuados. En el estudio de Brown y otros se analiza el valor comparado de varias instancias, entre las cuales se encuentran distintos medios. El procedimiento seguido consistía en entregar a los sujetos un juego de siete tarjetas en cada una de las cuales figuraba el nombre de una alternativa: ver la televisión, leer libros, leer *comics,* escuchar la radio, oír discos, jugar solo, jugar en compañía, o no hacer nada. A continuación se les planteaba varias situaciones de necesidad, esto es, situaciones caracterizadas por la existencia de un estado carencial susceptible de resolverse mediante la actividad que figura en la tarjeta. Algunas de ellas eran estar desanimado, encontrarse sin información sobre algún asunto de interés, no tener con quién jugar o charlar, desear olvidar problemas por los que uno se siente preocupado, etc. El procedimiento permitía averiguar cuáles eran los medios preferidos para superar estos estados carenciales y determinar los cambios en las preferencias ocurridos en el plazo de un año. Los resultados no confirmaron el principio de similaridad funcional, al menos en los términos en que se había formulado inicialmente.

Al principio del período, en los grupos sin televisión (A y L), leer libros es la fuente de satisfacción más citada, seguida de la radio. Por contra, en el grupo F, la fuente más citada es la televisión. Además, en los grupos A y L es mayor la dispersión en las fuentes de satisfacción, mientras que en el grupo F las gratificaciones tienden a concentrarse en torno a la televisión. Sin embargo, la confrontación con la televisión provoca en el grupo A una alteración de este estado de cosas. Se dispara el número de satisfacciones proporcionadas por la televisión, al tiempo que disminuye ostensiblemente la capacidad percibida en las otras instancias *(comics,* radio y especialmente juegos en solitario) para producirlas. En otras palabras, la televisión desplaza a un conjunto de instancias del cual forman parte no sólo otros medios, sino también ciertas actividades a las que, como es el caso de los juegos, se les confiere un rol importante en la socialización.

Una evidencia más clara a propósito del impacto de la televisión se obtiene al verificar la frecuencia con que un medio o una actividad particular se ven absorbidos por ella. La mayor frecuencia de trasvases hacia la televisión se da, como cabría esperar, en el grupo A, y la menor en el grupo L, el cual se encuentra al margen de su influencia. Resulta llamativo, además de cuestionar la idea de similaridad funcional, el hecho de que, de la totalidad de desplazamientos que tienen lugar en el grupo A, sólo un tercio se refiere a funciones antes servidas por instancias con parecidas propiedades funcionales, como es el caso de la radio o los *comics*. En la práctica, los libros se vieron desplazados con igual frecuencia y el efecto también se ejerció sobre acciones humanas sin parecido alguno con los usos que se hace de los medios. *En conclusión, la televisión parece modificar el entorno social de la comunicación porque en el proceso de competir con otros medios les arrebata una parte sustancial de sus funciones, pero, además, tampoco deja incólume la esfera de otras acciones sin conexión aparente con sus efectos.* El supuesto de una relación unívoca entre el medio y sus funciones específicas se ve cuestionado por la evidencia empírica. La llegada de un medio multifuncional como la televisión no sólo afecta a los medios con las mismas funciones aparentes, sino que interviene de forma decisiva sobre el conjunto de la actividad social produciendo una profunda reestructuración de la misma. Evidentemente esta reacomodación de la conducta no se parece mucho a lo que en las teorías de la incitación se entiende por efecto. Pero, en última instancia, se trata de consecuencias de la comunicación de masas que se ejercen sobre la conducta social de una audiencia.

I.3.4. Gratificaciones y evitaciones en el uso de los medios: la orientación hacia las comunicaciones políticas

MacLeod y Becker (1974) intentan lograr una fórmula de compromiso entre el modelo de usos y gratificaciones y las teorías de la incitación. Esta fórmula parece necesaria por varias razones, no siendo la menos importante de ellas la problemática situación conceptual y operacional de la motivación. De hecho, incluso en el modelo de usos y gratificaciones, la motivación entendida en términos convencionales tiende a verse desplazada por la conceptualización de estados motivacionales contextualmente determinados. Obviamente, esto plantea una inflexión que conduce a otro terreno, ya que las percepciones del sujeto son esenciales en la aprehensión de las influencias del contexto social, además de centrifugar el foco del análisis hacia los procesos de interacción social. Sin embargo, salvo algunas excepciones [4], la necesidad de codificar la presión del contexto social no desemboca en el análisis de la influencia personal. Una razón de insatisfacción con las clasificaciones convencionales de los motivos es que suelen encubrir grandes diferencias en especificidad en lo que al uso de los medios se refiere. En un extremo está la exposición planeada para cumplir intereses bastante específicos como obtener información política. En el otro se sitúan finalidades tan casuales como exponerse debido a la disponibilidad del medio. Por tanto, la conducta está motivada en ambos casos, pero no cabe duda que a distintos niveles.

Cabe diferenciar dos formas de motivación con su respectiva contrapartida metodológica. La primera es aquella concepción que ve a las personas en términos de buscadores de gratificaciones, gratificaciones que se operacionalizan a través del autoinforme. En la segunda, las personas son parte de la sociedad, interactúan en un contexto social, desempeñan roles y ocupan posiciones en las jerarquías de *status*. Ese conjunto es el que da la razón de ser a las necesidades y gratificaciones y por ello es menester centrarse en su análisis.

Por si fuera poco, podría pensarse en gratificaciones positivas y gratificaciones negativas, esto es, razones que las personas aducen para exponerse y no exponerse a las comunicaciones, respectivamente. Ambos tipos se incluyen en el concepto de «orientación», que MacLeod y Becker consideran más completo que el de gratificación y que comprende inclinaciones positivas y negativas al mismo tiempo.

Esta última distinción se incorpora en el estudio de MacLeod y Becker a lo que ellos llaman «modelo transaccional», modelo que representa justamente un intento de superar la dicotomía efecto-gratificación. En dicho modelo, las características de la exposición a la comunicación de masas interactúan con las gratificaciones buscadas por la audiencia en la determinación de variaciones medibles en el efecto.

El estudio de MacLeod y Becker es clásico por su objeto, pues se centra en un proceso electoral, pero no lo es por su método, que

---

[4] Véase el trabajo de Kline, Miller y Morrison (1974).

tiene en cuenta las gratificaciones y evitaciones de la audiencia y sus relaciones con variables de exposición. Además de estas variables, los autores consideraron otras menos usuales, como las percepciones acerca del contenido y de los resultados de la campaña electoral, así como sobre interés, actividad, probabilidad de votar, etc.

Las gratificaciones obtenidas de la exposición a los contenidos políticos de la televisión se establecieron a partir de un análisis de las razones aducidas para ver los programas en que aparecen los líderes políticos. Los ítems empleados en el cuestionario expresan razones para hacerlo y la medida en que se aplican al propio caso se determinan por medio de una escala Likert de cinco puntos. Aparecen cinco funciones positivas o gratificaciones, clásicas en trabajos de este tipo: *vigilancia, guía para votar, comunicación anticipatoria, excitación y refuerzo.* En el contexto de las comunicaciones políticas, *vigilancia* supone deseo de saber cómo piensan los políticos, qué harán si son elegidos y cuáles son los problemas públicos del momento. La segunda función, *guía para votar,* alude a la necesidad de organizar las ideas antes de emitir el voto y precisamente para ese fin. La función de *comunicación anticipatoria* expresa la intención de exponerse a los mensajes de tipo político para obtener argumentos que se esgrimirán posteriormente en las discusiones políticas con otras personas. La función de *excitación* expresa el interés por averiguar cuál de entre los candidatos tiene más probabilidades de ganar o, simplemente, la perspectiva del sujeto de obtener activación emocional del seguimiento de la carrera electoral. La función de *refuerzo* puede contemplarse como una especie de tendencia selectiva: el sujeto se expone para obtener apoyo de las posiciones esenciales del candidato a quien ha decidido votar.

Las funciones negativas o evitaciones resultaron ser tres: *partidismo, relajación* y *alienación.* Al igual que la función de refuerzo, la de *partidismo* presenta una connotación selectiva. El sujeto dice no exponerse, por haber tomado ya su decisión y no desear que nuevas informaciones le lleven a cambiarla. La de *relajación* es una función de retraimiento respecto al mundo político. El sujeto evita los mensajes políticos de la televisión porque cuando usa ese medio trata de no problematizarse, lo que anticipa que le ocurriría si se expusiera a las informaciones sobre asuntos públicos. Finalmente, la función negativa de alienación expresa que la audiencia se retrae por desconfianza hacia los políticos o porque percibe que a aquéllos les preocupan poco los problemas de la sociedad.

Al estudiar la estructura motivacional expuesta se confirma su carácter general, aunque con ciertos matices. La misma estructura es común a los distintos grupos de edad, aunque hay ciertas variaciones en el *status* de cada una de las funciones en virtud de esas diferencias cronológicas. Por otra parte, las funciones de evitación generan un nivel de apoyo significativamente menor que las de gratificación. O bien son menos relevantes, o bien su identificación presenta a los sujetos más dificultades que la de los motivos subyacentes a sus aproximaciones a los medios.

Las gratificaciones no representan una forma indirecta de medir la exposición, porque de ser así aparecerían altas correlaciones entre las dimensiones de gratificación y las de exposición. Cualquiera que sea el grupo sociodemográfico que se considere y cualquiera que sea el criterio elegido, hay escasa conexión entre el tiempo general de exposición a la televisión y las cinco dimensiones de gratificación. Sin embargo, sí se detectan asociaciones significativas y estables entre la exposición a contenidos específicos y algunas funciones concretas de entre las que cabe destacar dos. Los sujetos que se exponen altamente a noticias e informaciones sobre asuntos públicos usan más la televisión para cumplir una función de vigilancia. Por otra parte, aquellos que hacen un uso intensivo de la televisión para entretenerse tienden a usar más la exposición a comunicaciones políticas para satisfacer una función de refuerzo.

Las evitaciones no representan el reverso de las gratificaciones. De entre 30 comparaciones evitación-gratificación sólo se obtienen cuatro estadísticamente significativas. Unicamente aquellos sujetos que puntúan alto en evitación, en su vertiente de relajación, se sitúan en un bajo nivel en la función positiva de vigilancia, y esto sucede de forma consistente en todos los grupos de edad. Por lo demás, MacLeod y Becker son partidarios del supuesto de una estructura independiente en el plano de las gratificaciones y en el de las evitaciones.

Tanto las gratificaciones como las evitaciones resultan dimensiones relevantes como predictores de la participación política medida a través de indicadores como la actividad política en la campaña, probabilidad de votar, interés en la campaña, exposición a asambleas políticas y exposición a publicidad política. También la precisión a la hora de distinguir entre los discursos de los distintos políticos parece relacionarse con aquellos dos tipos generales. Al margen de detalles que no cambiarían sustancialmente la dinámica de esas asociaciones se puede sintetizar en un cuadro de conjunto la contribución de las diferentes funciones.

Por lo que respecta a la función de vigilancia, se observa que el uso de la televisión para valorar a los políticos y estar al tanto de la vida pública se asocia positiva y significativamente a variables como interés político, actividad durante la campaña y probabilidad de votar. En cuanto a la de guía para votar ocurre algo parecido. Aquellos sujetos que usan más la televisión para satisfacer esta función, ven más publicidad política, manifiestan más interés en las elecciones y puntúan más alto en probabilidad de votar. La función de excitación representa una pauta diametralmente opuesta. El uso para este propósito se basa en el objetivo de vivir la emoción de la carrera electoral. Pues bien, la relación entre esta función y el interés y la actividad durante la campaña es nula. Su predominio no contribuye positivamente ni al incremento del conocimiento político ni al de la actividad. La función de refuerzo indica esencialmente la finalidad de exponerse como una actividad que resulta instrumental para apuntalar la decisión de apoyar a un candidato ya elegido; una adhesión preferente a esta función es característica de los individuos políticamente activos y que presentan una alta probabilidad de votar. Esos mismos sujetos se diferencian de los demás en su tendencia a retener selectivamente la información, debido a su actitud relativamente sesgada en la forma de percibir a los candidatos. La función de comunicación anticipatoria se relaciona positivamente con interés político, actividad política durante la campaña, exposición a la publicidad política y exposición a informaciones políticas específicas acerca de las elecciones.

A diferencia de este panorama relativamente sólido, el papel de la estructura de motivaciones negativas es mucho más impreciso. La categoría partidismo representa una compleja situación, porque es el resultado de la combinación de dos subcategorías, una positiva y otra negativa. Los sujetos evitan la televisión porque sus ideas están ya hechas o bien porque no están interesados en la política. Pese a este solapamiento es el mejor predictor del conocimiento político. Los sujetos que puntúan alto en esta categoría tienden a ser precisos en la información de que disponen y a mostrar interés en la campaña, obtienen mayormente su información de la prensa, dedican más tiempo a seguir el escrutinio electoral y son más sensibles a las diferencias que realmente existen entre los candidatos y poco proclives a cambiar su intención de voto. La categoría relajación presenta un gran interés y confirma algo ya sugerido con respecto a la posible relación entre las expectativas de la audiencia y los efectos. Está asociada a falta de interés por las comunicaciones políticas de todos los medios. Quienes indican que es ésta la raíz de su tendencia a sustraerse a los mensajes políticos de la televisión, discuten menos de temas políticos, presentan menos interés en ellos y puntúan bajo en probabilidad de votar. A juicio de MacLeod y Becker, *la combinación entre la tendencia a evitar las emisiones políticas por el deseo de relajarse y la exposición a materiales de evasión, seguramente están en la base de la disminución del interés, el conocimiento y la actividad política. He ahí cómo una disposición personal puede condicionar la naturaleza y la amplitud de un efecto.* Finalmente, la dimensión alienación indica la tendencia a evitar mensajes políticos debido a una percepción negativa de los políticos por parte de la audiencia. A éstos se les atribuye escasa implicación en los problemas de la sociedad, actitud de superioridad cuando hablan en público o una agenda oculta. Alienación es un factor positivamente relacionado con desinterés por las elecciones, falta de atención a la propaganda política y falta de discriminación entre las respectivas posiciones que los políticos representan.

I.3.5. Hacia una reconceptualización de la relación entre las situaciones sociales de las personas y sus necesidades respecto a los medios

Blumler (1979) llevó a cabo un análisis acerca de las gratificaciones obtenidas a través del uso de la prensa y la televisión, tratando de contemplar las expectativas de gratificación a la luz de una descripción pormenorizada de las situaciones sociales de los individuos. Los ítems de gratificación integran cuatro categorías generales: vigilancia, curiosidad, entretenimiento e identidad personal. Estas funciones positivas se definen en la forma habitual. La función de vigilancia se corresponde con la necesidad de estar al corriente de lo que sucede en el entorno sociopolítico, labor que trata de realizarse mediante la inspección del contenido de los medios. La función de curiosidad se relaciona más bien con la idea de adaptación. Los individuos son sensibles a los cambios que se producen en los distintos niveles del entorno y no quieren marginarse del proceso. La función de entretenimiento representa el uso de los medios con la intención de hallar descanso, distracción cuando no hay nada que hacer, evasión de las preocupaciones o estímulo en los momentos de desánimo. Se trata, pues, de una función esencialmente pasiva y complementaria. Lo que se espera de la comunicación es que aporte algo que está ausente, aunque esa expectativa es notablemente inespecífica, lo que se debe, seguramente, a que está relacionada, no con un contenido simbólico sustantivo, sino con un suministro emocional esencialmente energético y, en apariencia al menos, no direccional [5]. La función de identidad personal expresa que uno de los usos de los estímulos de los medios consiste en dar énfasis a algo que ya es importante en la vida o la situación del receptor. Pensar en acontecimientos pasados, encontrar referencias sobre lo que otros piensan de uno mismo, hallar pautas o modelos de comportamiento aplicables a situaciones específicas, constituyen el contenido de esta función.

Partiendo de estas definiciones sobre las funciones y, al mismo tiempo, de una concepción en la que la situación social explica en parte las inclinaciones del sujeto hacia los medios, Blumler propone varias hipótesis sobre el papel que les corresponde a cada una de las tres categorías. Dado que la función de vigilancia es de naturaleza esencialmente cognitiva, cuanto mayor su intensidad y exclusividad, mayor la probabilidad de que genere aumento de conocimiento. Pero, al propio tiempo, esta orientación presenta elevadas probabilidades de variación de acuerdo con una clasificación sociodemográfica de la población. Alcanzará mayor exclusividad e intensidad entre los hombres, entre los más instruidos y entre los profesionales. Respecto al propósito de usar la comunicación como instrumento de evasión, el supuesto del que parte Blumler, plenamente incardinable en las teorías de la incitación, es el que *conforme aumenta la intensidad de la función de evasión, tanto más probable es que se produzca una asunción inintencionada del marco valorativo subyacente a las representaciones que se transmiten.* Al no estar en guardia frente a los contenidos de la comunicación, al no percibir el contenido profundamente normativo de aquellas representaciones que transmiten valores latentemente, aunque su función manifiesta sea entretener, el individuo los incorpora más fácilmente que cuando ha de afrontar un discurso

---

[5] Como se verá mas tarde, la naturaleza no intencionada de la exposición es crucial en relación con la tarea socializadora de los medios. El hecho de que la mayoría de los individuos se exponga a la televisión sin un propósito específico, lejos de constituir un obstáculo para la influencia, representa una facilitación para la incorporación de los supuestos de valor subyacentes a las representaciones.

manifiestamente político. La función de identidad personal está asociada a consecuencias de carácter reforzante. En virtud de éstas, las personas consolidan las conductas, valores o perspectivas que mantienen o aprecian.

Antes de exponer los resultados obtenidos por Blumler habrá que insistir en que la exhaustiva operacionalización de las variables de contexto social tiene la finalidad de poner a prueba la validez de una pauta compensatoria que orienta las exposiciones de la audiencia. Aparte de un detallado inventario sociodemográfico, en su trabajo se determinaron las oportunidades de contacto social de los sujetos, así como su situación laboral. En los tres casos se trataba de averiguar si las pautas de uso de los medios podrían tener su origen en las restricciones que impone la experiencia.

El análisis de datos tendía a demostrar que *la relación de compensación no se cumple de manera general.* Por una parte, al analizar los correlatos de una función como la de entretenimiento, la pauta compensatoria parece constatarse porque se relaciona negativamente con instrucción, pertenencia a organizaciones y frecuencia de contactos sociales. Esta reacción vendría a significar que, a través de su función de entretener, los medios pueden usarse para remediar situaciones de privación, cualquiera que sea el origen de éstas. Por el contrario, la función de vigilancia no cumple papel compensatorio alguno, dado que se relaciona positivamente con educación superior, pertenencia a un estrato socioeconómico medio-alto, pertenencia a organizaciones, movilidad geográfica y satisfacción con las interacciones sociales en que uno está implicado. Y para terminar, las asociaciones entre algunas de las variables mencionadas y las funciones de curiosidad e identidad ponen en entredicho la validez general de una visión de tipo compensatorio. Por lo que hace a la función de curiosidad, la relación es *cuanto más, más,* esto es, son positivas las relaciones entre dicha función y educación superior, afiliación a organizaciones y otros indicadores de actividad social. Son los sujetos cuya experiencia y oportunidades son mayores, los que realizan un uso más exhaustivo de los medios. En cuanto a la función de identidad, el panorama es más complejo, ya que en ella parece realizarse tan pronto una función compensatoria (al estar asociada a un bajo nivel de instrucción, insatisfacción laboral y a un mayor tamaño del grupo familiar) como suplementaria (al estar relacionada positivamente con pertenencia a organizaciones, frecuencia de contactos sociales amistosos, etc.).

1.4. *La perspectiva de usos y gratificaciones: crítica, alternativas y nexos con las teorías de la incitación*

Lo dicho hasta el momento parece indicar que la perspectiva de usos y gratificaciones se coloca en una posición contraria a las teorías que ven en los efectos de la comunicación su razón de ser. En nuestra opinión, no solamente no son irreconciliables esas dos posiciones, sino que un excesivo empeño en defender la escisión tendría como consecuencia una visión empobrecida del proceso de la comunicación de masas. Vamos a tratar de demostrar la lógica de esta proposición aportando pruebas de que, ciertamente, existe una demanda respecto a ese intento de reconciliación dentro de la propia perspectiva funcionalista y de que, además, no está cerrado el tránsito entre ambos modelos.

Siguiendo a McQuail (1979), podemos sintetizar en cinco las críticas más corrientes a la perspectiva de usos y gratificaciones:

A. Se trata de un enfoque psicologista que oblitera la posibilidad de enlazar con estructuras más extensas.

B. Se apoya en exceso en registros subjetivos de estados mentales.

C. La noción de audiencia activa entra en contradicción con el supuesto, también central en la teoría, de que los motivos para el uso de los medios proceden de las necesidades básicas, la experiencia social y el contexto social. En otras palabras, *la teoría oscila de continuo entre el determinismo y el voluntarismo.*

D. Se asume que la conducta hacia el medio se basa en una elección consciente o racional. Sin embargo, se constata frecuentemente que el uso de los medios es habitual y no selectivo.

E. La filosofía de los usos y gratificaciones se hurta de continuo a la cuestión del contenido de la comunicación y la influencia de tal contenido.

Pese a todo, algunas voces autorizadas como la de Windahl (1981) advierten en la fusión, al menos parcial, con la teoría de los efectos, la única vía de superación de las anteriores limitaciones.

El propio Blumler (1979), uno de los proponentes del esquema de los usos y gratificaciones, no es insensible a estas deficiencias de la teoría y, de hecho, su enfoque «transaccional» no es sino un intento de salir del *impasse,* introduciendo una serie de mecanismos correctivos que pasan por la revisión de algunos conceptos y supuestos centrales y que básicamente se refieren a la noción de audiencia activa, al efecto mediador de las funciones de ciertas modalidades de efecto y al perfeccionamiento en la operacionalización de los determinantes sociales de las necesidades y pautas de uso.

Resulta urgente la clarificación del significado del concepto de audiencia activa, cuyo soporte filosófico es el principio racionalista-liberal de la dignidad intrínseca del ser humano. En definitiva, no hay una decisión formal respecto a la relativa verdad que encierran cuatro proposiciones distintas, que a menudo se manejan implícitamente y que connotan respetivamente *utilidad, intencionalidad, selectividad e impermeabilidad.* En términos más o menos informales, dichas proposiciones son: *a)* la comunicación cumple alguna función de utilidad para las personas; *b)* la conducta hacia el medio se encuentra motivacionalmente dirigida; *c)* la conducta hacia el medio refleja intereses y preferencias previos; *d)* la audiencia es «obstinada». Por si fuera poco, el criterio de Blumler es que debiera hacerse un intento por cuantificar el grado de actividad de la audiencia —en vez de tratarla como si fuera una dicotomía— y especificar, al mismo tiempo, si se localiza en la etapa previa, coincidente, o posterior a la exposición.

No se puede afirmar tajantemente que no haya habido un intento de establecer el papel mediador de lo que Blumler denomina orientaciones. Las variaciones motivacionales subyacentes al uso de los medios pueden actuar facilitando determinados tipos de efecto y hay tres ejemplos notables. Una aproximación de tipo cognitivo, que se sintetiza en la función de vigilancia, impulsa la ganancia de información. Una orientación en la que se enfatiza el entretenimiento, sea por la necesidad de evadirse, sea por la de activarse, favorece la interiorización paso a paso del marco de referencia axiológico según el cual se codifica lo representado. Es crucial advertir que, *en este caso, la perspectiva de usos y gratificaciones enfatiza el posible efecto colateral de la ausencia de una motivación específica.* Esta peculiar concepción de la relación gratificaciones-efectos contribuye a aclarar los procesos en virtud de los cuales las representaciones estereotipadas de la televisión, que se ofrecen en forma de pasatiempo, configuran nociones sobreaprendidas acerca de las características de las personas reales, los roles y situaciones, que se absorben fácilmente gracias al deseo de relajarse o activarse. Finalmente, una orientación basada en la expectativa de satisfacer la función de identidad personal, quizá tenga como consecuencia el refuerzo de los valores y actitudes previos.

Respecto a un planteamiento más riguroso en la forma de afrontar el análisis de las situaciones y contextos sociales, la investigación se enfrenta con explicaciones insatisfactorias que tienen raíces varias. Es extremadamente problemático derivar de modo homogéneo estados de necesidad a partir de variables tan heterogéneas como la insatisfacción laboral, la educación, el aislamiento social o la falta de interacción. Por otra parte, es tan corriente como perjudicial la tendencia a superar esta limitación por la vía de ceñirse a variables sociodemográficas simples como la edad, la clase social o el sexo. Estas distinciones son tan generales que a duras penas permiten formular hipótesis que valga la pena poner a prueba. Al mismo tiempo, no es frecuente que se formulen estados de necesidad a partir de la combinación de varios tipos de determinantes. Y, para concluir, es bastante corriente que la comunicación de masas se contemple como un conjunto de estímulos que sirve para superar un estado anterior de privación o frustración, lo que equivale a optar por atender primordialmente al lado carencial de la conducta en detrimento de otros aspectos que no tienen esa connotación. No cabe duda de que este sesgo supone una limitación respecto a los fenómenos de los que puede hacerse cargo la teoría.

Seguramente el cuadro de Linné y Von Feilitzen (1972) contribuye mejor que nuestro limitado discurso a circunscribir todo lo dicho acerca de un enfoque ampliado de los usos y gratificaciones:

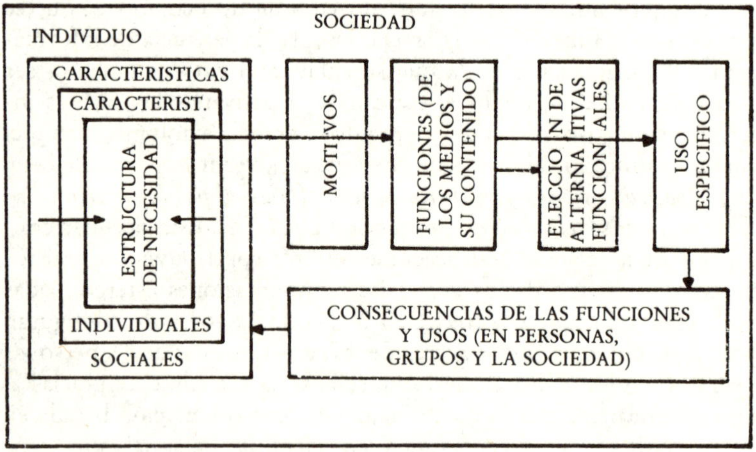

Fuente: Linné y Von Feilitzen (1972).

El esquema reconoce el origen sociopsicológico de las necesidades y motivos, asume que el medio y sus contenidos realizan funciones, que la audiencia selecciona alternativas y que en virtud de este uso se producen consecuencias diferenciadas en el nivel individual, grupal y societal. Resulta casi imposible no asociar estas consecuencias a lo que habitualmente se viene denominando efectos.

La superación de la tradicional oposición entre las teorías de la incitación y las perspectivas de usos y gratificaciones podría venir dada, bien por un modelo de usos y gratificaciones que contemplara elementos relativos a efectos, bien por un modelo de incitación que incluyera elementos del modelo rival. Hasta cierto punto nos sentimos próximos al criterio de Windahl, según el cual ciertas contradicciones se han magnificado porque, de suyo, el *modelo de usos y gratificaciones no trata de todo el proceso de la comunicación de masas, sino inicialmente del de recepción, obviando la cuestión del estímulo.*

Las teorías sobre los efectos o de la incitación, comienzan donde el modelo de usos y gratificaciones acaba, es decir, en la forma en que el contenido de la comunicación, o ciertos factores asociados a ella, del tipo de la credibilidad, actúan sobre las actitudes o la conducta. Pero lo que no es cierto —no podría ser de otro modo— es que la recepción se considere un proceso secundario. Desde las contribuciones de Hovland a las más recientes de McGuire los modelos sobre el cambio de actitud han considerado centrales los procesos de atención, percepción y retención.

Sea como fuere, pese a la tentativa, unas veces explícita, implícita otras, del modelo de los usos y gratificaciones tal como lo formulan Katz, Blumler y Gurevitch (1974), de zafarse de la problemática cuestión de los efectos, los desarrollos teóricos o empíricos más cercanos desembocan inevitablemente en su equivalente, al que se da la ambigua denominación de «consecuencias». Entre éstas se incluye la dependencia de un medio de comunicación específico, la ampliación de diferencias en conocimiento o información entre distintos grupos sociales y la reorganización de la actividad humana en algunos aspectos tan importantes como la interacción social. No hay demasiadas justificaciones, teóricas o empíricas, para disociar estas consecuencias de los efectos, aunque sí las hay para adherirse a una concepción amplia de éstos.

No cabe duda de que el carácter invertebrado de la perspectiva de usos y gratificaciones ha obligado a diversas concesiones que se ejemplifican en algunos intentos de recuperación de las premisas funcionalistas, sin perder de vista el hecho de que la investigación sobre comunicación de masas es apenas justificable fuera de una consideración sistemática sobre los efectos del contenido de la comunicación. Uno de estos intentos se debe a Windahl (1981), quien, en parte, atribuye indistintamente el carácter de variables intervinientes e independientes a las variables constitutivas del proceso de usos y gratificaciones. Windahl incluye los efectos como una parte de su modelo, vincula las necesidades a condicionamientos de tipo ambiental y atribuye, al propio tiempo, al sujeto una autonomía relativa en tanto en cuanto su conducta respecto a los medios se encuentra también condicionada por sus expectativas y percepciones en relación con aquellos. Windahl reclama una definición teórica y operacional más adecuada del concepto de «uso», que resultaría de considerar simultáneamente la intensidad de la exposición, el contenido de los estímulos y el contexto o situación social en que tiene lugar. Windahl trata de precisar los tipos de resultados a que dará lugar un proceso al que él denominará de «comunicación/recepción», llegando a establecer tres modalidades: *efectos, consecuencias y consefectos.* En la fase de efectos, el contenido de los medios produce consecuencias y, simultáneamente, el uso, en el que se incluyen necesidades, expectativas y motivaciones, opera como variable interviniente. En la de consecuencias, el uso de los medios es, en sí mismo, la causa esencial del resultado. Los consefectos son, en parte, el resultado del contenido y, en parte, el resultado del uso de los medios. De los primeros tipos existen sobrados ejemplos en la literatura. Lo que parece requerir el tercero es mayor elaboración teórica.

En el trabajo de Blumler hay dos ejemplos de efectos mediatizados por el uso. Nos referimos, sin ánimo de ser reiterativos, a la facilitación de la influencia que procuran las expectativas de entretenimiento y a la potenciación del refuerzo de actitudes y valores relacionada con la función de identidad personal. Respecto a las consecuencias, la mejor referencia es la de la hipótesis de la similaridad funcional. La actividad social se organiza de acuerdo con las alternativas disponibles, las cuales son apreciadas, o al menos frecuentadas, en distinto grado por los individuos. Los fenómenos de desplazamiento de las relaciones personales y la lectura de libros o periódicos, generados por el incremento del uso de la televisión, al dirimirse en el contexto de los medios, parecen no pertenecer al campo de los efectos propiamente dichos. Con todo, los datos permiten abrigar pocas dudas respecto a las consecuencias psicológicas de estos reajustes. Finalmente, los contenidos educativos en los medios pueden resultar en consefectos porque una parte del contenido se diseña para estimular el aprendizaje y produce efectos a través del uso y otra se refiere al material en sí mismo, el cual se almacena a través de dicho uso.

No obstante el reiterado intento de limitar el área de trabajo de la perspectiva de los usos y gratificaciones a las fases de recepción y utilización de la comunicación, aislándola de los análisis sobre los efectos, lo cierto es que en el curso de su desarrollo se ha visto abocada a afrontar un intento de explicación que se trataba de evitar. En particular, esa explicación se centra en las formas en que lo que se ha dado en llamar unas veces funciones, otras usos y otras tantas expectativas, necesidades o motivos, median en lo que se entiende por efectos. Frente a la impresión inicial de divergencia entre los dos enfoques, la incorporación del modelo de usos y gratificaciones proporciona una visión enriquecida, recursos metodológicos y formas originales de enfrentar el extenso campo de las consecuencias psicosociológicas de la comunicación de masas. Es más que evidente que tiende a situarse menos en un nivel macrosociológico que en el de lo psicosocial, pese a que, no hay que olvidarlo, las actitudes representan el más genuinamente psicosocial de los fenómenos con que podemos relacionar la comunicación de masas. Sin embargo, también conviene tener en cuenta la centralidad de la interacción y, en ese sentido, resultan del mayor interés los intentos de conectar las motivaciones o expectativas al contexto social en el que se desempeñan los individuos y, por último, a su idiosincrásica relación con los medios.

6. LA FUNCION DE ESTABLECER LA AGENDA

I. MARCO CONCEPTUAL PARA UNA EXPLICACION ALTERNATIVA DE LA INFLUENCIA DE LOS MEDIOS

La escuela de Yale generó un modelo conductista sobre la relación entre comunicaciones persuasivas y cambio de opinión, complicado considerablemente con posterioridad por McGuire (1969), quien postula otro de varias fases regulares, pero opcionales. Si bien el cambio de actitud es la etapa final, para acceder a él no es preciso que se cumplan todas las anteriores. Además, la comunicación puede ejercer consecuencias distintas al cambio de actitud.

En la psicología social se ha realizado un considerable esfuerzo por sistematizar la relación entre la comunicación y el cambio de actitudes. Estos esfuerzos no son convergentes, sino que forman un conjunto de hipótesis que por su propia base conceptual y su esfera de aplicación no son engarzables en algo parecido a una teoría. Los intentos del propio McGuire le han conducido a proponer una matriz de comunicación/persuasión que cuenta al menos con cinco grupos de variables independientes y doce tipos de variables mediadoras y dependientes (McGuire, 1985). Fuera de eso, piénsese en el significativo rol de la comunicación en la formación y cambio de creencias, en la teoría de la acción razonada de Fishbein y Ajzen (1975) o, dentro de una problemática distinta, en el efecto del desempeño de un rol al que se encuentra asociada una emisión verbal contraria a las creencias, de acuerdo con el paradigma de la sumisión forzada, por no hablar más que de modelos acreditados.

El carácter multideterminado de las orientaciones de conducta hacia el entorno, del cual forman parte los medios de comunicación de masas, hace que la perspectiva de usos y gratificaciones no sea rechazable por mentalista. El origen de las necesidades o motivos se sitúa en torno a las variables sociodemográficas típicas o a las características del contexto social del sujeto. En sus desarrollos más recientes, se ha operado en el modelo un giro ambientalista, que lo hace aparecer bajo unos rasgos muy distintos a la forma en que inicialmente fue postulado. En efecto, tal como se ha visto, ni se refugia en la imagen solipsista de un sujeto que ve únicamente en los fenómenos externos lo que quiere ver, ni atribuye a las disposiciones personales autonomía frente a las fuerzas del contexto, ni defiende la inalterabilidad de las percepciones individuales una vez pasadas por el tamiz de los contenidos de los medios de comunicación.

Sin embargo, al igual que la psicología social se detiene en los fenómenos de cambio de actitud, por lo general bajo la perspectiva del método experimental, el modelo de usos y gratificaciones tiende a estancarse en la fase previa al abordaje de las explicaciones sobre los efectos. Las diferencias en preferencias o interés conducen a variaciones en las pautas de exposición y/o en las expectativas, lo que presumiblemente puede dar lugar a diferencias en los efectos. Por lo que se refiere a los enfoques más sociológicos, las sutiles consideraciones a los procesos psicológicos o psicosociales son alegremente descartadas, en el proceso de hallar datos que confirmen simplemente que la mente de los individuos reproduce, una vez atravesado el filtro sociodemográfico, el mundo de las representaciones que recrea la comunicación de masas.

En nuestra opinión, el modelo de usos y gratificaciones no supera adecuadamente la limitación que había achacado al modelo hipodérmico, tan sólo esboza una solución. Aunque existe una explicación psicosociológica del proceso que lleva a pautas de exposición y expectativas diferenciadas, no hay una explicación psicosociológica respecto a lo que sucede después. No podría ser de otro modo cuando no ha habido un intento de coordinación con las explicaciones sobre el cambio de actitud o sobre los distintos modos de procesar la información. La ausencia de este intento es sólo disculpable a medias en razón de las dificultades que entraña una explicación sobre la forma en que se combinan las expectativas y conductas, con los contenidos de la comunicación, para dar lugar a efectos como la asignación de significado, el cambio de actitud o cualesquiera otras modificaciones de la conducta.

En todo caso, la limitación más sobresaliente de las explicaciones sobre los efectos, y en ellas se incluye la perspectiva de los usos y gratificaciones, consiste en haberse ocupado escasamente de la especificidad del fenómeno de la comunicación de masas, junto a la tendencia a considerarlo como un caso de influencia de la comunicación en general. Sin embargo, éste no es asimilable al resto de las modalidades, aunque sólo sea por el carácter público o compartido que asumen los fenómenos a los que la sociedad accede a través de los medios. De manera que no basta con considerar sistemáticamente el carácter mediador de la situación y las diferencias sociodemográficas, sino que, además, es preciso introducir esas consideraciones en un contexto público en el interior del cual entran en relación las representaciones que devienen realidad secundaria y compartida y los procesos psicosociológicos. Este contexto supera las restricciones asociadas al estudio de la opinión pública en la medida que va más allá de la mera transmisión de nociones políticas o evaluaciones acerca de los asuntos públicos. Dicho de otro modo, entra de lleno en el reino de las actitudes en general. Si esta apreciación no es redundante ello se debe a que el proceso de adquisición de nociones políticas y, en particular, la parte que le corresponde a los medios en la interiorización de la estructura de poder por parte de los individuos, proceso asociado en el inicio de la investigación a la propaganda política, desborda las fronteras de ésta y se hace parte del flujo de las comunicaciones de masas en las que de manera «natural» se describe cómo son esas relaciones de poder. Una vez más el concepto de reproducción parece ser el que mejor expresa estas operaciones.

Instintivamente es perceptible la centralidad de esta noción ampliada de influencia. Por si fuera poco, cuenta con avales tan prominentes en la literatura sociológica como el mismísimo Max Weber. En efecto, refiere Kurt Lang (1979) que Weber (1864-1920) propuso en el primer congreso de la Deutsche Gessellschaft für Soziologie en 1910 realizar, sobre una base empírica, el estudio de la prensa, cuyos dos propósitos manifiestos coinciden plenamente con el rumbo que viene tomando en los últimos diez años la investigación sobre los efectos: establecer de qué modo influye en el tratamiento de las informaciones el hecho de que los periódicos se constituyan como empresa capitalista e investigar los efectos, especialmente las consecuencias a largo plazo, de la forma habitual de presentación de las noticias en los medios de masas. El primero de estos objetivos constituye la razón de ser de una orientación derivada del marxismo y que se viene dando en llamar economía política de la comunicación de masas. Curran, Gurevitch y Woollacott (1977) han reunido los trabajos más representativos de esta línea de reflexión. En cuanto al segundo, el propio Hovland advierte de su relevancia, si bien lo considera inabordable desde el método experimental y, lo que es bastante más importante, viene a ser el rasgo más característico de todas aquellas investigaciones inspiradas en la idea de que la principal función de los medios consiste en establecer la agenda pública.

Este giro coincide plenamente con la descripción de McQuail (1977) de las tres etapas en la investigación sobre los efectos. Desde una posición en la que los medios incorporan la capacidad de determinar cualquier tipo de influencia en una audiencia esencialmente pasiva, se pasa a otra en la que las actitudes socialmente ancladas, el liderazgo de opinión y la interacción en el grupo primario, amortiguan efectos potenciales hasta el extremo de que no constituyen más que un elemento de refuerzo de las disposiciones preexistentes en la audiencia. Esta última concepción desemboca en una visión menos psicologista que, si por un lado confiere a los medios un notable poder para influir, entiende, por otro, que ese poder no se ejerce de manera directa ni con independencia de ciertos procesos asociados a la interacción y a la estratificación social.

La mayor parte de las razones que justifican esta visión renovada de los efectos han sido expuestas ya. Lang y Lang (1981) han completado el cuadro, recordando algunas cuya importancia se ha menospreciado, incorporando resultados de trabajos recientes. Resulta curioso el énfasis de Lang y Lang en una consideración más seria del efecto de adormecimiento *(sleeper effect)*, identificado treinta años antes en un contexto experimental por el grupo de Yale. En el estudio experimental del cambio de opinión hay mutaciones que no se detectan de inmediato, sino algún tiempo después de presentada la comunicación persuasiva. La credibilidad del comunicante se funde con el contenido intrínseco de la comunicación y el receptor responde a ese todo. Mas, con el tiempo, la fuerza de esa asociación tiende a disminuir y a adquirir el valor que le corresponde al contenido del mensaje, disociado ya del carácter positivo o negativo que le confirió el comunicante. Pero la referencia de Lang y Lang a tan, en apariencia, obsoletos resultados no es gratuita. Les sirve sencillamente como evidencia de que, *con independencia de la popularidad del comunicante, sus emisiones, cuando son canalizadas a través de un medio, adquieren el* status *de públicas y, en cuanto tales, pasan a ser un fenómeno que existe.* Por otra parte, desde el enfoque de usos y gratificaciones se han formulado determinadas predicciones en relación con el alcance y la naturaleza de la influencia *precisamente* por los determinantes subjetivos de la exposición. Por último, el grupo primario puede actuar como estación repetidora de la influencia de los medios, esto es, la cuestión de en qué casos y con qué intensidad las acciones del grupo primario favorecen o se sitúan frente a las influencias masivas es una cuestión a investigar empíricamente. Estos argumentos parecen servir de respaldo a la idea de que una, si no la más importante, función de los medios consiste en establecer la agenda pública, expresión que equivale a la capacidad que Lasswell les atribuía para «estructurar los problemas» y que viene a ser un proceso de *«legitimación de ciertas actividades mediante la atención que los medios les confieren»* (Lang y Lang, 1981, p. 657).

La idea de que hay en el funcionamiento habitual de los medios una notable capacidad para establecer, de cara a las audiencias, los problemas importantes no se genera aisladamente, sino en compañía de dos tendencias de investigación que tienden también a implantarse. Lo que Lang y Lang denominan *«enfoque holista o de contexto social»*, por el cual las audiencias y el público son contemplados como parte del sistema social más amplio y, en segundo lugar, lo que podría llamarse una *concepción expansiva y diferenciada de los efectos* de la comunicación de masas. El enfoque heurístico ha supuesto la tendencia sistemática a ver en la interacción social y en el contexto sociodemográfico una base explicativa importante de la conducta de la audiencia. En relación con los medios, el enfoque heurístico ha significado considerar a los comunicantes profesionales bajo su condición de miembros de grupos y organizaciones sometidas a normas comunes y mutuas influencias. La introducción de este matiz ha tenido una gran importancia, la cual se refleja en contribuciones como la de Noelle Neumann (1978) sobre el clima de opinión. La homogeneidad y concordancia en los criterios y valoraciones por parte de los informadores, al aplicarse de manera común al juicio de los eventos públicos, hace que la realidad política cobre una apariencia monolítica y sin contradicciones, razón por la cual al receptor individual le resulta casi imposible sustraerse a sus imperativos. Dentro de este tipo de fenómenos hay que considerar las opciones selectivas de los comunicantes, esto es, lo que en la literatura se suele conocer como funciones del «gatekeeper» o censor. Con ello, el estudio de la influencia se desplaza hacia el esclarecimiento de aquellos criterios normativos mediante los que los comunicantes fijan la naturaleza e importancia de los fenómenos, en lugar de circunscribirse a los procesos selectivos del receptor. *En suma, un objetivo esencial en la investigación es el análisis de los fundamentos ideológicos y de los acuerdos básicos vigentes entre los comunicantes y sus consecuencias en la for-*

ma en que estructuran la realidad simbólica que al público le es dado conocer a través de los medios.

Expansión y diferenciación en los tipos de efectos estudiados no significa otra cosa que cancelación definitiva de la hipótesis de los efectos nulos, el resultado más sobresaliente de los dos trabajos más populares de J. T. Klapper (1949 y 1960) en los que la ineficacia atribuida a los medios de forma general se basaba en referencias a fenómenos particulares, concretamente a efectos directos, procedentes de campañas y experimentos, mas no a las acciones más penetrantes y continuas de la comunicación de masas. Expansión y diferenciación significan también ruptura con las opciones metodológicas habitualmente empleadas en la investigación de audiencias y en la búsqueda de correspondencias. La investigación de audiencias se ha centrado en el estudio de las reacciones de una muestra al despliegue informativo de una campaña, considerándose, por lo general, sin el auxilio de modelo teórico alguno, las actitudes preexistentes como variables que facilitan o dificultan la influencia. En la búsqueda de correspondencias la expectativa es que a cada tendencia de la comunicación se le asocie una tendencia de respuesta en la audiencia. Y, por si fuera poco, la agria polémica entre el método experimental y el correlacional en el campo de la persuasión ha contribuido mucho a la confusión reinante en el área de los efectos. Pero hay varios argumentos que permiten superar estos obstáculos:

1. La polémica entre el método experimental y el correlacional ha seguido a menudo una orientación errónea porque el cuestionamiento del segundo por el primero ha consistido básicamente en esgrimir el argumento de que en el laboratorio es factible «doblegar» las opiniones porque los individuos no pueden zafarse de las comunicaciones persuasivas, pese a que su contenido esté en contra de sus creencias o les sea indiferente, cosa que no ocurre en las situaciones naturales. Ahora bien, es de la mayor importancia tomar conciencia de que la comunicación masiva sólo en contadas ocasiones adopta la forma de tentativa manifiestamente dirigida a vencer las posiciones de la audiencia.

2. El paradigma de la confrontación no se cumple en los casos en que, por falta de interés o motivación, por diferencias en el grado de instrucción de los individuos, por la naturaleza misma de las cuestiones tratadas, o por alguna combinación de esos elementos, emergen pseudoopiniones. La línea de investigación abierta por Hyman

y Sheatsley (1947) y continuada por Converse (1970) y otros (Judd y Milburn, 1980; Schuman y Presser, 1980; Bishop y otros, 1980) tiende a confirmar que muchos individuos carecen de verdaderas actitudes sobre las cuestiones de carácter público, con lo que cae por su base el postulado de que cualquier intento persuasivo ha de pagar elevados aranceles a las actitudes preexistentes, dado que éstas, en distintas áreas, pueden no existir con la estabilidad que a menudo se les confiere.

3. En determinados casos, y el ejemplo más evidente es el de la socialización política, la capacidad de los medios para formar actitudes arranca del hecho de que éstas aún no se han constituido como tales en los individuos. Una investigación de Chaffee, Scott Ward y Tipton (1970) arroja evidencia favorable a esta proposición.

Chaffee y colaboradores ponen en relación el uso de los medios con las variaciones en conocimiento e implicación políticos que tienen lugar en el curso de una campaña electoral. El conocimiento se determinó mediante un cuestionario cuyos ítems se referían a símbolos, cuestiones, partidos y líderes políticos y que fue aplicado a una muestra de jóvenes en el inicio y al final de la campaña. La actividad o implicación contaba con indicadores dirigidos a determinar el grado de participación de esos mismos sujetos. En general, los datos muestran que a medida que la campaña avanza se incrementa la atención a las comunicaciones políticas, al tiempo que desciende la que se presta a las secciones de entretenimiento en la televisión o los periódicos. Al relacionar los indicadores de uso de la televisión y de la prensa (en entretenimiento y asuntos públicos) con las variables dependientes se obtiene un resultado libre de evidencia discrepante: el contacto con las secciones y programas de la prensa y la televisión respectivamente sobre asuntos públicos está positivamente asociado al incremento del conocimiento político. Ese tipo de uso en cualquiera de los medios es un buen predictor del incremento del conocimiento político y lo es aún mejor su combinación.

4. Incluso en aquellos casos en que existen tendencias de opinión definidas en la población, éstas pueden no distribuirse de manera homogénea, sino adoptando la forma de posiciones en competencia. Esas fuerzas concurren en una relación más o menos equilibrada, equilibrio que la acción de los medios, favoreciendo a unas posiciones frente a otras, puede romper.

5. La estrategia de búsqueda de correspondencias se basa en el supuesto predominio de una relación de tipo proporcional. Por re-

lación proporcional entendemos una expectativa general respecto a la asociación positiva entre el apoyo en la comunicación a un partido político y los votos que obtendrá en unas elecciones generales, entre el número de actos violentos que aparecen en la televisión y el número de delitos que se cometen, etc. Este principio no es incompatible con fenómenos que aparecen como su reverso. Por ejemplo, algunos estudios sobre victimización muestran que la consecuencia principal de un intenso cultivo de la violencia en la producción simbólica de la televisión no es tanto incrementar el número de delitos que se cometen, sino el de las personas que tienden a considerarse a sí mismas potenciales víctimas de tales delitos. A veces, ni tan siquiera cabe esperar un efecto tan delimitado, sino otro más borroso, aunque no menos interesante, como es la acentuación de una imagen distorsionada del mundo y de las relaciones sociales. Lo que expresan con claridad estas formas alternativas de considerar la cuestión de los efectos es el cansancio y la frustración asociados a la perspectiva de «contagio», una variante de la fórmula S-R, que ha predominado en la investigación. Resulta menos pretenciosa, aunque más cercana a las consecuencias que cabe observar en la acción de los medios, la identificación de la forma en que se ven afectadas las percepciones de los individuos. Naturalmente, esto supone una desviación importante respecto al esquema causal y la introducción de los procesos del sujeto en las explicaciones acerca de las consecuencias de la comunicación. Hay múltiples situaciones en la vida cotidiana que ejemplifican este tipo de aproximación al problema. Si un medio prestigioso informa por sistema de la frecuente ocurrencia de atentados terroristas, guerras, atracos y delitos de corrupción no parece plausible que se produzca por ello una oleada de ese tipo de delitos. Existen consecuencias más plausibles, menos espectaculares, pero puede que más importantes para el funcionamiento de la sociedad. Tal vez esas descripciones produzcan la impresión de que la realidad es así y lleven a los individuos a sacar sus propias conclusiones. Por ejemplo, una de ellas podría ser que la competencia o el talento se subordinan a valores más instrumentales como el poder y la fuerza. Otra alternativa es que se refuerce la creencia de que la solidaridad es un valor infrecuente en la sociedad. Quizá contribuyan a reforzar el individualismo o la desconfianza en los demás. Aunque existe evidencia de que no es infrecuente que se produzcan reacciones de este tipo, escasean las explicaciones respecto a cómo y por qué se generan alternativas de tal naturaleza. La razón es que no se ha hecho un intento serio de incorporar las mediaciones psicosociológicas existentes entre la comunicación y sus consecuencias.

Por último, tal como expresa el nuevo interés en los procesos selectivos de los comunicantes o el estudio de aquellas normas que, revestidas luego de objetividad, constituyen los criterios para establecer el valor de las informaciones, se asiste a una recuperación del interés por los fenómenos ideológicos. No otra cosa es la que se expresa a través del concepto de *refracción,* que Lang y Lang (1981) prefieren al de sesgo, y que pone el acento en el carácter de re-construcción, y no en el de mera transmisión. El análisis se expande así desde el ámbito particular de las informaciones de naturaleza política al de aquellas representaciones mediante las que al individuo le es devuelta la imagen de la realidad circundante. *En términos más simples, la interiorización del orden social que se efectúa procede de un mundo simbólico cuyas subdivisiones son válidas para los comunicantes, pero irrelevantes en relación con el aprendizaje de los receptores, los cuales tienden a adquirir una perspectiva global de imágenes, normas y valores.*

II. EL ACCESO A LA FUNCION DE ESTABLECER LA AGENDA

Rosengren (1983) ha señalado, no sin razón, que en la investigación sobre comunicación de masas las cuestiones más atractivas se han planteado desde una perspectiva crítica, pero las soluciones empíricas suele ofrecerlas el funcionalismo. A partir del cruce de las polaridades orientación objetiva/orientación subjetiva y sociología de la regulación/sociología del cambio obtiene una tipología que incluye cuatro paradigmas esenciales representados en la figura 5: el humanista radical, el estructuralista radical, el interpretativo y el funcionalista. En la dimensión objetivo-subjetivo están implícitas cuatro dualidades acerca de la naturaleza de la ciencia social y a la oposición regulación/cambio subyacen otras varias asunciones duales sobre la naturaleza de la sociedad [1]:

---

[1] Estas dualidades son, por lo que se refiere a la ciencia social, las siguientes: realismo/nominalismo, en la ontología; positivismo/antipositivismo, en la epistemología; determinismo/voluntarismo, en la descripción de la naturaleza humana, y nomotético/idiográfico, en la metodología. En la sociología se trata de las dicotomías *statu quo*/cambio radical, consenso/dominación, solidaridad/emancipación y realidad/potencialidad.

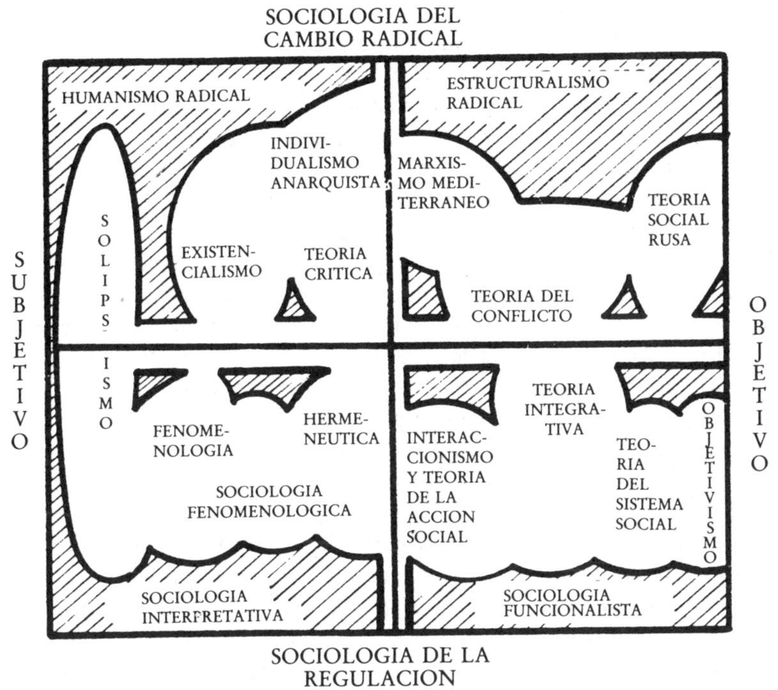

Fuente: Rosengren, 1983, p. 186.

FIGURA 5.

El grueso de la investigación de la comunicación de masas se ha desarrollado a partir del marco funcionalista, sometido a crítica desde los tres paradigmas disidentes.

El debate resulta paradójico por varias razones. Los problemas suscitados en esos tres contextos discrepantes podrían haberse planteado en el cuarto. No sólo eso, sino que podrían haber recibido respuesta dentro de él, aunque no así en los restantes, debido a su metodología y epistemología características. Y aún se puede añadir que, en la práctica, algunas cuestiones propuestas dentro de esos marcos ya han sido abordadas desde una perspectiva funcionalista.

La discusión puede objetivarse en el análisis de la relación *estructura social-cultura de masas-individuo*, análisis de la mayor relevancia en relación con los efectos de los mass media y, en última instancia, en relación con aquellas perspectivas teóricas y de investigación que tratan de superar las posturas reduccionistas que abogan por la vigencia, en términos absolutos, de un nivel sobre los demás. En el análisis funcionalista de la comunicación de masas, una realidad objetiva, externa a los medios, es representada de acuerdo con pautas que pueden identificarse empíricamente. Dichas pautas tienen significado psicológico, psicosociológico, o de cualquier otro tipo. La reacción a esa formulación, desde una perspectiva subjetiva, consiste en defender el poder productivo, frente al poder reproductivo, de los medios. En cambio, el ataque de la perspectiva radical pone de relieve el enmascaramiento de la relación que existe entre la comunicación de masas y la estructura de poder, así como la función esencialmente preservadora que tiene la primera. Ahora bien, se puede salir al paso de ambas objeciones por dos vías. Llevada hasta sus últimas consecuencias, la perspectiva subjetiva conduce al solipsismo porque en su abrazo al idealismo pierde de vista que el discurso siempre tiene un referente externo. Por su parte, la perspectiva radical, desposeída de verificación, acaba convirtiéndose en un discurso filosófico. Un compromiso resultaría viable en la medida que se siguiera una estrategia organizada en torno a los siguientes objetivos: a) *establecer referentes empíricos de la realidad;* b) *establecer referentes empíricos de la realidad representada;* c) *proponer qué tipo de relación entre* b) *y* a) *se conceptualiza como no sesgada.*

El apartado *a)* está constituido por datos extramedia, es decir, trata de un nivel de la realidad externa elegido de acuerdo con los criterios de relevancia que el científico social considere oportuno: sucesos, datos históricos o estadísticos o cualesquiera otros con una base determinable por procedimientos objetivos constituyen su materia prima. El apartado *b)* es el propio de los datos intramedia y se basa en el registro empírico de las comunicaciones. Por definición se trata de aquel plano en el que se materializan las desviaciones, imprecisiones o sesgos resultantes del modo característico en que los comunicantes llevan a cabo su reflexión acerca de la estructura de lo real. Una explicación de este tipo se caracteriza por varios rasgos significativos. En primer lugar, supone una representación valorada de la realidad, sea por desviaciones de tipo cuantitativo, sea por la clasificación de los fenómenos mediante una escala de categorías valorativas, sea por la contextualización del fenómeno específico en un conjunto que le confiere indirectamente sentido. Por último, atribuye al modo de representación un rol importante en la orientación de las percepciones de los individuos por el hecho de que éstos reciben una visión ponderada de la realidad a la que se asocia un considerable grado de credibilidad.

En resumen, estamos en presencia de lo que anteriormente se ha definido como función de establecer la agenda, la cual emerge como solución de compromiso y a la par de continuidad y que es la resultante de la confrontación en el área de las explicaciones sobre los efectos de la comunicación de masas de dos tendencias a menudo consideradas incompatibles.

En los paradigmas radicales, especialmente en la escuela de Frankfurt y el marxismo mediterráneo, representado por Althusser, Poulantzas (1969) y Colletti (1975), la cultura de masas desempeña un rol alienante. Althusser (1968, 1970*a* y 1970*b)* presenta el conjunto formado por los medios de comunicación de masas, la escuela y la religión como el sistema de aparatos de Estado por excelencia cuyo encargo social es «diseminar la ideología, el conjunto de ideas, valores y creencias que legitiman el *statu quo* y ayudan así a reproducir el orden social existente o a cambiarlo gradualmente» (Rosengren, 1983, p. 193). Dando por buena la hipótesis de la reproducción, el obstáculo siguiente es obtener cauces para ponerla a prueba, cosa que requiere la elaboración de dos tipos de indicadores. Por una parte, indicadores sociales que aporten medidas objetivas de la estructura social y, por otra, indicadores subjetivos que contribuyan con mediciones de las percepciones y evaluaciones de dicha estructura. Hay cuantiosa evidencia respecto a la falta de paralelismo entre ambas esferas, e igualmente notable en cuanto a la existencia de discontinuidades debido a que las impresiones y estimaciones individuales no reflejan la base objetiva de la sociedad, sino que se construyen a través de la mediación que procede de un marco compartido de conocimientos y valores, emanado de la comunicación o cultura de masas. Pero este proceso no es otro sino aquél que da cuerpo a la función de establecer la agenda y que ha llevado a Gerbner a desarrollar un *corpus* sin el cual todo intento de generalización sería mera especulación. Nos referimos a aquél que viene constituyendo la base empírica de la teoría de los indicadores culturales que será examinada posteriormente.

III. LA FUNCION DE ESTABLECER LA AGENDA EN LOS MEDIOS DE COMUNICACION: TEORIA E INVESTIGACION

A lo largo de este trabajo hemos realizado varias aproximaciones tangenciales al concepto de «fijación o establecimiento de la agenda» que se ha implantado progresivamente en el área, dentro de la que también se emplea el término «tematización» para referirse al mismo fenómeno. Si lo hemos sugerido con insistencia anteriormente ha sido con el objeto de resaltar que ha estado latente desde un principio en la teoría, bajo la forma de proyecto que tiene que ver, sobre todo, con la averiguación de las consecuencias acumulativas de la comunicación de masas. Si bien el proceso de establecer la agenda no se encuentra descrito y, menos aún, explicado en todas sus fases, representa un paso adelante en la medida en que, como se ha visto, rompe con obsoletas hipótesis del estilo de la selectiva y de los efectos nulos y recoge críticas y aportaciones hechas desde otros supuestos teóricos tratando de sintetizarlos. Hora es ya de pasar a un examen más directo del significado de la función de establecer la agenda.

La introducción del concepto se debe a McCombs y Shaw (1972), quienes lo hacen en un campo de investigación tan clásico como el de la influencia de las campañas en la conducta política. En lugar de proceder a discutir la espinosa cuestión de la conversión, se centran en una evidencia previa: a partir del voluminoso despliegue de información política de las campañas, el público aprende, aunque ese aprendizaje se encuentre mediatizado por variables como educación e interés.

El aprendizaje que tiene lugar variaría de acuerdo con el énfasis que se pone en el tratamiento de las cuestiones y temas que son objeto de información. En palabras de Lang y Lang:

> Los mass media fuerzan la atención hacia ciertos problemas. Construyen imágenes públicas de las figuras políticas. De continuo sugieren objetos en torno a los que pensar y formas de sentir y pensar acerca de los objetos que presentan [2].

Cohen (1963) introdujo primeramente un matiz que expresa con agudeza qué tipo de influencia es esperable de la comunicación de masas, al señalar que quizá ésta no logre determinar cómo piensa la gen-

---

[2] Véase Berelson y Janowitz (comps.), 1966, p. 468.

te de los fenómenos, pero obtiene indudable éxito a la hora de limitar el conjunto de cuestiones en las que piensa. En suma, Lang y Lang recuperan la idea de los medios como constructores de actitudes y Cohen pone de relieve su *capacidad para fijar selectivamente la atención pública sobre algunas partes del entorno, lo que se aproxima a un proceso mediante el cual se gobierna la saliencia de las actitudes. La capacidad más sobresaliente de los medios es la de jerarquizar para la colectividad la importancia de los problemas, si bien de modo indirecto, estableciendo áreas hacia las que coordinadamente se orienta la reflexión colectiva.*

Los resultados obtenidos por McCombs y Shaw aportan evidencia favorable a estos supuestos. Los autores establecen relaciones entre las percepciones de los electores acerca de la importancia de las cuestiones tratadas en una campaña y el contenido empíricamente objetivado en los mensajes de los medios. Se trataba de conocer cúales eran, según los sujetos, los temas relevantes de la campaña, al margen de las declaraciones y los programas de los líderes políticos. De hecho, la fórmula indirecta que se usaba para averiguarlo consistía en preguntar a través de un cuestionario qué problemas públicos les preocupaban más. A partir del análisis de contenido de periódicos de ámbito nacional y de cadenas de televisión y del conjunto de respuestas de los sujetos se formularon quince categorías que representaban temas clave. Además, se distinguió entre ítems principales, es decir, cuestiones tratadas en la televisión y los periódicos con especial extensión y frecuencia e ítems secundarios, esto es, cuestiones de naturaleza política también, aunque de menos relevancia, a juzgar por el menor tiempo o espacio que se les dedicaba o simplemente por su posición en el flujo de las comunicaciones.

La evidencia obtenida por McCombs y Shaw constituye un revés para la hipótesis selectiva, porque es un hecho que los medios estudiados ejercen un poderoso impacto sobre las percepciones de los votantes. Si se toman como referencia los ítems principales, la correlación entre énfasis en la comunicación e importancia percibida es positiva y superior a .9. Si se parte de los ítems secundarios, la correlación es algo mayor y también de signo positivo.

Los líderes políticos que concurren a las elecciones representan posiciones distintas, por lo que ponen énfasis en cuestiones diferentes. Sin embargo, las asociaciones mencionadas indican que las percepciones de los votantes reflejan la valoración «global» que se efectúa a través de los medios y no la perspectiva del candidato preferido. Al parecer, que el comunicante sea o no el candidato preferido, no desencadena un mecanismo por el cual se abre o clausura la atención, es decir, un mecanismo selectivo.

En línea con esta misma suposición, se llevó a cabo una estimación del énfasis en las cuestiones políticas, diferenciando respectivamente entre una medida para el conjunto de la comunicación y las presentaciones específicas de cada uno de los tres partidos concurrentes. Si la atención de los electores fuera selectiva cabría esperar que las correlaciones entre las percepciones de los simpatizantes de un partido y la forma de jerarquizar los problemas propia de ese partido, fueran las mayores de todas. Si, por el contrario, los futuros votantes siguieran indiscriminadamente todas las comunicaciones, al margen de la ubicación política del comunicante o de la cuestión que en cada momento es objeto de atención, las asociaciones entre las percepciones personales y la estructuración de los problemas en el contenido total de los medios serían más fuertes que las anteriores. Esto último es lo que sucede, lo que es tomado por McCombs y Shaw como evidencia a favor de la capacidad de los medios para establecer la agenda pública, a la par que como descalificación del principio de exposición selectiva: las asociaciones entre la agenda de los votantes y la del agregado de las comunicaciones en los medios, en lo tocante a cuestiones esenciales, son más fuertes que las existentes entre la agenda de los votantes y la que reflejan las informaciones que únicamente se ocupan del candidato o partido preferido. La tendencia es la misma con respecto a las cuestiones secundarias. En 18 de 24 comparaciones posibles *la agenda pública está más próxima a la del entorno simbólico creado por los medios que al tipo de configuración política característico del partido preferido.* En conclusión, una explicación de los efectos basada en la idea de configuración de la agenda proporciona una explicación más satisfactoria del impacto político de la comunicación de masas que la hipótesis selectiva.

McCombs y Shaw llaman la atención sobre un fenómeno sobre el que se ha especulado largamente. A la hora de establecer la relevancia de las cuestiones se observa un sorprendente consenso entre los medios. Aunque el acuerdo, estimado a través de correlaciones que expresan la similaridad a la hora de sopesar hechos políticos no es perfecto, debido a la idiosincrasia de cada uno de ellos, resulta tanto más chocante por cuanto su punto de vista se encuentra a veces muy sesgado. A la hora de juzgar los hechos, parece haber una norma común, reflejo quizá de una escala de valores o una ideología compartida, que se concreta en el acuerdo a la hora de reputar la importancia de las noticias o historias cotidianas. Hay, eso sí, menor discrepancia cuando el juicio se dirige a las cuestiones esenciales que cuando se dirige a las secundarias. Se nos antoja que estas últimas, al ocupar un lugar más bajo en la jerarquía de relevancia, despiertan menos presiones para la uniformidad, lo que conduce a una mayor libertad para la formulación de interpretaciones alternativas. Será preciso insistir en la necesidad de retener esta tendencia a la concordancia entre los comunicantes identificada por McCombs y Shaw porque, como vamos a tener ocasión de comprobar enseguida, constituye el elemento central de lo que Noelle Neumann denomina «tematización».

Concluyendo, hay una oposición aparente que se confirma como tendencia general: los medios representan el mundo político de forma refractada, pero uniforme. Por su parte, los usuarios incorporan esos sesgos con más fuerza de lo que cabría esperar sobre la base de su predisposición a exponerse, o a percibir, selectivamente la información. *Debe quedar claro que puede legítimamente hablarse de selección en la comunicación, pero ahora no en el contexto de las personas, sino en el de los sistemas de comunicación.* De qué forma esta selección o tendencia a configurar la agenda repercute en las actitudese es cuestión que McCombs y Shaw no abordan, aunque sí lo hará la investigación posterior.

La función de establecer la agenda parece en el momento presente una corriente abierta más que un proceso definido en sus distintas fases. Las lagunas que presentan las explicaciones sobre ese proceso se centran en cuestiones distintas: desde el problema de la perspectiva temporal, hasta el de la operacionalización de las agendas, pasando por la oposición agenda pública-agenda intrapersonal. En la discusión de estos puntos críticos habrá ocasión de constatar no sólo los problemas que le plantea a la hipótesis su propio crecimiento, sino también la existencia de alternativas que vienen de la mano de contribuciones surgidas más allá de las fronteras de esa hipótesis central.

El fenómeno de establecimiento de la agenda desde una perspectiva temporal ha sido contemplado por Eyal, Winter y De George (1981), quienes proponen un marco analítico constituido por cinco elementos que en la investigacion suelen estar amalgamados. Se trata del período total de recogida de datos o marco temporal, el lapso trascurrido entre la medida de la variable independiente (agenda del medio) y la de la variable dependiente (agenda pública), el espacio de estimación de la agenda del medio, esto es, la duración de esa operación, el espacio de estimación de la agenda pública y, finalmente, el período de efecto óptimo, esto es, la franja temporal durante la cual es máxima la asociación entre la agenda del medio y la agenda pública. El uso de este marco debería permitir determinar el tiempo que requiere llevar las cuestiones al dominio público y, sobre todo, si y hasta qué punto tiene lugar un efecto acumulativo de la comunicación, dos cuestiones esenciales en el entorno de la hipótesis de *agenda setting*.

A este conjunto de interrogantes se ha respondido mediante una diversidad de opciones metodológicas. Así, en algunos trabajos como el de McCombs y Shaw (1972) se solapa la medida de la agenda pública y la de la agenda del medio, en otros (Benton y Frazier, 1976; McClure y Patterson, 1976; Semlak y Williams, 1977) a la fase de medida de la agenda del medio le sigue la de medida de la agenda pública, mientras que investigadores como Gormley (1975) o Sohn (1978) introducen un paréntesis de varios meses entre las mediciones de ambas agendas.

También hay diversidad de criterios en lo tocante a la prolongación del período de estimación de las agendas públicas y del medio. En el trabajo de Mullins (1977), el análisis se extiende durante una semana, en el de Gormley (1975) se amplía a varios meses, Hilker (1976) se limita a un solo día y McLeod, Becker y Byrnes (1974) escogen un período de cuatro semanas. Se trata de criterios empíricos que responden a las intuiciones del investigador o a la naturaleza del objeto de investigación.

Más interés que estos datos tienen algunos otros procedentes de trabajos dirigidos a registrar las fluctuaciones del efecto de establecer la agenda. La suposición básica es que cabe esperar que si tal efecto se pone en marcha, también es esperable que su intensidad varíe en el tiempo y pueda identificarse un margen en el que alcance un nivel máximo. Dos investigadores, Stone (1975) y Winter (1979) han presentado evidencia relevante al respecto. Stone analizó las agendas de dos diarios de ámbito nacional, seis meses antes y dos después de aplicar dos encuestas de opinión diferentes cuyos resultados se estudiaron por separado. En los dos estudios, la correlación media entre las agendas masiva y pública se establece mes a mes para determinar las variaciones en la intensidad de la asociación, así como para averiguar si existe acumulación en el efecto, lo que quedaría comprobado si la adición de meses incrementara el tamaño de la relación. Los datos del primer estudio muestran un acusado incremento en las correlaciones desde el comienzo del período hasta dos meses antes de la aplicación de la entrevista, momento a partir del cual éstas siguen aumentando, aunque a paso mucho más lento. Stone propone un espacio óptimo del efecto de cuatro meses de duración. En el segundo estudio, los resultados son similares. Winter observa un efecto parecido al relacionar datos de encuestas con el contenido de las portadas de los periódicos, centrándose en la cuestión de los derechos civiles. Como agenda del medio se consideraba el contenido de la comunicación seis meses antes de la aplicación de la encuesta. En este caso, el efecto óptimo se situaba en el espacio de cero a ocho semanas antes de la entrevista y su intensidad disminuía conforme se tomaba como término de comparación el contenido de la agenda masiva en momentos anteriores.

Es bastante obvia la ausencia en la hipótesis de una explicación acerca de los procesos mediante los cuales la agenda masiva se traduce en pública. El propio McCombs reconoce la existencia de un proceso de aprendizaje subyacente que no ha sido estudiado y señala una limitación importante en las estrategias de investigación al uso, que es el reflejo precisamente de este vacío. Habitualmente se establece una relación entre una medida del contenido global de *todos* los medios y una medida de la *opinión pública.* Ahora bien, si el estímulo constituye la base del aprendizaje, la investigación debería reorientarse hacia las agendas *intrapersonales* en lugar de exclusivamente hacia la agenda pública. La razón es que se postula a menudo una *necesidad de orientación* que lleva a los individuos a buscar en la comunicación de masas señales cuya frecuencia les sirve para establecer la saliencia de los fenómenos del entorno. No cabe duda de que la demanda de McCombs pone de relieve la pobreza del modelo en términos psicosociológicos. Winter (1979) ha secundado esta llamada de atención que, curiosamente, pone de manifiesto un evidente acercamiento a los puntos de vista del modelo de usos y gratificaciones al suponer que existe una relación entre la intensidad del efecto y los atributos del estímulo. *Winter hace depender la penetración de la comunicación de la intensidad del contacto con una clase o categoría de estímulos específica, que depende relativamente menos del énfasis que ponga el medio que de los procesos psicológicos del sujeto, esto es, del «uso» en términos del modelo funcionalista.* Efectivamente, Winter informa de la acentuación del fenómeno de establecimiento de la agenda conforme aumenta el tiempo de exposición al medio, lo que aconseja centrarse en la fuente y la intensidad de la exposición. Dadas las diferencias existentes entre las agendas de los periódicos y la televisión propone investigar las consecuencias que ejerce el hecho de que cada uno de esos medios sea usado de forma preferente. Como se ha visto en el apartado correspondiente al modelo de usos y gratificaciones, existen propuestas de notable interés en relación con las expectativas personales, el uso y las consecuencias de la comunicación, aunque, por razones desconocidas, los teóricos del fenómeno de *agenda setting* parecen ignorarlas. De hecho, la opción preferente consiste en abordar las diferencias en los efectos a partir de la variable *necesidad de orientación* (operacionalizada en trabajos como los de McCombs, Shaw y Shaw, 1972; McCombs y Weaver, 1973; Weaver y McCombs, 1978), que se relaciona positivamente con el impacto en la audiencia de la agenda del medio y cuyo poder predictivo es superior al *interés,* la variable en competencia con la primera.

Al pasar revista a los procedimientos de medición de la agenda pública, De George (1981) ha emitido una queja sustancialmente igual a las anteriores y que, en igual medida que las anteriores, pone de manifiesto la tendencia a ignorar las contribuciones de otros modelos. Se refiere al *escaso esfuerzo a la hora de operacionalizar la agenda del tipo de comunicación de masas al que la audiencia se expone preferentemente,* operación necesaria por la diferencia en el énfasis con que distintos medios tratan los mismos problemas. Aceptando que la trasmisión tiene lugar, existen básicamente tres niveles en los que podría examinarse el proceso del efecto. El nivel *intrapersonal,* que comprende simplemente aquellas cuestiones que son objeto de pensamiento por parte de las personas. El nivel *interpersonal,* que representa un mayor nivel de apertura del sujeto hacia la realidad social. Se refiere a los problemas o temas de los que la persona percibe que habla. El nivel *social,* que alude a las cuestiones, problemas o temas de los que, según las percepciones de los sujetos, otros suelen hablar [3].

[3] Hay varias formulaciones típicas para obtener esta información. McCombs y Shaw (1972) piden a los sujetos que «describan los problemas esenciales, con independencia de lo que digan los políticos»; Mullins (1973) solicita que «identifiquen los problemas esenciales que afectan al país» y a continuación decidan «cuál es el más importante personalmente» y cuál es aquél «del que se habla más a menudo con otros»; McLeod y otros (1974), tratan de operacionalizar la saliencia percibida de los problemas de cara a la comunidad mediante preguntas como: ¿De qué habla usted a otros?, ¿Qué es lo que otros le suelen contar a usted?, etc.

IV. LA CONTRIBUCION DE NOELLE NEUMANN: CLIMA DE OPINION, CONCORDANCIA EN LA TRANSMISION Y ESPIRAL DE SILENCIO

Pocos dudarán en reputar la contribución de Noelle Neumann (1973, 1974, 1977, 1978, 1979 y 1983) como una de las más lúcidas de entre aquellas que en la última década han tratado de arrojar luz sobre las complejas relaciones existentes entre comunicación de masas y opinión pública en la esfera política.

Por una parte, recoge la cosecha de todos aquellos trabajos demostrativos de la debilidad de dogmas como el de los efectos nulos de los medios, el de la hipótesis selectiva y el de la idea de efectos difusos de la comunicación; asume, por otra, la idea de que los medios producen influencias significativas y lo hacen sin ambages en el campo de la opinión, lo que significa introducirse en una corriente de explicaciones a propósito de los procesos de formación de la conducta política; saca buen partido de los recursos metodológicos que ya existían en las ciencias sociales (el análisis de contenido y el método panel) y los combina de modo imaginativo; se aleja, finalmente, de asunciones de naturaleza reduccionista por dos caminos. Uno de ellos consiste en la adhesión a una explicación según la cual la influencia de los medios es indirecta, sutil y acumulativa, lo que, en definitiva, no es sino optar por la capacidad de los medios para establecer la agenda pública. El otro supone un intento firme, aunque no formulado con el suficiente rigor, por buscar una mediación psicosociológica capaz de explicar la dinámica que se establece entre la opinión mayoritaria y la opinión privada. Noelle Neumann se identifica con las conclusiones del X Congreso de la Asociación Internacional para la Investigación en Comunicaciones celebrado en Leicester (1978). Curiosamente éstas representan, en cierto modo, un regreso a posiciones iniciales:

> Después de treinta años en los que el poder de los medios ha sido puesto de continuo en entredicho, la conferencia ha accedido a una serie de informes que, en conjunto, dan a entender la necesidad de regresar a la idea de que los medios ejercen una poderosa influencia. No se trata de la noción convencional de influencia ni de la de efectos directos que se propagó en un principio. La tendencia imperante en el análisis consistiría, más bien, en centrarse en la forma sutil e indirecta mediante la que los medios forman nuestra percepción del entorno (Noelle Neumann, 1978, p. 121).

El concepto de *clima de opinión* es central tanto teórica como metodológicamente hablando. En diversas y calificadas aportaciones ha habido ocasión de constatar la debilidad del dogma según el cual la sola influencia que cabe adjudicar a los medios es la de reforzar creencias y conductas preexistentes. Sin embargo, esta herencia, legado principal de lo que Noelle Neumann llama el *best seller* de Klapper, ha supuesto para la investigación un pesado fardo. Aparte de los datos críticos de este dogma existe un elemento nuevo, dotado de una acentuada capacidad para disolver los procesos selectivos de la audiencia y cuya importancia aún no había podido calibrarse cuando Klapper enunció sus principales postulados: se trata de la televisión, medio que, cada vez en mayor medida, tiende a acaparar la atención de los estudiosos de los efectos. Pero además, evidencias recogidas por la propia autora muestran pruebas a favor de la ocurrencia de determinado tipo de efectos: el contenido de *Constanze*, revista femenina de gran tirada, es utilizado por su audiencia para obtener consejo sobre problemas conyugales, normas aplicables a la gestión doméstica o criterios sobre salud y belleza. La comunidad científica está dispuesta a aceptar el predicamento de los medios de masas en materia de información meteorológica o sobre el hogar: está mucho peor dispuesta a aceptar esa influencia en áreas más importantes. Sin embargo, Noelle Neumann rechaza esta convicción por prejuiciosa y asume que *las declaraciones públicas crean un clima de opinión, al tiempo que su contenido define los aspectos de la influencia que habrán de ser tomados en cuenta en el análisis.*

El concepto de *clima de opinión* se asocia al de reputación: «conjunto de puntos de vista, de actitudes afectivas o, basándose en nociones cognitivas, de juicios de valor y líneas de conducta que —en circunstancias concretas de tiempo y lugar— los miembros de una sociedad deben manifestar públicamente para no diferenciarse de la masa y que pueden por una parte manifestar, sin aislarse por la otra» (ob. cit., p. 123). Tres son las características del clima de opinión: es *heterogéneo, amorfo y envolvente;* heterogéneo, en cuanto que sus elementos constitutivos pertenecen, desde el punto de vista de una categorización psicosociológica, a varias esferas. Puntos de vista, actitudes, gustos y hábitos dominantes entran a formar parte del clima de opinión; amorfo, en cuanto que percibido por el sujeto como una instancia exterior a él, que le envuelve completamente y que no tiene límites fácilmente objetivables; envolvente, en cuanto que presiona hacia la conformidad, esto es, no representa una instancia inerte, sino dinámica, que induce en el sujeto importantes esfuerzos de adaptación. Las personas no escatiman esfuerzos en su intento de adaptarse al clima de opinión existente y lo hacen para evitar la posibilidad de aislamiento o rechazo. Este rasgo del clima de opinión es crucial y permite interpretar determinados cambios en las percepciones colectivas relacionados con la publicidad política.

De ahí se sigue que todo aquello que adquiere carácter público deviene instancia de referencia. Cuando las personas manifiestan opiniones en áreas en las que se encuentra abierto un proceso de controversia pública apelan precisamente a las señales que les suministra el clima. Desde el punto de vista de la manipulación y dada la repugnancia que los individuos sienten hacia el aislamiento, la posibilidad de influencia crecerá en la medida que las opiniones públicas se expongan como únicas. En esta factible metamorfosis por la cual lo público se transforma en único radica el principal potencial de influencia de los medios. Y, en tal sentido, la opinión se constituye en base para el ejercicio del poder, que ahora se define como el derecho no codificado de los comunicantes a emitir opiniones.

Por tanto, en lo público están implicados significativos matices que revisten de especial significado y penetración a todo aquello que forma parte de su esfera. A lo que contribuyen las comunicaciones públicas es, sobre todo, a acrecentar la importancia de sus referentes. Estos pasan a formar parte del clima de opinión, una entidad envolvente que le hurta al individuo cualquier posible transacción. Esta percepción subjetiva de indefensión frente a las posiciones mayoritarias no ha sido suficientemente explorada psicológicamente. En cualquier caso, es la combinacion de lo público y de lo unilateral lo que incrementa la fuerza de las comunicaciones de masas y acentúa la sensación de falta de protección de los individuos, impedidos para argumentar en igualdad de condiciones.

El concepto de *selectividad* es, paradójicamente, central en el proceso de penetración; ahora bien, la selección se refiere básicamente a la que producen los comunicantes. En los sistemas de comunicación de masas es característica la limitación preferente a ciertos temas y la exclusión de otros. Esta operación constante de naturaleza selectiva da lugar al fenómeno denominado por Niklas Luhmann «tematización», que se corresponde en términos globales con la función ya definida de establecer la agenda. No se trata de un mecanismo de carácter secundario, sino del complemento de la connotación pública que da a la comunicación de masas su especial fuerza. La selección, asociada a roles específicos en los sistemas de comunicación, es una operación de envergadura, pues la proporción estimada por Noelle

Neumann entre informaciones que se emiten e informaciones que se reciben en las agencias es de 1/100. A la base de esta selección existen criterios en apariencia objetivos como proximidad psicológica o geográfica, valor institucional, político o de actualidad de las informaciones, etc. Sin embargo, es difícil disociar el empleo de estos criterios de aquellas opciones de naturaleza ideológica que actúan a través de los comunicantes. Sea como fuere, la suposición básica de la que se parte en relación con la construcción del clima de opinión y sus efectos es la de que, en el contexto de la comunicación de masas, la selección es esencialmente una función que desempeñan los medios, no los receptores.

Los argumentos que Noelle Neumann esgrime para cuestionar la idea de *percepción selectiva* han sido ya mencionados y no es preciso reiterarlos, excepción hecha de uno, el más importante. El máximo obstáculo para la percepción selectiva es que *en un sistema donde los medios están centralizados, no hay versiones discrepantes de los mismos hechos, sino esencialmente versiones homogéneas,* lo que interrumpe muchas posibilidades de selección. Bajo una especie de sutil dictadura,

> La orientación central filtra [...] los eventos y argumentos que deben tratarse y si deben serlo positiva o negativamente; en este caso, los media no presentan una diversidad de versiones de entre las cuales el destinatario elige aquella que confirma sus opiniones preconcebidas, sino que esta selección, desde el principio, estorba toda posibilidad de selección *(ibidem,* p. 129).

La eficacia en la persuasión se debería a la homogeneidad en el contenido y la forma de presentación de los mensajes, aunque el proceso mediante el que se accede a la concordancia entre los censores *(gatekeepers)* apenas es conocido más allá de sus resultados y de algunos de los criterios de selección más extendidos entre los profesionales. En un plano sociológico, la ideología de la información libre choca con esta tendencia a la homogeneidad y concordancia entre comunicantes que se convierte ahora en objeto de investigación. A su vez, dicha tendencia conecta con otra tarea tan acreditada en las tradiciones europeas de pensamiento como lo es la de la investigación de los mecanismos que dan pie a la formación y trasmisión de la ideología.

La suspensión del juicio crítico se ve facilitada por la incorporación de la televisión al mercado de la comunicación de masas. A diferencia de lo que ocurre en el caso de los periódicos, la diversidad política es nula, no hay apenas diferencias entre las cadenas. Su forma de presentación impide revisar la información discrepante, lo que tampoco ocurre en el caso de la prensa. Dado el escaso esfuerzo que supone su uso, la captación llega incluso a las informaciones no aceptables. Estudios exhaustivos sobre la televisión como el de Comstock y otros (1978) confirman que una gran parte del público se expone no en razón de los programas, sino en razón del tiempo disponible. Por otra parte, extremo que también se confirma en los múltiples datos recopilados por Comstock y otros (1978), la televisión ocupa la posición de máximo prestigio en el conjunto de los medios. Resulta de ello un efecto imprevisto, pero con importantes consecuencias en el plano de las creencias y conductas colectivas. Ciertos sectores tradicionalmente aislados de la comunicación como sucede en el caso de la población rural, de la población femenina o de las capas menos instruidas de la población, se ven confrontadas con el mundo político, acontecimiento relativamente inédito en la vida de la sociedad. En ese sentido se puede convenir con Gerbner (1967) en que ciertos medios como la televisión crean una comunidad de perspectivas y creencias por encima de diferencias socioeconómicas preexistentes.

Una noción esencial en este cuadro explicativo es la de *percepción quasi estadística,* que se refiere a la capacidad para detectar las opiniones dominantes. De manera natural, el individuo, observando continuamente su entorno, percibe qué opiniones tienden a imponerse en las áreas que son objeto de controversia pública. Como en el caso de las modas, obtiene una impresión subjetiva respecto a las opiniones que están en alza y en baja. Su actitud de vigilancia le conduce a averiguar qué opiniones y conductas puede adoptar sin verse amenazado y cuáles es preferible silenciar o no practicar. Este proceder es instrumental para evitar el aislamiento y las observaciones quasi estadísticas que derivan de él repercuten directamente en la conducta colectiva.

Noelle Neumann se ha inspirado en este marco conceptual para llevar a cabo diversos trabajos de investigación en distintos campos cuyos resultados esenciales van a ser expuestos seguidamente. No siendo absolutamente contundente, la evidencia obtenida es lo suficientemente sólida como confirmación de las tesis esenciales. En la primera parte de la exposición las pruebas aportadas se relacionan con hipótesis de tipo global; en la segunda, esas pruebas son directamente relevantes para la explicación de la influencia de la comunicación de masas en los procesos electorales.

IV.1. *Evidencia acerca del impacto del clima de opinión*

El fenómeno selectivo debe estudiarse en condiciones naturales y en esa dirección se encamina el esfuerzo realizado por Noelle Neumann en el Instituto de Demoscopia de Allensbach (IDA). El *copy test* es un instrumento mediante el que se ponen en relación datos leídos y evitados en la lectura de un periódico con datos sobre la posición que el sujeto adopta frente a los problemas políticos. Su aplicación indica preferencia por los títulos concordantes con la posición de los entrevistados y cierta tendencia a evitar los artículos enfrentados a esta posición. Un avance de este método se encuentra representado por el sistema de telescopia, también usado en el IDA. El procedimiento se basa en la investigación de una muestra estable de algo más de 1000 sujetos de los que existen datos sobre actitudes. En el curso de la experiencia, por simple presión de un botón, se registra simultáneamente qué emisiones ve y evita cada uno de los sujetos integrantes del sistema, lo que permite analizar las pautas de exposición en relación con las actitudes. Las primeras investigaciones permiten constatar, en ciertos casos, la tendencia de los telespectadores de izquierda a evitar las emisiones de derecha y a la recíproca; no obstante, la evidencia más sobresaliente se refiere a la drástica reducción que ejerce la televisión en las tendencias selectivas de la audiencia. La televisión confronta con la realidad política a los sectores de la población no interesados en ella y lo hace en medida significativamente mayor que los periódicos. Así, los datos de Noelle Neumann indican que mientras que de cien personas que ven emisiones políticas sesenta no están interesadas en el tema, ese número desciende a treinta en el caso de lectores de periódicos. El interés, ordinariamente tenido por un buen predictor de la utilización de comunicaciones políticas, deja de serlo en el caso de la televisión, ya que se constata que dos tercios de los que habitualmente se exponen a programas políticos carecen de interés específico en esta área. Este fenómeno se aplica plenamente al caso del sector femenino de la población, cuyo menor interés tradicional por la política no supone un obstáculo para una exposición masiva a las comunicaciones de la televisión con ese contenido. En resumen, al tiempo que la explicación psicológica de la exposición selectiva no ha podido confirmarse satisfactoriamente, se neutraliza, o al menos se debilita en gran medida, el nexo entre ciertas variables sociodemográficas como el sexo y las tendencias selectivas *de facto*, lo que indica que algo está cambiando sustancialmente en el entorno de la comunicación.

Sin embargo, la sólida formación sociológica de Noelle Neumann determina que en sus trabajos el efecto de la televisión se atribuya menos a sus características como instrumento de comunicación que al fenómeno de la concordancia en la transmisión. Hay al menos tres trabajos en que los efectos se asocian con la tendencia a la coincidencia entre los medios. En los dos primeros casos se trata de resultados de encuestas no publicados; en el tercero se dispone de datos que permiten reflexionar sobre algunos enunciados teóricos ya mencionados.

El primero de ellos (Noelle Neumann, 1968) fue una indagación acerca de posibles determinantes de la percepción de la identidad alemana. Datos procedentes de encuestas realizadas por el IDA desde 1952 ponían de manifiesto la existencia de una visión mayoritaria y reiteradamente negativa del carácter alemán, pese a que en el último período la recuperación económica estaba en marcha. Un análisis de contenido de la programación habitual de la televisión y del periódico de derechas *Bild Zeitung* puso de manifiesto la existencia de una imagen coincidentemente negativa de los alemanes cuya presencia continua se consideró que habría influido profundamente en las apreciaciones del público.

En el segundo trabajo al que hace referencia Noelle Neumann (1978), lo que esencialmente se pone de manifiesto es la falacia consistente en contemplar los medios como mero espejo de las opiniones generales. Las actitudes de la población hacia el reconocimiento de la línea fronteriza Oder-Neisse entre Alemania y Polonia fueron comparadas con los argumentos manejados con más frecuencia en la televisión y el diario *Bild Zeitung*. Las emisoras de la televisión se encuentran mayoritariamente enfrentadas a las posiciones del público y la postura del periódico es contraria a la de la televisión. Por encima de esta casuística resulta importante tomar en consideración que, en ciertas ocasiones, un medio de singular importancia puede adoptar una postura discrepante con respecto a la opinión general.

El tercero de los estudios (véase Noelle Neumann, 1978, pp. 136-141) ejemplifica mejor el impacto de la coherencia entre los informadores y muestra una combinación de recursos metodológicos, reiteradamente usada más tarde, que resulta particularmente eficaz. Junto al análisis de contenido de los medios se lleva a cabo una encuesta entre la población y una entrevista para detectar criterios, percepciones y actitudes de los periodistas referentes al problema del paro. En el principio del período estudiado, éstos suscriben mayoritariamente la idea de que el paro disminuirá en los doce meses siguientes a la realización de la encuesta, en oposición a los trabajadores que en absoluto comparten esa idea. El efecto de este criterio compartido es que en los cuatro periódicos de ámbito nacional más importantes, y de forma descarada en la televisión, se difundan las percepciones de los periodistas, pese a que los datos sobre empleo posteriores confirman las expectativas de los trabajadores y no las de los informadores. De nuevo se constata que es más plausible de lo que se supone que el contenido de los medios pueda responder a las convicciones de una élite profesional, en lugar de servir de plataforma publicitaria a las opiniones de otras capas de la población.

Particularmente interesante resulta la evolución de la opinión en la muestra estudiada por referencia a las consecuencias percibidas del paro. De la aplicación de un cuestionario en el cual se interroga a los periodistas acerca de las consecuencias más graves del paro resultan tres particularmente importantes y cuatro secundarias; las primeras aparecen subrayadas en la prensa y las dos cadenas de televisión en reportajes, comentarios y debates; las segundas apenas son tenidas en cuenta. El peso del acento selectivo de los mass media en el tratamiento de los problemas durante un período suficientemente largo se deja sentir en las concepciones del público. Como muestra el cuadro 6, aparece una tendencia neta a «pasarse» a las convicciones de los periodistas y a renunciar a otras que con anterioridad se habían dado por buenas, tendencia que se manifiesta con especial intensidad en el grupo de clase trabajadora.

Añádase que *este fenómeno no está necesariamente impregnado de consecuencias nocivas; pone de relieve únicamente la existencia de una vía de circulación del poder y la influencia*, de modo que la calificación ética que merezca dependerá de la posición ideológica que se adopte. Piénsese que, en tanto que la medida propugnada por los trabajadores para superar la crisis del paro es despedir a los «Gastarbeiter» (trabajadores extranjeros), los periodistas ni comparten esa receta ni contribuyen a darle difusión a través de los medios, en los que sí recibe apoyo masivo la medida de aumentar los gastos de la liga obrera.

En conclusión, la información transmitida se ve mediatizada por la escala de valores de los periodistas, operación que imprime un rumbo selectivo a las informaciones y que parece magnetizar en ciertos casos las percepciones de la audiencia. La demostración del efecto es

CUADRO 6. *Percepción de los problemas del paro según los trabajadores, la élite y los periodistas*

	Trabajadores (N: 219)	*Elite* (N: 46)	*Periodistas* (N: 81)	*4 periódicos importantes y las 2 cadenas de TV (período de análisis: 9 meses)*
Problemas que los comunicantes ponen las más de las veces en evidencia:	%	%	%	%
Dificultades para las mujeres	19 (+6)	22 (±0)	44	61
Dificultades para los que carecen de formación especializada	45 (+9)	46 (+3)	52	34
Dificultades para los trabajadores de más edad	51 (+4)	54 (+11)	57	27
Problemas que los comunicantes ponen menos habitualmente en evidencia:				
Responsabilidades de los sindicatos	14 (−8)	22 (±0)	4	4
Medidas radicales para los parados ..	32 (−9)	48 (−8)	12	1
Aversión al trabajo de muchos parados ..	37 (−3)	20 (+5)	5	3
Impresión de desamparo sentida por los parados	27 (−3)	15 (+5)	4	6

Nota: Como puede observarse en el cuadro, la valoración de la importancia de los problemas entre los periodistas no coincide con la que hacen los otros dos grupos. También puede observarse que es mayoritariamente la perspectiva de los informadores profesionales la que se pone de manifiesto en los medios (última columna de izquierda a derecha). El procedimiento de selección de problemas consiste en presentar un juego de 16 tarjetas donde figuran los problemas de donde los sujetos de los tres grupos han de seleccionar siete. La tabla refleja también el cambio de opinión en un período de seis meses. El signo (+) representa acentuación de la importancia percibida de los problemas y (−) su disminución. Como puede observarse, existe una clara tendencia a que las opiniones de los trabajadores se aproximen a las de los periodistas.

Fuente: Noelle Neumann, 1978, p. 138.

factible en la medida que se seleccione la cuestión adecuada y se sigan ciertos procedimientos metodológicos. El recurso de combinar el análisis de contenido con la investigación por encuesta de las opiniones de los periodistas y del público de acuerdo con las pautas del método panel se muestra particularmente eficaz en el intento de demostrar la existencia de efectos.

De todos modos, la selección de las cuestiones adecuadas no representa un problema de escasa envergadura. El intento de medir la influencia ha venido tropezando con *dos obstáculos.* El impulso de la comunicación de masas tomado como una acción puntual carece de la fuerza necesaria para ejercer efectos de consideración. Una vez que se intenta aislar el efecto, las condiciones en las que los medios podrían influir desaparecen. Pero, además, no hay teoría susceptible de actuar como guía en la investigación sobre este tipo de influencias. A corto plazo no es probable que se pueda obviar esta segunda limitación. En cambio, sí existen *dos estrategias* capaces de neutralizar la primera de ellas: *elegir situaciones que refuercen los impulsos,* lo que no significa otra cosa que optar unas veces por las acciones muy notorias y las más de ellas por las de naturaleza repetitiva, *y localizar cuidadosamente áreas o zonas sensibles* en las que tales impulsos se manifiestan con la forma e intensidad adecuadas.

Los estudios de opinión sugieren que las actitudes hacia las personas constituyen un campo de *zonas sensibles.* Noelle Neumann (1972), al considerar «zona sensible» la actitud hacia ocho políticos pertenecientes indistintamente a las formaciones conservadora (CDU/CSU) y socialdemócrata (SPD) constata empíricamente que las personas que tienen muchos o bastantes contactos con las emisiones políticas de la televisión modifican más sus opiniones en el curso de la campaña electoral que aquellas que tienen pocos, con independencia de que lean muchos o pocos artículos en los periódicos. Las actitudes hacia los líderes de cualquiera de las dos formaciones devienen más favorables entre aquellas personas que más uso hacen de la televisión. En suma, la televisión parece mejorar la imagen que el público tiene de los políticos, es decir, apuntala el proceso mediante el cual se legitima la actividad política.

IV.2. *El impacto del clima de opinión en los procesos electorales: la espiral de silencio*

Ha habido desde que los procesos electorales comienzan a despertar el interés de los científicos sociales un acre debate en torno a la amplitud de la influencia de la comunicación de masas. En el apartado anterior se han ofrecido algunas pruebas de que la *manera sutil y acumulativa* de influir que tienen los medios no es en absoluto despreciable. En éste vamos a tratar de sintetizar algunos resultados obtenidos en relación con la evolución de las actitudes del público en los procesos electorales a partir del concepto de clima de opinión. Pero antes de hacerlo es preciso formular varias consideraciones directamente relacionadas con la cuestión.

Al estudiar la relación entre tendencias de voto y percepciones de los sujetos que responden a una encuesta se observa un fuerte desfase entre ambas. Por ejemplo, mientras que la simpatía hacia un partido A aumenta, según los datos, tan sólo en un 2 %, las respuestas según las cuales la mayoría de la gente tiene una opinión favorable de ese partido A, aumentan de un 10 % a un 15 %. En particular, señala Noelle Neumann, entre 1974 y 1976 el número de partidarios del partido socialista varió en torno al 3 % en Alemania Federal, pero el porcentaje de respuestas según las cuales la mayoría de las personas sería favorable o desfavorable a dicho partido fluctuó en torno al 26 %. Dicho efecto de amplificación se relaciona con la existencia de ciertas señales climáticas generadas por los medios y su reflejo no representa sino la tendencia al público a regular su conducta con el fin de evitar el aislamiento.

En una situación de debate público en la que se enfrentan dos tendencias tiene lugar un proceso constituido por varias fases y que puede generar lo que Noelle Neumann denomina «espiral de silencio», la cual se producirá sólo en la medida que en el entorno de la comunicación alguna de las tendencias de opinión en pugna se vea más representada que las otras. A esta representación desequilibrada puede contribuir decisivamente la acción de los medios. En realidad, lo que hace Noelle Neumann es llevar al ámbito de lo colectivo un fenómeno detectado en el plano de la interacción cara a cara y concretamente en el ámbito de investigación de los pequeños grupos: el individuo enfrentado a una mayoría unánime se siente presionado a aproximar sus juicios a los de ella, sea por presiones directas, sea porque los juicios sobre asuntos públicos son inciertos y tiende a verse a los muchos como representantes de la norma y la razón [4]. De la misma forma, la expresión de las opiniones no sólo está sometida a la ley de la convicción, sino también a la dinámica del entorno de la comunicación. El hecho de que ciertas opiniones aparezcan reiteradamente expuestas en los medios no lleva al público a preguntarse por los sesgos ideológicos de los comunicantes, sino a atribuir sin más a esas opiniones un alto grado de implantación. Los partidarios de las ideas en alza, al expresarse con fuerza y seguridad, producen la sensación de constituirse en un número mayor que el de las personas que apenas se atreven a expresarse públicamente y, por lo mismo, producen la impresión de representar opiniones menos valiosas y menos extendidas. La consecuencia de esta impresión es que se produzca en aquellos que son testigos de esta dinámica (especialmente cuando sus ideas no son muy firmes) la tendencia a incorporarse al primer grupo, incorporación favorecida por la tendencia que se da en el segundo a retraerse. El proceso puede continuar, de suerte que se produce una auténtica *espiral de silencio.* Así pues, en el caso de cuestiones bajo controversia, las fuentes de las que el individuo obtiene información acerca de las opiniones dominantes son el entorno inmediato en el que discurre su actividad como ser social y el indirecto en el que básicamente es receptor de representaciones acerca de la realidad pública.

Todas estas nociones han sido provechosamente aplicadas a un intento explicativo no convencional de los resultados de varios procesos electorales.

Al efectuar el análisis de dichos procesos en 1965, 1972 y 1976, Noelle Neumann observa una dinámica común: conforme se avanza hacia la fecha del escrutinio se refuerza entre el público investigado la opinión de que ganarán las formaciones que más tarde alcanzan el poder [5]. Una inspección más fina permite obtener una visión tamizada por los efectos del clima de opinión. En 1965, las formaciones CDU/CSU-SPD están bastante igualadas en lo que se refiere a intención de voto durante el período de nueve meses que dura la campaña. No superando un 10 % la diferencia en intención de voto a favor de los conservadores, dicha diferencia se amplía al triple si lo que se pregunta a los sujetos es *no a quién van a votar, sino quién cree que va a ganar. Las percepciones en este caso no reproducen, sino que anti-*

[4] Véase S. E. Asch, 1964, pp. 449-499.

[5] Concretamente, las informaciones CDU/CSU en 1965, SPD en 1972 y SPD/FDP en 1976.

cipan, amplificándolas de manera sorprendente, las diferencias reales al final del proceso, las cuales son mucho menores (véase figura 6):

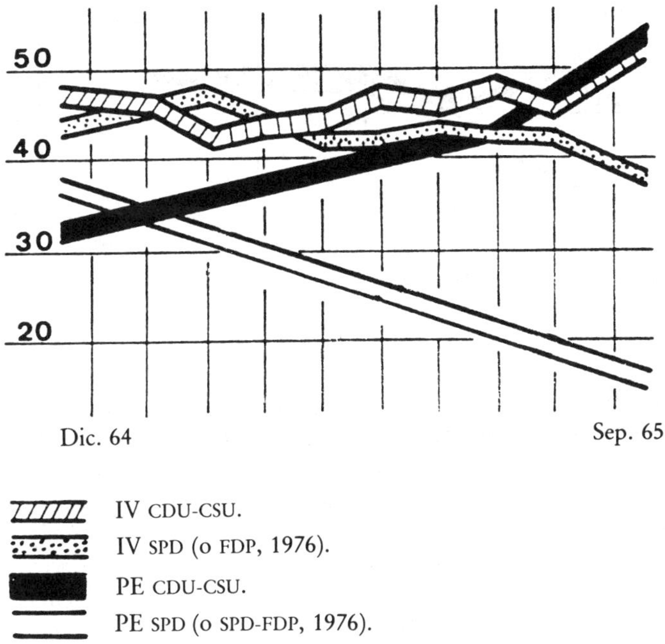

Nota: IV =intención de voto. PE =pronóstico de triunfo o éxito, en relación con la formación política de que se trate.

Fuente: Noelle Neumann, 1978, p. 149.

FIGURA 6.

En 1972 se produce un fenómeno similar; la intención de voto a lo largo de la campaña de seis semanas hace ver que el nivel de apoyo del que gozan los partidos rivales es similar, aunque el clima de opinión es netamente favorable a los socialistas. En la culminación del proceso, un 3 % del electorado se pasa al partido vencedor (figura 7):

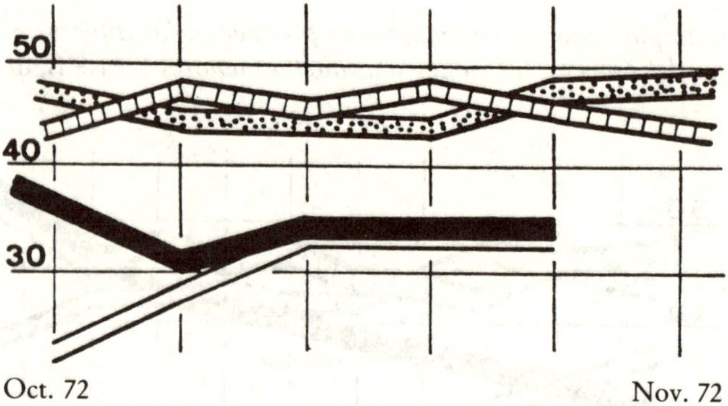

Fuente: Noelle Neumann, 1978, p. 150.

FIGURA 7.

En 1976, los eventos que tienen lugar son una prueba concluyente de la imposibilidad de desligar el efecto de la comunicación de masas de los resultados electorales. El estudio de la intención de voto muestra la casi práctica imposibilidad de diferenciar entre el nivel de apoyo público a conservadores y socialistas. Es al final del proceso cuando se produce la afluencia de votos que lleva a la derrota a los primeros. Pero lo más notable es que, no existiendo evidencia empírica acerca de esa diferencia, las percepciones públicas respecto a la victoria de la coalición SPD/FDP crecen de manera inexplicable. Dichas oscilaciones parecen no tener justificación basada en la frecuencia de apariciones públicas de conservadores y socialistas, que es similar; los cambios en el clima de opinión no tienen razón de ser, desde el punto de vista de la actividad de ambas formaciones. Esta explicación sumamente atrayente en la que se ampara Noelle Neumann apela a las relaciones existentes entre las percepciones públicas y el entorno simbólico creado por los medios. *Cuando se compara a las personas que ven con asiduidad, de vez en cuando y raramente la televisión, se pone de manifiesto que la alteración del clima tiene lugar de modo muy especial en las primeras, menos en las segundas y apenas en las últimas.* En otras palabras, el tránsito hacia la postura preconizada por la televisión se opera fundamentalmente en aquellos que, por el intenso uso que hacen de este medio, se encuentran en óptimas condiciones para interiorizar la perspectiva valorativa favorecida. Un extremo que se confirma en relación al efecto de este medio es el carácter secundario del interés. El cambio de perspectiva a favor de la victoria socialista se produce por igual entre los no interesados y los interesados en las cuestiones políticas. Siempre que sean telespectadores asiduos, la tendencia que se instaura produce su inmersión en la corriente de expectativas que crea la televisión (figura 8):

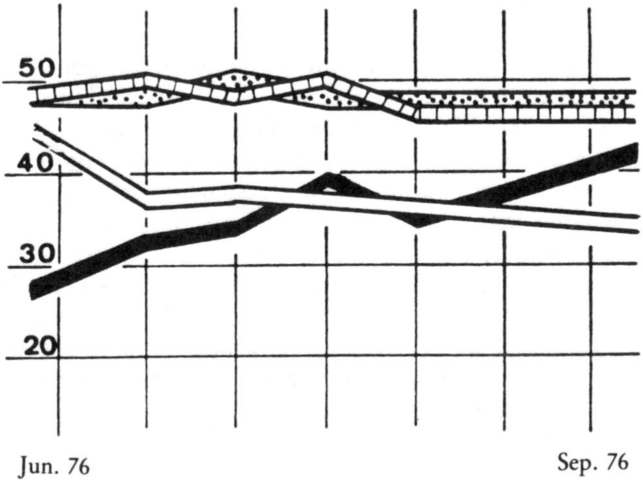

Fuente: Noelle Neumann, 1978, p. 151.

FIGURA 8.

El caso de 1976 es interesante porque configura una situación de lo que Noelle Neumann llama *doble clima de opinión (doppelte Meinungsklima).* Al comienzo de la campaña electoral los datos de las encuestas muestran que mientras que en la población se encontraba fuertemente implantada la perspectiva de una victoria de los conservadores, sólo un 10 % de los periodistas de radio, televisión y prensa compartía esa visión. Al introducirse esta perspectiva de los comunicantes en el flujo de informaciones se vería alterado el proceso de comunicación en dos etapas. Los influyentes habrían tenido que afrontar el conflicto entre las señales del entorno social, favorables a la victoria conservadora, y las del entorno de los medios, favorables a la victoria socialista. La televisión habría jugado un papel crucial en esta dialéctica de doble clima; el impacto de la campaña conservadora hubiese sido superior de no haberse visto confrontado con el ataque ascendente, implícito en las expectativas sobre la victoria socialista.

V. MEDIOS DE COMUNICACION DE MASAS Y ESTABLECIMIENTO DE LA AGENDA

La perspectiva diacrónica en el estudio de los efectos pone de manifiesto la existencia de un creciente interés por las consecuencias acumulativas y a largo plazo de la comunicación de masas.

En lo que se conoce como *función de establecer la agenda pública* o *proceso de tematización* tiende a resumirse esta operación que, esencialmente, consiste en el reconocimiento del poder de la comunicación de masas para establecer de cara a los receptores la relevancia de los problemas y cuestiones en función de la importancia diferencial que les concede. Resulta más adecuado la utilización del término «establecer» que la del de «determinar» por cuanto que, de acuerdo con el carácter sutil que la hipótesis atribuye a la influencia masiva, el papel de los medios consiste más en formar impresiones o alterar el grado de importancia que las cuestiones adquieren para la colectividad que en producir abruptos cambios.

Pero no debe confundirse continuidad en el proceso de influencia con inocuidad. El rechazo del modelo hipodérmico, evidente desde comienzos de los setenta, no implica una visión restringida de la importancia de los efectos. Sucede más bien lo contrario; la noción de impacto directo supone en realidad una traba que, una vez superada, permite contemplar nuevas formas de efectos.

La hipótesis sobre la función de establecer la agenda pública plantea problemas de naturaleza teórica y metodológica, de entre los que vamos a mencionar algunos de los más evidentes.

Por lo que respecta al *status* conceptual de la hipótesis:

1. Hay un halo de determinismo ambientalista en la concepción de que en los usuarios de los medios se reproduce en virtud de la exposición el conjunto de cuestiones planteado en el proceso de transmisión. Las versiones extremas llegan a postular la existencia de una organización similar (en composición, orden e importancia relativa) de los elementos constitutivos de las agendas masiva y pública. Esto

supone el regreso a posiciones obsoletas y tiene su razón de ser en otra carencia que se menciona en el punto siguiente.

2. El modelo de *agenda setting*, al menos en la versión inicial de McCombs y Shaw (1972), no reserva espacio alguno para postulados de carácter psicosociológico con capacidad para explicar las mediaciones que se producen entre las comunicaciones y las percepciones o conductas de la audiencia. Incurre de esa forma en un sociologismo que limita el ulterior desarrollo de la hipótesis.

Desde el punto de vista metodológico también se pueden plantear diversos interrogantes.

1. Existe un problema referente al propio objeto de medición, ya que no está claro el tipo de relación que se establece entre las agendas de los distintos medios. En tal caso, ¿qué es la agenda, la forma en que se estructuran los problemas a partir del entorno global que crean los medios, alguno de ellos particularmente influyente o simplemente el que determinados sujetos utilizan con más asiduidad? Se plantea en ese caso el problema de *cuál* debe ser el objeto de nuestras mediciones.

2. Un segundo problema se refiere al *cuándo*. ¿En qué momento se inicia, termina y alcanza su punto álgido el efecto? Dicho de otro modo, una vez establecido el objeto y la forma de las mediciones en el contexto de la comunicación, hay que tomar una decisión similar en el contexto del público.

3. Un tercer problema alude al *qué* medir en el contexto del público. ¿Opiniones, creencias o percepciones en sentido amplio? Aparte de estas variables relacionadas con el proceso de los efectos existen otras de carácter intermedio como *necesidad de orientación, interés, naturaleza y tipo de exposición*, etc. En el estadio actual de desarrollo de la hipótesis, variables de este tipo no se encuentran incorporadas de forma sistemática.

Sin embargo, la contribución de Noelle Neumann apunta algunas soluciones a esas limitaciones. Trataremos de justificar nuestra afirmación.

Esa perspectiva se sitúa en el ámbito de las actitudes políticas, regresando a un área clásica: la investigación sobre los efectos de las campañas en la conducta electoral.

Por otra parte, representa un proceso de elaboración conceptual superior al que se da en las formulaciones sobre la agenda, en la medida que: *a)* circunscribe la generalidad del proceso de construcción de la agenda por parte de los medios a su concreción en las elecciones políticas; *b)* considera el proceso de influencia de una forma más completa, ya que éste se genera según una secuencia que tiene su origen en los comunicantes (y que está mediatizada, no hay que olvidarlo, por sus valores, normas y criterios profesionales), prosigue en su incorporación a los contenidos y formas de presentación de la comunicación y finaliza en sus presumibles efectos sobre las conductas de los receptores, y *c)* explora la relación entre la intensidad de la exposición y el grado de interiorización de aquellas opiniones que, siendo parte del universo de los comunicantes, pasan a formar parte del entorno de la comunicación.

Por tanto, se trata de una estrategia de investigación más compleja en la medida que coordina la investigación sobre las opiniones de los comunicantes con el análisis de esas mismas tendencias en la comunicación de masas y en el público, de acuerdo con las pautas del método panel.

Pero, además, la contribución de Noelle Neumann no representa solamente una novedad metodológica, sino también un intento de superar algunas limitaciones de la hipótesis de la función de establecer la agenda por medio del recurso a ciertas mediaciones de carácter psicosociológico.

Piénsese en primer lugar en el paralelismo entre los rasgos que se le atribuyen al «clima de opinión» y la opinión como *crédito o reputación.* Se resalta así su carácter de norma asociada a la presión de la mayoría, lo que en definitiva supone tender un puente hacia los fenómenos relacionados con el conformismo, un tema central en la psicología social.

En segundo lugar, el reconocimiento de que el poder de influir de la comunicación se debe esencialmente a la homogeneidad y concordancia entre los comunicantes, esto es, a la uniforme selección que imponen en el proceso de comunicación, no excluye el reconocimiento de la tendencia a la exposición selectiva en los receptores, un fenómeno de carácter psicológico. Tampoco estaría de más recordar que la cuestión de la influencia de las minorías es muy importante en la investigación psicosociológica actual, a raíz, sobre todo, de las aportaciones de Moscovici.

En tercer lugar, la influencia personal no está reñida con la influencia masiva. En el entorno de la opinión, los individuos disponen de las señales procedentes de su medio social y de las de la comunicación de masas. Es en esa dialéctica, en la que las posiciones minoritarias (marginadas) suelen enmudecer, donde tiene lugar el proceso que da lugar a la elección entre alternativas de opinión.

Señalemos, para finalizar, que los análisis de Noelle Neumann se centran de manera preferente en los procesos electorales, si bien se incardinan dentro de la corriente de la función de establecer la agenda pública. En ese sentido, tratan de los efectos que tienen los acuerdos, explícitos o tácitos, entre los comunicantes a la hora de valorar posiciones o alternativas políticas formalizadas. Podemos suponer en tal sentido que existe un grado considerable de intencionalidad entre los comunicantes en tales casos, es decir, que nos encontramos en presencia de aquellos aspectos de la ideología que son más manifiestos y conscientes para el público y sus agentes.

Ahora bien, una ampliación de esa explicación junto con su emplazamiento en modos menos intencionados y más naturales de influencia nos lleva a recalar en la producción teórico-empírica de la escuela de Annenberg, de la cual vamos a tratar ampliamente en el siguiente capítulo.

7. LA PERSPECTIVA DE GERBNER: TEORIA DE LOS INDICADORES CULTURALES Y ANALISIS DE CULTIVO

I. LA ANNENBERG SCHOOL OF COMMUNICATIONS

El horror a la teoría ha sido una constante en la investigación sobre comunicación de masas a lo largo de sus casi cincuenta años de historia. El empirismo a ultranza, saludable en otras áreas preñadas de idealismo, ha constituido en ésta una coartada para aquellos cómodamente instalados en la investigación de audiencias o en los estudios de campañas. Sin embargo, esta continua dejación por parte de los investigadores durante tan largo período ha determinado que el proceso de elaboración teórica haya pasado a adquirir en el presente el carácter de urgente necesidad.

Ese es uno de los motivos por los cuales la contribución de Gerbner es, como mínimo, meritoria. Decano de la *Annenberg School of Communications* y líder indiscutible de un grupo de investigadores en comunicación entre los cuales cabe distinguir a Larry Gross, Michael Morgan y Nancy Signiorielli, George Gerbner ha venido trabajando con dedicación en la investigación de los fenómenos de la comunicación de masas desde principios de los sesenta y no ha dejado de hacerlo hasta el presente.

El propósito inicial de Gerbner (1967) es ambicioso, tal vez demasiado ambicioso, porque su meta es establecer las consecuencias sociales de los sistemas de mensajes masivamente producidos. Esa intención primera que, por fuerza, habría desembocado en la construcción de una teoría de la cultura, difícilmente traducible a los términos de la investigación empírica, se irá limitando al objetivo más aprehensible de calcular las consecuencias que sobre una comunidad, en sentido amplio, tiene el hecho de que la televisión, el medio más prestigioso y asiduamente frecuentado por el público, ponga a su disposición perspectivas comunes de pensamiento y conducta. Esta operación a la que Gerbner da el nombre de «publicación» es la que ejerce consecuencias psicosociales más profundas. En ese sentido, la de

Gerbner no es una teoría de los efectos, si por tal se entiende el cálculo específico de las consecuencias que tiene introducir en el flujo de la comunicación ítems o mensajes concretos, sino un modelo basado en el supuesto de que la principal función de los medios consiste en establecer la agenda pública. Así pues, en conjunto, la contribución de Gerbner se sitúa en esa corriente y en ningún caso en la de aquellas otras que buscan explicaciones sobre fenómenos particulares como la influencia de campañas políticas o, simplemente, el cambio de actitudes. Sin embargo, la investigación de Gerbner arroja resultados directamente relevantes para la comprensión de la contribución de la comunicación de masas al cambio de actitudes. La explicación de tal nexo no recurre a ninguno de los modelos conocidos acerca del cambio de actitud, sino a la noción de «cultivo», más relacionada con el modo en que las personas forman impresiones acerca del entorno a partir de la penetración sistemática de los contenidos de la comunicación de masas.

A finales de la década de los sesenta, Gerbner (1967) aspira a fundar una teoría sobre la cultura de masas y un método para el análisis de los sistemas de mensajes masivamente producidos. A comienzos de la de los ochenta (véanse a este respecto Gerbner, Gross, Morgan y Signorielli, 1980 y 1982), este propósito se había materializado —y tal vez concretado restrictivamente— en un conjunto de proposiciones, basadas en resultados empíricos rigurosamente contrastados, acerca de los efectos en las percepciones sobre el entorno, las actitudes y las opiniones que ejercen las pautas diferenciales de uso de la televisión. Y sin embargo, su teoría difícilmente podría clasificarse bajo alguna de las dos categorías rivales en el contexto de la investigación sobre comunicación de masas. El modelo no era asimilable a ningún tipo de explicación sobre los efectos, ni habría seguido los derroteros típicos del paradigma de los usos y gratificaciones. Tampoco era reductible a una teoría, con sus consiguientes correlatos empíricos, de la cultura de masas. Y, sin embargo, de todas esas perspectivas había incorporado algún elemento importante.

En la medida que el de Gerbner es un intento sistemático de aprehender empíricamente las regularidades en las representaciones que los medios de comunicación de masas producen a partir de su reflexión sobre el entorno, es directamente relevante para una ciencia sobre la cultura de masas contemporánea.

En la medida que se supone una relación regular entre las formas de representación de la realidad y los conceptos y supuestos sobre el mundo que asumen los usuarios de los medios se trata, sin duda alguna, de una teoría de los efectos.

Si, finalmente, se tiene en cuenta que la magnitud en que los usuarios interiorizan ese conjunto de representaciones depende, entre otras cosas, de la intensidad de sus exposiciones, las cuales, a su vez, guardan una compleja relación con diferencias de tipo sociodemográfico, el modelo de Gerbner asume algún tipo de asociación entre variables contextuales y conducta hacia los medios. Indirectamente introduce, por tanto, exigencias que son centrales en la orientación sobre los usos y gratificaciones.

Por tanto, la teoría de los *indicadores culturales* de Gerbner, junto con el *análisis de cultivo,* su contrapartida en el estudio de las tendencias de pensamiento o acción colectivas constituyen un marco teórico más global y completo que el aportado por cualquiera de las contribuciones precedentes sin las que, por otra parte, difícilmente podría haberse construido.

Hay un elemento, de naturaleza implícita, que, junto a las tres incorporaciones anteriores, confiere a la concepción de Gerbner un carácter unitario, pero, sobre todo, radicalmente distinto a las otras concepciones examinadas con anterioridad, excepción hecha de la de Noelle Neumann. El tipo de influencia que facilita la comunicación de masas es de carácter sutil y acumulativo, pero, además, es el soporte de una representación continua acerca del poder, su dinámica y sus agentes. Resulta tentador proponer una analogía entre esta concepción y la de reproducción ideológica de Althusser (1970), para quien los medios forman parte del conjunto de *aparatos ideológicos de Estado* en la sociedad de clases. El parentesco no procede únicamente de la importancia que el fenómeno del poder tiene en el conjunto de los trabajos de Gerbner y sus colaboradores, sino también de la recuperación y posterior introducción de cuestiones estrechamente emparentadas con la sociología crítica, como las relativas al conservadurismo, la dominación y la falsa conciencia. No es novedoso el estudio del prejuicio y el estereotipo en la sociología de la comunicación, como tampoco lo es el de sus funciones sociales. Sin embargo, los trabajos de la escuela de Annenberg arrojan luz sobre la dinámica de su cultivo en el proceso de la comunicación. Ciertamente, en lo que tienen de indagación acerca de los efectos sociales de la cultura de masas, estos trabajos llenan un hueco en la sociología para la que aquélla ha sido objeto de especulación teórica exclusivamente.

Como habrá ocasión de comprobar en lo que sigue, estamos ante uno de los intentos más inclusivos de explicar los procesos, funciones y consecuencias de la comunicación de masas. En los siguientes apartados trataremos de dar una imagen lo más completa y exacta posible de la contribución de Gerbner.

II. CULTURA DE MASAS, PUBLICACION Y OBJETO DE UNA CIENCIA DE LA COMUNICACION DE MASAS

La proposición «vivimos de acuerdo con las historias que contamos» sintetiza la idea de Gerbner respecto a las funciones de la cultura de masas. La narración crea un entorno de mensajes e imágenes al cual reaccionan las personas. En definitiva, lo que se entiende por cultura no es sino el proceso mediante el cual la sociedad reflexiona y traduce a significados comprensibles el resultado de esas elaboraciones. En este contexto el término «cultura» tiene una significación muy amplia. Incluye actividades humanas tan distintas como el arte, la ciencia, la religión y otros relatos. Sus funciones son también diversas: regular las relaciones sociales, introducir a las personas en el mundo de los roles, géneros, edad, clase y vocación, proporcionar modelos de conformidad, etc. (Gerbner, 1967). En términos más abstractos y generales, la cultura de masas en su materialización, que es la comunicación de masas, puede considerarse como aquella organización simbólica que nos socializa cultivando fantasías acerca de un mundo que no experimentamos directamente. Ese sistema de historias y otros artefactos media la relación entre existencia y conciencia de la existencia de forma que acaba modelando tanto a la primera como a la segunda [1].

Tres elementos confieren su especificidad y su capacidad de penetración a la comunicación de masas (Gerbner, 1967).

En primer lugar, en cuanto cultura de masas, lleva aparejado un carácter normativo que incrementa significativamente su influencia.

En segundo lugar, únicamente podría hablarse de normalización a condición de que el efecto fuese suficientemente amplio. Eso es lo

[1] Las citas del trabajo de Gerbner (1967) proceden de la compilación de McQuail (1972). Hemos optado por la referencia de 1967, aunque las citas procedan de 1972, para dar una mayor coherencia a la exposición.

que justamente implica el proceso de *publicación;* el hecho de que la comunicación de masas cree un universo referencial por encima de las diferencias realmente existentes entre los grupos sociales es el primer paso para que se cree un marco normativo común que, sin liquidar las diferencias realmente existentes entre clases, castas o grupos, se sobreimpone a ellos y crea la ilusión de la unidimensionalidad. Este fenómeno ha sido advertido desde perspectivas tan distintas como las de Moscovici (1981), Habermas (1962) y Poulantzas (1969). Este último, al hablar de la dialéctica unificación-separación en el Estado burgués se está refiriendo precisamente al caso; bajo su condición de público la sociedad funciona unitariamente, bajo el impulso del común interés; en el proceso de intercambio económico, funciona de forma separada, de acuerdo con los intereses conflictivos de los grupos y personas.

En tercer lugar, la publicación no es heterogénea, sino homogénea, y esto que, en el caso estudiado por Noelle Neumann, se debe a complejos procesos mediante los cuales los comunicantes llegan a acuerdos básicos respecto a las alternativas políticas que en situaciones de controversia han de ser apoyadas, en el flujo habitual de las comunicaciones tiene más que ver con un proceso no intencional, «inconsciente» de transmisión de ideología.

Hay, según Gerbner, tres tipos de relatos culturales. Relatos acerca del *funcionamiento* de las cosas, que son descripciones sobre fenómenos o sobre intercambios entre personas. Relatos acerca de lo que las cosas *son.* Estas seleccionan hechos, anécdotas, descripciones o explicaciones destinados a confirmar para una sociedad las fantasías sobre su propia realidad. Relatos, finalmente, acerca de *valores y alternativas* que, sobre la base de las descripciones efectuadas, señalan las alternativas y prioridades a seguir. Se trata de las exhortaciones y sermones de otros tiempos, cuyo lugar ha sido ocupado en el presente por la publicidad en la medida que junto a estilos de vida deseables presenta las vías para alcanzarlos.

En concordancia con tales distinciones, Gerbner (1967) propondrá la siguiente definición de comunicación humana que se reitera con matices diferentes a lo largo de su contribución: «Producción, percepción y adquisición de mensajes acerca de lo que hay, lo que es importante y lo que es correcto» [2]. Tal definición implica que la co-

[2] Gerbner, 1967, p. 36.

municación realiza al menos tres procesos: *a)* seleccionar del conjunto de fenómenos del entorno, algunos de ellos que pasan a ser objeto de atención de las comunicaciones; *b)* establecer prioridades indicadoras de la relevancia de tales fenómenos; *c)* confrontar los objetos de reflexión con los valores. Aunque Gerbner no haga explícita la relación entre esas operaciones y la formación y el cambio de actitudes, parece obvio que esa relación existe, cosa que se pone de manifiesto en la progresiva orientación de su trabajo precisamente hacia esa área.

La cultura de masas es la superestructura del orden industrial, última fase del desarrollo social. Desde el punto de vista de la cultura, a una etapa preindustrial, caracterizable por el predominio de las formas de comunicación cara a cara, la dependencia de la memoria y los rituales y la repetición de un conjunto limitado de mitos, le habría seguido la primera transformación industrial asociada a la aparición de la imprenta y el libro, el cual libera a las conciencias de los instruidos de las interpretaciones de curas y ministros locales. La segunda transformación industrial alcanza en lo cultural su forma más avanzada en la generalización de la televisión, medio que supera y desplaza al resto y viene a sustituir con éxito a la religión de otros tiempos. Más accesible que los otros medios, cumple con más eficacia que ellos la tarea de homogeneización en la medida que sus representaciones son fáciles de decodificar y ni siquiera exigen de una destreza básica como la lectura. De manera similar a la religión, la exposición a la televisión es un ritual, aunque la frecuencia con que se asiste a las pláticas del púlpito electrónico es infinitamente superior a la que los ministros de la Iglesia en otros tiempos trataban de lograr con la amenaza de la condenación eterna.

III. OBJETO DE UNA CIENCIA DE LA COMUNICACION DE MASAS

Según Gerbner, la tarea de una ciencia de la comunicación social no es el estudio de la transmisión y/o su impacto, sino más bien el de la interacción social a través de mensajes, definidos como «fenómenos simbólicos o representacionales, formalmente codificados, con algún significado compartido en la cultura y producidos con el fin de evocar significación» [3]. Gerbner (1967) especifica dos rasgos esencia-

---

[3] *Ibidem*, p. 39.

les en una perspectiva comunicacional cuyo objeto sea el estudio de la conducta y la cultura. En el proceso estudiado, los mensajes desempeñan un rol central. Las partes de ese proceso que se convierte en objeto de estudio son la producción, contenido, transmisión, percepción y uso de tales mensajes. Se diría, pues, que la perspectiva de Gerbner es directamente relevante para el conocimiento de los efectos psicosociales, pero a la vez pretende llegar más allá de ellos, propósito que reconoce el propio Gerbner al señalar que lo que distingue a una alternativa comunicacional de otras es «la medida en que haga de la naturaleza y el rol de los mensajes en relación con la existencia y la sociedad, su interés esencial y su base organizativa» [4].

Resulta importante hacer notar una distinción que podría pasar desapercibida en una revisión apresurada de la teoría de los indicadores culturales de Gerbner. Por otra parte, se trata de una diferencia básica entre las viejas y las más modernas concepciones acerca de la influencia de la comunicación de masas. En muchas de las primeras está implícito una especie de maquiavelismo de los comunicantes, que tratan de «vencer» las voluntades de los miembros de la audiencia y, en ese sentido, resulta inevitable que la investigación sobre los efectos de la comunicación oscile entre la búsqueda de aquellos factores que facilitan la persuasión y los que constituyen un obstáculo. La idea de *propaganda* refleja esta concepción de la relación entre la comunicación y sus potenciales receptores. Ahora bien, aunque en la concepción de Gerbner (1967), la comunicación de masas se asocia al ejercicio del poder estableciendo nuevas formas de dominación a gran escala, la dialéctica de la influencia no gira en sentido estricto en torno a la relación discurso político-cambio de opinión. La operación de influencia más característica y eficaz, coincidente por otro lado con la noción de agenda, radica en un patrón de funcionamiento habitual y no relacionado sistemáticamente con el deseo de influir de los comunicantes. Tal operación consiste en asignar y distribuir de manera diferenciada la atención hacia las distintas partes o elementos del entorno. En ese sentido, la forma más penetrante de propaganda no es equiparable a la orientación descarnadamente intencional de la opinión mediante la manipulación de los símbolos, sino las formas de transmisión que adopta una perspectiva cultural totalizadora. Por decirlo de un modo sintético, *hay una perspectiva política*

---

[4] *Ibidem*, p. 39.

implícita en las comunicaciones no políticas y al conocimiento de su forma y estructura ha de orientarse la investigación.

Con objeto de proporcionar un asentamiento material a esta distinción, Gerbner propone el uso del concepto de *cultivo* y no del de propaganda, que tiene un campo de aplicación mucho más limitado. El rol de los medios consiste menos en dislocar el pensamiento público que en cultivarlo de modo continuo. Aunque Gerbner considera a los medios como el aparato ideológico del orden industrial, ello no le impide adjudicarles autonomía relativa. En tal sentido no se ampara en una visión mecanicista de la relación entre la base económica y la superestructura de la sociedad. Opta más bien por suponer que en las decisiones de los comunicantes pesan normas, valores y compromisos mutuos que les llevan a tomar posiciones relativamente homogéneas respecto a los fenómenos. En todo caso, Gerbner se ocupa fundamentalmente de los resultados del proceso y apenas de sus causas. En relación con esos resultados, Gerbner es bastante explícito; cuando las agencias de comunicación modifican su posición, debido a un cambio de su clientela o de sus valores dominantes, se produce un cambio en la significación de las imágenes y patrones de conducta existentes, aunque no haya tenido lugar una transformación a escala social. *Dicho en términos más simples, los medios pueden producir la sensación de un cambio de valores en el contexto de la sociedad que no pasa de ser la expresión de sus propios cambios de valores.* Este proceso mediante el que las perspectivas de pensamiento pasan de privadas a públicas no es otro que el de *publicación*, al que ya se ha hecho referencia con anterioridad. Mediante la publicación se generan modos compartidos de seleccionar y contemplar hechos y aspectos de la vida; su forma más avanzada es la producción y distribución masiva de sistemas de mensajes; su consecuencia es la creación de públicos a los que les es proporcionada una dieta de información, fantasía o entretenimiento de acuerdo con la perspectiva a cultivar. En suma, la publicación tiene las siguientes funciones y consecuencias: *a)* constituir y mantener públicos; *b)* construir perspectivas comunes de pensamiento y acción; *c)* organizar y ponderar conocimientos compartidos, y *d)* crear bases para la interacción entre grupos cuyas acciones aisladas e intereses contradictorios en ningún caso deberían ser disfuncionales para el mantenimiento del *statu quo. La acción de los medios contribuye así a exorcizar el fantasma de la desintegración social que Comte, Tönnies y Durkheim habían considerado la principal amenaza de la sociedad moderna.*

IV. LOS INDICADORES CULTURALES

La elaboración del marco al que Gerbner denomina «indicadores culturales» no tiene lugar en el inicio de su labor que, originalmente, se encuentra orientada al desarrollo de una teoría y un método de análisis acerca de los sistemas de mensajes masivamente producidos. Es una vez realizada esa labor cuando ese marco queda definitivamente constituido por dos grandes subáreas: A) *la del análisis del sistema de mensajes;* B) la del *análisis de cultivo.*

A través del análisis del sistema de mensajes, Gerbner trata de establecer empíricamente los rasgos característicos del mundo, de acuerdo con las presentaciones de la comunicación de masas, es decir, trata de aprehender las regularidades en la selección que las agencias masivas llevan a cabo a la hora de reflexionar sobre el entorno. Dado que se trata de una operación selectiva, valorativa y combinatoria, de una opción cultural, es lógica la aplicación de la etiqueta indicadores culturales. Además Gerbner desarrolla un método para el análisis, que representa una extensión del análisis de contenido clásico y que permite abordar el estudio de extensos agregados de mensajes de modo homogéneo y fiable. En todo caso, el método no es el fin, sino el medio para acceder a la forma y al fondo de la cultura de masas.

El análisis de cultivo es la inevitable consecuencia de la opción anterior y representa por parte de la escuela de Annenberg la decisión de introducir en la corriente de investigación sobre los efectos sus contribuciones empíricas y sus elaboraciones teóricas. El análisis de cultivo se dirige ni más ni menos que a estudiar la forma en que las concepciones de la realidad social de los usuarios de los medios se ven afectadas por el hecho de exponerse al flujo de las comunicaciones masivas.

Por tanto, la originalidad del enfoque de Gerbner consiste en que intenta poner en relación dos estructuras: la estructura de las representaciones en los medios y la estructura de las percepciones del público.

La reflexión sobre el *modus operandi* de la cultura de masas lleva a postular distintos tipos de relatos que finalmente se concretan en cuatro a los que Gerbner (1967) suele aplicar la denominación de *cuestiones.* Las cuestiones representan vías de acceso al conocimiento de la estructura de representaciones usadas por los comunicantes, es decir, son las dimensiones esenciales del análisis. Se refieren a: 1) *lo que hay;* 2) *lo que es importante;* 3) *la calificación de los elementos* de acuerdo con el continuo positivo-negativo o cualquier otra dimensión valorativa, y 4) *las tendencias de relación entre los elementos de la comunicación.*

Esas dimensiones del análisis se corresponden respectivamente con otros tantos procesos, a saber: a) *atención;* b) *énfasis;* c) *tendencia,* y d) *estructura.* Gerbner (1969) describe el contenido de cada uno de ellos en los siguientes términos:

La *atención* es el indicador más elemental del contenido de las percepciones públicas. Advierte de la presencia o ausencia de elementos temáticos en un sistema de mensajes y da lugar a concepciones acerca de «lo que hay o existe» como problema públicamente relevante.

El *énfasis* es un rasgo en virtud del cual los sistemas de mensajes transmiten impresiones sobre la importancia relativa de las cosas. La extensión, la intensidad o el tiempo con que son tratados los elementos, temas o problemas son referentes empíricos de esta categoría.

La *tendencia* es la posición u orientación de los elementos de existencia dentro de un sistema, constituyendo la dimensión más simple del juicio un balance a propósito del carácter negativo o positivo, correcto o incorrecto, de las cosas. Gerbner (1969), distingue entre *tendencia crítica* (situar las cuestiones en un contexto favorable o desfavorable) y *tendencia diferencial* (establecer la posición de un elemento, tema o cuestión en distintas dimensiones del juicio, más allá de la polaridad positivo-negativo).

La *estructura* trata de las relaciones entre los elementos, de acuerdo con vínculos causales, asociativos o de cualquier otra naturaleza [5].

La relación entre procesos, cuestiones y términos del análisis aparece reflejada en el cuadro 7.

Mediante el análisis del sistema de mensajes se pone en evidencia la cultura común a través de la que una comunidad cultiva nociones compartidas acerca de hechos, valores y contingencias de la vida. Por consiguiente, el objeto de la investigación es descubrir las alternativas de conducta y perspectivas de pensamiento que se ponen a dis-

---

[5] La descripción y operacionalización de esas categorías se encuentra precisada en los siguientes trabajos: las cuatro categorías mencionadas en Gerbner (1964*a*); atención, en Gerbner (1967*b*); orientación de la atención en Gerbner (1961*a* y 1966*b*); énfasis, en Gerbner (1961*b*); tendencia diferencial, en Gerbner (1964*b* y 1964*c*); estructura, en Gerbner (1966*b*).

CUADRO 7.

Procesos	*Cuestiones*	*Definiciones*	*Términos del análisis*	*Breve explicación de las cuestiones*
Atención.	¿Qué es?	Supuestos públicos sobre la existencia.	Distribución. Frecuencia de la atención.	Hacia qué cosas o tipo de cosas llama la atención de la comunidad el sistema de mensajes.
Enfasis.	¿Qué es importante?	Contexto de prioridades.	Jerarquización y escalonamiento de elementos.	Contexto u orden de importancia en que están dispuestas las cosas.
Tendencia.	¿Qué es correcto, bueno, etc.?	Punto de vista, cualidades afectivas.	Medidas de tendencia diferencial.	Optica o punto de vista desde el cual se presentan las cosas.
Estructura.	¿Qué se relaciona con qué?	Asociaciones lógicas o de proximidad.	Contingencias, agrupaciones, estructuras.	Estructuras de asociaciones mutuas dentro de la que se presentan las cosas.

Fuente: Elaborado a partir de Gerbner (1967 y 1969).

posición pública. Ahora bien, esto que se pone a disposición del público de los medios no es un conjunto aleatorio de elementos inconexos, sino una estructura de elementos coherentemente interrelacionados y *ésa es la base precisamente del cultivo.* Coherente con esa concepción, Gerbner rechaza, tanto en el análisis como en su explicación sobre el origen de los efectos, las subdivisiones arbitrarias que los comunicantes utilizan para diferenciar tipos de mensajes y tipos de influencia. El aprendizaje y/o la interiorización en los receptores tiene lugar por referencia a un todo. Siendo significativas para los comunicantes las distinciones entre noticias, publicidad y ficción, no lo son en relación con las perspectivas de pensamiento, valores y normas de conducta que extraen los usuarios en forma de lecciones acerca de la existencia. Dichas lecciones derivan de ese conjunto como si los distintos niveles se fundieran en el discurso único de los medios. Ese supuesto es una de las asunciones «fuertes» de Gerbner, se asocia al carácter reproductivo de los medios y tiene importantes consecuencias metodológicas. Pues si los medios transmiten un cuadro global mediante el que los individuos reflexionan acerca del entorno, *el análisis no puede limitarse a una clase de categorías aparentemente influyentes —las noticias—, sino que habrá de extenderse a la amalgama de mensajes «que cuentan» cómo suceden las cosas, sin importar que éstas pertenezcan al dominio de la ficción o sean reflejo de los hechos que suceden.* Las impresiones transmitidas se refieren a lo que habitualmente Gerbner denomina «elementos de existencia» y que son supuestos, contextos y puntos de vista sobre la vida, cuya presencia y regularidad en los sistemas de mensajes pueden determinarse mediante el análisis. En correspondencia con esos rasgos identificados en el contexto de las representaciones, el análisis de cultivo se dirigirá a captar en qué medida el uso de los medios sirve de vehículo al aprendizaje de nociones acerca de la realidad social en los individuos y la forma en que la imagen transmitida se refleja en sus imágenes, expectativas, definiciones, interpretaciones y valores.

De acuerdo con Van Poecke (1980) hay *tres tesis básicas* subyacentes a la teoría de Gerbner.

Una *tesis estructuralista,* dado que los mensajes constituyen un sistema de elementos coherentemente interrelacionados que producen un universo ideológico global. Así, *el punto de partida en el análisis no lo constituyen los mensajes específicos, sino el conjunto de significaciones que crea un mundo de símbolos, genera una axiología y especifica qué tipo de relaciones se producen entre los elementos descritos en el discurso.* Buena prueba del sentido totalizador de la perspectiva de Gerbner es el hecho de que no se centre en el estudio de campañas, de la publicidad, ni siquiera en el de una categoría específica de mensajes, sino frecuentemente en el drama de la televisión y las más de las veces en lo que ese medio transmite a las horas de máxima audiencia. Si existe una perspectiva global de hechos y valores es de naturaleza ubicua y actúa a través de las más distintas clases de mensajes.

La segunda tesis, de acuerdo con el criterio de Van Poecke, es que *los medios funcionan según un* curriculum *oculto.* Más allá de la naturaleza fragmentaria de los mensajes particulares hay un mensaje, general e implícito, que cumple la función de cimentar el orden social y moral vigente. Siguiendo el ejemplo anterior, aunque el drama describe hechos ficticios, transmite juicios y normas acerca de la sociedad real.

La tercera tesis es que *el mensaje es inmanente al texto,* lo que significa que la eficacia de la comunicación no debe juzgarse de acuerdo con los criterios de eficacia de los comunicantes. Gerbner se desplaza así de la corriente de investigación que valora los efectos de la comunicación de acuerdo con su poder para modificar actitudes específicas. La influencia profunda de la comunicación de masas se le hurta muy a menudo tanto al receptor como al propio comunicante, en la medida que su verdadero cometido consiste en construir y reconstruir de continuo una mitología coherente.

El marco teórico-metodológico de Gerbner había sido formulado en términos excesivamente generales. Era preciso que incorporara modificaciones sustanciales para ser eficaz en el ámbito de la investigación. En primer lugar, se imponía la elección de algún aspecto significativo y aprehensible de la cultura de masas. En segundo lugar, siendo comparativamente superior el atractivo del concepto de «cultivo» frente al de influencia, de acuerdo con el sentido que este último suele tener en los estudios sobre campañas, requería igualmente hallar referencias estables si se pretendía superar su situación de pura metáfora. En tercer lugar, la teoría no contaba con proposiciones formales que pudieran ser puestas a prueba. Cualquiera que fuera el número y naturaleza de éstas, el conjunto tendría que reservar un lugar importante a las predicciones sobre la relación entre los mensajes y sus consecuencias sobre los individuos, esto es, lo que corrientemente se entiende por efectos. El paso de una concepción global a una teoría requería responder a todos estos problemas y a ese fin se encamina la labor de Gerbner y sus colaboradores durante la mayor parte de la década de los setenta.

En definitiva, con independencia de la exigencia de mayor rigor conceptual, hay tres demandas que pesan sobre la concepción de los indicadores culturales: *limitar el campo de investigación, seleccionar los fenómenos objeto de estudio y efectuar predicciones sobre los efectos.*

1. *La respuesta a la primera demanda* viene dada por la restricción del ámbito global de la cultura de masas a la esfera de la televisión, su instrumento más efectivo, prestigioso y generalizado. La televisión deviene de forma inmediata en marco casi exclusivo para el análisis de los sistemas de mensajes y para la formulación de predic-

ciones sobre los efectos. Esta elección tiene una base lógica si se piensa que la concepción de Gerbner requería situaciones de comunicación masivas que cumplieran un conjunto de condiciones entre las cuales habría que incluir las siguientes:

a) Homogeneidad y ubicuidad. Los estímulos suministrados deberían ser comunes y altamente accesibles, lo que debería llevar a que se convirtiera en centro de atención aquel medio que reclamase el menor esfuerzo de decodificación y la más exigua realización de conductas instrumentales para acceder a sus contenidos.

b) Multifuncionalidad. El enfoque de los usos y gratificaciones explicita distintas funciones personales de la comunicación de masas. La probabilidad de que un agregado de mensajes se utilice de manera recurrente aumenta en la medida que se incrementa el número de funciones que satisface.

c) Neutralización de barreras selectivas. Cualquier situación de comunicación que favorezca el proceso mediante el cual las personas aceptan o rechazan los mensajes de acuerdo con la concordancia o discrepancia percibida respecto a las propias actitudes constituirá un obstáculo al tipo de influencia sutil y acumulativo propio de los medios. Por el contrario, la concepción de los indicadores culturales asume un proceso de influencia cuya característica clave es que tales mecanismos no se ponen en marcha debido al código axiológico esencialmente reproductivo de acuerdo con el cual funciona la comunicación de masas.

d) Penetración y generalidad. La esencia del proceso de cultivo consiste en la posibilidad de alimentar concepciones de pensamiento y conducta similares más allá de las diferencias de edad, sexo, clase social, instrucción y autoubicación política de los individuos. La situación que se tome como objeto de estudio debe ser aquélla en la que los contenidos no se restrinjan a grupos o clases, sino que se expandan más allá de esas categorías.

A juicio de Gerbner, todas esas condiciones las cumple en cuanto instrumento de influencia la televisión, cuyas características no son equiparables a las del resto de los medios. Hay varias razones que justifican la consideración de la televisión como un medio de peculiares influencias. El modo de uso es de carácter indiscriminado, en el sentido de que el consumo no se realiza de acuerdo con decisiones respecto a su contenido, sino de acuerdo con el horario. No selectividad implica en el caso de la televisión que quienes se informan habitualmente a través de ella también la utilizan para distraerse. Lo contrario también es cierto. Además, ver televisión es un ritual regular y, así como se puede hablar de un «tipo social» en el caso del lector habitual de periódicos (socialmente más activo, más instruido y de más alto *status* socioeconómico), no existe un equivalente en el caso de la televisión, razón por la cual el efecto que se produzca habrá de relacionarse con la intensidad de la exposición debido a que las lecciones normativas, en los medios en general y con especial regularidad en el caso de la televisión, actúan a través de distintos tipos de mensajes a cuyas peculiaridades se sobreimponen. En conclusión, dado que las reglas son las mismas, las distinciones por clases de programas o contenidos devienen secundarias. Ese supuesto conlleva importantes consecuencias en la estrategia de investigación seguida en la escuela de Annenberg, cuyos trabajos colocan en el mismo plano, cuando de obtener los patrones de pensamiento y conducta que se privilegian se trata, a la ficción y al realismo.

2. *La selección del tipo de fenómenos a estudiar* viene dada por el hecho de que, tal como se ha visto en anteriores capítulos, virtualmente se podrían establecer relaciones entre la comunicación de masas y cualquier aspecto importante de la conducta social. Ahora bien, la concepción de Gerbner impone ciertas servidumbres que no pueden ser pasadas por alto. Cualesquiera que fueran los fenómenos seleccionados para la observación de la influencia, deberían responder a dos características: en primer lugar, ser fenómenos socialmente significativos susceptibles de transformación debida a la acción acumulativa de los medios; en segundo lugar, deberían ocupar un lugar crítico dentro del conjunto de elementos que se supone asociado a la idea de reproducción de la estructura de poder. Esas razones son las que, a nuestro juicio, más pesan en la decisión de Gerbner y sus colaboradores de centrar su atención en dos áreas principales.

La primera de ellas se corresponde con el estudio de las consecuencias psicosociales de la violencia de la televisión. El estudio de los efectos de la violencia no representa novedad alguna en el contexto de la cultura de masas; la novedad estriba en que en el contexto de la teoría de Gerbner, la exposición a la violencia no se asocia con la inducción de conductas agresivas, sino con la *victimización*. El estudio de la relación violencia simbólica-victimización es una constante, por no decir el hilo conductor, en los trabajos de la escuela de Annenberg, que contempla las descripciones sobre la violencia como un método indirecto e inintencionado para favorecer la sujeción de los individuos a la estructura de poder de la sociedad. Las reiteradas representaciones de la violencia en la televisión constituyen un flujo continuo de información acerca de sus causas y naturaleza, expresado, eso sí, desde pilares ideológicos; describe las características y roles de los que están legitimados para ejercerla, así como las de quienes suelen jugar el rol de víctimas; da por hecho el carácter natural, inevitable e instrumental de esta forma de acción; finalmente, hace patentes las contribuciones que el Estado puede realizar para paliar la situación de inferioridad de las víctimas y para contener las epidemias de delitos. La forma que suele adoptar el discurso acerca de la violencia, así como su sistematicidad, ejercen consecuencias cuyo análisis constituye la principal aportación de Gerbner.

El segundo conjunto es de naturaleza multiforme y más difícil de clasificar bajo una categoría simple. Sin pretender realizar una exégesis del pensamiento de Gerbner o establecer relaciones imaginarias con su concepto de sociedad y el que podría derivarse de una perspectiva dialéctica de las relaciones sociales, entendemos que su orientación se encuentra profundamente influida por una filosofía crítico-marxista. De hecho, el intento de Gerbner se dirige, por un lado, a estudiar la forma en que las representaciones facilitadas por la comunicación de masas contribuyen a generar bases cognoscitivas y motivacionales de actitudes que expresan, a la par que justifican, desigualdades sociales reales. La otra parte del análisis tiene una gran relevancia en cuanto que *identifica formas en que la comunicación de masas, en el plano de lo simbólico, puede contribuir a resolver conflictos y desigualdades realmente existentes entre grupos, clases y castas mediante la operación de reconciliarlos en el plano de la imaginación social.* La primera parte del análisis es directamente relevante para una visión ampliada del proceso mediante el cual se forman y consolidan las actitudes hacia las minorías y entra de lleno en el tema del convencionalismo. La segunda se refiere a la capacidad de la televisión para recrear la identidad de las personas en cuanto a su pertenencia a grupos sociales. Constituye una operación de remodelamiento de las clasificaciones convencionalmente utilizadas para determinar sus límites y muestra la recuperación del concepto de *falsa conciencia* y el papel que en su construcción realizan los sistemas de mensajes.

3. *Las predicciones sobre los efectos* presentan una naturaleza pe-

culiar, ya que son hipótesis acerca de las relaciones entre las representaciones de los medios y las percepciones públicas. Las representaciones se constituyen en totalidades y la medida en que los individuos adoptan las perspectivas implícitas en esas totalidades depende de la intensidad de sus exposiciones a la televisión, razón por la cual Gerbner suele utilizar en sus comparaciones muestras de consumidores ligeros, moderados y duros *(light, medium* y *heavy viewers,* respectivamente). De manera que sólo se pueden formular predicciones a condición de que se identifique mediante el análisis los rasgos distintivos del mundo de la televisión. Estos rasgos son los que permiten establecer qué perspectivas se pondrán en marcha en el público. Se utiliza el término perspectivas y no el de conductas porque la forma en que las personas reciclan la estructura recurrente de representaciones es compleja y tiene que ver especialmente con la adquisición de conceptos acerca de la naturaleza de la sociedad y las características, roles y destinos de las personas.

Pasar a un nivel menos abstracto implica introducirse de lleno en la estrategia de investigación seguida por Gerbner, es decir, en los resultados del análisis del sistema de mensajes o, lo que es lo mismo, los resultados del proceso utilizado para determinar los rasgos principales del mundo de la televisión, en las hipótesis sobre el cultivo que aparejan las diferencias en exposición y, para terminar, en el proceso de definición y operacionalización de variables.

V. LOS RASGOS DEL MUNDO DE LA TELEVISION

Desde mediada la década de los sesenta hasta el presente, la escuela de Annenberg se convierte en un auténtico centro de análisis de la cultura de la televisión. Al fin y al cabo, ése y no otro era, de acuerdo con lo previsto en el análisis del sistema de mensajes, uno de los fines esenciales de una ciencia de la comunicación.

El esfuerzo más riguroso y sostenido se realiza en el estudio de la violencia de la televisión, esfuerzo que fragua en los conocidos «perfiles de violencia», elaborados por Gerbner y sus colaboradores y en otros trabajos que tratan del mismo tema (Gerbner, 1969; Gerbner, 1972; Gerbner y Gross, 1976; Gerbner, Gross, Eleey, Jackson-Beeck, Jeffries-Fox y Signorielli, 1977; Gerbner, Gross, Jackson-

Beeck, Jeffries-Fox y Signorielli, 1978; Gerbner, Gross, Signorielli, Morgan y Jackson-Beeck, 1979).

Pero el análisis no ha pasado por alto el tratamiento a través de la cultura de la televisión de otros temas importantes como el de la ancianidad (Gerbner, Gross, Signorielli y Morgan, 1980; Signorielli, 1979; Signorielli y Gerbner, 1978) los roles masculino y femenino y las minorías (Gerbner y Signorielli, 1978; Gross y Jeffries-Fox, 1977; Morgan, 1980, y Signorielli, 1979) el mundo de las ocupaciones (Jeffries-Fox, 1978; Jeffries-Fox y Signorielli, 1979, y Signorielli, 1979), la familia (Gerbner, Gross, Morgan y Signorielli, 1980; Jefrries-Fox y Gerbner, 1977, y Morgan y Harr-Mazer, 1980) y la muerte (Gerbner, 1980).

Estas referencias dan idea del volumen de la producción del grupo de Gerbner y desbordan cualquier intento de pormenorizar. Sin embargo, una síntesis resulta viable y necesaria por cuanto son los rasgos de esa cultura los que van a dar pie a la formulación de hipótesis acerca de las consecuencias públicas de los mensajes de la televisión.

El propósito de analizar los relatos de la televisión, que tratan de *lo que hay, lo que es importante, lo que es correcto y la forma en que las cosas se relacionan entre sí* (atención, énfasis, tendencia y estructura) es investigar las premisas que definen la vida y sus problemas.

El método utilizado para realizar esta tarea es el del análisis del sistema de mensajes, basado en el uso de un instrumento de observación y registro de los *elementos de existencia* en extensos agregados de la programación de la televisión. Dicho instrumento, tal como es descrito por Gerbner y Signorielli (1969), está constituido por ítems diseñados para aislar el estilo de vida y la concepción del mundo comunicados y más concretamente: *a)* la presencia de *temas, acciones y aspectos de la vida* (gobierno, negocios, violencia, familia, sexo, amistad, naturaleza, ciencia); *b)* la *demografía, relaciones, rasgos y destinos* de aquellos en quienes se centra la acción representada; *c)* las *lecciones, reglas y estilos de vida* que se transmiten.

Se asume que del análisis de *a), b)* y *c)* resulta un cuadro con una descripción empírico-objetiva de la realidad. La confrontación entre una descripción de la realidad en términos objetivos (posible siempre, al menos en sus términos elementales, en la medida que es sociológicamente cognoscible la forma en que los individuos que pertenecen a una sociedad se instalan en los alveolos habitualmente utilizados para definir su estructura, las categorías sociodemográficas convencionales relativas a la edad, el sexo, la clase social, las ocupaciones, la raza, la ideología política, etc.) y la realidad secundaria que crean los medios permiten obtener una imagen de la naturaleza y amplitud de esas desviaciones o, en otros términos, de la *naturaleza e intensidad del proceso de refracción.* Al propio tiempo, esa confrontación explicita referentes empíricos que permitirán establecer la posición de las percepciones públicas en relación con la polaridad realidad objetiva-realidad refractada. En general, Gerbner considera que la asimilación a la corriente de la televisión es tanto mayor cuanto más próximas están esas percepciones al segundo de los polos. Por lo demás, como se verá seguidamente, el resultado de los análisis indica que la irrupción de la televisión y sus relatos introduce una profunda reorganización en la demografía, los roles y las ocupaciones.

Las conclusiones de Gerbner y Gross (1976), Gerbner, Gross, Signorielli, Morgan y Jackson-Beeck (1979) y Gerbner, Gross, Morgan y Signorielli (1980) proceden de datos sobre el contenido de la televisión en las horas de máxima audiencia y fines de semana. Se refieren a tres aspectos que cobran especial relieve en el conjunto de las aportaciones de la escuela de Annenberg: la demografía de la televisión, las descripciones de los roles masculino y femenino y la representación de la violencia.

V.1. *La demografía perversa de la televisión*

Desde el punto de vista sociodemográfico, el modo típico de representación de la sociedad en la televisión constituye una opción selectiva y altamente sesgada de la realidad.

El desempeño de la acción recae preferentemente sobre los varones, solteros, de raza blanca, pertenecientes a las clases media y alta, de mediana edad, que alcanzan el éxito en la flor de la vida.

Desde el punto de vista de las ocupaciones esa representación es también unilateral; en su mayor parte los personajes en torno a los cuales gira la acción son profesionales (médicos, abogados, hombres de negocios) o ejecutivos.

Así pues, desde el punto de vista de las variables sexo, raza, clase social y ocupación, las representaciones de la televisión no son expansivas; se encuentran ancladas en un patrón indicador de una ideología acerca del éxito, el valor y el protagonismo en una sociedad.

Gerbner y otros (1980) informan de resultados similares: en el mundo de la televisión, el protagonismo del hombre es tres veces superior al de la mujer. Además, dos poblaciones, la de los jóvenes y la de los ancianos, se encuentran subrepresentadas. En la demografía de la televisión, los jóvenes suponen 1/3 de su proporción en la población real y los ancianos 1/5 de ella. Estas proporciones ponen en tela de juicio la entidad y consecuencias esperables de los sermones moralizadores con que la televisión suele increpar a sus audiencias para hacerlas más conscientes de la marginación a que son sometidos los sectores más jóvenes y más viejos de la población. La marginación, si no el origen, encuentra continuidad y apoyo simbólico en la comunicación de masas.

Este panorama no se avala exclusivamente en la evidencia empírica aportada por Gerbner y sus colaboradores. En la excelente síntesis de Comstock y otros (1978) se llega a conclusiones similares. Desde el punto de vista sociodemográfico, los adultos jóvenes predominan sobre los ancianos, los niños y las personas de raza negra. Desde el punto de vista de las ocupaciones, la preponderancia les corresponde a los agentes de la ley, profesionales y personas con medios de vida atípicos o no visibles.

En el contexto de la representación de las clases sociales, la televisión es portadora de una noción descriptiva del «mundo al revés»: los sujetos identificables por su pertenencia a la clase social alta aparecen con una frecuencia significativamente superior a los de clase baja. Lo confirman estudios como el de Gentile y Miller (1961) quienes en sus análisis sobre el contenido de los seriales de la televisión obtienen evidencia de que la clase media se encuentra sobrerrepresentada y la clase trabajadora subrepresentada. En la misma línea, De Fleur (1964), al analizar los roles ocupacionales que aparecen en 250 períodos de media hora en televisión, verifica que la mayoría de los personajes incorpora cargos profesionales directivos o alto *status*. Seggar y Wheeler (1973), trabajando con una muestra de mensajes idéntica a la anterior, analiza las actividades de las personas que interactúan en contextos modernos. En su mayor parte dichas actividades son representativas de posiciones de alto *status* ocupacional.

V.2. *Una definición estereotipada de los roles masculino y femenino*

El análisis de los roles pone de manifiesto el predominio de una visión enteramente convencional respecto a las características de personalidad, actividades y expectativas asociadas a ellos. En particular, esa visión es altamente degradante respecto a la mujer. También en este caso dicha proposición se apoya en evidencia concordante.

La mayoría de las mujeres representa exclusivamente intereses románticos o familiares; al tiempo que sólo uno de cada tres personajes masculinos tiene la intención de casarse o ha estado casado, dos de cada tres mujeres está casada, se espera que se case o está implicada en algún tipo de relación romántica (Gerbner y Gross, 1976). Los hombres suelen desempeñar roles profesionales, las mujeres o desempeñan el rol de amas de casa o algún otro subordinado al varón. Sin embargo, cuando la mujer se apropia de los cometidos profesionales del varón la trasgresión suele acarrearle deterioro ético o problemas emocionales (Katzman, 1972; y Ramsdell, 1973).

Al estudiar las ocupaciones más frecuentes de las mujeres que aparecen en la televisión, Head (1954), De Fleur (1964) y Seggar y Wheeler (1973) obtienen datos confirmatorios del carácter secundario que se atribuye a su actividad en la sociedad. Las cinco ocupaciones que dan cuenta de la mitad del total registrado en esos tres trabajos son las de enfermera, secretaria, presentadora, criada y modelo.

Los rasgos de personalidad con los que se construye la identidad femenina en la televisión también dicen mucho acerca de las expectativas simbólicamente formuladas hacia ella. En la comparación de las representaciones de ambos sexos, Tedesco (1974) halla que la identidad femenina se encuentra caracterizada a través de los rasgos atractivo, sociabilidad, ternura y pasividad, mientras que la del hombre se configura de acuerdo con el poder, el talento, la racionalidad y la estabilidad.

Esta pauta se extiende a los más diversos tipos de programas. Levinson (1973), al estudiar los géneros masculino y femenino en los dibujos animados halla que la proporción hombre-mujer es de tres a uno, e incluso las tres cuartas partes de los animales con sexo determinable pertenecen al primero de los géneros. Chulay y Francis (1974), al estudiar la diferenciación social en la publicidad dirigida a audiencias infantiles en la programación de los fines de semana, aprecian mayor frecuencia de hombres en los anuncios, así como la tendencia a que éstos protagonicen actividades atractivas e independientes, tendencia que raramente se da entre las mujeres.

V.3. *El mundo violento de la televisión*

La violencia constituye en la televisión una lección continua más que una excepción. Este es el supuesto más altamente rentabilizado por Gerbner en relación con las consecuencias sociales de aquel medio. Los datos permiten considerar la violencia como uno de sus elementos idiosincrásicos.

Gerbner y Gross (1976), siempre refiriéndose a los contenidos transmitidos a las horas de máxima audiencia, informan de que un 50 % de los personajes que desempeñan roles centrales se ve implicado en episodios violentos y un 10 % en muertes. Los representantes de la ley y el orden colonizan los espacios más frecuentados por más personas y lo hacen siguiendo el patrón de una demografía desvirtuada: mientras que las profesiones y oficios relacionados con la vigilancia del cumplimiento de la ley y la persecución de los delincuentes suponen un 1 % del mundo real de las ocupaciones, en la televisión ese porcentaje asciende al 20 %.

Una idea de la importancia que en los trabajos del grupo de Gerbner —y con seguridad en la sociedad norteamericana— tiene la violencia la da una apreciación al respecto de Gerbner y otros (1979): «[...] por la época en que el niño americano medio acaba la secundaria, habrá presenciado en la televisión más de 13 000 muertes violentas» [6]. En el contexto de dichos trabajos es importante tener en cuenta la definición de violencia utilizada, ya que va a servir de guía en el proceso de observación y recogida de datos [7]: «Expresión manifiesta de fuerza física, con o sin un arma, contra uno mismo o contra otro, que obliga a la acción contra la propia voluntad bajo amenaza de lesiones o muerte, o realmente herir o matar.» Su utilización en el análisis de muestras de programa en el espacio crítico de la televisión (las horas de mayor audiencia) y en la programación de los fines de semana, con carácter anual, en todas las cadenas de televisión e ininterrumpidamente desde 1967 hasta 1978 arroja los siguientes resultados: *a)* ocho de cada diez programas contienen violencia; *b)* seis de cada diez personajes se ven implicados en ella; *c)* la proporción alcanza una media de 7,5 episodios violentos por hora, la cual, *d)* se eleva a dieciocho episodios violentos por hora en la programación infantil de los fines de semana.

---

[6] Véase Wilhoit y De Bock (comps.), 1980, p. 404.

[7] *Ibidem*, p. 404.

Al objeto de lograr una imagen pluridimensional de la violencia y una medida que posibilite las comparaciones generales —por ejemplo, las diferencias entre cadenas o las oscilaciones en una dimensión temporal— Gerbner y Gross plantean la conocida fórmula que expresa su concepción de la naturaleza y la forma en que se relacionan entre sí los elementos constitutivos de su *índice de violencia:*

$$IV = \%\ P + 2\ (R/P) + 2\ (R/H) + \%\ V + \%\ K$$ [8]

Gerbner y otros (1979) informan de resultados similares procedentes de otros análisis parciales. En uno de ellos, más del 90 % de los programas para niños incluye contenidos violentos, se registra una frecuencia de 25 episodios de ese tipo por cada hora de programación y nueve de cada diez personajes centrales se ven implicados en interacciones violentas.

Resulta de la mayor importancia destacar que el *ejercicio de la violencia no es indiscriminado, sino que se distribuye siguiendo patrones regulares de victimización* de acuerdo con diferencias de sexo, edad y pertenencia a grupos. Dicho de otro modo, no sólo los victimizadores suelen responder a una tipología relativamente estable, sino también las víctimas. Los diversos análisis de la escuela de Annenberg coinciden en señalar varios grupos sobre los que se cierne de preferencia la violencia en la televisión: A) las mujeres pertenecientes a todos los grupos, pero en mayor medida las jóvenes y las de más edad; B) los no blancos; C) los extranjeros; D) las personas que pertenecen a las clases alta y baja, pero no las de clase media. En términos globales, las mujeres constituyen en los relatos de la televisión una población de alto riesgo, con una probabilidad dos veces mayor que los hombres de pasar a engrosar el grupo de las víctimas (Gerbner y otros, 1979) [9].

---

[8] Donde IV es el Indice de Violencia; % P = Porcentaje de programas que incluyen algún contenido violento; R/P = Número de episodios violentos por programa; R/H: Número de episodios violentos por hora; % V = Porcentaje de personajes centrales implicados en violencia, bien sea como perpetradores, bien como víctimas; % K = Porcentaje de personajes principales relacionados con muertes bien sea como perpetradores, bien como víctimas. Una descripción y discusión detallada acerca de los componentes de la fórmula aparece en Gerbner y otros (1980), p. 12, y Comstock y otros (1978), p. 67.

[9] Los resultados proceden del estudio de 111 programas pertenecientes a las horas de máxima audiencia en los que se identificaron 298 roles en tres cadenas de televisión en el año 1978.

Este conjunto de sesgos culturales, que se reitera hasta el punto de aparecer como un subsistema de valores de la televisión, tiene una gran importancia en las contribuciones de la escuela de Annenberg, ya que, una vez más, muestra la existencia de un sutil proceso selectivo que llevan a cabo de manera continua los comunicantes, que no es fácil de advertir, a no ser que se proceda al análisis exhaustivo de los sistemas de mensajes y que, precisamente por ambas razones, incorpora una enorme capacidad de penetración. Las formas de influencia que las personas tendemos a rechazar son las que llevan el marchamo de la propaganda, pero raramente adoptamos una actitud analítico-crítica frente a los seriales y las películas de la televisión. Y, sin embargo, estos géneros constituyen una forma implícita de propaganda, proporcionando lecciones políticas que, a menudo, pasan inadvertidas. Veremos en el siguiente epígrafe cuáles son los rumbos que toman estas lecciones a la luz de los resultados principales del análisis de cultivo.

VI. CONTRIBUCION DE LA COMUNICACION DE MASAS A LA PERCEPCION DEL ENTORNO SOCIAL: EL PROBLEMA DE LA VICTIMIZACION

«La conclusión más significativa y recurrente de nuestra investigación de largo alcance es que un correlato de ver televisión es una inusitada sensación de peligro y riesgo en un mundo mezquino y egoísta» [10].

Gran parte del esfuerzo realizado en el contexto de la escuela de Annenberg se dirige a demostrar la existencia de relaciones significativas entre la utilización exhaustiva de la televisión y la interiorización de los supuestos convencionales y estereotipados de acuerdo con los cuales funciona.

Entre los trabajos más destacables de Gerbner y sus colaboradores están aquellos que giran en torno a las relaciones entre violencia y victimización. En ese sentido se trata de una exploración sobre las consecuencias de la violencia simbólica, pero a diferencia de otros enfoques, se trata ahora de buscar correlatos distintos de la conducta agresiva.

---

[10] En Wilhoit y De Bock, 1980, p. 422.

Aunque el tema de la victimización ha sido objeto de investigación sistemática hasta el presente, en el inicio de la década de los ochenta se aprecia una clara tendencia en la escuela de Annenberg a abarcar el área de las actitudes políticas relacionándolas con el efecto de cultivo de la televisión. Este giro, que viene acompañado de un mayor rigor metodológico en la realización de las distintas fases del proceso de investigación, es consecuencia de las críticas formuladas al modelo de Gerbner y del reconocimiento implícito de las actitudes como área inevitablemente significativa en el contexto de los efectos de la comunicación de masas.

En el presente apartado nos centraremos en el análisis del punto de vista de Gerbner acerca del tema de la victimización y en la exposición de los resultados del análisis de cultivo en relación con ese problema, para pasar en apartados posteriores a considerar las críticas y la reformulación y ampliación por parte de Gerbner de algunos aspectos de su concepción original.

Antes de hacerlo parece oportuno considerar algunas de las características y objetivos del análisis de cultivo. Su finalidad es captar qué nociones de la realidad social resultan incorporadas en virtud de la exposición. La incorporación, no importa cuáles sean las influencias específicas a las que se concreta el análisis, ha de ser interpretada en su calidad de pertenencia a un todo. Por lo general, las imágenes, expectativas, definiciones, interpretaciones y valores de la audiencia pueden considerarse partes legítimas del conjunto de influencias.

El análisis de cultivo dispone de dos elementos de contraste para las percepciones públicas. Está por un lado la realidad objetivada, que no objetiva en términos absolutos, a través de mediciones estadísticas. El segundo elemento lo constituye la realidad refractada, vale decir, la realidad que se objetiva a través del análisis del contenido simbólico de la televisión. Esta última forma un conjunto de tendencias al que genéricamente Gerbner y sus colaboradores suelen aplicar el término de «respuesta de televisión» *(television answer)*, denominación un tanto desacertada puesto que continuamente la teoría enfatiza el carácter perspectivista de las influencias de la televisión.

En virtud de todo ello, la magnitud del efecto de cultivo depende del emplazamiento de las percepciones públicas, habida cuenta de la existencia de un *referente «objetivo»* (estadístico) sobre la realidad y un *referente refractado* (tamizado por las normas, valores e ideología de los comunicantes).

La predicción básica de Gerbner es que la profundidad del cultivo, esto es, el grado de aproximación de las percepciones públicas al *referente refractado,* depende de los hábitos de exposición de los individuos. Enseguida habrá que advertir que el término hábitos de exposición carece de la significación funcional que incorpora en el modelo de usos y gratificaciones. Las diferencias cruciales en esos hábitos no se refieren a las intenciones o expectativas de los sujetos, los cuales no son contemplados en la teoría de los indicadores culturales, sino exclusivamente al tiempo de exposición. Naturalmente, *Gerbner es consciente de la existencia de variables personales, sociales y culturales que condicionan la posible influencia de los mensajes. Ahora bien, una vez que se controlan esas diferencias, el efecto de la exposición a la televisión es el mismo y consiste básicamente en aproximar a los individuos a su perspectiva.* Por otro lado, una parte del trabajo de Gerbner, y no precisamente la menos interesante, está dirigida a estudiar las interacciones entre los niveles de exposición y algunas de esas variables.

De acuerdo con esa predicción, la fase inicial de la labor empírica de Gerbner y sus colaboradores en lo tocante al análisis de cultivo se centra en la comprobación de la existencia de paralelismos entre las representaciones de la televisión y las impresiones de sus usuarios, de acuerdo con el rol que se le atribuye al tiempo de exposición. Básicamente, la vía empleada para la confirmación de la hipótesis central en esa etapa inicial consiste en averiguar la sistematicidad de las diferencias entre consumidores de televisión DUROS, MODERADOS y LIGEROS, a los que en adelante denominaremos con las abreviaturas CD, CM y CL.

La parte del león en esa etapa se la lleva, sin duda, el *tema de la violencia,* el cual recibe reiterada atención a lo largo de las contribuciones de la escuela de Annenberg. Las razones que justifican esa atención recurrente son varias. Quizá la más importante de ellas es la función de aparatos de dominación que se atribuye a los medios. Esa función de control social se realiza mediante la adopción de una perspectiva ideológica global, distinta de la manipulación propagandística, debido a su carácter casual. Pues bien, una de las vías esenciales en el proceso de impartir lecciones implícitas acerca del poder social es el recurso a la violencia, la cual, debido al carácter reiterado con que se hace patente a través del sistema de mensajes, ha de considerarse como uno de sus elementos normativos.

La tesis central de Gerbner es que *el resultado más notable de la exposición a la violencia no es tanto el incremento de conductas agre-*

sivas en los individuos, sino la acentuación de la impresión de que se vive en un entorno social mezquino y peligroso. Ese universo de violencia se vuelve pantalla de reflexión mediante la cual se contempla la realidad, con la que se solapa. De resultas de ello se generan en los individuos ideas y conductas consistentes con tales impresiones repetidas. La apropiación por los individuos de la perspectiva de la televisión en su dimensión de violencia tiene, según Gerbner y Gross (1976), las siguientes consecuencias:

En primer lugar la facilitación del aprendizaje del rol de víctima, lo que no es sino la lógica consecuencia de la adaptación a esas descripciones. El correlato de dicho aprendizaje es la acentuación en el individuo de una sensación exagerada de peligro y vulnerabilidad. La intensidad de tal sensación aumenta de acuerdo con el tiempo de exposición, de tal suerte que cabe esperar que aquellos que reciben una dieta dura de televisión, es decir, que se exponen largo tiempo de forma regular (CD) generen más desconfianza hacia los demás y sientan más temor en relación con el entorno cuando se los compara con las personas que consumen poca televisión (CL).

Mientras que la anterior es la presunción que es dado establecer en el plano psicológico, aún puede señalarse otra de carácter estructural y que, sin duda, tiene interesantes aplicaciones a posibles explicaciones sobre la conducta colectiva. Así pues, *en segundo lugar*, la continua rotación de la televisión en torno al mundo del delito, los delincuentes y sus perseguidores profesionales, posiblemente pueda relacionarse con la introducción de una creciente demanda de protección colectiva. La justificación de Gerbner es que si entre aquellos que contemplan el entorno a través de la lente deformada de la televisión se implanta el temor a ver dañada su propiedad o su seguridad física, también es esperable que contemplen con alivio la implantación de medidas legales duras, la ampliación de las atribuciones concedidas a los agentes del orden en el ejercicio de su labor de represión de los delincuentes o, en términos políticos, el advenimiento de gobiernos autoritarios.

La evidencia aportada por Gerbner y Gross (1976) al comparar las respuestas de consumidores duros y ligeros [11] a ciertas cuestiones

[11] En el trabajo de Gerbner y Gross (1976) se considera CD a quienes se exponen cuatro o más horas diarias a la televisión y CL a las personas que lo hacen dos horas o menos.

de opinión no desmiente ninguno de estos extremos. El efecto de cultivo se relaciona en la forma prevista con la variable tiempo de exposición. Desde el punto de vista demográfico, más consumidores duros que ligeros tienden a sobrestimar el porcentaje de norteamericanos que constituyen la población mundial, lo que se tomó como prueba de la capacidad de penetración de la demografía perversa de la televisión, en la que la mayoría de los personajes son de esa nacionalidad. Cabía sospechar de la existencia de un cierto chauvinismo propiciado por este tipo de representación. Por otra parte, más consumidores duros que ligeros tienen una visión sesgada del mundo de las ocupaciones, tendiendo a magnificar el porcentaje de profesionales en la población activa. Esa tendencia se relaciona con el anclaje de la televisión en una perspectiva ideológica de clase media.

Más interés tienen, dentro de ese mismo trabajo, los resultados sobre el efecto de la violencia, aparentemente en línea con el supuesto de que la televisión cultiva perspectivas de pensamiento congruentes con el entorno que describe. Al margen de su edad, sexo, nivel de instrucción y hábitos de lecturas, los consumidores duros tienden, en mayor medida que los ligeros a: 1) sobrestimar el número de personas en el mundo real con ocupaciones relacionadas con la justicia y la ley; 2) suscribir la idea de que hay que tomar precauciones cuando uno trata con desconocidos; 3) considerarse a sí mismos víctimas potenciales de delitos.

Una de las conclusiones de Gerbner y Gross es que cualesquiera que sean las hipótesis de los comunicantes, la propia audiencia o los garantes del orden y las buenas costumbres, resultados de este tipo dan a entender que lejos de ser una amenaza para el *establishment,* la televisión es uno de sus principales baluartes.

La investigación de Gerbner, Gross, Signorielli, Morgan y Jackson-Beeck (1979) constituye una aportación metodológicamente más rigurosa que la anteriormente comentada, aunque se basa en los mismos supuestos acerca de los efectos colaterales de la violencia. Siendo su título «La demostración del poder», cabe albergar pocas dudas respecto al papel que se le atribuye a la violencia. Esta se configura como una cruda y sintética lección sobre los que triunfan en la batalla de la vida, los agresores y víctimas, los que merecen respeto por el poder que detentan y los que deben mostrar aquiescencia. Más taxativamente que en el trabajo de Gerbner y Gross (1976), el efecto que se atribuye a esa lección continua es el de proporcionar una redundante descripción de la distribución del poder en la sociedad.

El análisis de Gerbner y otros (1979) se basa en el estudio de las tendencias de respuesta de dos muestras de adolescentes a los ítems de un cuestionario con dos alternativas. Una alternativa «objetiva», de acuerdo con criterios estadísticos, y una alternativa típica de televisión (lo que hemos venido dando en llamar respuesta refractada). Los ítems se agrupan bajo cuatro áreas: probabilidad percibida de convertirse en víctima de violencia, miedo a salir de noche, desconfianza interpersonal y percepción de actividades propias de la policía. Las tres primeras aparecen casi inevitablemente en la mayoría de las investigaciones de la escuela de Annenberg. En hipótesis, las personas que más se exponen deberían considerarse a sí mismas más potencialmente vulnerables, manifestarse más renuentes a salir solas de noche, expresar más desconfianza interpersonal y presentar una visión más convencional de las actividades características del rol de policía.

El procedimiento seguido por Gerbner y colaboradores en este trabajo —y el que habitualmente emplean en otros— sigue tres fases en el orden que se menciona. En la primera se establece el porcentaje de consumidores duros y consumidores ligeros [12] que elige la alternativa refractada o respuesta de televisión. En la segunda se calcula el *diferencial de cultivo*, entendiendo por tal la diferencia entre el porcentaje de consumidores duros que suscribe la alternativa de la televisión y el porcentaje de consumidores ligeros que también lo hace. Por último, se halla la significación estadística de estas diferencias.

Al analizar los diferenciales de cultivo controlando separadamente las variables sexo, curso escolar, etnia, lectura de periódicos y nivel de instrucción paterno se llegó a los siguientes resultados:

1. Los consumidores duros de ambas muestras tienden en mayor medida que los consumidores ligeros a sobrestimar el número de personas que suele verse implicado en episodios violentos y la proporción de delitos graves que se cometen.
2. En cada grupo de comparación es mayor la probabilidad de los primeros (CD) de decir que sienten que es peligroso pasear solo

[12] En el trabajo que mencionamos no se utilizó un criterio homogéneo en la operacionalización del tiempo de exposición. En uno de los grupos (adolescentes de un hábitat urbano), los CL son sujetos que ven dos o menos horas diarias la televisión, mientras que en el segundo (hábitat rural/residencial) se considera CL a los que ven hasta cuatro horas. Por su parte, los CD son, respectivamente, los que ven más de dos horas al día y los que ven cuatro o más horas.

de noche cuando se les compara con los segundos (CL). Esta pauta de respuesta es especialmente notable entre las mujeres.

3. La televisión parece introducir criterios de aceptación de ciertas prácticas empleadas por los agentes de la autoridad para hacer cumplir la ley. Más CD que CL en una de las muestras cree que aquéllos hacen habitualmente uso de la violencia en el cumplimiento de sus obligaciones.

4. Los CD tienden más que los CL a expresar desconfianza en relación con los demás y a pensar que éstos son egoístas por naturaleza. Aunque, en este caso, las diferencias son menos ostensibles que en los tres primeros ejemplos, la pauta se mantiene con carácter estable en todos los grupos.

En definitiva, del conjunto de análisis llevados a cabo parece desprenderse pruebas empíricas de tipo positivo en relación con los postulados de Gerbner y su grupo. Globalmente considerada, esa evidencia sugiere que ciertos criterios que operan en la configuración del entorno propio de la televisión son asumidos por sus usuarios hasta el extremo de que pueden llegar a constituir un auténtico marco de referencia que actúa en la forma en que son percibidos determinados fenómenos sobre los que no se posee experiencia directa. La medida en que tal marco se solapa con los sistemas de evaluación personales depende de variables individuales, sociales y culturales y, además, aparentemente, de la intensidad de la exposición. Por último, existen buenas razones para suponer que debería adoptarse una perspectiva más amplia y menos convencional a la hora de formular proposiciones sobre los efectos de la violencia simbólica. Una alternativa escasamente estudiada, pero prometedora y fascinante, la plantean sus relaciones con la victimización.

VII. LA CRITICA AL ANALISIS DE CULTIVO

En el contexto de la crítica a la concepción de Gerbner casi nadie parece haber puesto en tela de juicio la idea de que la televisión contribuye poderosamente a configurar nuestras percepciones sobre el entorno. Las dudas surgen a raíz de los procedimientos empleados para demostrar la naturaleza e intensidad del cultivo. Resulta notable que una concepción como la de Gerbner, por una parte tan radical y, por otra, tan genérica en su formulación, no haya despertado más crítica teórica y más interés por desarrollar enunciados planteados de forma incipiente. Nos preguntamos hasta qué punto el creciente prestigio de la televisión en la era postindustrial y la fascinación que ejerce incluso entre los intelectuales no hará que la crítica despierte una clara antipatía. Hoy por hoy, los intelectuales parecen desear incorporarse a ese mundo más que criticarlo, conscientes sin duda del poder y el prestigio que emana. La crítica de la cultura, el interés por mostrar los mecanismos mediante los que la sociedad ejerce la dominación sobre algunas de sus capas más amplias coordinándolas a todas, pese a la existencia, a veces, de irreconciliables intereses, de acuerdo con la lógica del orden neocapitalista, parecen haber quedado enquistados en el pasado, como una curiosa muestra del espíritu del radicalismo de la década de los sesenta. Pese a todas sus limitaciones, la concepción de Gerbner es heredera de ese germen crítico y muestra la validez de algunos presupuestos en apariencia obsoletos. El poder de penetración de la ideología a través de la televisión parece deberse principalmente a su aparente pluralismo, que esconde un universo unidimensional. Así pues, resulta positiva la existencia de críticas y, al mismo tiempo, nos parece desalentador que éstas no pasen de ser correcciones en torno al procedimiento y demandas acerca de pruebas empíricas más rigurosas. Prueba de estas aseveraciones son las tres críticas más afamadas a las hipótesis de la escuela de Annenberg que inmediatamente vamos a pasar a pormenorizar.

VII.1. *La crítica de Doob y MacDonald*

Se centra en la revisión de la relación exposición a la televisión-victimización, una de las tesis importantes de Gerbner.

A juicio de Doob y MacDonald (1979) existe la posibilidad de que las características del hábitat, factor no controlado con anterioridad, y no la exposición a la televisión, sean las responsables de las variaciones en el temor personal al delito, incorrectamente asociado a la profundidad del cultivo. El acentuado temor de las personas que hacen un uso exhaustivo de aquel medio tendría plausiblemente su razón de ser en el elevado número de delitos que se cometen en su entorno inmediato.

Doob y MacDonald identifican dos áreas de alta incidencia y dos de baja incidencia de criminalidad en un mismo contexto urbano.

Además de por el mayor número de atracos y otros delitos que se cometen, las dos primeras zonas presentan otras características. Se trata de áreas comerciales mayoritariamente habitadas por familias pobres. Por contraste, las otras son áreas residenciales en las que viven personas de clase media. Una selección al azar de viviendas en cada una de esas zonas permitió seleccionar una muestra representativa de sujetos mayores de dieciocho años que fueron entrevistados al objeto de recabar información sobre los mismos aspectos estudiados por Gerbner y sus asociados: *a)* tiempo de exposición a la televisión; *b)* probabilidad percibida de convertirse en víctima de delitos; *c)* probabilidad de que ciertos grupos sean victimizados, y *d)* tendencia a estimar que el temor al delito es un problema personal muy importante. Resultaron de este cómputo 34 ítems de opinión relacionados con la victimización, de los que se obtuvo un único factor que explicaba una magnitud sustancial de varianza común que Doob y MacDonald denominan «miedo al delito».

Los resultados, que fueron tomados como una refutación de la relación existente entre exposición y temor al delito, ponen de relieve la necesidad de desplazar la explicación hacia una causalidad centrada menos en el mundo de la comunicación que en el de la delincuencia. Se pondría en tela de juicio la metáfora de Gerbner según la cual «vivimos de acuerdo con las historias que contamos».

Los residentes en las cuatro áreas difieren entre sí en el factor «miedo al delito» en correspondencia con la peligrosidad real del entorno. Se consideran a sí mismos más victimizables los sujetos que residen en áreas donde se cometen más delitos. Por otra parte, y esto pudiera haber sido la causa de la confusión que se atribuye a la hipótesis del cultivo, en las áreas más pobres se consume más televisión que en las más prósperas, mientras que en estas últimas es mayor el índice de lectura de periódicos. Una parte de los resultados es congruente con la evidencia de Gerbner y colaboradores, ya que al relacionar las puntuaciones en «miedo al delito» con el tiempo de exposición a la televisión se aprecia la mayor vulnerabilidad de los más asiduos a la televisión, pero esto sucede siempre que no se considere un área específica. La relación televisión-victimización se mantiene exclusivamente en los entornos con altos índices de delincuencia, pero tiende a desaparecer en los hábitats de tipo residencial. La conclusión de Doob y MacDonald es que cuando el efecto del tipo de hábitat se remueve, la hipótesis de Gerbner cae por su base. Pero es apreciable que la evidencia es sólo negativa a medias.

VII.2. *La crítica de Hirsch*

De las tres mencionadas, la crítica de Hirsch (1980) es la más valiosa por su rigor y en cuanto que, como se verá en la última parte de este capítulo, ha constituido un estímulo en los desarrollos más recientes de la obra de Gerbner.

Hirsch revisa los datos que han servido a Gerbner para construir su hipótesis sobre el cultivo, esto es, la idea de que en los consumidores duros de televisión, este medio inculca temor, anomia y una captación sesgada del entorno que les conduce a percibirlo como un lugar mezquino para vivir.

La revisión de Hirsch constituye un reanálisis de los datos del NORC [13] y amplía los análisis anteriormente citados del grupo de Gerbner, ya que añade a las tres categorías de exposición habituales (consumidores duros, moderados y ligeros), dos nuevas, a las que en adelante aplicaremos el término de *absentistas* (personas que no ven nunca la televisión) y *adictos* (personas que se exponen a ella ocho o más horas diarias) [14]. Esta revisión resulta en una crítica general a la estrategia seguida por Gerbner, que va a ser desglosada aquí en cinco puntos con la finalidad de introducir cierto orden en la exposición:

Primero. En varios de los trabajos de Gerbner y específicamente en dos de los más importantes, como el «Perfil de violencia número 9» (1978) y el «Perfil de violencia número 10», la elaboración de resultados se ha llevado a cabo partiendo de una categorización no homogénea del continuo exposición a la televisión.

Hirsch detecta hasta seis formas distintas de medir estas categorías, lo que puede dar lugar a que los sujetos que a veces son considerados consumidores ligeros, sean calificados en otros casos como consumidores duros. Debería evitarse que la idiosincrasia de la muestra diera lugar a esas definiciones intercambiables de las categorías de exposición.

Segundo. Gerbner y otros (1978), al estudiar las respuestas de sujetos menores de dieciocho años, presentan evidencia favorable al su-

[13] NORC. Siglas de National Opinion Research Center, institución que patrocina la realización de la General Social Survey (GSS), aplicada anualmente desde 1972 para generar una amplia base de datos relevantes en la investigación social. Consta de 600 ítems, parte de los cuales se reitera periódicamente.

[14] En el trabajo de Hirsch, los absentistas y adictos son llamados respectivamente *Non-viewers* y *Extreme viewers*.

puesto de que más consumidores duros que ligeros son favorables al uso de la violencia física. Haciendo uso de iguales criterios de significación y los mismos controles bivariados, además de la edad, Hirsch obtiene resultados discrepantes. Al comparar las categorías de exposición CL, CM y CD no hay evidencia de que los sujetos clasificados en la última tiendan más a aprobar el uso de la violencia. Es más, en cinco comparaciones, estos últimos se pronuncian en términos más favorables y las diferencias son significativas.

Tercero. La hipótesis del cultivo predice una relación lineal entre exposición a la televisión por un lado y victimización, anomia y alienación por otro. Sin embargo, el análisis de las respuestas de los grupos de Absentistas y Adictos parece indicar que esa relación puede ser de tipo curvilinear.

La recodificación llevada a cabo por Hirsch [15] y su utilización en el análisis abre una brecha en la teoría de Gerbner. El monto de exposición explica una parte mínima de cualquiera de las variables dependientes.

Frente a la idea de que el cultivo de nociones positivamente asociadas a temor, anomia y alienación crece de acuerdo con la exposición, en varios ítems que pertenecen a esas áreas, los absentistas presentan puntuaciones superiores a las de los sujetos de las restantes categorías.

La única categoría no asociada consistentemente a la respuesta refractada de la televisión es la de los consumidores ligeros (lo que da en parte la razón a Gerbner), pero el conjunto asociado a la corriente de conceptos transmitidos por la televisión no se concentra preferentemente en ninguna de las restantes categorías.

Caso de que las categorías de exposición configuren un patrón, éste sólo podría ser de tipo curvilinear, porque con frecuencia la proximidad en las actitudes de abstencionistas y adictos es mayor que la existente entre cualquiera de esas dos categorías y las más próximas en la gradación de exposición.

Cuarto. La exagerada sensación de vulnerabilidad y peligro que caracteriza al consumidor duro de televisión es, desde el punto de vis-

---

[15] Esta recodificación supone reorganizar el continuo exposición según las siguientes categorías: consumidores ligeros (cero a una hora), consumidores moderados (dos a tres horas), consumidores duros, (cuatro o más horas), absentistas (no ven nunca la televisión) y adictos (ocho o más horas).

ta de Hirsch, una característica más propiamente aplicable al grupo de absentistas, incluidos erróneamente por Gerbner en la categoría de consumidores ligeros cuando desde el punto de vista sociodemográfico existen diferencias que obligan a considerarlos aparte.

La razón es que los consumidores ligeros de televisión son significativamente superiores a los absentistas en ingresos, instrucción y otros ítems actitudinales que hacen aparecer a estos últimos como un sector de la población socioeconómicamente desaventajado.

De hecho en los absentistas se aprecia, en comparación con el grupo de consumidores ligeros, una tendencia significativamente superior a dar la respuesta refractada en dos de las cuestiones de alienación estudiadas.

Es más, en siete de las nueve comparaciones efectuadas el diferencial de cultivo es de tipo negativo, lo que expresa que quienes menos televisión ven, ya que no la ven nunca, son los que más probabilidad presentan de dar la respuesta refractada.

En síntesis, al revisar las respuestas a 18 ítems por parte de consumidores ligeros y absentistas, resulta que en 13 de ellos no se cumple la regla de que los primeros tiendan en mayor medida a dar la respuesta refractada de la televisión. En seis, que pertenecen justamente al conjunto de siete empleado por el grupo de Gerbner, sucede justamente lo contrario: el cultivo se acentúa en quienes es impensable que aparezca, puesto que jamás ven la televisión.

Quinto. En el otro extremo de la distribución, tampoco los adictos (que suponen el 4 % de la muestra y dicen ver diariamente de ocho horas en adelante la televisión) se comportan de acuerdo con la pauta prevista. Hirsch compara ese escalón superior de adictos con el escalón inmediatamente inferior de consumidores duros y ambos grupos como un todo con las restantes categorías. También este agregado presenta características peculiares. En él se encuentran más representados que en el resto las mujeres, jubilados, personas con bajo nivel de instrucción y, en general, los miembros de la clase baja.

De forma parecida a lo que ocurre en el caso anterior, en dos de cada tres comparaciones el grupo de exposición extrema da en menor medida que los consumidores duros la respuesta refractada. Esa paradójica diferencia se hace patente en ítems directamente relacionados con la presunta inducción de temor, desconfianza y alienación que produce la televisión. Específicamente, los adictos se sitúan menos de acuerdo con la óptica de la televisión que los consumidores duros en dos ítems pertenecientes al «índice del mundo mezquino» de Gerbner y otros (1980) [16], en el ítem sobre miedo a salir de noche, en la predisposición a aprobar la agresión interpersonal, en tres ítems de suicidio y en cuatro sobre alienación. En los seis ítems restantes, los adictos responden de acuerdo con la axiología de la televisión en función de su uso más intenso.

VII.3. *La crítica de Hughes*

También pone Hughes (1980) en el banquillo las asunciones básicas del análisis de cultivo, esto es, la idea de que las personas que se someten a una dieta dura de televisión comparten una visión deformada de la incidencia del delito, son más desconfiadas, están más alienadas y se sienten más amenazadas.

La corrección de Hughes se refiere a la necesidad de emplear en las demostraciones acerca de las relaciones entre el tiempo de exposición y el cultivo técnicas que, a diferencia de las de correlación parcial usadas por el grupo de Gerbner, permitan un control exhaustivo de las variables extrañas que puedan intervenir en esa relación.

El reanálisis de Hughes se centra en las variaciones que se producen en lo que de manera genérica se ha venido llamando miedo a salir de noche y en anomia [17].

La tesis de Hughes es que ha habido una falsa apreciación en el orden de la causalidad. No es que la televisión produzca miedo y alienación, sino que las personas más alienadas y temerosas tienden a permanecer más entre las cuatro paredes de sus casas, con lo que aumenta la probabilidad de que devengan consumidores duros de televisión. Esta última conducta no es causa, sino consecuencia de otros determinantes más básicos. Por ejemplo, y en este caso Hughes se remite a Doob y MacDonald, el índice de delincuencia que presenta el entorno en el cual se reside.

Apuntemos que, en sí misma, esta tesis no contradice la idea de cultivo de Gerbner, sino que es simplemente una explicación acerca

[16] A la composición y uso del «índice del mundo mezquino» *(mean world index)* se hará referencia más tarde.

[17] Los ítems de anomia estudiados son: A) pese a lo que la gente diga, el hombre corriente va a peor, no a mejor; B) según se está poniendo el futuro, no está bien traer un hijo al mundo; C) a la mayoría de los funcionarios no les importan los problemas del hombre corriente. (Las alternativas de respuesta son *de acuerdo-en desacuerdo.)*

de los determinantes sociales de la exposición, momento distinto en el modelo de usos y gratificaciones del de los efectos propiamente dichos.

En su análisis, Hughes también utiliza los datos de la General Social Survey (años 1975, 1977 y 1978) concentrándose en las variaciones en la exposición a la televisión según un conjunto de determinantes básicos que incluye las variables sexo, raza, educación, edad, horas de trabajo a la semana, ingresos, asistencia a servicios religiosos y tamaño del hábitat. Ahora bien, Hughes destaca del conjunto las siguientes asociaciones:

— La variable sexo se relaciona fuertemente con la exposición, pero la asociación desaparece al introducir un control múltiple, presumiblemente debido a la variable horas de trabajo a la semana. O lo que es igual, las mujeres ven más televisión que los hombres únicamente en razón de su estilo de vida.

— La raza es un predictor sistemático del tiempo de exposición que se mantiene pese a todos los controles. Los negros superan a los blancos significativamente en tiempo de exposición.

— El tiempo disponible ejerce un fuerte impacto en el tiempo de exposición y, de hecho, constituye el predictor más potente de la exposición a la televisión, con y sin controles.

— La asistencia a servicios religiosos es un predictor moderadamente fuerte y de tipo negativo de la exposición, pero su capacidad predictiva se reduce mucho al establecer el control múltiple.

Estas exclusiones, por la presumible relación que quizá exista entre las variables anteriores y las distintas variables dependientes, suponen una importante limitación en los trabajos del grupo de Gerbner.

De hecho, una vez que Hughes establece relaciones entre tiempo de exposición a la televisión y cinco variables clásicas en el contexto del análisis de cultivo [18], las asociaciones pierden sistematicidad cuando la relación se ajusta al control simultáneo de las variables sexo, raza, educación, horas de trabajo, ingresos, tamaño de la familia, asistencia a servicios religiosos y tamaño del hábitat (véase cuadro 8):

[18] Una variable sobre política exterior; tres sobre alienación y una sobre miedo a salir de noche.

CUADRO 8. *Puntuaciones medias en los ítems de Gerbner y otros (1978) por horas de exposición a la TV (al día), sin ajustar y ajustadas a las variables de control, sexo, raza, educación, ingresos, edad, horas de trabajo, tamaño de la familia, asistencia a servicios religiosos y tamaño del hábitat*

	Horas de exposición al día				
	0-2	3	4+	Eta-beta	N
(1) Asuntos internacionales:					
Sin ajustar	0,311	0,342	0,466	0,144*	(1333)
Ajustada	0,342	0,354	0,413	0,066*	
(2) Funcionarios:					
Sin ajustar	0,579	0,693	0,723	0,139*	(1313)
Ajustada	0,613	0,686	0,667	0,066*	
(3) Hombre medio:					
Sin ajustar	0,496	0,625	0,618	0,125*	(1312)
Ajustada	0,534	0,619	0,555	0,066*	
(4) Traer un hijo al mundo:					
Sin ajustar	0,338	0,404	0,466	0,113*	(1325)
Ajustada	0,386	0,378	0,400	0,015	
(5) Miedo a salir de noche:					
Sin ajustar	0,419	0,421	0,475	0,051	(1362)
Ajustada	0,451	0,419	0,418	0,033	

Notas: En cada variable, la fila sin ajustar da la proporción media de respuestas en línea con la predicción de Gerbner, y la segunda, esa misma medida ajustada a todos los controles. Eta y beta son medidas de asociación. Sólo una de las cinco relaciones de Gerbner (el ítem 1) se mantiene tras la introducción de los controles. Tres de los cinco (ítems 1, 2 y 3) muestran relaciones significativas; dos de ellas (2 y 3) no responden a la pauta propuesta por la hipótesis del cultivo. «Miedo a salir de noche», variable crítica en Gerbner, funciona en contra de la predicción, ya que, introducidos los controles, indica que son los CD (consumidores duros) los que menos probabilidad presentan de sentir temor a caminar sólos en la noche.

* *Nivel de significación:* $p<0{,}05$.

Fuente: Hughes, 1980, p. 294.

La estrategia de Hughes consiste en establecer por cada categoría de exposición (consumidores ligeros, moderados y duros) la proporción media de respuestas refractadas, esto es, típicas del cuadro de valores de la televisión, y esa misma proporción una vez que la relación se ajusta a todos los controles. *La consecuencia de esa operación es la neutralización de la mayoría de las relaciones postuladas entre tiempo de exposición y las distintas variables dependientes.* Además, al analizar la relación entre tiempo de exposición y miedo a salir de noche resulta llamativo comprobar que son precisamente los sujetos que pertenecen al grupo más alto en exposición quienes potencialmente se sienten menos vulnerables [19].

Por otra parte, al estudiar el comportamiento de las variables de control se observa que el sexo, la edad y el tamaño del hábitat constituyen predictores más potentes de las actitudes que el tiempo de exposición.

Para concluir con las observaciones de Hughes, tampoco parecen ajustarse las asociaciones entre los ítems de anomia [20] y el tiempo de exposición a las previsiones del modelo de cultivo una vez tamizadas por la acción de los controles, en la medida que:

— La diferencia entre consumidores duros y ligeros en cuanto a su posición respecto al ítem 1 es despreciable.

— La relación entre exposición y el ítem 2 presenta una forma curvilinear: existe más similitud en las respuestas de consumidores duros y ligeros que entre cualquiera de esas dos categorías y la de los moderados.

— Finalmente, la única relación que se mantiene es la existente entre tiempo de exposición y el ítem 3, pero también en ese caso es inconsistente, puesto que una categoría intermedia, la de consumidores moderados, presenta la máxima relación con alienación, mientras que la teoría postula una relación monótona.

---

[19] Vulnerabilidad medida por el ítem: «¿Hay alguna zona cerca de aquí por la que le daría miedo pasear solo de noche?»

[20] Los ítems señalados con los números 1, 2 y 3 son, respectivamente: 1. Según se está poniendo el futuro no está bien traer un hijo al mundo. 2. Pese a lo que la gente diga, el hombre corriente va a peor, no a mejor. 3. A la mayoría de los funcionarios no les importa los problemas del hombre corriente.

VIII. CONTRIBUCIONES RECIENTES DE LA TEORIA DE LOS INDICADORES CULTURALES: FENOMENOS DE SOBREINCLUSION Y RESONANCIA

En trabajos posteriores, Gerbner y sus colaboradores han salido al paso de las críticas mencionadas aceptando las limitaciones metodológicas inherentes a su estrategia, pero sin renunciar a los postulados básicos. Ha habido una ampliación de hipótesis y nuevos conceptos han sido propuestos para explicar algunas de las contradicciones y paradojas puestas sobre el tapete por Hirsch (1980), Doob y MacDonald (1979) y Hughes. Manteniéndose esencialmente en los mismos términos la hipótesis del cultivo, en la medida que se sigue postulando una relación proporcional entre exposición y cultivo de creencias en torno a lo que hay, lo que es importante, lo que es correcto y la estructura de relación entre elementos, en la segunda generación de trabajos de la escuela de Annenberg no se ha pasado por alto la necesidad de introducir los controles que Hughes reclamaba.

Dos conceptos, el de SOBREINCLUSION *(mainstreaming)* y el de RESONANCIA, permiten explicar las razones por las cuales abusar de la televisión no siempre da lugar a un incremento extremo de las sensaciones de riesgo y vulnerabilidad ya indicadas en relación con la victimización.

En el Perfil de violencia número 11, Gerbner, Gross, Morgan y Signorielli (1980) ofrecen constataciones similares a las descritas hasta ahora, sólo que éstas se apoyan en «relatos» más exhaustivos: al fin y al cabo el almacén del análisis del sistema de mensajes cuenta ya en esa época con más de diez años de existencia.

Ese relato general se caracteriza por varios rasgos que vamos a mencionar someramente, y no a describir en detalle, dado que coinciden virtualmente con análisis anteriores. El cuadro que año tras año se reitera desde 1967-68, época en la que se inicia la investigación sistemática sobre los contenidos del mundo de la televisión, presenta tres rasgos distintivos. Se organiza sobre la base de una demografía desvirtuada que da preferencia a los hombres adultos jóvenes, frente a las mujeres de todas las edades, los jóvenes y los ancianos. Fija su atención, desequilibrada y preferentemente también, en los oficios, roles y actividades relacionadas con la vigilancia y persecución de los delincuentes. Utiliza la violencia como elemento preferente de reclamo, al menos en los períodos de máxima audiencia y en la programación dirigida a los niños.

Dicha constancia hace presumir que intencionadamente o no, la televisión, el más prestigioso y usado de los medios, opera siguiendo ciertas reglas estables.

Si de victimización se trata, puede añadirse que existe un patrón regular que corre parejo a la práctica de la violencia. Es importante tenerlo en cuenta en la medida que permite suponer la actuación a través de la televisión de una pedagogía general sobre el poder que, a su vez, incluye lecciones particulares sobre sus aplicaciones. Así, los individuos pueden ir de lo particular a lo general y, a la recíproca, considerar los ejemplos de violencia como concreciones de la lógica del poder desde donde poder llegar a conclusiones generales. No es casual que en todos los análisis las mujeres, ancianos y minorías resulten blanco predilecto de la violencia.

VIII.1. *Sobreinclusión y resonancia*

Como hemos señalado, pese a las críticas, se ha seguido manteniendo que en los consumidores duros, la televisión subordina a otras fuentes de efectos (véase Gerbner, Gross, Morgan y Signorielli, 1980).

Sin embargo, un escrutinio más estricto de los datos permite apreciar patrones sustancialmente distintos en diferentes grupos cuando el monto de exposición se pone en relación con las concepciones de la vida social. En suma, el proceso de cultivo es consistente, pero se interpenetra con las distintas pautas de existencia vigentes, dando lugar a resultados distintos.

El fenómeno de SOBREINCLUSION (Gerbner, Gross, Morgan y Signorielli, 1980) clarifica una de las consecuencias más importantes del uso exhaustivo de la televisión. Las comparaciones de las respuestas a cuestiones de opinión de ciertos grupos sociales permiten constatar la existencia de perspectivas genuinamente distintas a la hora de considerar los problemas y fenómenos de la existencia. En general, los individuos pertenecientes a estratos más instruidos y con un nivel socioeconómico más alto son probablemente menos convencionales y rígidos en sus concepciones al compararlos con los de *status* socioeconómico más bajo. Esas diferencias, que tienen su explicación en determinantes sociales identificables, puede llegar a borrarse debido a la contribución que realiza la televisión. En otros términos, *diferencias debidas a la acción de factores socioculturales esencialmente, pueden llegar a verse removidas y englobadas en una homogeneidad supracategorial gracias a una dieta suficientemente alta de televisión.*

Las consecuencias del proceso de SOBREINCLUSION son paradójicas por lo siguiente:

— En los grupos que por sus características —básicamente *status* socioeconómico por encima de la media— se encuentran «fuera de» la corriente de perspectivas estereotipadas y convencionales que alienta la televisión es pensable que una actuación sostenida de dicho medio produzca, como sucede en una riada, el arrastre hacia perspectivas que no son las suyas.

— Sin embargo, en otros, cuyas perspectivas superan en extremosidad a las de la propia televisión, la acción del cultivo es esencialmente «moderar», encauzándolas, esas perspectivas en razón igualmente de una exposición suficientemente alta.

Entienden Gerbner y otros (1980) por perspectivas genuinas las que distintos grupos mantienen sin el concurso ideológico de la televisión. Estas perspectivas no contaminadas no son otra cosa que las que presenta el sector de consumidores ligeros de cada grupo.

Pero en ambos casos, la consecuencia de un elevado nivel de exposición es producir una *convergencia* de puntos de vista hacia la corriente dominante.

El efecto del consumo duro de televisión presenta una vertiente global, que es la ya definida bajo el término SOBREINCLUSION, y otra, más específica, que recibe la denominación de RESONANCIA, descrita por Gerbner y otros (1980) en los siguientes términos: cuando las señales captadas a través de la televisión adoptan la forma de datos confirmatorios de la propia experiencia, o son percibidas como tales, tiene lugar un efecto de SOBREDOSIS o, lo que es igual, una acentuación inhabitual y extrema del cultivo. Esa reacción se aplica específicamente a ciertos casos de victimización en que los sujetos, además de ser adictos, han sufrido en propia carne algún delito.

VIII.1.1. Evidencia empírica acerca del fenómeno de sobreinclusión

En general, la investigación sociológica muestra que las personas de más ingresos son también más instruidas y todo ello conforma un patrón de actividad que suele excluir el uso exhaustivo de la televisión, con la consecuencia de que se ven menos imbuidas de las perspectivas convencionales de ésta. Esta generalización tiene sus excepciones, que son precisamente las que han dado pie a la hipótesis de Gerbner y otros (1980): el menor convencionalismo de este grupo se mantendrá como norma sólo en la medida que se sitúe fuera de esa corriente de influencia, esto es, que no pase a engrosar las filas de los consumidores duros. Cabe esperar, en caso contrario, que se produzca la asimilación de dicho grupo a la corriente ideológica de la televisión.

Gerbner y otros (1980) analizaron las respuestas de una muestra de adultos a la proposición «El temor al delito es un problema personal muy grave», susceptible de las alternativas a favor y en contra. La tendencia a suscribir esa proposición se supone relacionada con el cultivo, pues si en la televisión es frecuente la contemplación de la violencia, las personas más afectadas serían las más expuestas. Estas tenderían más que las que no lo hacen o lo hacen poco a incorporar nociones negativas del entorno social.

De acuerdo con la idea de sobreinclusión y tal como muestra la figura 9, esa relación se mantiene únicamente en los sujetos con ingresos altos y medios (pertenecientes a grupos cuyos consumidores ligeros se hallan «fuera de» la perspectiva de la televisión). Por el contrario, los sujetos con ingresos bajos tienden, «de manera natural», a dar la respuesta de mayor riesgo. Como se observa, la proporción de consumidores ligeros que se adhiere a la respuesta de mayor riesgo en los grupos de ingresos altos y medios es menor que la de consumidores duros. En esos mismos grupos, los que siguen una dieta dura tienden a sumergirse en la corriente refractada de la televisión. Asimismo, en el grupo de bajos ingresos, constituido por personas más duras y convencionales en sus planteamientos, presumiblemente por su estilo de vida, el efecto de sobreinclusión, paradójicamente da lugar a una *moderación* de perspectivas (véase figura 9).

En suma, el efecto de sobreinclusión opera en direcciones perfectamente coherentes con la connotación de convencionalismo y mediocridad que Gerbner atribuye a la televisión: acentúa la paranoia de los satisfechos y seguros quienes, por su *status* socioeconómico y su situación de relativo privilegio, parecen menos propensos a compartir una imagen deteriorada del entorno y, al propio tiempo, introduce un poco de sosiego en las mentes de aquellos sujetos que por su raza, marco de referencia cultural o su hábitat, o por todas esas circunstancias juntas, se encuentran ya plenamente inmersos en una

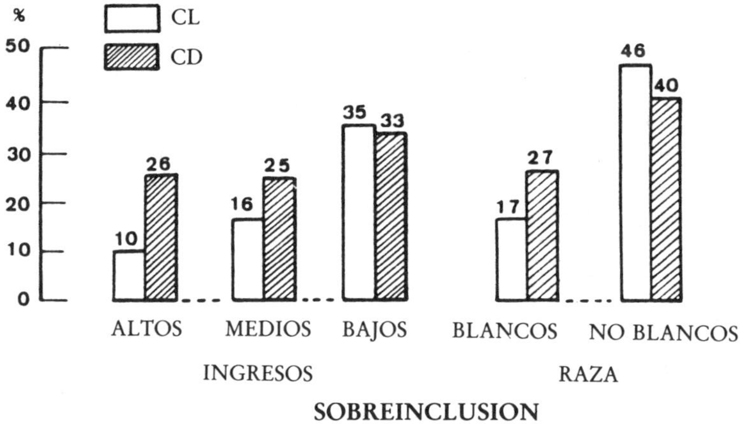

Nota: Los sujetos han sido clasificados en tres categorías de *status* socioeconómico. CL: consumidores ligeros; CD: consumidores duros.

Fuente: Gerbner y otros, 1980, p. 16.

FIGURA 9. *Ejemplos de* SOBREINCLUSION *en términos de la relación entre el tiempo de exposición y el porcentaje de sujetos que dicen que «el temor al delito es un problema personal muy grave».*

concepción endurecida y pesimista del mundo y las relaciones sociales. En este último caso, el consumo duro no supone una extremación de tales posiciones, sino la recuperación hacia otras más moderadas. No está de más recordar que ya Marx y Engels en *La ideología alemana* llamaban la atención del poder de consolación de la religión, «el opio de los pueblos».

Una elaboración de resultados empíricos llevada a cabo en el trabajo citado de Gerbner y otros (1980) supone una respuesta a las críticas que consideraban variables como la raza, el sexo y el hábitat, y no la exposición a la televisión, predictores cruciales del temor al delito. Al mismo tiempo hace posible interpretar cuáles son las razones por las que Hirsch (1980) detecta en los ADICTOS respuestas más moderadas que en los propios consumidores duros, cosa que vendría a significar que la relación entre tiempo de exposición y cultivo es de naturaleza curvilinear (véase figura 9).

Tomando como punto de partida la variable raza, vuelve a mostrarse la adecuación del concepto de sobreinclusión. La relación exposición-victimización es positiva en el caso de los blancos y ligeramente negativa en el de los no blancos. Los consumidores ligeros de televisión de este último grupo, sin el concurso de una dieta dura de televisión, expresan su concepción temerosa del entorno. Con el concurso de ella, esa visión parece corregirse (véase figura 9, derecha).

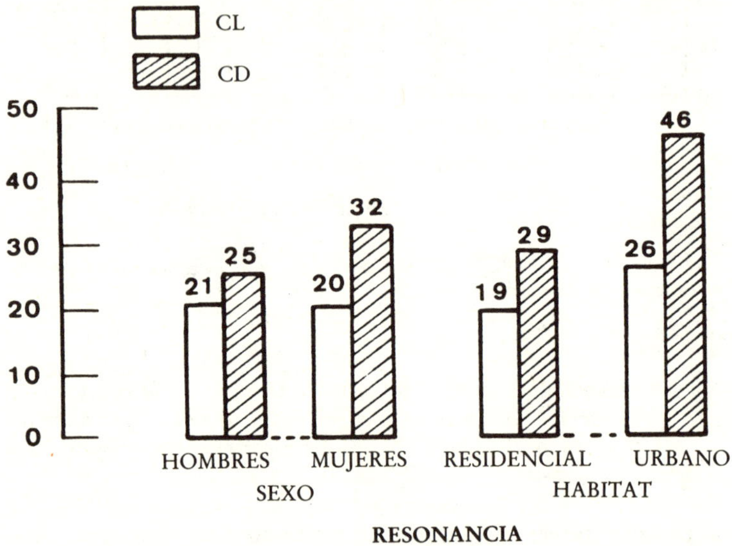

Nota: Diferencias porcentuales de acuerdo con las mismas categorías de exposición que en el ejemplo anterior en cuanto a la aprobación de la proposición «el temor al delito es un problema personal muy grave».

Fuente: Gerbner y otros, 1980, p. 17.

FIGURA 10. *Ejemplos de resonancia*

La importante diferencia entre consumidores ligeros y duros dentro del grupo de mujeres (véase parte izquierda de la figura 10) puede explicarse más apropiadamente en términos del concepto de RESONANCIA. Razones «objetivas» tienden a justificar la mayor sensación de vulnerabilidad del sexo femenino y de los que residen en hábitats urbanos (en los que se cometen más delitos). En ambos casos, una dieta sustanciosa de televisión confirma y estimula los temores de esas personas en cuanto que las representaciones son congruentes con la experiencia.

Cultivo, desconfianza interpersonal, anomia y percepción del delito: contrarréplica de Gerbner

Las ilustraciones anteriores constituyen la primera parte de una contrarréplica a las críticas que se habían formulado a Gerbner. Para salir al paso de ellas, Gerbner y otros (1980) formulan el «índice del mundo mezquino», constituido por tres ítems de desconfianza interpersonal [21], que es relacionado sistemáticamente con el tiempo de exposición (véase cuadro 9).

El estudio de las correlaciones parciales entre exposición y ese índice muestra una asociación general, positiva y significativa ($p < .001$) entre ver televisión y tendencia a expresar desconfianza. Más importante es que *la aplicación de controles simultáneos reduce la intensidad de esa correlación que, en todo caso, no deja de ser significativa, resultado general que discrepa de las conclusiones de Doob y MacDonald (1979), Hirsch (1980) y Hughes (1980).*

La relación es reveladora cuando se centra la atención en aquellos grupos que menos probabilidad presentan de estar imbuidos por las perspectivas de la televisión. Así, por ejemplo, la relación más fuerte en la matriz de correlaciones la presenta el grupo de sujetos con educación superior. Muy llamativas son las relaciones entre tiempo de exposición y aquel índice desde el punto de vista de las diferencias raciales. Siendo los no blancos los que más alto puntúan en ese índice, sin embargo es negativa y significativa la relación en ese grupo entre tiempo de exposición y desconfianza interpersonal. Entre las personas de raza blanca la relación se mantiene positiva.

En conjunto, los datos suponen un fuerte respaldo a la hipótesis sobre la relación entre exposición y cultivo modulada por el fenómeno de sobreinclusión: mientras que los grupos cognoscitivamente alejados de la axiología de la televisión se ven empujados hacia la corriente dominante, los que la sobrepasan, descarriándose, tienden a ser repescados. En los dos casos se trata de los efectos de una dieta dura.

Una relación puesta en la picota es la postulada por Gerbner entre exposición y anomia. Empero, el análisis de Gerbner y otros

---

[21] Los ítems del «índice del mundo mezquino» *(mean world index)* son: «La mayoría de la gente sólo se preocupa de sí misma.» «No es preciso tomar muchas precauciones cuando uno trata con los demás.» «La mayoría de las personas se aprovechan de uno en cuanto pueden.»

CUADRO 9. *Correlaciones parciales intragrupo entre exposición e (I) «índice del mundo mezquino»*

	TOTAL	EDUCACION		INGRESOS			RAZA	
		No ed. superior	Ed. superior	Bajos	Medios	Altos	Blancos	No blancos
r simple	0,12***	0,06**	0,14***	0,03	0,16***	0,08	0,12***	−0,08
Control para:								
Sexo	0,12***	0,06**	0,15***	0,03	0,17***	0,09*	0,12***	−0,07
Edad	0,12***	0,06**	0,14***	0,02	0,16***	0,08	0,12***	−0,08
Lectura de periódicos	0,11***	0,06**	0,14***	0,03	0,16***	0,08	0,12***	−0,08
Clase social subjetiva	0,10***	0,05**	0,13***	0,02	0,15***	0,07	0,10***	−0,07
Educación	0,07***	0,06**	0,12***	0,01	0,12***	0,04	0,07***	−0,08
Ingresos	0,09***	0,04*	0,12**	—	—	—	0,09***	−0,11*
Raza	0,09***	0,04	0,10**	−0,01	0,15***	0,08	—	—
Prestigio ocupacional	0,08***	0,04*	0,13***	0,01	0,13***	0,04	0,08***	−0,08
Todos los controles	0,04*	0,02	0,08*	−0,02	0,11***	0,04	0,06**	−0,10*

Nota: (I) se compone de tres ítems e indica el grado de acuerdo con que: «La mayoría de la gente sólo se preocupa de sí misma», «No es preciso tomar muchas precauciones en el trato con los demás» y «La mayoría de las personas se aprovechan de uno en cuanto pueden». El cuadro indica que ver TV, en general, está significativamente asociado con la tendencia a expresar desconfianza (r=0,12, p<0,001). Los controles simultáneos reducen la asociación, pero ésta permanece significativa (r=0,04, p<0,05). Es llamativa la relación entre *exposición* y *desconfianza* en varios grupos de la población, en los sujetos de educación superior, los de raza blanca y los no blancos. En los dos primeros, la asociación positiva y significativa (0,14 y 0,12, respectivamente) es la expresión estadística de la sobreinclusión, así como también en el tercero, en el que la asociación es negativa y no significativa (−0,08). La razón es que la asociación entre educación y desconfianza (I) es muy fuerte y negativa en la población y de la misma intensidad, pero positiva, entre los no blancos. El efecto de cultivo consiste en modificar esa pauta.

Fuente: Gerbner y otros, 1980, p. 18.

* $p \leq 0,05$; ** $p \leq 0,01$; *** $p \leq 0,001$.

(1980) describe un patrón de resultados parecido al anterior y, una vez más, cobra relieve el concepto de *sobreinclusión*. Las comparaciones se establecen tomando como base un Indice de alienación, compuesto por tres ítems [22], ya empleados en análisis precedentes (véase cuadro 10):

CUADRO 10. *Correlaciones parciales entre tiempo de exposición y anomia, medida mediante un índice compuesto por tres ítems*

	Nivel de instrucción		
	Estudios básicos	Estudios medios	Educación superior
r simple	0,01	0,06*	0,14*
Control por:			
Sexo	0,00	0,06*	0,15**
Edad	0,01	0,06*	0,14*
Lectura periódicos	0,01	0,06*	0,15*
Tipo de hábitat	0,01	0,06*	0,14*
Clase social subjetiva	0,01	0,05	0,14*
Educación	0,01	0,06	0,14*
Ingresos	−0,01	0,03	0,15**
Raza	0,01	0,05	0,13*
Todos los controles	−0,03	0,01	0,14*

Nota: Los ítems son: «El hombre medio va a peor», «Tal como están los tiempos no se debería traer un hijo al mundo» y «A la mayoría de los funcionarios no les importan los problemas del hombre medio». Pese a críticas anteriores se constata que la relación se mantiene significativa en los subgrupos que, por su nivel de instrucción, presentan menos probabilidad de que dicha relación aparezca (columna de la derecha). Esta relación se mantiene incluso en presencia de todos los controles. De nuevo se trata de una ilustración empírica del fenómeno de sobreinclusión.

* $p \leq 0,05$; ** $p \leq 0,01$.

Fuente: Gerbner y otros, 1980, p. 20.

[22] Se trata de los siguientes: La media del hombre está yendo a peor. A nadie le puede gustar traer un hijo al mundo. A la mayoría de los funcionarios no les interesa los problemas del hombre corriente. (La formulación exacta de estos ítems figura en puntos precedentes.)

En términos generales, el mejor predictor de anomia es educación ($r = -0{,}32$; $p < 0{,}001$), pero esa relación, vista desde el punto de vista del tiempo de exposición, se conforma de un modo insólito. La relación entre exposición y anomia es positiva y significativa en los sujetos con estudios medios y superiores. Una vez más, allí donde menos esperables son las respuestas convencionales, la exposición a la televisión las induce. Exposición y anomia no guardan relación en el caso de los sujetos más convencionales, esto es, los menos instruidos.

Ambas pautas confirman nuevamente la validez del concepto de sobreinclusión.

Posiblemente, la parte del trabajo de la escuela de Annenberg que más interés ha venido despertando desde el principio ha sido su original visión del tema de la *victimización.* A raíz de las críticas antes expuestas, la hipótesis de que los consumidores duros de violencia dan significativamente más que los consumidores ligeros la respuesta de mayor riesgo entre dos alternativas, quedaba malparada.

El retest de esta cuestión [23] desmiente la suposición de que la televisión no cultive una concepción exagerada del temor a devenir víctima de violencia. La predicción de que *existe una mayor propensión en los consumidores duros a elegir la alternativa de mayor riesgo, se confirma en el total de la muestra estudiada,* así como en la mayoría de los subgrupos.

El que no aparezcan diferencias entre el porcentaje de sujetos que en la categoría de consumidores duros y ligeros dan la respuesta de máximo riesgo podría interpretarse como evidencia contraria. Pero sucede que al estudiar esa misma respuesta en los consumidores ligeros de los grupos de ingresos altos y medios, el porcentaje que emite la respuesta refractada disminuye sensiblemente.

Concluyendo, los sujetos que se exponen menos a la televisión generan expectativas más bajas de verse implicados de forma impredictible en algún episodio violento; ahora bien, los que por su mayor nivel educativo tienen menos posibilidades de obsesionarse con asaltos y agresiones, mantienen su objetividad sólo en la medida que sigan aislados del impacto de la televisión.

---

[23] La pregunta planteada por Gerbner es la siguiente: «En un día cualquiera de la semana, ¿cuántas probabilidades cree que tiene de verse implicado en violencia?» Las alternativas son las proporciones 1 sobre 10 y 1 sobre 100, siendo la alternativa de mayor riesgo, esto es, la respuesta refractada la primera de ellas (véase cuadro 11, 1.ª columna de la izquierda.)

CUADRO 11. *Análisis de respuestas a ítems sobre temor y violencia por tiempo de exposición*

	A		B		C		D		E	
	DC	*g*	DC	*g*	DC	*g*	DC	*g*	DC	*g*
Total	+10	0,14***	+10	0,18***	+11	0,10***	+ 9	0,12***	+ 4	0,30***
Control por:										
Edad:										
18-29	+14	0,28***	+ 6	0,11**	+11	0,09**	+11	0,21***	+ 4	0,27***
30-54	+ 9	0,11**	+10	0,18***	+12	0,09***	+11	0,12***	+ 3	0,27**
+ de 55	+ 4	0,07*	+10	0,22***	+ 9	0,06*	+ 1	− 0,01	+ 4	0,38***
Educación:										
Superior	+ 7	0,13***	+12	0,20***	+10	0,07***	+ 8	0,11***	+ 3	0,28***
No superior	+ 9	0,10*	+ 7	0,06	+ 9	0,07*	+ 5	0,09*	+ 3	0,22**
Lectura periódicos:										
A veces	+14	0,25***	+15	0,26***	+17	0,10***	+11	0,14***	+ 4	0,27***
A diario	+ 7	0,10***	+17	0,13***	+ 8	0,09***	+ 8	0,11***	+ 4	0,36***
Raza:										
Blancos	+10	0,13***	+ 9	0,17***	+10	0,09***	+10	0,14***	+ 4	0,29***
No blancos	+ 7	0,25**	+12	0,21**	+16	0,09*	− 6	−0,07	+ 4	0,37**
Tipo de hábitat:										
Gran urbe	+10	0,13**	0	− 0,00	+14	0,19***	+20	0,19***	+10	0,52***
−250 000	+ 3	0,05	+24	0,42***	+ 8	0,04	+ 5	0,09*	+11	0,57***
Residencial	+13	0,18***	+10	0,19***	+13	0,13***	+10	0,12***	+ 2	0,13
Rural	+ 8	0,13	+ 9	0,17***	+ 7	0,01	+ 2	0,08**	0	0,10
Sexo:										
Hombres	+ 8	0,09**	+10	0,20***	+16	0,16***	+ 4	0,07**	+ 2	0,07
Mujeres	+ 8	0,15***	+ 6	0,14***	+ 1	− 0,01	+12	0,14***	+ 5	0,55***

Nota: A: % que sobrestiman la probabilidad de verse implicados en violencia; B: % de acuerdo con que las mujeres son las víctimas más probables de delitos; C: % que dicen que su lugar de residencia es poco o nada seguro; D: % que dicen que el temor al delito es un problema personal muy importante; E: % de acuerdo con que el delito va en aumento. DC (Diferencial de Cultivo) = % de consumidores duros que emiten la respuesta de mayor riesgo menos % de consumidores ligeros que da esa respuesta; *g* (gamma) expresa la significación de esa diferencia. Los datos confirman la tesis básica; en la mayoría de los subgrupos y en el total es significativamente mayor la probabilidad de que los adictos, frente a los consumidores ligeros, den la respuesta de mayor riesgo. Se observan diferentes ejemplos de sobreinclusión (véanse categorías, educación y raza). El hábitat, por sí solo, no es la causa del temor al delito (frente a la hipótesis de Doob y MacDonald). Es la adición de una alta dieta a la percepción del hábitat lo que da lugar al «efecto de resonancia» (véase columna C y tipo de hábitat; $g=0{,}19^{***}$, $p\leq 0{,}001$).

* $p\leq 0{,}05$; ** $p\leq 0{,}01$; *** $p\leq 0{,}0001$.

Fuente: Gerbner y otros, 1980, p. 21.

Nuevamente esta diversificación es interpretable en términos del fenómeno de sobreinclusión. Un resumen de la relación entre exposición y variables relacionadas con victimización aparece en el cuadro 11 (p. 349).

VIII.1.2. Interpretación de resultados a partir del concepto de resonancia

Frente a la categórica afirmación de Doob y MacDonald de que el cultivo de la televisión es una variable con escasa capacidad predictiva respecto al temor al delito cuando es comparado con la tasa de criminalidad en el área de residencia, Gerbner y sus colaboradores proponen la alternativa de la RESONANCIA. Esta predice un efecto de *sobredosis* cuando concuerdan los relatos del drama de la televisión y las señales provenientes del entorno de los sujetos.

Las tendencias de respuesta estudiadas en este caso son las relacionadas con la seguridad percibida en las situaciones en que los sujetos interrogados imaginan pasear solos de noche en el lugar donde residen. Gerbner y colaboradores (1980) asumen que, en efecto, los residentes en aglomeraciones urbanas se sentirán menos seguros, al margen de su uso de la televisión, puesto que suelen cometerse más delitos en ellas que en las zonas residenciales de clase media. Aun así, cabe establecer el matiz de que son los residentes en las grandes urbes con menos ingresos los que viven en zonas más inseguras, mientras que son más seguros los hábitats de los ciudadanos con rentas más altas.

En el análisis de los correlatos de la victimización, Gerbner y sus asociados hacen uso del índice de percepción de peligro (I) [24]. La asociación entre ese índice y el tiempo de exposición a la televisión es mucho más fuerte en las personas que habitan en grandes urbes y además tienen bajos ingresos, que en los que también viven en ciudades, pero tienen un nivel de renta alto. Los hábitats de estos últimos suelen ser más prósperos y seguros. Tanto en un caso como en otro, la

---

24. Este índice consta de cinco ítems: Probabilidad de verse implicado en violencia; probabilidad de decir que las mujeres tienden mucho a ser víctimas de delitos; probabilidad de decir que el temor al delito es un problema personal muy importante; probabilidad de decir que el delito va en aumento; probabilidad de decir que el lugar donde se reside es poco o nada seguro.

relación entre la variable tiempo de exposición a la televisión y el índice (I) es significativa. Al introducir simultáneamente todos los controles demográficos se mantiene estadísticamente significativa y positiva en el primer grupo y baja a cero en el segundo (véase cuadro 12).

CUADRO 12. *Correlaciones parciales para tipo de hábitat e ingresos entre tiempo de exposición y el índice de percepción de peligro (I)*

	Hábitat urbano		*Residencial*	
	Ingresos bajos	Ingresos altos	Ingresos bajos	Ingresos altos
r simple	0,26***	0,05	0,10***	0,20***
Control por:				
Sexo	0,27***	0,05	0,09***	0,20***
Edad	0,24***	0,05	0,09***	0,20***
Ingresos	0,26***	0,02	0,10***	0,18***
Lectura periódicos	0,26***	0,04	0,10***	0,20***
Educación	0,14***	0,02	0,11***	0,15***
Raza	0,21***	0,03	0,11***	0,20***
Todos los controles	0,13***	0,00	0,10***	0,12***
	(969)	(656)	(2017)	(1886)

Nota: Los datos ilustran el fenómeno de resonancia. La asociación entre exposición e (I) es mucho más fuerte en los sujetos de bajo *status* socioeconómico ($r=0,26$, $p<0,001$) que en los de alto ($r=0,05$), por la presumiblemente mayor incidencia del delito en las áreas de residencia de los primeros. La relación, en el primer caso, se mantiene significativa ($r=0,13$, $p<0,001$) tras introducir los controles demográficos indicados en la tabla simultáneamente. El cultivo de imágenes sobre violencia y peligro incide con vigor sobre las actitudes cuando se trata de problemas relevantes en la vida cotidiana. Cuando la correspondencia entre tasa de delincuencia en el hábitat e ingresos es más ambigua, la relación entre ver televisión y sensación de vulnerabilidad personal se mantiene significativa en el conjunto de las muestras estudiadas tras la introducción simultánea de todos los controles.

* $p\leq 0,05$; ** $p\leq 0,01$; *** $p\leq 0,0001$.

Fuente: Gerbner y otros, 1980, p. 22.

Un caso con notable interés real viene representado por la relación de la que Gerbner se ocupa cuando se aplica al sector de mayor edad dentro de la muestra. Contrariamente a la evidencia aportada por el grupo de Annenberg, que señala a los jóvenes como víctimas más probables de delitos en la vida real, los ancianos en la televisión son presentados como blanco preferido de la violencia. No parece casual que mientras en los sujetos jóvenes y de mediana edad no aparece relación general entre tiempo de exposición y la tendencia a pensar que son los ancianos los más susceptibles de convertirse en víctimas, en los entrevistados de más edad esta relación existe y es positiva y significativa.

La impresión general a la luz de todos estos resultados es que la hipótesis del cultivo no debe desecharse, sino completarse con correcciones como las que connotan las subhipótesis sobre los fenómenos de sobreinclusión y resonancia.

Frente a la categórica condena hecha por Hughes, principalmente, en el sentido de que las demostraciones de Gerbner no se sostienen una vez que se establece la rutina de introducir controles múltiples, la evidencia aportada en el contexto de la relación entre la variable tiempo de exposición y el índice de percepción de peligro, advierte de la existencia de una relación significativa que se mantiene por encima de los efectos de educación, ingresos, raza, sexo, edad y hábitat. El poder predictivo de la televisión, desde el punto de vista estadístico es, en todo caso, mayor o igual al de cualquiera de esas variables.

IX. TELEVISION Y ACTITUDES POLITICAS: CONTRIBUCIONES RECIENTES DE GERBNER

Hemos tenido ocasión de constatar que se puede hablar de una tradición consistente en estudiar el impacto de la comunicación en las actitudes políticas en relación con las campañas. Dicha tradición arranca de Lazarsfeld y cuenta en la actualidad con representantes más o menos heterodoxos, como ocurre en el caso de Noelle Neumann. Esta última, situada en la corriente de la hipótesis de *«agenda-setting»*, saca partido a los efectos de concordancia y clima de opinión mediante los cuales, sutil y lentamente, se van transformando las actitudes del público.

No deja de ser importante la explicación de cómo los individuos pueden llegar a variar su intención de voto en unas elecciones y, de hecho, algunos consideran que es en este campo en el que la sociología ha demostrado su utilidad y ha puesto a prueba su capacidad para predecir. Aun así, las variaciones en las tendencias de opinión durante un proceso electoral no son más que una de las múltiples concreciones del campo de las actitudes, que es mucho más amplio. Precisamente por esa razón reviste un gran interés la tentativa de Gerbner de escrutar los corrimientos de algunas actitudes básicas, de acuerdo con el nuevo mundo de valores alumbrado por la televisión, el cual, como habrá ocasión de comprobar, representa el regreso a concepciones retrógradas y conservadoras a la hora de juzgar los problemas y alternativas con que se enfrenta la sociedad.

El trabajo de Gerbner, Gross, Morgan y Signorielli (1982) se ocupa de ello y supone una nueva confirmación de que la corriente de conceptos de la televisión está calando profundamente en la sociedad, en contra de lo que entienden los críticos de la hipótesis del cultivo. Las conclusiones a que llegan en su investigación los arriba mencionados también confirman la plena validez del concepto clásico de actitud y resulta significativo que Gerbner, precisamente en sus últimas aportaciones, derive hacia ellas cuando la hipótesis sobre la función de establecer la agenda pública parecía decantarse hacia el proceso más ambiguo mediante el cual las personas forman nociones compartidas acerca del entorno. Así pues, las actitudes relacionadas con los derechos civiles, las minorías, la libertad de expresión, etc., y no la victimización o la anomia, pasan a convertirse en objeto de atención. La conclusión general a la que llegan Gerbner y sus colaboradores es que las desviaciones generales que imprime la televisión en los conceptos políticos de la gente hace que ciertas clasificaciones ideológicas pierdan valor explicativo.

Nos gustaría llamar la atención sobre el hecho de que casi treinta años después de la reiteradamente citada publicación de Klapper (1960), Gerbner procede a dar una explicación del *modus operandi* de los medios en términos casi idénticos a los que utiliza el primero. En efecto, encontramos las siguientes referencias en Klapper:

> Siendo el público y sus puntos de vista tan variados, la única alternativa era no reflejar ninguna actitud, lo que resulta patentemente imposible, o bien, restringirse a puntos de vista o valores que no encontraran virtualmente objeción. Dicho de otro modo, sólo podían hacerse eco de lo universalmente aceptado y santificar lo ya santificado [25]. [Y también] Un estudio de las prác-

[25] J. T. Klapper (1960), edic. cast., 1974, p. 38.

ticas de programación de emisoras y cadenas sugiere que la televisión es un espejo bastante exacto de los valores más conservadores de nuestra sociedad [26]. [Y para terminar] El carácter comercial de los medios de comunicación de masas en una sociedad de libre empresa es tal que parece destinarlos más a reflejar, reforzándolas en consecuencia, *las actitudes socialmente predominantes*, que a crear otras nuevas o provocar conversiones [27].

Por su parte, Gerbner y otros (1982) muestran una coincidencia asombrosa al referirse a ese tipo de acción continua:

La competencia por ampliar al máximo la audiencia al más bajo costo significa esforzarse en pro de las apelaciones más genéricas y convencionales, borrando los conflictos demasiado agudos, puliendo y equilibrando perspectivas enfrentadas y presentando las imágenes divergentes o desviadas como evitables, temibles o insólitas [28], [añadiendo que] estas presiones y funciones institucionales sugieren el cultivo de presentaciones relativamente «moderadas» y «neutras» [29].

Sin embargo, *a diferencia de Klapper*, Gerbner no suele considerar inocuas las perspectivas del sistema de mensajes como podría hacer pensar la expresión «actitudes socialmente predominantes». Aquellas perspectivas no representan una instancia objetiva que valore y sopese a todas las ideologías por igual y a todos los valores les dé publicidad sin tomar partido, sino que, en el dilema de juzgar sobre lo bueno y lo malo, escora claramente hacia el conservadurismo en menoscabo de concepciones representativas de supuestos más radicales. En efecto, el resultado acumulado por el banco de datos del análisis del sistema de mensajes permite asegurar que tiene un sentido peculiarísimo la neutralidad de la televisión, por razones en las que hemos abundado y que nos vamos a limitar a recordar. Sus elecciones demográficas recaen preferentemente sobre la clase media, lo que podría suponer la implantación entre sus seguidores de una tendencia a identificarse con sus móviles y su ideología. Las mujeres se ven infrarrepresentadas respecto a los hombres, aparecen jugando roles estereotipados y, siempre, subordinados a los de los primeros. Ciertos grupos de edad, como los jóvenes y los ancianos, así como

---

26 *Ibidem*, p. 41.
27 *Ibidem*, p. 42 (el subrayado es nuestro).
28 Gerbner y otros, 1982, p. 105.
29 *Ibidem*, p. 105.

las minorías raciales y, en general, las tendencias de pensamiento o conducta no convencionales, se ven desplazadas de ese mundo de representaciones. La mayor parte de ese espacio viene a ser ocupada por los hombres de mediana edad con poder adquisitivo. De manera que la sociedad que artificialmente se construye, de acuerdo con la lógica capitalista, se basa en la capacidad diferencial de consumo de grupos, clases y castas y muy poco en el censo. La imagen, apenas entrevista, de las minorías y los marginados quizá esté alimentando su estigmatización, lo que, a su vez, podría estar reforzando tendencias restrictivas en relación con sus derechos. Tiende así a prevalecer, desde el punto de vista de Gerbner, una ideología característica de tipo neutro, término que no implica, sino que se aúnan en ella supuestos diferentes y perfectamente contradictorios. Junto a nociones sociodemográficas sesgadas se implantan orientaciones actitudinales rígidas y de desconfianza hacia el medio social; la seguridad amenazada es el caldo de cultivo para la génesis de reacciones de ansiedad o tendencias represivas y todo ello se incardina en un espíritu general en el que predominan crecientes expectativas de servicios económicos y progreso material.

No viene al caso discutir, en el marco de esta descripción, los límites que cabe establecer entre las formulaciones que son producto de comprobaciones empíricas y las meramente especulativas. Vale la pena detenerse en tres cuestiones, clásicas en su contenido y novedosas en cuanto interpretables desde una nueva óptica, en el contexto del trabajo de Gerbner y otros (1982).

La primera se relaciona con la «falsa conciencia» y representa la recuperación de un tema clásico de la sociología marxista. La dominación de unas clases por otras se ve facilitada en el Estado moderno por el hecho de que las clases subordinadas interioricen normas, valores y referencias extrañas a su modo real de existencia, lo que justamente favorece esa subordinación. Gerbner destaca la posible colaboración de los medios en la aportación de mecanismos intervinientes en el proceso de interiorización.

La segunda se relaciona con la presión ejercida por la televisión hacia la expansión de las posiciones de clase media.

La tercera se refiere a la auténtica naturaleza del pretendido espíritu moderado que insufla la televisión. El análisis indica que la supuesta moderación no pasa de ser una mera etiqueta y, sobre todo, una ilusión colectiva tras la que se oculta, disfrazada, eso sí, bajo la máscara complaciente del realismo y el «bon sens», la absoluta renuncia a la utopía y el regreso a valores en apariencia obsoletos. En ese sentido, la televisión se perfila como una opción ideológica y no como la bisectriz de ideologías divergentes.

Como en casos anteriores, la base de datos procede de la General Social Survey en el período 1975-80. El estudio de Gerbner y otros (1982) sigue el patrón característico del método panel sobre una muestra representativa de la población, clasificada según las categorías de consumidores ligeros, moderados y duros. En la primera de ellas se encuentran desproporcionadamente representados los varones, personas de edad media y sujetos con estudios superiores e ingresos altos. En la última, es decir la de elevada exposición, lo están más las mujeres, los grupos de edad más bajos y más altos, las personas sin estudios superiores y los de menor renta. Dado que el objetivo del estudio consistía en establecer sin ambigüedades la contribución de la televisión a las actitudes, *las relaciones entre el tiempo de exposición y las variables dependientes se encuentran sujetas al control simultáneo de la totalidad de las variables sociodemográficas.* Esto viene a constituir una garantía estadística, una prueba más fuerte que las empleadas anteriormente y una reacción consecuente por parte de Gerbner y colaboradores frente a las críticas formuladas a anteriores trabajos.

IX.1. *Comunicación de masas y conciencia de clase*

En Norteamérica, la afiliación a partidos guarda relación con el *status*. Así, siendo inferior el *status* socioeconómico predominante en la categoría de consumidores duros al que prevalece en la categoría de consumidores ligeros, es congruente que en esta última haya más republicanos e independientes que en las demás (véase figura 11).

La televisión parece modificar la significación política de éstas y otras etiquetas tradicionales. Gerbner y otros (1982) observan que los sujetos de bajo *status* socieconómico tienden a identificarse como miembros de la clase trabajadora, pero esto sucede en la medida que dichas personas se expongan poco a la televisión. Si se incorporan a la categoría de consumidores duros tienden significativamente menos a reconocerse como trabajadores, orientándose con más vigor hacia una identificación con la clase media (figura 11, izquierda).

De algún modo, esta relación sugiere que la televisión podría

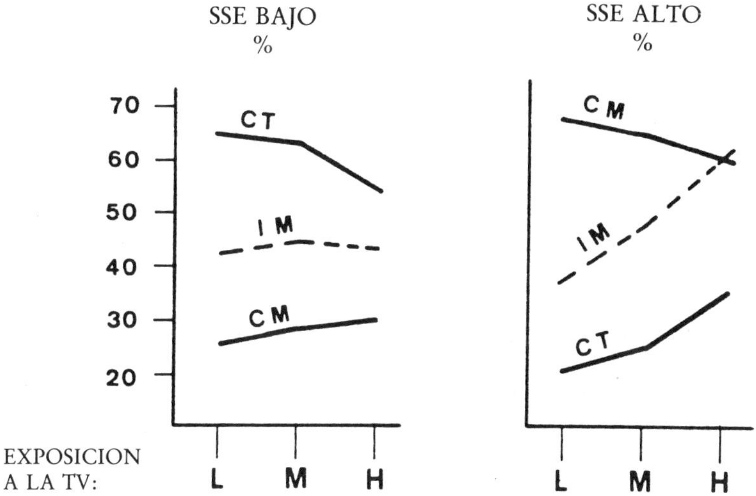

Nota: CT: clase trabajadora; IM: ingresos medios; CM: clase media; L:consumidores ligeros de TV; M: consumidores medios; H: consumidores duros.

Fuente: Gerbner y otros, 1982, p. 111.

FIGURA 11. *Autoubicación por clase social e ingresos por tiempo de exposición a la TV, dentro de dos grupos de status socioeconómico clasificados de acuerdo con categorías objetivas.*

constituir un poderoso obstáculo en la continuidad de la conciencia de clase.

Cuando se estudia a los sujetos de clase media apenas hay diferencia entre las tres categorías de exposición. La interpretación es que estas personas «objetivamente» se encuentran ya ideológicamente inmersas en la corriente de la televisión.

En cambio, se deja sentir también el efecto sobre los sujetos de *status* socioeconómico alto, que tienden a identificarse con la clase alta. Del mismo modo, en ese grupo, más consumidores duros que ligeros tienden a considerar que pertenecen a la «clase trabajadora» (figura 11, derecha).

Concluyendo, en la imaginación social, gracias al efecto de la televisión, parece darse un proceso de reestructuración de la conciencia de clase que contribuye a limar —y no se olvide que es ésa y no otra una de las funciones esenciales de la ideología— los conflictos entre grupos con intereses enfrentados.

IX.2. *El tránsito hacia la moderación y su engañoso significado*

Teniendo en cuenta las categorías liberal, moderado y conservador, tres etiquetas arraigadas ampliamente, con significado aprehensible y que permiten posicionarse políticamente a la mayoría de las personas, cabría esperar, dada la configuración axiológica de la televisión, que si el proceso de refracción es eficaz produjera una desviación hacia la etiqueta «moderado». Gerbner y otros (1982) confirman esa predicción en todos los subgrupos sociodemográficos y en las tres categorías de adscripción política (demócratas, independientes y republicanos). Significativamente más consumidores duros que ligeros se tienen a sí mismos por moderados y significativamente menos por conservadores [30]. Esa tendencia aparece reflejada en la figura 12:

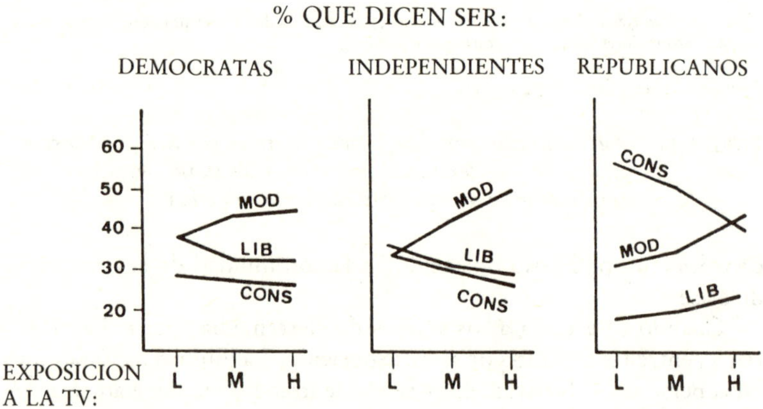

Nota: MOD: moderados; LIB: liberales; CONS: conservadores. Las categorías de exposición L, M y H son, como es habitual, consumidores ligeros, medios y duros respectivamente.

Fuente: Gerbner y otros, 1982, p. 113.

FIGURA 12. *Autoubicación política por tiempo de exposición, dentro de tres categorías de partidismo (demócratas, independientes y republicanos).*

---

[30] La técnica empleada, al igual que en otras ocasiones, consiste en averiguar la significación del diferencial de cultivo bajo la acción de todos los controles.

¿Significa este corrimiento un genuino tránsito hacia posiciones más tolerantes desde el punto de vista sociopolítico? La investigación de varios conjuntos de actitudes parece indicar precisamente lo contrario. El reino de la ideología se confirma, una vez más, como la esfera por excelencia de las contradicciones.

Tómese en primer término los resultados obtenidos por Gerbner y asociados en su análisis de las actitudes sociales. El grado de progresismo en los sujetos de la muestra fue estudiado en función de sus actitudes hacia la integración racial en las escuelas, los matrimonios interraciales y el régimen integrado de residencia.

En cada subgrupo político —liberales, moderados y conservadores— se analizaron las actitudes estableciendo a través del diferencial de cultivo la incidencia del racismo en el grupo de consumidores duros y en el de ligeros.

En correspondencia con los dictados del sentido común en relación con las actitudes implícitas en las anteriores categorías, los consumidores ligeros de ideología liberal son los menos racistas y los más los consumidores ligeros de ideología conservadora. Esto vendría a significar que en la medida que la televisión no incide sobre las actitudes políticas la idiosincrasia de esos grupos parece mantenerse intacta.

Sin embargo, la contribución de una rica dieta de televisión parece consistir en una modificación dramática de ese cuadro. En conjunto, puede afirmarse que mientras que el aumento de la exposición a la televisión no incrementa sustancialmente la tolerancia de los conservadores, sí incrementa significativamente el conservadurismo —en este caso el racismo— de los liberales.

La asociación entre exposición y predisposición a mantener aisladas a las comunidades blanca y negra en los liberales no deja albergar la menor sombra de duda. En cambio, entre moderados y conservadores esas relaciones son de menor cuantía y más inconsistentes. El fenómeno que tiene lugar puede describirse, en términos de una aproximación actitudinal de los liberales hacia los conservadores, mediatizada por la televisión. Mientras que se registra una diferencia sustancial en el racismo de los consumidores ligeros liberales y conservadores, tiene lugar una disminución estadísticamente significativa de esa distancia en los consumidores duros del grupo liberal. Una ilustración gráfica de estos fenómenos contribuirá sin duda a clarificar las tendencias mencionadas (véase la figura 13 de la página siguiente).

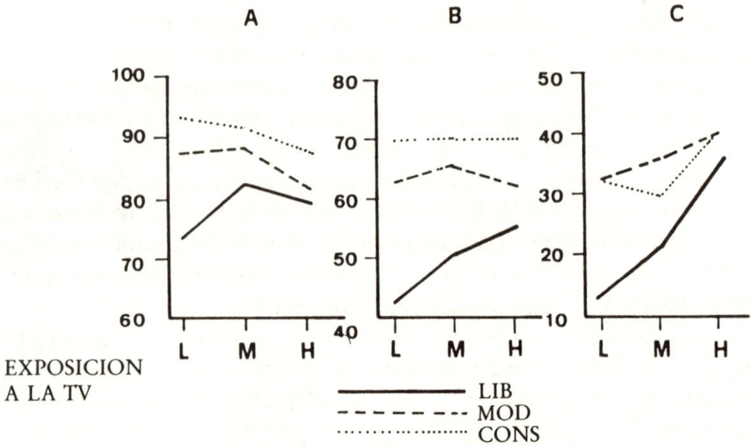

Nota: Los diagramas indican el porcentaje de actitud CONTRA la integración racial en la escuela (A), el régimen integrado de residencia (B) y las leyes favorables a los matrimonios interraciales (C), de acuerdo con las categorías liberal (LIB), moderado (MOD) y conservador (CONS) y en relación con las de tiempo de exposición (L, M y H).

Fuente: Gerbner y otros, 1982, p. 116.

FIGURA 13. *Tiempo de exposición y actitudes hacia los negros por autoubicación política*

Puede apreciarse en los diagramas la diversificación de las actitudes en las tres ideologías políticas en relación con el uso de la televisión. A la izquierda (actitud hacia la integración escolar) se aprecia cómo los consumidores duros, moderados y conservadores resultan ser menos racistas que sus iguales, que son consumidores ligeros. Es perceptible la presencia de la operación de sobreinclusión en este caso. Complementariamente, y ahora el efecto de cultivo equivale a una inducción de conservadurismo, los consumidores duros del grupo liberal emiten respuestas más racistas que los consumidores ligeros de este grupo.

En el centro, se estudian las actitudes hacia las residencias mixtas. En los conservadores, la exposición apenas está asociada a la actitud, esto es, la dieta no altera su progresismo, que se mantiene bajo y constante. La televisión no les conduce a zambullirse en una corriente de tolerancia. En cambio en los liberales esa relación existe, es muy apreciable y opera en el sentido de empujarlos hacia posiciones más intolerantes.

Por último, *a la derecha,* aparece una representación de la actitud hacia los matrimonios mixtos. Aunque en todos los grupos el consumo duro se asocia a la oposición a las uniones entre blancos y negros, dicha asociación es tan pronunciada en los liberales que llegan éstos a equipararse a las categorías más conservadoras.

En lo que a las actitudes raciales estudiadas por Gerbner se refiere, la estructura de mensajes característica de la televisión parece abonar el conservadurismo y el calificativo de «neutra», cuando se aplica a la función que realiza, es inapropiado teniendo en cuenta que es insignificante el cambio hacia posiciones más abiertas en el caso de los conservadores y, por contra, muy apreciable el que realiza llevando a los liberales a los dominios de la reacción.

La situación descrita con anterioridad se reproduce prácticamente en los mismos términos el estudiar las actitudes hacia temas socialmente significativos como *el aborto, la homosexualidad y el uso de las drogas blandas.* La permisividad de los liberales y la abierta oposición de los conservadores habían sido características de esos dos bloques ideológicos durante la década de los sesenta y buena parte de la de los setenta, en relación con las tres cuestiones mencionadas. También asocian con el efecto de la televisión Gerbner y sus colaboradores la redistribución de posiciones que, engañosamente, podrían tomarse por señas de identidad permanentes de quienes se adscriben a partidos o ideologías específicas (véase figura 14).

Los sujetos liberales, moderados y conservadores que, además, son consumidores ligeros muestran un grado de tolerancia acorde con los correlatos tradicionales de esas tres categorías, esto es, suelen ser más proabortistas, estar más a favor de la legalización de las drogas blandas y tener una posición más abierta respecto a los homosexuales. Pero el consumo duro de la televisión propicia la igualdad, y no precisamente en el plano del radicalismo, sino en el del conservadurismo. Esta constatación lleva a proponer a Gerbner la hipótesis general de que el principal efecto de ver mucha televisión en lo que hace a tales actitudes es provocar un endurecimiento generalizado. Pero esa tendencia es —podría decirse sin alterar seriamente la evidencia empírica— de naturaleza selectiva, puesto que estriba por encima de todo en aproximar significativamente a los moderados, pero especialmente a los situados más a la izquierda en el espectro político, es decir, a los liberales, a las posturas de los conservadores. Añádase que la revisión de los diferenciales de cultivo en los conservadores permite concluir que exponerse altamente a los contenidos de la televi-

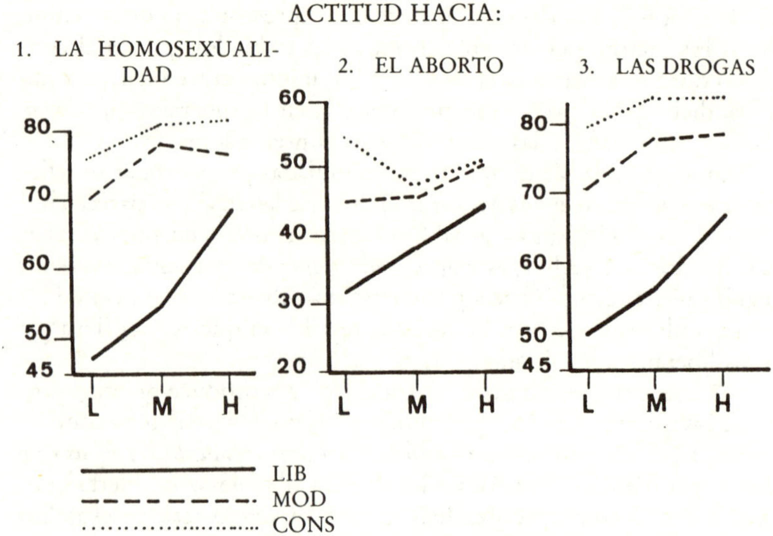

Nota: Las líneas indican el porcentaje de sujetos que dicen que «la homosexualidad siempre está mal», que están en contra del aborto y que se oponen a la legalización de la marihuana en las tres categorías políticas habituales (liberales —LIB—, moderados —MOD— y conservadores —CONS—) de acuerdo con el tiempo de exposición a la TV (L: consumidores ligeros; M: consumidores medios; H: consumidores duros).

FIGURA 14. *Exposición a la televisión y actitudes hacia la conducta personal de acuerdo con la autoubicación política*

sión no suaviza un ápice sus posturas, sino que las mantiene prácticamente intactas.

Por tanto, es imprescindible deshacer la falacia que consiste en hacer una lectura moderada de los mensajes de la televisión. Esa supuesta moderación cae por su base y prueba de ello son sus efectos. Lo que permiten sospechar contribuciones como la de Gerbner y sus colaboradores de la escuela de Annenberg es que se está completando un proceso de reestructuración ideológica auxiliado por nuevos aparatos y alfombrado por el mutismo de la crítica, que confunde modernización con penetración ideológica. En términos globales, la reconstrucción en el campo ideológico que parece estar teniendo lugar supone el retroceso hacia actitudes y valores tenidos hasta época relativamente reciente por descaradamente retrógrados.

X. RESUMEN DE LA APORTACION DE GERBNER AL ESTUDIO DE LOS MEDIOS

No vamos a ser exhaustivos en este apartado por evitar reiterarnos en argumentos que, con carácter más sistemático, expondremos en las conclusiones generales de esta obra.

Sin embargo, no podemos pasar por alto algunas aportaciones específicas del grupo liderado por Gerbner por entender que rompen con la rutina que parecía haberse enseñoreado de esta área de investigación durante décadas, abriendo nuevos campos y formas originales de abordar su estudio.

En primer lugar, los trabajos de la escuela de Annenberg obedecen a una filosofía sobre los orígenes y naturaleza de los efectos que hemos tenido ocasión de destacar al referirnos al trabajo de McCombs y Shaw (1972), a las incursiones en el campo de las actitudes políticas de Noelle Neumann y, en general, a todos aquellos trabajos que enfatizan la función de establecer la agenda: la influencia de los medios es esencialmente de carácter sutil y acumulativo.

En segundo lugar, la meta de Gerbner responde inicialmente a la ambiciosa pretensión de construir una teoría sobre la naturaleza, funciones y consecuencias sociopsicológicas de los sistemas de mensajes masivamente producidos. Con el tiempo esa pretensión se limita considerablemente —con toda seguridad por los imperativos y restricciones que impone la investigación empírica— a la finalidad más aprehensible de establecer con claridad la relación entre las representaciones habituales de la televisión y ciertas tendencias de conducta que se ponen en marcha en su audiencia, matizadas tanto por el uso como por variables de naturaleza sociodemográfica que se perfilan como críticas. Conviene advertir que el término «uso» en el contexto del análisis de cultivo no tiene ni la connotación ni la concreción empírica que recibe en el enfoque de los *usos y gratificaciones;* las diferencias en uso remiten sencillamente a las diferencias en tiempo de exposición.

En tercer lugar, el enfoque de Gerbner no es simplemente una elucubración sobre la cultura de masas fundamentada *a posteriori* en datos empíricos. Desde un principio el concepto de *publicación* se relaciona con el proceso de legitimación. Si a los trabajos realizados desde mediada la década de los setenta nos referimos, las acciones de los medios se relacionan más estrechamente con el ejercicio del poder.

En cuarto lugar, las lecciones sobre el poder producen configuraciones a distintos niveles. Siguiendo la polaridad funcionalista manifiesto-latente, la influencia más eficaz y penetrante es aquella que tiene lugar cuando la comunicación funciona de acuerdo con la segunda de las modalidades. Esto no significa que el propósito explícito de influir en los comunicantes no dé resultados paralelos, como ocurre cuando en el contexto de una campaña política se favorece una alternativa de voto frente a las alternativas en competencia. Lo que Gerbner señala es que el ejercicio del poder tiene como vehículo no sólo la propaganda política, sino también otras formas que adopta el discurso, como la publicidad o aquellas comunicaciones que, con el propósito explícito de entretener, se organizan sobre la base de una estructura normativa.

En quinto lugar, y esto guarda íntima relación con lo señalado en el punto anterior, la teoría de los indicadores culturales y el análisis de cultivo recuperan la noción de *reproducción,* que ahora rebasa los límites filosófico-abstractos dentro de los que se inscribe, por ejemplo, en la concepción de Althusser sobre los *aparatos ideológicos del Estado,* para pasar a sustanciar la idea de *cultivo* en la comunicación de masas.

En sexto lugar, los resultados de la investigación de la escuela de Annenberg muestran el carácter complejo y expansivo de los efectos de los mass media. Por lo general el interés ha venido concretándose en los efectos de la propaganda política o de la publicidad. El efecto de la violencia simbólica sobre las conductas agresivas y desviadas también ha reclamado atención. No obstante, la perspectiva que alumbra Gerbner se aparta del efecto de contagio, poniendo el acento más bien sobre las paradojas. Tal es lo que se pone de manifiesto a través de la identificación de relaciones entre exposición a la televisión, victimización, anomia y conservadurismo.

Por último, de entre todas las paradojas la más destacable es la incorporación del concepto de actitud y no precisamente en sus aspectos menos clásicos. Pues si bien, en el principio, el énfasis en la teoría de los indicadores culturales recae en la capacidad de los medios para cultivar nociones acerca de la realidad, lo cierto es que en lo que se concreta el cultivo de tales nociones es en la transformación de las actitudes merced a ciertas pautas de utilización de los medios. Los indicadores de anomia, las actitudes raciales, la conciencia de clase o el conformismo son áreas psicosociológicas por excelencia. Por consiguiente, la aproximación a un modelo de influencia de carácter indirecto corre pareja al reconocimiento de efectos importantes —y en absoluto difusos como planteaba Klapper— en las actitudes, precisamente las variables para las que, con escaso éxito, algunos enfoques sobre los efectos de la comunicación han intentado encontrar algún sustituto.

Nos gustaría añadir que las nociones de SOBREINCLUSION y RESONANCIA proporcionan una sugestiva explicación de algunos resultados que contradicen la hipotesis central de Gerbner; a saber: que la profundidad con que se asumen los criterios refractados del mundo de la televisión dependen en esencia de la intensidad de la exposición. Ambos conceptos contribuyen a superar el aroma de mecanicismo que exhala esta suposición llevada a sus últimas consecuencias. Por otra parte, pese a que los intentos por demostrar la existencia de regularidades en las relaciones entre *funciones* de la comunicación y consecuencias no se han visto coronadas por el éxito, el ulterior desarrollo de la hipótesis del cultivo necesariamente pasa por cualificar de modo más exhaustivo —y no simplemente cuantificando el tiempo de exposición— el uso de la audiencia, así como el tipo de aproximación personal a los mensajes de la comunicación de masas.

8. CONCLUSIONES

I. LAS PERSPECTIVAS CLASICAS EN EL ESTUDIO DE LOS MEDIOS

A mi juicio, se ha avanzado mucho en el estudio de la persuasión y son muy valiosos los intentos de McGuire (1969 y 1985) por construir una matriz en la que las distintas etapas del proceso de cambio se relacionan con los componentes de la fórmula de la misma manera que resta por sacar partido en ese mismo contexto al esfuerzo de Roberts y Maccoby (1985) por situar esa matriz en un espacio tridimensional añadiendo un componente temporal. Ahora bien, ni los intentos de construir un marco globalizador capaz de incluir cualquier situación de persuasión, ni la ingente labor experimental llevada a cabo acaban de satisfacer una aspiración esencial, que consiste en conocer las consecuencias psicosociales de la comunicación de masas en situaciones naturales, pero, y esto es muy importante, incorporando explicaciones que vayan más allá de los esquemas S-R, tan socorridos como insatisfactorios.

La investigación sobre los efectos ha continuado hasta el presente recurriendo también —y casi podría decirse que mayoritariamente— a una estrategia que Lang y Lang (1981) denominan «búsqueda de correspondencias» y que no es sino una versión refinada de esas concepciones S-R: en el marco de los estudios sobre la influencia de campaña vehiculadas por los medios, las reacciones de la audiencia se clasifican de acuerdo con categorías sociodemográficas que, *a posteriori,* se toman como base explicativa o en función de otras con referentes no demasiado claros como el conocimiento, la motivación o el interés. En este último caso nos encontramos ante un tímido e inarticulado intento de acercamiento a perspectivas de naturaleza psicosociológica. Lo que resulta desalentador es el hecho de que la acumulación en el estudio de la opinión pública no haya dado lugar a un proceso cuantitativamente comparable en el terreno conceptual.

En el ejército, en la esfera ocupacional y en la de las relaciones íntimas, se constata el carácter normativo de la influencia que ejercen los grupos primarios y el hecho de que la pertenencia a ellos genere actitudes difíciles de cambiar. Ahora bien, ni siempre es directo el intento de influencia de los medios, ni se dirige a cambiar las actitudes «importantes», ni los grupos primarios establecen normas para todas las esferas de la conducta. En la literatura sociológica y, específicamente, en la obra de Ferdinand Tönnies, la sustitución de los vínculos sociales propios de la Gemeinschaft por los de la Gesellschaft prepara el terreno para que la influencia de los medios surta su máximo efecto en la medida que se dirige a muchedumbres anónimas que en el proceso de cambio social ven disolverse los controles propios de las sociedades segmentarias. Al ponerse de manifiesto la plena vitalidad de los grupos primarios en las sociedades organizadas caería por tierra el supuesto de la influencia directa de los medios. Pero la reivindicación del poder de la comunicación de masas no requiere de la liquidación de tales vínculos, ya que es perfectamente compatible con su permanencia. Creo que el poder de los medios se ejerce no sólo cuando los individuos buscan adaptarse a nuevos contextos y sus grupos de pertenencia no son capaces de suministrar las pautas de conducta adecuadas, lo cual representa una situación de competencia, sino también y sencillamente, cuando se constituyen esferas en que dichos grupos carecen de normas por lo que los medios de comunicación de masas pueden devenir fuentes normativas. En los casos de disolución del grupo primario, tal como lo demuestran Shils y Janowitz (1948), la eficacia de las comunicaciones anónimas es excepcional, pero justamente por ese carácter de excepcionalidad pienso que no deben ser consideradas como ejemplo del tipo de influencia característico de los mass media.

Al estudiar la evolución natural de ciertas categorías de actitudes frecuentemente utilizadas en los experimentos sobre persuasión como lo son las actitudes políticas, muchos de los prejuicios asociados a su inamovilidad caen por tierra. Philip Converse (1970), al ocuparse de la dinámica de ciertas opiniones relacionadas con asuntos públicos importantes facilita el tránsito a una concepción que contempla al mismo tiempo el dinamismo y la estabilidad de las actitudes o, lo que es igual, que trata de establecer los límites entre disposiciones estables de aproximación y rechazo y otras posiciones más inconsistentes. La labilidad de algunas actitudes, a las que Converse llama no-actitudes o pseudoopiniones hay que considerarla en una dimensión psicosociológica que resulta muy esclarecedora a la hora de comparar los resultados de los experimentos y los estudios correlacionales.

Desde el punto de vista del sujeto devienen relevantes dimensiones como la saliencia, centralidad o importancia de las cuestiones relacionadas con el objeto de la actitud. Desde una perspectiva sociológica, las diferencias en información, interés o instrucción determinan también la medida en que la actitud es genuina o se trata más bien de una pseudoopinión.

La distinción entre actitudes y pseudoopiniones, aparentemente secundaria, presenta, sin embargo, riquísimas implicaciones en relación con la investigación sobre los efectos, desentendida, por otra parte, de la mayoría de las contribuciones de la psicología social. La razón es que en la medida que no haya paralelismo entre lo social y lo personalmente significativo, cabrá esperar que en las esferas de la conducta colectiva en las que predominen las no actitudes, las fuentes normativas más relevantes no sean las relaciones sociales, sino las que tienen su origen en la influencia masiva. He de añadir que el hecho de que una actitud sea personalmente secundaria no implica que ocupe un lugar parecido dentro de una jerarquía de relevancia de tipo social. Por esta razón es por lo que en las aportaciones de Noelle Neumann y de Gerbner, incardinadas en una concepción que considera esencial la función de establecer la agenda pública por parte de los medios, se registran asociaciones significativas entre exposición a los medios y cambio de actitudes, si bien este cambio sólo se hace patente en la medida que se adopte una perspectiva longitudinal.

Por una parte, la reorientación que Converse introduce en el estudio de las actitudes en situaciones naturales se aviene perfectamente con la idea de que la función básica de los medios consiste en regular la importancia que los fenómenos y problemas tienen en la conciencia pública: pero, por otra parte, representa la reinserción en el contexto de la comunicación de masas de una función de carácter más global y desde el punto de vista sociológico, más significativa. Se trata de la función de reproducción ideológica que, en algunos representantes de la sociología crítica, tienen los *aparatos ideológicos de Estado*. Esa recuperación adhiere, sin embargo, un matiz superador en la medida que habiéndose tratado la función alienante de la cultura de masas a título casi exclusivamente especulativo en el marxismo, aparece traducida en las investigaciones del Instituto de Demoscopia de Allensbach y de la escuela de Annenberg a hipótesis formuladas de modo que deviene posible la verificación del poder de reproducción de los medios.

En la teoría de la reproducción, la transmisión de la ideología se encuentra indisolublemente asociada a la perpetuación de la estructura de poder en la sociedad, esto es, al proceso de legitimación. En todo caso, las formas de transmisión oscilan dentro de la polaridad intencionalidad-espontaneidad, lo que también se refleja en el estudio de la influencia del clima de opinión en los trabajos de Noelle Neumann y en las relaciones que Gerbner establece entre el análisis del sistema de mensajes y el análisis de cultivo. En el primer caso, las normas, valores y juicios de los comunicantes se incorporan a sus percepciones sobre la realidad política, manifestándose finalmente como opciones que crean un clima de opinión, es decir, un entorno de juicios que compite con las percepciones del entorno inmediato. En cambio, las formas en que la estructura de poder se regenera en el modelo de Gerbner no están tan claramente ligadas a las decisiones de los comunicantes. Tal regeneración es más espontánea y adopta la forma de una explicación natural acerca del funcionamiento de las relaciones sociales, esto es, el continente se asemeja más a una lección cultural que a una tentativa explícita de inducir opiniones. Tanto en un caso como en otro, la función ideológica no es una premisa, sino más bien una deducción que se establece a partir de la constatación de la sistematicidad de los procesos selectivos que utilizan los emisores.

A su vez, estas dos contribuciones representan otras tantas formas de reproducción de la estructura de poder y, en nuestro caso, son el exponente de los dos procedimientos básicos mediante los que tiene lugar la influencia ideológica. En el caso de Gerbner, la comunicación de masas sirve para crear una plataforma de legitimación; en el caso de Noelle Neumann esa acción se concentra en la especificidad de la influencia política. Quiero reiterarme en la idea de que no se trata de fenómenos antagónicos, sino complementarios. El ejercicio particularizado de la influencia, es decir, la invocación de opiniones que presionan desde fuentes identificables cabe esperar que alcance su máxima eficacia en la medida que hayan sido previamente creados en la audiencia criterios acerca del prestigio, autoridad o experiencia de los comunicantes. Dicho de otro modo, a menudo la fuerza con que las opiniones presionan sobre la conciencia pública depende menos de su valor intrínseco que de la existencia de un contexto previamente creado por los medios que sirve a los individuos para establecer el prestigio, experiencia y autoridad de los comunicantes, cosa que, en última instancia, representa un procedimiento de valoración de las propias opiniones.

La introducción de los procesos ideológicos en la psicosociología de los efectos de la comunicación de masas no representa un intento de tracción hacia una esfera de consideraciones meramente especulativas. La investigación sobre la influencia de campañas pone de manifiesto la relación entre la comunicación de masas y la conducta política. En la concepción de Noelle Neumann, los criterios de los comunicantes intervienen decisivamente en la *tematización* efectuada sobre la realidad, la cual, posteriormente, da lugar al *clima de opinión* y, finalmente, a tendencias empíricamente identificables en el contexto de la opinión pública. Incluso en la formulación, más abstracta, de Gerbner, el análisis de la estructura y el contenido de las representaciones tiene sentido no sólo en la medida que expresa «la ideología» de los comunicantes, sino también y, sobre todo, en la medida que señala las tendencias de conducta y puntos de vista que cultiva la comunicación de masas. En definitiva, el estudio de los efectos de la comunicación de masas puede coordinarse con el de la reproducción ideológica en tanto en cuanto la investigación no se estanque en la exploración del sistema de mensajes. Me parece que lo que viene a constituir el núcleo más valioso de contribuciones al estudio de la comunicación de masas se caracteriza precisamente por considerar coordinadamente los procesos de los emisores, de la comunicación y de los receptores y por enfocar esa relación de modo que tenga sentido sociológico a la vez que psicológico. En el momento presente ese núcleo está constituido por tres concepciones relativamente diferenciadas y que constituyen otras tantas estrategias de investigación.

II. LA ESTRATEGIA DE BUSQUEDA DE CORRESPONDENCIAS

Dicha estrategia se inserta en los estudios de audiencias clásicos en los cuales se trata de establecer nexos entre los estímulos provenientes de los medios y las respuestas de una muestra de la población. En ese conjunto las investigaciones más representativas son aquellas en que se establece a través de los datos de encuestas la influencia de las campañas políticas. En la práctica ese tipo de estudios no se dirige a poner a prueba hipótesis incardinadas en contextos teóricos más amplios, sino que se limita a obtener evidencia acerca del modo en que se diversifica la influencia de acuerdo con variables sociodemográficas utilizadas habitualmente en la investigación sociológica u otras definidas en plan excesivamente molar como el interés o la motivación y en función de las pautas de uso (lo que en ese tipo de trabajos no implica más que obtener información respecto a la naturaleza del medio y la frecuencia o intensidad del uso).

Parece evidente que hay un cambio cualitativo en el paso de esta estrategia a otras que podrían situarse dentro de lo que Lang y Lang llaman «concepciones holistas», y digo cambio cualitativo en la medida que constituyen el antecedente más próximo de las perspectivas que se centran en la función de establecer la agenda pública por parte de los medios.

En el fondo, las concepciones holistas se fundamentan en un principio muy simple, pero que ejerce importantes consecuencias en la investigación posterior: las acciones de los comunicantes —y no sólo las respuestas de los receptores— hay que situarlas en un contexto social, lo que significa que, así como las respuestas de la audiencia se diversifican en función de las categorías sociodemográficas mencionadas que, supuestamente, realizan un papel mediador, así también, los comunicantes forman parte de grupos y clubs de opinión y esa pertenencia implica el uso de normas y criterios que inciden en dos operaciones metacomunicacionales, la selectiva y la combinatoria, relacionadas respectivamente con lo que los emisores dicen y con la forma en que lo dicen, identificadas en el área de la semiótica por Verón (1972) como los dos mecanismos básicos mediante los que se facilita el proceso de transmisión de la ideología y que ahora se insertan, no ya en el marco dentro del que los intereses de unos grupos pugnan en el plano de la comunicación por imponerse a los otros, sino de manera más genérica en otro en que, aparte de perspectivas sociopolíticas distintas, el proceso de distribución social del trabajo especifica las características, esto es, los roles, de aquellos que cumplen la misión de emitir y las de los que tienen la de establecer la validez de la influencias que intentan ejercerse sobre ellos. En suma, esta perspectiva sitúa el proceso de comunicación de masas en el ámbito general de los fenómenos relacionados con el poder y la influencia.

La transición descrita contribuye a reintegrar aspectos significativos del proceso de la comunicación de masas anteriormente aislados entre sí, disuelve algunas de las limitaciones de la investigación y ofrece una vía de salida para la explicación del proceso mediante el que se forma y transmite la ideología que, felizmente, desborda su equiparación dogmática a «las ideas de la clase dominante», para introducirse en la corriente de explicaciones acerca de los mecanismos de transmisión y refuerzo de impresiones, opiniones, prejuicios y estereotipos.

Esa explicación conduce inevitablemente a reparar en una carencia que ha venido aquejando tradicionalmente a la investigación. Se conocen relativamente bien los factores intervinientes en el cambio de actitud de los receptores y muy poco los conciertos, interacciones, normas y valores implícitos en las operaciones de selección y combinación que llevan a cabo los emisores. Precisamente el enfoque heurístico por el que abogan Lang y Lang (1981) reclama que estos procesos se constituyan en objeto esencial del análisis. Dicha reclamación es paralela a la génesis de una perspectiva renovada del proceso de la comunicación de masas: las tentativas de influencia que no pasan inadvertidas son aquellas que se dirigen a desplazar las opiniones del público desde un polo del continuo «a favor-en contra» al opuesto, pero hay una forma implícita y cuyo poder suele menospreciarse que guarda escasa relación con esa estrategia. Consiste esencialmente en alterar, acentuando o atenuando, la importancia de hechos y problemas mediante el procedimiento indirecto de variar su *status* en el flujo de la comunicación. La traslación a un primer plano de los procesos de los emisores y la noción de influencia indirecta se asocian para formar la base de la hipótesis sobre la función de establecer la agenda pública. Esta asociación se da en el marco de un cambio en el que se supera una concepción demasiado limitada de lo que se entiende por opinión pública, en la cual sólo cuentan las opiniones manifiestamente políticas de las personas. La concepción de recambio considera esenciales en la formación de las actitudes, políticas y no políticas, fuentes distintas a la propaganda, los discursos de los políticos y las campañas.

III. EL DESPLAZAMIENTO HACIA LOS PROCESOS Y EL CONTENIDO DE LA AGENDA PUBLICA

La contemplación de los efectos de la comunicación desde la función de establecer la agenda pone de relieve la entidad de las influencias debida a la acción de un nivel implícito, no intencional, pero profundamente normativo, que fluye de continuo de la comunicación de masas. Es evidente que el modo correcto de interpretar la expresión «influencias difusas», a menudo utilizado por Klapper, es ese y no otro.

En su explicación de la evolución de la intención de voto en el curso de los procesos electorales, Noelle Neumann maneja el supuesto de que existe una clara relación entre las posiciones que homogéneamente adoptan los comunicantes y las percepciones de los receptores. Aunque los comunicantes no neutralizan las acciones de otras fuentes (por ejemplo, las personales) compiten ventajosamente con ellas. En la teoría, los conceptos de *clima de opinión, espiral de silencio y percepción cuasi-estadística* vienen a representar un intento de inserción de hipótesis psicosociológicas en la sociología de la comunicación de masas, notablemente escasa de una teoría capaz de definir adecuadamente las etapas del proceso de cambio de actitud que, hay que decirlo, sí se encuentran cuidadosamente recogidas en los modelos sobre persuasión.

El interés de la noción de clima de opinión estriba precisamente en que su laxa definición no la reduce exclusivamente al conjunto de las opiniones políticas dominantes, sino que la expande a una mezcla que amalgama opiniones, pautas de conducta e impresiones prevalecientes. Es en el proceso en virtud del cual aumenta o disminuye la relevancia de los elementos de ese todo en el que parece necesario y adecuado considerar las acciones de los comunicantes, es decir, las operaciones de selección y combinación.

Pese a que no cabe poner grandes objeciones a las pruebas empíricas sobre las relaciones entre las oscilaciones del clima de opinión y las posiciones que adoptan los comunicantes (o dicho de modo más directo, sus actitudes), no hay una precisión equivalente a la hora de arbitrar explicaciones sobre los mecanismos que intervienen en el tránsito desde el discurso de los medios a la conducta de las audiencias. La propia noción de espiral de silencio se aviene mejor con un nivel de análisis psicosociológico que sociológico: en situaciones de confrontación, aquellos que se perciben a sí mismos como portadores de opiniones minoritarias tienden a inhibir su expresión pública por temor a marginarse. A su vez, el termómetro para establecer el grado de implantación de una opinión viene dado por el clima que crean los medios. Esta dialéctica, formulada un tanto apresuradamente por Noelle Neumann, no es precisamente una cuestión superficial en la psicología social, en la que el estudio del conformismo y la influencia (mayoritaria y minoritaria) constituyen en el presente áreas de gran vitalidad.

IV. SOCIOLOGIA DE LA COMUNICACION Y PSICOLOGIA DE MASAS

El análisis de la cultura de masas ha venido despertando tradicionalmente y a partes iguales, fascinación y dogmatismo. Un intento bastante honesto por llevar las aguas a su cauce, aventurando hipótesis plausibles y que, desde luego, requiere ulteriores confrontaciones empíricas, es el llevado a cabo por Gerbner y sus colaboradores.

Aunque la contribución de Gerbner hereda una concepción de la influencia similar a la de Noelle Neumann en lo que se refiere al modo indirecto y penetrante mediante el que se producen los efectos de los medios, supone una ampliación en la medida que los conciertos entre comunicantes no se limitan a afectar a los procesos particulares de cambio de opinión tal y como se manifiestan en las campañas electorales. Las actitudes de los emisores afectan globalmente a los patrones de acuerdo con los cuales se codifica la realidad secundaria que constituye el contenido del discurso de los medios. Sin embargo, Gerbner no se ocupa del devenir de un proceso de influencia que se inicia con la presentación pública de señales concretas y altera las percepciones públicas, sino de ciertos correlatos de conducta asociados a distintas dietas de exposición a la televisión. Como he puesto de manifiesto con anterioridad, el término «dieta de exposición» es engañoso, en la medida en que no alude a diferencias en la composición, sino sólo en la intensidad de la exposición a la televisión. La teoría de los indicadores culturales se eleva sobre el supuesto de que son ociosas las distinciones entre clases de contenido o categorías de estímulos, dado que más allá de aparentes diferencias hay una lección axiológica subyacente, que se consolida tanto más cuanto más intensa, de acuerdo con una dimensión temporal, es la exposición.

Pese a la sistematicidad de las asociaciones detectadas y que muestra la tendencia a que el fenómeno de *refracción,* es decir, la interiorización de los puntos de vista sesgados y convencionales de la televisión, sea tanto más ostensible cuanto mayor la adicción, entiendo que un refinamiento necesario de la teoría podría venir de la mano de un redoblado esfuerzo a la hora de distinguir no sólo entre niveles en la intensidad de la exposición, sino también en lo tocante a la naturaleza de las categorías predominantes. No es otro el punto de vista que defiende el modelo de usos y gratificaciones.

La idea de que existe una lección común, pese a la aparente diversidad de contenidos del medio más prestigioso en la sociedad occidental, la televisión, no es inocua. Si desde el punto de vista psicosociológico implica la existencia de un flujo normativo continuo y homogéneo, desde el estructural lleva a deshacer la confusión entre pluralismo y heterogeneidad. El incremento cuantitativo de las fuentes de información no representa una garantía de que haya publicidad equivalente de puntos de vista, actitudes e ideologías discrepantes. Esa posibilidad podría darse más bien en la medida que los disidentes, las minorías y los radicales, tuvieran iguales oportunidades de comunicar que aquellos grupos que están ya legitimados para hacerlo. Dada la estrecha vinculación de los medios al poder y al capital, esa posibilidad, hoy por hoy, resulta utópica. Sigue siendo válida la propuesta de Klapper de que en una situación en la que existe una fuerte competencia por mantener la clientela, la medida más eficaz para que no se produzcan bajas es optar por un discurso convencional que santifique lo ya santificado.

Es evidente que la relación postulada entre el análisis del sistema de mensajes y el análisis de cultivo rompe sin contemplaciones con el tedioso mecanicismo por el que se ha venido inclinando tradicionalmente la investigación en sociología de los mass media, reiteradamente anclada en cuestiones relacionadas con indagaciones sobre las oscilaciones de los gustos del público, el prestigio de los distintos medios, la aceptación de programas o la imagen social de las mercancías.

La ruptura a la que acabo de hacer mención se encuentra indicada y, por lo demás, posibilitada, por ciertos cambios teórico-metodológicos de entre los cuales me limito a citar los más significativos.

La investigación sobre el contenido de los medios no se estanca en los registros de tipo cuantitativo, sino que, por encima de todo, trata de aprehender los contextos de valor sobre los que se elevan las descripciones de la realidad social en sus distintos niveles.

Se considera que las fuentes de efectos significativas son esos sistemas de valores y pautas de conducta y no los mensajes particulares.

La influencia se asocia al fenómeno general de la reproducción o, dicho en un sentido menos abstracto, a las formas mediante las cuales los individuos interiorizan la estructura de poder de la sociedad.

La noción de *reacción* pasa a un segundo plano para ser sustituida por la de cultivo, término que constituye a la vez el alejamiento definitivo de la idea de influencia hipodérmica y la opción para enfatizar el sentido adaptativo de las respuestas humanas a las significaciones asociadas a la comunicación de masas.

Todos esos cambios se encuentran reflejados en el peculiar tratamiento que reciben algunos temas que, como es el caso de la victimización, resultan centrales en las distintas contribuciones de Gerbner. En efecto, la violencia simbólica de la televisión permite una lectura que resulta significativa a dos niveles. En el nivel sociológico ocupa el centro de las lecciones sobre la estructura de poder en la sociedad. Su reverso psicológico se aleja de explicaciones tradicionales sobre el efecto de la violencia como *la imitación de la agresión, la instigación* o *la catarsis* y se sitúa en un plano en el que se pone de relieve la naturaleza adaptativo-cognitiva, que no pasiva, de una buena parte de las respuestas humanas. Si sistemáticamente el entorno social es descrito en términos de teatro de acciones mediante las que unos individuos oprimen a otros para conseguir por fuerza sus objetivos, es plausible que los espectadores obtengan una imagen de la sociedad en la que ellos mismos son potenciales víctimas y la impresión dominante de que las personas responden a una condición degradada desde el punto de vista ético.

Pero, además, los principios de SOBREINCLUSION y RESONANCIA proporcionan una interesante explicación de ciertas paradojas de la relación entre exposición a la televisión, victimización, alienación, desconfianza interpersonal y otras. El efecto de la adicción consiste en incrementar el convencionalismo de los integrantes de aquellos grupos que, por sus características sociodemográficas, se encuentran menos imbuidos por sus visiones estereotipadas. Complementariamente la tendencia a que otros grupos, también por su posición en esas mismas coordenadas sociodemográficas, produzcan respuestas extremas se ve moderada aparentemente como consecuencia de esa misma adicción. En definitiva, el convencionalismo de la televisión parece facilitar el proceso de control social. Por su parte, el fenómeno de resonancia proporciona una fascinante ilustración de cómo los procesos sociales pueden convertirse en patologías personales. Ese tránsito se ve facilitado en aquellos casos en que las representaciones coinciden con las vivencias, directas o vicarias, de la violencia. En ciertos casos, ni siquiera es preciso que la ficción sea tomada como prueba de la realidad, sino que basta con que la percepción de que se pertenece a algún grupo preferentemente victimizado sea suficientemente sistemática. Es perfectamente explicable que en ciertos grupos como las mujeres o el sector de más edad de la población, socializados lentamente y de forma natural en su papel de víctimas, encuentren en el discurso de lo que Gerbner llama «dramatizaciones de la televisión» el refuerzo simbólico de sus pesimistas expectativas. De la misma manera estimo que algunos determinantes de lo que se conoce por inseguridad ciudadana hay que buscarlos, más que en el repentino e inexplicable incremento del delito, en la creación de un clima que sobreestimula la impresión colectiva de que se trata de un problema grave y general.

Para terminar, creo que es preciso considerar seriamente ciertas influencias políticas de la televisión que no presentan un carácter puntual. Estamos habituados a utilizar las etiquetas que sirven para clasificar a los individuos según su ideología o su autoubicación en el espectro político como indicación de la probable existencia de actitudes congruentes con la significación general de tales etiquetas. Lo que los resultados de Gerbner ponen de manifiesto es que esa atribución, a menudo, no está justificada. Por una parte, este hallazgo confirma el supuesto de Converse respecto al predominio de pseudoopiniones en muchos aspectos de la vida social. Por otra, la sistematicidad con que se asocia el uso exhaustivo de la televisión a la tendencia a emitir opiniones convencionales, cuando no netamente conservadoras, hace pensar en que el papel que cumple este medio dista mucho de ser inocuo. Entiendo que es muy llamativo el hecho de que el sesgo convencional de la televisión socave esencialmente el progresismo de los individuos clasificados bajo la categoría «liberal», que tienden a incorporarse al flujo de ideas estereotipadas y nociones inmovilistas sobre la vida y la sociedad, al mismo tiempo que deja prácticamente intacto el convencionalismo de los conservadores. Todo ello conduce a la necesidad de averiguar el auténtico significado del proceso de modernización que supuestamente están llevando a cabo en la actualidad algunos medios de comunicación de masas.

Me reitero en la necesidad de adoptar una perspectiva en la que las nociones de clima de opinión, entorno simbólico y otras parecidas sustituyan a la de «efectos de la comunicación de masas». La razón es que mientras que, tal como muestran los experimentos en persuasión, muchos individuos se defienden eficazmente contra las tentativas de cambio de opinión, las envolventes presiones del entorno simbólico creado por los medios constituyen un pequeño universo natural a cuya influencia resulta muy difícil sustraerse precisamente porque no suele revestir la forma de un intento manifiesto de modificar la conducta de la colectividad o de una parte de ella.

BIBLIOGRAFIA

Adams. J. S., «Reduction of cognitive dissonance by seeking consonant information», *Journal of Abnormal and Social Psychology,* 1961, 62, pp. 74-78.

Adorno, T. W., *Prismas,* Barcelona, Ariel, 1962.

— y Horkheimer, M., *La sociedad. Lecciones de sociología,* Buenos Aires, Proteo, 1969.

Ajzen, I., y Fishbein, M., *Understanding attitudes and predicting social behavior,* N. J., Prentice Hall, Englewood Cliffs, 1980.

Allport, F. H., «Toward a science of public opinion», en *Public Opinion Quarterly,* 1937, 1, pp. 7-23.

Allyin, J., y Festinger, L., «The effectiveness of unanticipated persuasive communications», *Journal of Abnormal and Social Psychology,* 1961, 62, pp. 35-40.

Althusser, L., *La revolución teórica de Marx,* México, Siglo XXI, 1968.

— *La filosofía como arma de la revolución,* Córdoba (Argentina), Cuadernos de pasado y presente, 1970.

— «Idéologie et appareils idéologiques d'état», *La Pensée,* 1970, 151, pp. 3-38.

Alvira Martín, F., y Rubio Rodríguez, M. A., «Victimización e inseguridad: la perspectiva de las encuestas de victimización en España», *Revista Española de Investigaciones Sociológicas,* 1982, 18, pp. 29-51.

Andison, F. S., «TV violence and viewer aggression: acumulation of study results 1956-1976», *Public Opinion Quarterly,* 1977, 41, 3, pp. 314-331.

Antler, L., «Relative effects of field dependence, need for social approval and stimulus clarity upon conformity». Tesis doctoral: Columbia University, 1964, citado por McGuire, 1969.

Arnheim, R., «The world of the daytime serial», en P. F. Lazarsfeld y F. N. Stanton (comps.), *Radio Research 1942-43,* Nueva York, Duell, Sloan and Pearce, 1944, pp. 34-81.

Asch, S. E., «Forming impressions of personality», *Journal of Abnormal and Social Psychology,* 1946, 41, pp. 258-290.

Atkin, C. K.; Galloway, J., y Nayman, O., «News media exposure, political knowledge and campaign interest», *Journalism Quarterly,* 1976, 53, pp. 231-237.

— y Heald, G., «Effects of political adversiting», *Public Opinion Quarterly,* 1976, 40, pp. 216-228.
Ausubel, D. P., «Cognitive structure and facilitation of verbal learning», en R. C. Anderson y D. P. Ausubel (comps.), *Readings in the pychology of cognition,* N. Y., Holt, Rinehart and Winston, 1965, pp. 103-115.
Baker, R., y Ball, S., *Violence and the media,* Washington, GPO, 1969.
Bandura, A., y Walters, R. H., *Social learning and personality development,* N. Y., Holt, Rinehart and Winston, 1963. Traducción castellana en Madrid, Alianza Editorial, 1974.
Barth, H., *Verdad e ideología,* México, Fondo de Cultura Económica, 1961.
Bartlett, F. C., *Remembering,* Nueva York, McMillan, 1932.
Becker, L. B., «Measurement of gratifications», *Communication Research,* 1979, 6, 1, pp. 54-73.
— y Whitney, D. C., «Effects of media dependencies: audience assessment of government», *Communication Research,* 1980, 7, pp. 95-120.
Béjar, H., «Rousseau: opinión pública y voluntad general», *Revista Española de Investigaciones Sociológicas,* 1982, 18, pp. 69-82.
Bell, D., *The end of ideology,* Chicago, The Free Press, 1963. Traducción castellana, Madrid, Tecnos, 1964.
Benton, M., y Frazier, P. J., «The agenda-setting function of mass media at three levels of "information holding"», *Communication Research,* 1976, 3, pp. 261-274.
Berelson, B., «Communications and public opinion», en W. S. Schramm (comp.), *Communication in modern society,* Urbana, University of Illinois Press, 1948.
— «What "missing the newspaper" means», en P. F. Lazarsfeld y F. N. Stanton (comps.), *Communication Research 1948-49,* N. Y., Harper and Brothers, 1949, pp. 111-129.
— y Janowitz, M. (comps.), *Reader in public opinion and communication,* N. Y., The Free Press, 1966.
— Lazarsfeld, P. F., y MacPhee, W. N., *Voting: a study of opinion formation in a presidential election,* Chicago, University of Chicago Press, 1954.
Berkowitz, L., y Cottingham, D. R., «The interest value and relevance of fear-arousing communications», *Journal of Abnormal and Social Psychology,* 1960, 60, pp. 37-43.
— y Lundy, R. N., «Personality characteristics related to susceptibility to influence by peers or authority figures», *Journal of Personality,* 1957, 25, pp. 306-316.
Binkley, W. E., y Moos, M. C., *A grammar of politics: the national, state and local governments,* N. Y., Alfred Knopf, 1952, pp. 3-8.
Bishop, G.D.; Hamilton, D. L., y McConahay, J. B., «Attitudes and nonattitudes in the belief systems of mass publics», *The Journal of Social Psychology,* 1980, 110, pp. 53-64.

Blumer, H., «The mass, the public and public opinion», en B. Berelson y M. Janowitz (comps.), *Reader in public opinion and communication* (2ª edic.), N. Y., The Free Press, 1966, pp. 43-50.
— «Public opinion and public opinion polling», en *American Sociological Review,* 1948, 13, pp. 542-554.
Blumler, J. G., y McQuail, D., *Television in politics: its uses and influence,* Londres, Faber and Faber, 1968.
— «The role of theory in uses and gratifications studies», *Communication Research,* 1979, 6, pp. 9-36.
— Brown, J. R., y McQuail, D., «The social origins of the gratifications associated with television viewing», Leeds, Universidad de Leeds, 1970 (manuscrito no publicado).
— y Katz, E. (comps.), *The uses of mass communications: current perspectives on gratifications research,* Beverly Hills, Sage, 1974.
— y McQuail, D., *Television in politics,* Chicago, University of Chicago Press, 1969.
Bogart, L., *Black is often white,* Media/Scope, 1968, 12, p. 53.
— «Changing news interest and the news media», *Public Opinion Quarterly,* 1968, 32, pp. 560-574.
Bower, R. T., *Television and the public,* N. Y., Holt, Rinehart and Winston, 1973.
Bower, T. A., «Newspaper political advertising and the agenda-setting function», *Journalism Quarterly,* 1973, 50, pp. 552-556.
Brehm, J. W., *A theory of psychological reactance,* N. Y., Academic Press, 1966.
Brock, T. C., y Becker, L. A., «Ineffectiveness of "overhead" counterpropaganda», *Journal of Personality and Social Psychology,* 1965, 2, pp. 654-660.
Brodbeck, A. J., «The role of small groups in mediating the effects of propaganda», *Journal of Abnormal and Social Psychology,* 1956, 52, pp. 166-170.
Brown, J. R.; Cramond, J. K., y Wilde, R. J., «Displacement effects television and the childs's functional orientation to media», en J. G. Blumler y E. Katz (comps.), *The uses of mass communications: current perspectives on gratifications research,* Beverly Hills, Sage, 1974, pp. 93-113.
Bruner, J. S.; Goodnow, J.J., y Austin, G.A., *A study of thinking,* N. Y., Wiley, 1956.
Bryce, J., «The nature of public opinion», en *The American Commonwealth,* N. Y., MacMillan, 1960, pp. 247-254. (También en M. Janowitz y P. Hirsch (comps.), 1981, pp. 3-10).
Byrne, D., «Interpersonal attraction and attitude similarity», *Journal of Abnormal and Social Psychology,* 1961, 62, pp. 713-715.
— y Griffith, W., «A developmental investigation of the law of attraction», *Journal of Personality and Social Psychology,* 1966, 4, pp. 699-702.

— y Nelson, D., «Attraction as a function of attitude similarity-dissimilarity: The effect of topic importance», *Psychological Science,* 1964, I, pp. 93-94.

Calhoun, J. L., «Disquisition on government», en R. K. Cralle (comp.), *The works of John C. Calhoun,* N. Y., Appleton, D., 1845, vol. 1, pp. 1-70. (También en D. Katz y otros (comps.), 1954, pp. 15-23.)

Cantril, H.; Gaudet, H., y Herzog, H., *The invasion from Mars,* Princeton, Princeton University Press, 1940. Edición castellana *La invasión desde Marte,* Madrid, Revista de Occidente, 1942.

Carlsmith, J. M., «Varieties of counterattitudinal behavior», en R. P. Abelson y otros (comps.), *Theories of cognitive consistency: a source book,* Chicago, Rand MacNally, 1968, pp. 803-810.

Cartwright, D., «Some principles of mass persuasion: selected findings of research on the sale of United States war bonds», *Human Relations,* 1949, 2, pp. 253-267.

— y Zander, A. (comps.), *Group dynamics: research and theory,* N. Y., Harper and Row, 1953.

Chaffee, S. H., «The interpersonal context of mass communication», en F. G. Kline y P. J. Tichenor (comps.), *Current perspectives in mass communication,* Beverly Hills, Sage, 1972, pp. 95-120.

— «Mass media effects: new research perspectives», en D. Lerner y L. M. Nelson (comps.), *Communication Research-A Half Century Appraisal,* Honolulu, University Press of Hawaii, 1977, pp. 210-241.

— Scott Ward, L., y Tipton, L.P., «Mass communication and political socialization», *Journalism Quarterly,* 1970, 47, pp. 647-659.

— y Wilson, D. G., «Adult life cycle changes in mass media use». Comunicación presentada al Congreso de la Association for Education in Journalism, Ottawa, 1975.

Chang, L. K. H., y Lemert, J. B., «The invisible newsman and other factors in media competition», *Journalism Quarterly,* 1968, 45, pp. 436-444.

Charters, W. W., y Newcomb, T. M., «Some attitudinal effects of experimentally increased salience of a membership group», en G. E. Swanson, T. M. Newcomb y E. L. Hartley (comps.), *Readings in social psychology,* N. Y., Holt, Rinehart and Winston, 1952, pp. 415-420.

Chulay, C., y Francis, S., *The image of the female child on Saturday morning television commercials,* New Orleans. Comunicación presentada al Congreso de la International Communication Association, 1974.

Cialdini, R. B.; Levi, A.; Herman, C. P.; Kozlowski, L. T., y Petty, R. E., «Elastic shifts of opinion. Determinants of direction and durability», *Journal of Personality and Social Psychology,* 1976, 34, pp. 663-672.

— Petty, R. E., y Cacioppo, J. T., «Attitude and attitude change», *Annual Review of Psychology,* 1981, 32, pp. 357-403.

Clark, K. B., «Some factors influencing the remembering of prose materials», *Archives of Psychology,* Nueva York, 1940, 36, núm. 253.

Clarke, P., y Fredin, E., «Newspapers, television and political reasoning», *Public Opinion Quarterly,* 1978, 42, pp. 143-160.

Cleveland Wilhoit, G., y De Bock, H. (comps.), *Mass communication: Review Yearbook,* vol. I, Berverly Hills, Sage, 1980.

Cohen, A. R., «An experiment on small rewards for discrepant compliance and attitude change», en J. W. Brehm y A. R. Cohen (comps.), *Explorations in cognitive dissonance,* N. Y., Wiley, 1962, pp. 73-78.

Cohen, B. C., *The press and foreign policy,* Princeton, Princeton University Press, 1963.

Collins, B. E., «The mediation of change due to counterattitudinal behavior», en R. P. Abelson y otros (comps.), *Theories of cognitive consistency: a source book,* Chicago, Rand MacNally, 1968, pp. 819-827.

Comstock, G.; Chaffee, S.; Katzman, N.; McCombs, M., y Roberts, D., *Television and human behavior,* Nueva York, Columbia University Press, 1978.

Converse, P. E., «The nature of belief systems in mass publics», en D. E. Apter (comp.), *Ideology and discontent,* N. Y., The Free Press, 1964, pp. 206-261.

— «Attitudes and nonattitudes: continuation of a dialogue», en E. R. Tufte (comp.), *The quantitative analysis of social problems,* Reading (Mass.) Addison Wesley, 1970, pp. 168-169.

Cooper, E., y Jahoda, M., «The evasion of propaganda: how perjudiced people respond to anti-prejudice propaganda», *The Journal of Psychology,* 1947, 23, pp. 15-25.

Cooper, H. M., «Statistically combining independent studies: A meta-analysis of sex differences in conformity research», *Journal of Personality and Social Psychology,* 1979, 37, pp. 131-146.

Corner, J., «"Mass" in communication research», en *Journal of Communication,* 1979, 29, pp. 26-32.

Cox, D. F., «Clues for advertising strategies», en L. A. Dexter y D. N. White (comps.), *People, society and mass communications,* N. Y., The Free Press, 1964, pp. 359-395.

— y Bauer, R. A., «Self-confidence and persuasibility in women», *Public Opinion Quarterly,* 1964, 28, pp. 453-466.

Cromwell, H., «The relative effect on audience attitude of the first versus the second argumentative speech of a series», *Speech Monographs,* 1950, 17, pp. 105-122.

Crutchfield, R. S., «Conformity and character», *American Psychologist,* 1955, 10, pp. 191-198.

Curran, J.; Gurevitch, M., y Woollacott, J. (comps.), *Mass communication and society,* Londres, The Open University, 1977. Traducción castellano, México, Fondo de Cultura Económica.

Darwin, Ch., *The expression of the emotions in man and animals,* Londres, 1872, citado por Fleming, 1967, sin referencia editorial.

Davis, F. J., «Crime news in Colorado newspapers», *American Journal of Sociology,* 1952, 57, pp. 325-330.

De Fleur, M. L., «Occupational roles as portrayed on television», *Public Opinion Quarterly,* 1964, 28, pp. 57-74.

— Ball, S. J., y Rokeach, T., *Theories of mass communications,* N. Y., Longman, 1982. (Edic. cast.: *Teorías de la comunicación de masas,* Buenos Aires, Paidós, 1982).

De George, W. F., «Conceptualization and measurement of audience agenda», en G. C. Wilhoit y H. de Bock (comps.), *Mass communication: Review Yearbook,* Beverly Hills, Sage, 1981, pp. 219-225.

De Sola Pool, I.; Schramm, W.; Maccoby, N.; Parker, E. B., y Frey, F. W. (comps.), *Handbook of communication,* Chicago, Rand McNally, 1973.

Della Volpe, G., *Crítica de la ideología contemporánea,* Madrid, Alberto Corazón, 1970.

Dembroski, T. M.; Lasater, T. M., y Ramírez, A., «Communicator similarity, fear arousing communications and compliance with health care recommendations», *Journal of Applied Psychology,* 1976, 8, pp. 254-269.

Deutsch, M., y Krauss, R. M., *Theories in social psychology,* N. Y., Basic Books, 1965.

Dexter, L. A., y White, D. M. (comps.), *People, society and mass communications,* N. Y., The Free Press, 1964.

Dominick, J. R., «Crime and law enforcement on prime-time television», *Public Opinion Quarterly,* 1973, 37, pp. 241-250.

Donohew, L., y Thorp, R. K., «An approach to the study of mass communications within a state», *Journalism Quarterly,* 1966, 43, pp. 264-268.

Doob, A. N., y MacDonald, G. E., «Television viewing and fear of victimization. Is the relationship causal?», *Journal of Personality and Social Psychology,* 1979, 37, pp. 170-179.

Durkheim, E., *De la división del trabajo social,* Buenos Aires, Schapire, 1967.

Eagly, A. H., «The comprehensibility of persuasive arguments as a determinant of opinion change», *Journal of Personality and Social Psychology,* 1974, 29, pp. 758-773.

— «Sex differences in influenciability», *Psychological Bulletin,* 1978, 85, pp. 86-116.

— y Himmelfarb, S., «Attitudes and opinions», *Annual Review of Psychology,* 1978, 29, pp. 517-555.

— Wood, W., y Chaiken, S., «Causal inferences about communications and their effect on opinion change», *Journal of Personality and Social Psychology,* 1978, 36, pp. 424-435.

Ehrlich, D.; Guttmann, I.; Schonbach, P., y Mills, V., «Post-decision exposure to relevant information», *Journal of Abnormal and Social Psychology,* 1957, 54, pp. 98-102.

Ellul, J., *Propaganda: the formation of men's attitudes,* Nueva York, Knopf, 1965.

Elms, A. C., y Janis, I. L., «Counter-norm attitudes introduced by consonant *versus* dissonant conditions of role playing», *Journal of Experimental Research in Personality*, 1965, 1, pp. 50-60.

Escarpit, R., «The concept of mass», *Journal of Communication*, 1977, 27(2), pp. 44-47.

Eyal, C. H.; Winter, J. P., y De George, W. F., «The concept of time frame in agenda-setting», en G. C. Wilhoit y H. de Bock (comps.), *Mass communication: Review Yearbook*, Beverly Hills, Sage, 1981, pp. 212-218.

Feather, N. T., «Cigarette smoking and lung cancer: a study of cognitive dissonance», *Australian Journal of Psychology*, 1962, 14, pp. 55-64.

— «Cognitive dissonance, sensitivity, and evaluation», *Journal of Abnormal and Social Psychology*, 1963, 66, pp. 157-163.

Ferrarotti, F., *El pensamiento sociológico de Auguste Comte a Max Horkheimer*, Barcelona, Península, 1975.

Festinger, L., *A theory of cognitive dissonance*, Evanston, Row, Peterson, 1957.

— y Carlsmith, J. M., «Cognitive consequences of forced compliance», *Journal of Abnormal and Social Psychology*, 1959, 58, pp. 208-210.

Fishbein, M., «A behavior theory approach to the relations between beliefs and object and the attitude toward that object», en M. Fishbein (comp.), *Readings in attitude theory and measurement*, N. Y., Wiley, 1967, pp. 389-400.

— «A theory of reasoned action: some applications and implications», en H. Howe y M. Page (comps.), *Nebraska Symposium on Motivation, 1979*, Lincoln, University of Nebraska Press, 1980, vol. 27, pp. 65-116.

— y Azjen, I., «Attitudes and opinions», *Annual Review of Psychology*, 1972, 23, pp. 487-544.

— — *Belief, attitude, intention and behavior: an introduction to theory and research*, Reading, Mass., Addison Wesley, 1975.

— — «Attitudes and voting behavior: An application of the theory of reasoned action», en G. M. Stephenson y J. M. Davis (comps.), *Progress in applied social psychology*, Chichester, Wiley and Sons, 1981, vol. I, pp. 253-313.

Fleming, D., «Attitude: The history of concept», *Perspectives in American History*, 1967, 1, pp. 287-365.

Freedman, J. L., «Attitudinal effects of inadequate justification», *Journal of Personality*, 1963, 31, pp. 371-385.

— «Preference for dissonant information», *Journal of Personality and Social Psychology*, 1965, 2, pp. 287-289.

— y Sears, D. O., «Voters' preferences among types of information», *American Psychology*, 1963, 18, p. 375.

— — «Selective exposure», en L. Berkowitz (comp.), *Advances in experimental social psychology*, N. Y., Academic Press, 1965, vol. 2, pp. 58-95.

French, J. R. P., y Raven, B., «The bases of social power», en D. Cartwright y A. Zander, 1960, (comps.), *Group dynamics research and theory*, N. Y., Harper and Row, 1960, pp. 607-624. (Ed. orig. University of Michigan Press, 1959.)

Funkhouser, G. R., «Trends in media coverage of the issues of the 60's», *Journalism Quarterly*, 1973, 50, pp. 533-538.

— «The issues of the sixties: an exploratory study in the dynamics of public opinion», *Public Opinion Quarterly*, 1973, 37, pp. 62-75.

Galtung, J., y Ruge, M., «The structure of foreign news», *Journal of Peace Research*, 1965, 1, pp. 64-90.

Gelfand, D. M., «The influence of self-esteem on the rate of verbal conditioning and social matching behavior», *Journal of Abnormal and Social Psychology*, 1962, 65, pp. 259-265.

Gentile, F., y Miller, S. M., «Television and social class», *Sociology and Social Research*, 1961, 45, pp. 259-264.

Gerbner, G., «Content analysis and critical research in mass communication», *AV Communication Review*, 1958*(a)*, 6, pp. 85-108. Reimpreso en L. A. Dexter y D. M. White (comps.), *People, society and mass communication*, N. Y., The Free Press, 1964, pp. 476-501.

— «The social anatomy of the romance-confession cover girl», *Journalism Quarterly*, 1958*(b)*, 35, pp. 299-306.

— «The social role of the confession magazine», *Social Problems*, 1958*(c)*, 6, pp. 29-40.

— «Psychology, psychiatry and mental illness in the mass media: a study of trends 1900-1959», *Mental Hygiene*, 1961*(a)*, 45, pp. 89-93.

— «Press perspectives in world communications: a pilot study», *Journalism Quarterly*, 1961*(b)*, 38, pp. 313-322.

— *Mass communication and popular conceptions of education: a cross-cultural study*, US Office of Education, Cooperative Research Project, núm. 876, 1964*(a)*.

— «Ideological perspectives and political tendencies in news reporting», *Journalism Quarterly*, 1964*(b)*, 41, pp. 495-509.

— «Mass media and the crisis in education». Comunicación presentada al *Symposium on Technology and Education*, N. Y., Syracuse University, 1966.

— «Images across-cultures: teachers and mass media fiction and drama», *School Review*, 1966, 74, pp. 212-230.

— «Toward "cultural indicators": the analysis of mass mediated public message systems», en G. Gerbner y otros (comps.), *The analysis of communication content*, N. Y., Wiley, 1969, pp. 123-132.

— «Mass media and human communication theory», en F. E. X. Dance (comp.), *Human communication theory*, N. Y., Holt, Rinehart and Winston, 1967, pp. 40-57. También en D. MacQuail (comp.), *Sociology of mass communications*, Harmondsworth, Penguin Books, 1972, pp. 35-58.

— «Violence and television drama: trends and symbolic functions», en G. A. Comstock y E. A. Rubinstein (comps.), *Television and social behavior,* vol. 1: *Content and control,* Washington, DC, US Government Printing Office, 1972.

— «Cultural indicators: the third voice», en G. Gerbner, L. Gross y W. H. Melody (comps.), *Communications technology and social policy,* N. Y., Wiley, pp. 555-573.

— «Death in prime time: notes on the symbolic functions of dying in the mass media», *Annals of the American Academy of Political and Social Science,* 1980, 447, pp. 64-70.

— «Children and power on television: the other side of the picture», en G. Gerbner, C. J. Ross y E. Ziegler (comps.), *Child abuse: an analysis and agenda for action,* N. Y., Oxford University Press, 1980.

— y Gross, L., «Living with television: the violence profile», *Journal of Communication,* 1976, 26, pp. 173-199.

— — «The scary world of TV's heavy viewer», *Psychology Today,* 1976, 89, pp. 41-45.

— — Eleey, M. F.; Jackson-Beeck, M.; Jeffries-Fox, S., y Signorielli, N., «TV violence profile, n.ª 8: the highlights», *Journal of Communication,* 1977, 27, pp. 171-180.

— — — — — — «Cultural indicators: violence profile n.º 9», *Journal of Communication,* 1978, 28, pp. 176-207.

— — Morgan, M., y Signorielli, N., «The "mainstreaming" of America: violence profile n.ª 11», *Journal of Communication,* 1980, 30, pp. 10-29.

— — — — «Final reply to Hirsch», *Communication Research,* 1981, 8, pp. 259-280.

— — — — «Charting the mainstream: television's contributions to political orientation», *Journal of Communication,* 1982, 32, pp. 100-127.

— — — — «Aging with television: images on television drama and conceptions of social reality», *Journal of Communication,* 1980, 30, pp. 37-47.

— — — — y Jackson-Beeck, M.,«The demonstration of power: violence profile n.ª 10», *Journal of Communication,* 1979, 29, pp. 177-196.

— — — «Programing health portrayals: what viewers see, say and do», en D. Pearl, L. Bouthilet y J. Lazar (comps.), *Television and behavior: ten years of scientific progress and implications for the eighties,* Washington, DC, US Government Printing Office, Technical Reviews, 1982, vol. 2, pp. 291-307.

— y Signorielli, N., *Women and minorities in television drama 1969-1978,* The Annenberg School of Communications, University of Pennsylvania, 1979.

Golding, P., «The missing dimensions: news media and the management of social change», en E. Katz y T. Szecskö (comps.), *Mass media and social change,* Beverly Hills, Sage, 1980, pp. 63-81.

Goldstein, K., *Der Aufbau des Organismus,* The Hague, 1934. (Véase para un resumen del trabajo de Goldstein: E. Cassirer, *Filosofía de las formas simbólicas,* México, FCE, 1972, 2 vols.)

Gormley, W. T., «Newspaper agendas and political elites», *Journalism Quarterly,* 1975, 52, 2, pp. 304-308.

Greenberg, B. S., «Media and believability: some multiple correlates», *Journalism Quarterly,* 1966, 43, pp. 665-732.

— «Gratifications of television viewing and their correlates for British children», en J. G. Blumler y E. Katz (comps.), *The uses of mass communications: current perspectives on gratification research,* Beverly Hills, Sage, 1974, pp. 71-92.

— y Kumata, H., «National sample predictions of mass media use», *Journalism Quarterly,* 1968, 45, pp. 641-646.

— y Razinsky, E., «Some effects of variations in message quality», *Journalism Quarterly,* 1966, 43, pp. 486-492.

— y Tannenbaum, P., «Communicator performance under cognitive stress», *Journalism Quarterly,* 1962, 37, pp. 169-178.

Gross, L., y Jeffries-Fox, S., «What do you want to be when you grow up, little girl?», en G. Tuchman y otros (comps.), *Heart and home: images of women in the mass media,* Nueva York, Oxford University Press, 1977.

— y Morgan, M., «Television and enculturation», en J. R. Dominick y J. Fletcher (comps.), *Broadcasting research methods: a reader,* Boston, Allyn and Bacon (en prensa).

Gulley, H. E., y Berlo, D. K., «Effect of intercellular and intracellular speech structure on attitude change and learning», *Speech Monographs,* 1956, 23, pp. 288-297.

Habermas, J., *Historia y crítica de la opinión pública. La transformación estructural de la vida pública,* Barcelona, Gustavo Gili, 2.ª ed., 1984. Edic. original, 1962.

Hall, S., «La cultura, los medios de comunicación y el "efecto ideológico"», en J. Curran, M. Gurevitch y J. Woollacot (comps.), *Sociedad y comunicación de masas,* Madrid, FCE, 1981, pp. 357-92.

Hartley, E. L.; Hartley, R. E., y Hart, C., «Attitudes and opinions», en E. L. Hartley y R. E. Hartley (comps.), *Fundamental of social psychology,* Nueva York, Knopf, 1952. (También en W. Schramm, 1961, pp. 217-260.)

Hartmann, G. W., «A field experiment on the comparative effectiveness of "emotional" and "rational" political leaflets in determining election results», *Journal of Abnormal and Social Psychology,* 1936, 31, pp. 99-114.

Head, S. W., «Content analysis of television drama programs», *Quarterly of Film, Radio and Television,* 1954, 9, pp. 175-194.

Heider, F., «Attitude and cognitive organization», *Journal of Psychology,* 1946, 21, pp. 107-112.

Herzog, H., «What do we really know about daytime serial listeners?», en P. F. Lazarsfeld y F. N. Stanton (comps.), *Radio Research 1942-1943,* N. Y., Duell, Sloan and Pearce, 1944, pp. 3-33.

Hicks, D., «Effects of co-observer's sanctions and adult presence on incitative aggression», *Child Development,* 1968, 39, pp. 303-310.

Hicks, J. M., y Spaner, F. E., «Attitude change and mental hospital experience», *Journal of Abnormal and Social Psychology,* 1962, 65, pp. 112-120.

Hilker, A. K., «Agenda-setting influence in an off year election», *American Newspaper Publishers Association News Research Bulletin,* 1976, 4, pp. 7-10.

Himmelweit, H.; Oppenheim, A., y Vince, P., *Television and the child,* N. Y., Oxford University Press, 1958.

Hirsch, P. M., «The "scary world" of the nonviewer and other anomalies. A reanalysis of Gerbner et al's findings on cultivation analysis», *Communication Research,* 1980, 7, pp. 403-456.

Horai, J.; Naccari, N., y Fatoullah, E., «The effects of expertise and physical attractiveness upon opinion agreement and liking», *Sociometry,* 1974, 37, pp. 601-606.

Hovland, C. I., «The generalization of conditioned responses. I. The sensory generalization of conditioned responses with varying frecuences of tone», *J. Genet. Psychol.,* 1973, 17, pp. 125-148.

— «The generalization of conditioned responses. II. The sensory generalization of conditioned responses with varying intensities of tone», *J. Genet. Psychol.,* 1937, 51, pp. 279-291.

— «Effects of the mass media of communication», en G. Lindzey (comp.), *Handbook of Social Psychology,* Reading, Mass; Addison-Wesley, 1954, vol. II, pp. 1062-1103.

— «Reconciling conflict results derived from experimental and survey studies to communication and attitude change», *Journal of Abnormal and Social Psychology,* 1957, 55, pp. 244-252.

— Harvey, O. J., y Sherif, M., «Assimilation and contrast effects in reactions to communication and attitude change», *Journal of Abnormal and Social Psychology,* 1957, 55, pp. 244-252.

— y Janis, I. L. (comps.), *Personality and persuasibility,* New Haven, Yale University Press, 1959.

— — y Kelley, H. H., *Communication and persuasion: psychological studies of opinion change,* New Haven, Yale University Press, 1953.

— Lumsdaine, A. A., y Sheffield, F. D., *Experiments on mass communication,* Princeton, Princeton University Press, 1949.

— y Mandell, W., «An experimental comparison of conclusion drawing by the communicator and by the audience», *Journal of Abnormal and Social Psychology,* 1952, 47, pp. 581-588.

— y Pritzker, H. A., «Extent of opinion change as a function of amount of

change advocated», *Journal of Abnormal and Social Psychology*, 1957, 34, pp. 257-261.
— y Weiss, W., «The influence of source credibility on communication effectiveness», *Public Opinion Quarterly*, 1952, 15, pp. 635-650.
Hughes, M., «The fruits of cultivation analysis: a reexamination of some effects of television watching», *Public Opinion Quarterly*, 1980, 44, pp. 287-302.
Hull, C. L.; Hovland, C. I.; Ross, R. T.; Hall, M.; Perkins, D. T., y Fitch, F. B., *Mathematico-deductive theory of rote learning*, New Haven, Yale University Press, 1940.
Hume, D., «Essay IV: of the first principles of Government (1741)», en I. de Sola Pool; W. Schramm y otros (comps.), *Handbook of communication*, Chicago, Rand MacNally, 1973, p. 779.
Hyman, H. H., y Sheatsley, P. B., «Some reasons why information campaigns fail», *Public Opinion Quarterly*, 1947, 11, pp. 412-423.
— — «The current status of American public opinion», *National Council for Social Studies Yearbook*, 1950, vol. 21, pp. 11-34. (Reproducido en Katz y otros, 1954.)
Inglis, R. A., «An objective approach to the relationship between fiction and society», *American Sociological Review*, 1938, 3, pp. 526-533.
Inkeles, A., «The bolshevik agitator», en A. Inkeles (comp.), *Public opinion in Soviet Russia*, Cambridge, Harvard University Press, 1950, pp. 67-93.
Insko, C. A.; Arkoff, A., e Insko, V. M., «Effects of high and low fear arousing communications upon opinions toward smoking», *Journal of Experimental and Social Psychology*, 1965, 1, pp. 256-266.
— Songer, E., y McGarvey, W., «Balance positivity and agreement in the Jordon paradigm. A defense of balance theory», *Journal of Experimental Social Psychology*, 1974, 10, pp. 50-83.
Jacobson, H. H., «Mass media believability: a study of receiver judgments», *Journalism Quarterly*, 1969, 46, pp. 19-28.
Janis, I. L., «Personality correlates of susceptibility to persuasion», *Journal of Personality*, 1954, 22, pp. 504-518.
— «Effects of fear arousal on attitude change. Recent developments in theory and experimental research», en L. Berkowitz (comps.), *Advances in experimental social psychology*, Nueva York, Academic Press, 1967, pp. 166-224.
— «Attitude change via role playing», en R. P. Abelson y otros (comps.), *Theories of cognitive consistency: a source book*, Chicago, Rand McNally, 1968, pp. 810-819.
— y Feshbach, S., «Effects of fear-arousing communications», *Journal of Abnormal and Social Psychology*, 1953, 48, 3, pp. 78-92.
— y Field, P. B., «A behavioral assessment of persuability: consistency of individual differences», *Sociometry*, 1956, 19, pp. 241-259.
— y Gilmore, J. B., «The influence of incentive condition on the success of

role playing in modifying attitudes», *Journal of Personality and Social Psychology,* 1965, 1, pp. 17-27.
— Lumsdaine, A. A., y Gladstone, A. I., «Effects of preparatory communications on reactions to a subsequent news event», *Public Opinion Quarterly,* 1951, 15, 3, pp. 488-518.
Janowitz, M., y Hirsch, P. M. (comps.), *Reader in public opinion and mass communication* (3.ª edic.), N. Y., The Free Press, 1981.
— y Schulze, O. S., «Tendences de la recherche dans le domaine des communications de masse», en *Communications,* núm. 1, París, Editions du Seuil, 1961. (Edición cast. en M. de Moragas, *Sociología de la comunicación de masas,* Barcelona, Gustavo Gili, 1982, p. 32.)
Jeffries-Fox, S., «Television's contribution to children's ideas about occupations», tesis doctoral, Universidad de Pennsylvania, 1978.
— y Gerbner, G., «Television and the family», *Fernsehen und Bildung,* 1977, 11 (3), pp. 12-32.
— y Signorielli, N., «Television and children's conceptions about occupations», en H. S. Dordick (comp.), *Proceedings of the sixth annual telecommunications policy research conference,* Lexington, Mass., Lexington Books, 1979.
Johnson, K., «Dimension of judgment of science news stories», *Journalism Quarterly,* 1963, 40, pp. 315-322.
Johnstone, J. W. C., «Social integration and mass media use among adolescents: a case study», en J. G. Blumler y E. Katz (comps.), *The use of mass communications: current perspectives on gratifications research,* Beverly Hills, Sage, 1974, pp. 35-49.
Judd, C. M., y Milburn, M. A., «The structure of attitude systems in the general public: comparisons of a structural equation model», *American Sociological Review,* 1980, vol. 45, pp. 627-643.
Katz, E., «The two-step flow of communications: an up to date report on an hypothesis», *Public Opinion Quarterly,* 1957, 21, pp. 61-78.
— «Looking for trouble», *Journal of Communication,* 1978, 28 (2), pp. 90-95.
— «The uses of Becker, Blumler y Swanson», *Communication Research,* 1979, 6, pp. 74-83.
— «On conceptualizing media effects», en T. MacCormack (comp.), *Communications studies: decade of dissent,* Greenwich, Connetticut, JAI Press, 1980, pp. 119-141.
— Blumler, J. G., y Gurevitch, M., «Uses and gratifications research», *Public Opinion Quarterly,* 1973, 37, 4, pp. 509-23.
— — — «Uses of mass communication by the individual», en W. P. Davison y F. T. C. Yu (comps.), *Mass communication research,* N. Y., Praeger, 1974, pp. 11-35.
— Cartwright, D.; Eldersveld, S., y McClung Lee, A. (comps.), *Public opinion and propaganda,* N. Y., Holt, Rinehart and Winston, 1954.

— y Lazarsfeld, P. F., *La influencia personal: el individuo en el proceso de comunicación de masas,* Barcelona, Hispano Europea, 1979. (Edición original, N. Y., The Free Press, 1955.)

Katzman, N. I., «Television soap operas: what's been going on anyway?», *Public Opinion Quarterly,* 1972, 36, pp. 200-212.

— «Violence and color television: What children of different ages learn», en G. A. Comstock, E. A. Rubinstein y J. P. Murray (comps.), *Television and social behavior.* Vol. 5, *Television's effects: further explorations,* Washington, DC: Government Printing Office, 1972, pp. 253-308.

Kelley, H. H., «Salience of membership and resistance to change of group anchored attitudes», *Human Relations,* 1955, 8, pp. 275-290.

— y Michela, J. L., «Attribution theory and research», *Annual Review of Psychology,* 1980, 31, pp. 457-501.

— y Volkart, E. H., «The resistance to change of group-anchored attitudes», *American Sociological Review,* 1952, 17, pp. 453-465.

Kelman, H. C., «Effects of success and failure on "suggestibility" in the autokinetic situation», *Journal of Abnormal and Social Psychology,* 1950, 45, pp. 267-285.

— «Attitude change as a function of response restriction», *Human relations,* 1953, 6, pp. 185-214.

— «La influencia social y los nexos entre el individuo y el sistema social: más sobre los procesos de sumisión, identificación e internalización», *Revista de Estudios Sociales,* 1972, 5, pp. 3-30.

— «Three processes of social influence», *Public Opinion Quarterly,* 1961, 25, pp. 57-78.

— «The role of action in attitude change», en M. Page (comp.); *Nebraska symposium on motivation,* Lincoln, University of Nebraska Press, 1979, pp. 117-193.

— y Hovland, C. I., «"Reinstatement" of the communicator in delayed measurement of opinion change», *Journal of Abnormal and Social Psychology,* 1953, 48, pp. 327-335.

Kiesler, Ch. A.; Collins, B. E., y Miller, N., *Attitude change: a critical analysis of theoretical approaches,* N. Y., Wiley, 1969, pp. 103-117.

— y Munson, P. A., «Attitudes and opinions», *Annual Review of Psychology,* 1975, 26, pp. 415-457.

Kimble, G. A., «Hilgard y Marquis», *Condicionamiento y aprendizaje,* México, Trillas, 1971.

Kinder, D. R., «Political person perception. The asymmetrical influence of sentiment and choice on perception of presidential candidates», *Journal of Personality and Social Psychology,* 1978, 36, pp. 859-871.

King, B. T., «Relationships between susceptibility to opinion change and child rearing practices», en C. I. Hovland e I. L. Janis (comps.), *Personality and persuasibility,* New Haven, Yale University Press, 1959, pp. 207-224.

Kippax, S., y Murray, J. P., «Using television: programm content and need gratification», *Politics*, 1977, 12, pp. 56-69.

Kitt, A. S., y Gleicher, D. B., «Determinants of voting behavior: A progress report on the Elmira Election Study», *Public Opinion Quarterly*, 1950, 14, pp. 393-412.

Klapper, J. T., *Efectos de las comunicaciones de masas*, Madrid, Aguilar, 1974.

— *Effects of mass media*, N. Y., Columbia University, Bureau of Applied Social Research, 1949.

Kline, F. G., «Media time budgeting as a function of demographics and life style», *Journalism Quarterly*, 1971, 48, pp. 211-221.

— Miller, P. V., y Morrison, A. J., «Adolescents and family planning information: an exploration of audience needs and media effects», en J. G. Blumler y E. Katz (comps.), *The uses of mass communications: current perspectives on gratifications research*, Beverly Hills, Sage, 1974, pp. 113-137.

Krisher, H. P.; Darley, S. A., y Darley, J. M., «Fear-provoking recommendations intentions to take preventive actions and actual preventive actions», *J. of Personality and Social Psychology*, 1973, 26, pp. 301-308.

Lang, G. E., y Lang, K., «Mass communications and public opinion: strategies for research», en M. Rosenberg y R. H. Turner (comps.), *Social psychology: sociological perspectives*, N. Y., Basic Books, 1981, pp. 653-682.

Lang K., «The critical functions of empirical communication research: observations on German-American influences», en *Media, culture and society 1*, Londres, Academic Press, 1979, pp. 83-96.

— y Lang. G. E., «The mass media and voting», en W. Burdic y A. J. Brodbeck (comps.), *American voting behavior*, N. Y., The Free Press, 1959, pp. 217-235.

Lasswell, H. D., «The structure and function of communication in society», en W. Schramm (comp.), *Mass communications*, Urbana, Univ. of Illinois Press, 1949, pp. 102-115.

— Leites, N., y otros, *Language of politics*, N. Y., George Stewart, 1949.

Lazarsfeld, P. F.; Berelson, B., y Gaudet, H., *The people's choice*, N. Y., Duell, Sloan and Pearce, 1944.

— y Merton, R. K., «Mass communication, popular taste and organized social action», en L. Bryson (comp.), *The communication of ideas*, N. Y., Harper, 1948, pp. 95-118. Reeditado en W. Schramm (comp.), *Mass communications*, Urbana, University of Illinois Press, 1960, pp. 492-513.

— y Stanton, F. N. (comps.), *Radio research, 1941*, N. Y., Duell, Sloan and Pearce, 1941.

— — (comps.), *Radio research 1942-43*, N. Y., Duell, Sloan and Pearce, 1944.

— — *Communications research, 1948-1949*, N. Y., Duell, Sloan and Pearce, 1949.

Lazer, C., y Dier, S., «The labor force fiction», *Journal of Communication*, 1978, 28, pp. 174-182.

Leventhal, H., «Findings and theory in the study of fear communications», en L. Berkowitz (comp.), *Advances in experimental social psychology*, N. Y., Academic Press, 1970, pp. 120-186.

— y Perlow, S. I., «A relationship between self-esteem and persuasibility», *Journal of Abnormal and Social Psychology*, 1962, 64, pp. 385-388.

— y Singer, R. P., «Affect arousal and positioning of recommendations in persuasive communications», *Journal of Personality and Social Psychology*, 1966, 4, pp. 137-146.

— y Watts, J. C., «Sources of resistance to fear-arousing communications on smoking and lung cancer», *Journal of Personality*, 1966, 34, pp. 155-175.

Le Vine, R., «Cultures, personality and socialization, an evolutionary view», en D. A. Goslin (comp.), *Handbook of socialization, theory and research*, Chicago, Rand MacNally, 1969.

Levinson, R. M., «From olive oil to sweet polly purebread: sex role stereotypes and televised cartoons», *Journal of Popular Culture*, 1973, 9, pp. 561-572.

Liebert, R. M., y Schwartzberg, N. S., «Effects of mass media», *Annual Review of Psychology*, 1977, 28, pp. 141-173.

Lippmann, W., *Public opinion*, N. Y., MacMillan, 1950, (véase *The image of a democracy*, pp. 253-375). Ed. orig. 1922.

Lipset, S. M; Lazarsfeld, P. F.; Barton, A. H., y Linz, J. J., «The psychology of voting: an analysis of political behavior», en G. Lindzey (comp.), *Handbook of social psychology*, Reading, Mass., Addison Wesley, 1954, vol. II, pp. 11-26.

Lukes, S., *Emile Durkheim. Su vida y su obra*, Madrid, CIS, Siglo XXI, 1984.

Lumsdaine, A. A., y Janis, I. L., «Resistance to counterpropaganda produced by a one-sided versus a two-side propaganda presentation», *Public Opinion Quarterly*, 1953, 17, 3, pp. 311-318.

— y May, M. A., «Mass communication and educational media», *Annual Review of Psychology*, 1965, 16, pp. 475-527.

Lund, F. H., «The psychology of belief: IV. The law of primacy in persuasion», *Journal of Abnormal and Social Psychology*, 1925, 20, pp. 183-191.

Lyle, J., *The news in Megalopolis*, San Francisco, Chandler, 1967.

Maccoby, M., y Markle, D. G., «Communication and learning», en I. de Sola Pool y otros (comps.), *Handbook of communication*, Chicago, Rand McNally, 1973, pp. 153-173.

MacKuen, M. B., «Social communication and the mass policy agenda», Ann Arbor, Universidad de Michigan, tesis doctoral, 1979.

Mankiewicz, F., y Swerdlow, J., *Remote control: television and the manipulation of American life*, N. Y., Ballantine Books, 1979.

Mann, L., y Janis, I. L., «A follow-up study on the long-term effects of emotional role playing», *Journal of Personality and Social Psychology,* 1968, 8, pp. 339-342.

Mannheim, K., *Ideología y utopía,* Madrid, Aguilar, 1966.

Martindale, D., *La teoría sociológica: naturaleza y escuelas,* Madrid, Aguilar, 1971.

Marx, K., y Engels, F., *La ideología alemana,* Barcelona, Grijalbo, 1970 (3.ª edic.).

Mattelart, A., *La cultura como empresa multinacional,* México, Era, 1974.

McClure, R. D., y Patterson, T. E., «Television news and political advertising: the impact of exposure on voter beliefs», *Communication Research,* 1974, 1, 1, pp. 3-26, 30-31.

McCombs, M., *Mass communication effects accross time,* N. Y., University of Syracuse Press, 1975.

McCombs, M. E., y Shaw, D. L., «The agenda-setting function of mass media», *Public Opinion Quarterly,* 1972, 36, pp. 176-187.

— Shaw D., y Shaw E., *The news and public response: three studies of the agenda-setting power of the press,* Carbondale, Illinois, Association for Education in Journalism, 1972.

— y Weaver, D. H., «Voters' need for orientation and use of mass media», Montreal, *Annual Convention of the International Communication Association,* 1973.

McDougall, W., *The group mind,* N. Y., Arno Press, 1973.

McGuire, W. J., «Order of presentation as a factor in "conditioning" persuasiveness», en C. I. Hovland (comp.), *Order of presentation in persuasion,* New Haven, Yale University Press, 1957, pp. 98-114.

— «The nature of attitudes and attitude change», en G. Lindzey y E. Aronson (comps.), *Handbook of social psychology,* Reading, Mass., Addison Wesley, 1969, vol. III, pp. 136-314.

— «Persuasion, resistance and attitude change», en I. de Sola Pool; W. Schramm y otros (comps.), *Handbook of communication,* Chicago, Rand McNally, 1973, pp. 216-252.

— «Attitudes and attitude change», en G. Lindzey y E. Aronson (comps.), *The handbook of social psychology* (3.ª edición), N. Y., Random House, 1985, vol. II, pp. 233-347.

— y Millman, S., «Anticipatory belief lowering following forewarning of a persuasive attack», *Journal of Personality and Social Psychology,* 1965, 2, pp. 471-479.

— y Papageorgis, D., «The relative efficacy of various types of prior belief-defense in producing inmunity against persuasion», *Journal of Abnormal and Social Psychology,* 1961, 62, pp. 327-337.

McLeod, J. M., y Becker, L. B., «Testing the validity of gratification measures through political effects analysis», en J. G. Blumler y E. Katz (comps.), *The uses of mass communications: Current perspectives on gratifications research,* Beverly Hills, Sage, 1974, pp. 137-164.

— — y Byrnes, J. E., «Another look at the agenda-setting function of the press», *Communication Research*, 1974, 1, pp. 131-166.
— y Reeves, B., «On the nature of mass media effects», en J. C. Wilhoit y H. de Bock, *Mass communication. Review Yearbook (vol. 2)*, Beverly Hills, Sage, 1981, pp. 245-282.
— Ward, S., y Tancill, K., «Alienation and uses of the mass media», *Public Opinion Quarterly*, 1965, 29, pp. 583-594.
McLuhan, M., *La galaxia Gutenberg*, Madrid, Aguilar, 1972.
McQuail, D., «The uses and gratifications approach: origins, present troubles and future applications», Universidad de Amsterdam, 1979 (Manuscrito original).
— «The influence and effects of mass media», en J. Curran y otros (comps.); *Mass communication and society*, Londres, Edward Arnold, 1977, pp. 70-93. (Edic. cast.: *Sociedad y comunicación de masas*, México, FCE, 1981, pp. 85-112.)
— *Mass communication theory: an introduction*, Londres, Sage, 1983. (Edic. cast.: *Introducción a la teoría de la comunicación de masas*, Barcelona, Paidós, 1985.)
Menzel, H., y Katz, E., «Social relations and innovation in the medical profession: the epidemiology of a new drug», *Public Opinion Quarterly*, 1955, 19, pp. 337-352.
Merton, R. K., «Patterns of influence», en P. F. Lazarsfeld y F. N. Stanton (comps.), *Communications research 1948-1949*, N. Y., Harper, 1949, pp. 180-219.
— *Social theory and social structure*, Glencoe, Ill., The Free Press, 1957.
Messaris, P., y Sarett, C., «On the consequences of television-related parent-child interaction», *Human Communication Research*, 1981, 7, 3, pp. 226-244.
Middleton, R., «Fertility values in American magazine fiction», *Public Opinion Quarterly*, 1960, 24, pp. 139-142.
Milburn, M. A., «Process analysis of mass media campaign effects», Harvard University, tesis doctoral, 1978.
— «A longitudinal test of the selective exposure hypothesis», *Public Opinion Quarterly*, 1979, 43, pp. 507-517.
Mills, J., y Aronson, E., «Opinion change as a function of communicator's attractiveness and desire to influence», *Journal of Personality and Social Psychology*, 1965, 1, pp. 173-177.
— — y Robinson, J., «Selectivity in exposure to information», *Journal of Abnormal and Social Psychology*, 1959, 59, pp. 250-253.
— y Ross, A., «Effects of commitment and certainty upon interest in supporting information», *Journal of Abnormal and Social Psychology*, 1964, 68, pp. 552-555.
Montmollin, G. de, «El cambio de actitud», en S. Moscovici (comp.), *Psicología social*, I, Barcelona, Paidós, 1985, pp. 117-175.

Morgan, M., «Television and reading: does more equal better?», *Journal of Communication,* 1980, 30, pp. 159-165.

— «Longitudinal patterns of television viewing and adolescent role socialization», tesis doctoral, Universidad de Pennsylvania, 1980.

— y Harr-Mazer, H., «Television and adolescents' family life expectations», Manuscrito no publicado, The Annenberg School of Communications, Universidad de Pennsylvania, 1980.

Moscovici, S., *L'âge des foules: una traité historique de psychologie des masses,* París, Fayard, 1981.

— «On some aspects of social representations», Comunicación presentada en el *Symposium sobre Representaciones de la American Psychological Association,* Anaheim, California, agosto de 1983.

Mullins, L. E., *Agenda-setting on the Campus: the mass media and learning of issues importance in the '72 Election,* Fast Collins, Colorado, Association for Education in Journalism, 1973.

— «Agenda-setting and the younger voter», en D. L. Shaw y M. E. McCombs (comps.); *The emergence of American political issues: The agenda-setting function of the press,* St. Paul, Minn., West Publishing Co., 1977, pp. 133-148.

Murdock, G., y Golding, P., «Capitalismo, comunicaciones y relaciones de clases», en J. Curran, M. Gurevitch y J. Woollacot (comps.), *Sociedad y comunicación de masas,* México, Fondo de Cultura Económica, 1981, pp. 22-57.

Murphy, G.; Murphy, L. B., y Newcomb, T. M., *Experimental social psychology,* N. Y., Harper, 1937.

Murray, J. P., y Kippax, S., «From the early window to the late night show: international trends in the study of television's impact on children and adults», en L. Berkowitz, *Advances in experimental social psychology,* 1979, 12, pp. 253-320, N. Y., Academic Press.

Nelson, J. D.; Gelfand, D. M., y Hartmann, D. P., «Children's aggression following competition and exposure to an aggresive model», *Child Development,* 1969, 40, pp. 1085-1097.

Newcomb, T. M., «El desarrollo de las actitudes en función del grupo de referencia: el estudio de Bennington», en J. R. Torregrosa (comp.), *Teoría e investigación en la psicología social actual,* Madrid, IOP, 1974, pp. 309-323.

— *Personality and social change: attitude formation in a student community,* N. Y., The Dryden Press, 1943.

Noelle Neumann, E., «Return to the concept of powerful mass media», en H. Eguchi y K. Sata (comps.), *Studies of Broadcasting 9,* Tokio, Nippon Hoso Kyokai, 1973, pp. 67-112.

— «The spiral of silence: a theory of public opinion», *Journal of Communication,* 1974, 24 (2), pp. 43-51.

— «Wahlentscheidung in der Fernsehdemokratie. Eine sozialpsychologische

Interpretation der Bundestagswahl 1972», en D. Just y L. Romain, *Auf der Suche nach dem mündigen Wähler. Die Wahlentscheidung 1972 und ihre Konsequenzen,* Schriftenreihe der Bundeszentrale für politische Bildung, 1974, Heft 101.

— «Turbulences in the climate of opinion: methodological applications of the spiral of silence theory», *Public Opinion Quarterly,* 1977, 41, pp. 143-158.

— «El doble clima de opinión: la influencia de la televisión en una campaña electoral», *Revista Española de Investigaciones Sociológicas,* 1978, 4, pp. 67-101.

— *L'influence des mass media,* Allensbach, Institut für Demoskopie, Etudes de radio-television, 1978.

— «Public opinion and the classical tradition: a reevaluation», *Public Opinion Quarterly,* 1979, 43, 2, pp. 143-156.

— «The effect of media on media effects research», *Journal of Communication,* 1983, pp. 157-165.

Orenstein, F., *Newspaper researcher's view of TV,* Media/Scope, 1968, 12:79.

Osgood, C. E., y Tannenbaum, P. H., «The principle of congruity in the prediction of attitude change», *Psychological Review,* 1955, 62, pp. 42-55.

Patterson, T. E., y McClure, R. D., *The unseeing eye: the myth of television power in national elections,* N. Y., Putnam, 1976.

Peterson, R. A., «The production of culture», *American Behavioral Scientist,* 1976, 19, pp. 669-684.

Peterson, R. C., y Thurstone, L. L., *Motion pictures and the social attitudes of children,* N. Y., MacMillan, 1933.

Petty, R. E., y Cacioppo, J. T., «Forewarning, cognitive responding and resistance to persuasion», *Journal of Personality and Social Psychology,* 1977, 35, pp. 645-665.

— — *Attitudes and persuasion. Clasic and contemporary approaches,* Dubuque, Brown, 1981.

Poulantzas, N., *Poder político y clases sociales en el Estado capitalista,* Madrid, Siglo XXI, 1975.

Quintanilla, M. A., «Sobre el concepto marxista de ideología», *Sistema, Revista de Ciencias Sociales,* 1974, 7, pp. 29-52.

Ramsdell, M. L., «The traums of TV's troubled soap families», *Family Coordinator,* 1973, pp. 299-304.

Ress, M. B., «Achievement motivation and content preferences», *Journalism Quarterly,* 1967, 44, pp. 688-692.

Roberts, D. F., y Bachen, C. M., «Mass communication effects», *Annual Review of Psychology,* 1981, 32, pp. 307-356.

— y Maccoby, N., «Effects of mass communication», en G. Lindzey y E. Aronson (comps.), *The handbook of social psychology* (3.ª edición), N. Y., Random House, 1985, vol. II, pp. 539-599.

Robinson, J. P., «World affairs information and mass media exposure», *Journalism Quarterly,* 1967, 44, pp. 23-31.
— «Television and leisure time: yesterday, today, and (maybe) tomorrow», *Public Opinion Quarterly,* 1969, 33, pp. 210-222.
Roethlisberger, F. J., y Dickson, W. J., *Management and the worker,* Cambridge, Mass., Harvard University Press, 1939.
Rokeach, M., *The open and closed mind,* N. Y., Basic Books, 1960.
— «Belief *versus* race as determinants of social distance: comment on Triandis' paper», *Journal of Abnormal and Social Psychology,* 1961, 62, pp. 187-188.
— y Mezei, L., «Race and shared belief as factors in social choice», *Science,* 1966, 151, pp. 167-172.
Roper, B. W., *A ten-year view of public attitudes toward television and other mass media, 1959-1968,* N. Y., Television Inform Office, 1969.
Rosen, S., «Post-decision affinity for incompatible information», *Journal of Abnormal and Social Psychology,* 1961, 63, pp. 188-190.
Rosenberg, M. J., «Cognitive reorganization in response to the hypnotic reversal of attitudinal affect», *Journal of Personality,* 1960, 28, pp. 39-63.
Rosengren, K. E., «Bias in news: methods and concepts», *Studies of Broadcasting,* 1979, 15, pp. 31-45.
— «Mass media and social change. Some current approaches», en G. C. Wilhoit y H. de Bock (comps.), *Mass communication. Review Yearbook* (vol. 1), Beverly Hills, Sage, 1980, pp. 168-180.
— «Communication research: one paradigm, or four?», *Journal of Communication,* 1983, 33(3), pp. 185-207.
— Windahl, S., «Mass media consumption as a functional alternative», en D. McQuail (comp.), *Sociology of mass communication,* Harmondsworth, Penguin, 1972, pp. 166-195.
Rosenthal, R. y Jacobson, L., *Pygmalion en la escuela,* Madrid, Marova, 1968.
Sargent, L. W., y Stempel, G. H., «Poverty, alienation and mass media use», *Journal Quarterly,* 1968, 45, pp. 324-326.
Schachter, S., *Psicología de la afiliación: estudios experimentales de las fuentes del gregarismo,* Buenos Aires, Paidós, 1966.
Schaff, A., *Sociología e ideología,* Barcelona, A. Redondo, 1969.
Schramm, W., *Mass communications: a book of readings,* (2.ª edición), Urbana, University Press, 1960.
— «Mass communication», *Annual Review of Psychology,* 1962, 23, pp. 251-283.
— *The science of human communication,* N. Y., Basic Books, 1973.
— Lyle, J. y Parker, E. B., *Television in the lives of our children,* Standford, Standford University Press, 1961.
— y Roberts, D. F. (comps.), *The process and effects of mass communication,* Urbana, University of Illinois Press, 1972.
— y White, D. M., «Age, education and economic status as factors in news-

paper reading», en W. Schramm (comp.), *Mass communications*, Urbana, University of Illinois Press, 1972, pp. 438-450.

Schuman, H., y Presser, S., «Public opinion and public ignorance, the fine line between attitudes and nonattitudes», *American Journal of Sociology*, 1980, 85, 5, pp. 1214-1225.

Sears, D. O., «Opinion formation and information preferences in an adversary situation», *Journal of Experimental Social Psychology*, 1966, en prensa en el momento de la publicación del trabajo de Fr. y Sears.

— «The paradox of the facto selective exposure without preferences for supportive information», en R. P. Abelson y otros (comps.), *Theories of cognitive consistency: a sourcebook*, Chicago, Rand MacNally, 1968, pp. 777-788.

— y Abeles, R. P., «Attitudes and opinions», *Annual Review of Psychology*, 1969, 20, pp. 253-289.

— y Freedman, J. L., «Commitment, information utility, and selective exposure», *US Tech. Rep. (ONR)*, 1963, Nour-233 (54) NR 171-350, núm. 12.

— — «The effects of expected familiarity with arguments upon opinion change and selective exposure», *Journal of Personality and Social Psychology*, 1965, 2, pp. 420-426.

— — «Selective exposure to information: a critical review», *Public Opinion Quarterly*, 1967, 31, pp. 194-213.

Seggar, J. F., y Wheeler, P., «World of work on TV: ethnic and sex representation in TV drama», *Journal of Broadcasting*, 1973, 17, pp. 201-214.

Shaw, M. E., y Costanzo, P. R., *Theories of social psychology*, N. Y., McGraw Hill, 1970.

Sherif, M., «A study of some social factors in perception», *Archives of Psychology*, 1935, núm. 187.

— y Cantril, H., *The psychology of ego involvement*, N. Y., Wiley, 1947.

— y Hovland, C. I., *Social judgement*, New Haven, Yale University Press, 1961.

Sherrington, Ch. S., *The integrative action of the nervous system*, N. Y., 1906; edición revisada, Cambridge, 1947.

Shils, E. A. y Janowitz, M., «Cohesion and disintegration on the Wehrmacht in World War II», *Public Opinion Quarterly*, 1948, 12, 2, pp. 280-315.

— — «Impact of allied propaganda on Wehrmacht solidarity in World War II», *Public Opinion Quarterly*, 1948, vol. XII, pp. 300-304, 308-315.

Signorielli, N., «Television's contribution to sex role socialization». Comunicación presentada a la «Seventh Annual Telecommunications Policy Research Conference», Skytop, Pennsylvania, 1979.

— «Aging and television: portrayals in prime-time drama and conceptions of social reality», Buch Hill Falls, Pennsylvania: 34th Annual Conference of the American Association for Public Opinion Research, 1979.

— «The valuation of occupations on television», The Annenberg School of

Communications, Conference on Public Views of Doctors and Lawyers, University of Pennsylvania, 1979.
— y Gerbner, G., «The image of the elderly in prime-time television drama», *Generations,* 1978.
Slaby, R. G.; Quarfoth, G. R., y McConnachie, G. A., «Television violence and its sponsors», *Journal of Communication,* 1976, 26, pp. 88-96.
Smith, B. L.; Lasswell, H. D., y Casey, R. D., *Propaganda, communication and public opinion,* Princeton, Princeton University Press, 1946.
Sohn, A. B., «A longitudinal analysis of local non-political agenda-setting effects», *Journalism Quarterly,* 1978.
Sponberg, H., «A study of the relative effectiveness of climax and anti-climax order in an argumentative speech», *Speech Monographs,* 1946, 13, pp. 35-44.
Star, S. A., y Hughes, H. M., «Report on an educational campaign: the Cincinatti plan for the United Nations», *American Journal of Sociology,* 1950, 55, pp. 389-400.
Starck, K., «Media credibility in Finland: a cross national study», *Journalism Quarterly,* 1969, pp. 790-795.
Stone, G., «Cumulative effects of the media», comunicación presentada a la Conferencia sobre agenda-setting, N. Y., Syracusa University, 1975.
Stouffer, S., y otros, *The American soldier: studies in social psychology in World War II* (vols. 1 y 2), Princeton, Princeton University Press, 1949.
Strauss, U., «Some definitions of public opinion», en D. Katz y otros (comps.), *Public opinion and propaganda,* N. Y., Holt, Rinehart and Winston, 1954, pp. 50-51.
Stukat, K. G., *Suggestibility: a factorial and experimental study,* Estocolmo, Almiqvist and Wiskell, 1958.
Sweeney, P. D., y Gruber, K. L., «Selective exposure: voter information preferences and the Watergate affair», *Journal of Personality and Social Psychology,* 1984, 46, pp. 1208-1221.
Tannenbaum, P. H., «Communication of science information», *Science,* 1963, 140, pp. 579-583.
— y Greenberg, B. S., «Mass comunication», *Annual Review of Psychology,* 1968, 19, pp. 351-386.
Tedesco, N. S., «Patterns of prime time», *Journal of Communication,* 1974, 24, pp. 119-124.
Thomas, W. I., y Znaniecki, F., *The polish peasant in Europe and America* (5 vols.), Boston, Bardger, 1918-1920.
Tipton, L.; Haney, R. D., y Basehart, J. R., «Media agenda-setting in the city and state election campaigns», *Journalism Quarterly,* 1975, 52, pp. 15-22.
Titchener, E. B., *A text-book of psychology* (2.ª edic.), N. Y., 1909.
— *Lectures on the experimental psychology of the thought processes,* N. Y., 1909.

Triandis, H. C., «A note of Rokeach's theory of prejudice», *Journal of Abnormal and Social Psychology,* 1961, 62, pp. 184-186.

— «Cultural influences upon cognitive processes», en L. Berkowitz (comp.), *Advances in experimental social psychology,* N. Y., Academic Press, 1964, vol. I, pp. 1-48.

— y Davis, E. E., «Race and beliefs as determinants of behavioral intentions», *Journal of Personality and Social Psychology,* 1965, 2, pp. 715-725.

— — y Takezawa, S. I., «Some determinants of social distance among American, German and Japanese students», *Journal of Personality and Social Psychology,* 1965, 2, pp. 540-551.

— y Fishbein, M., «Cognitive interaction in person perception», *Journal of Abnormal and Social Psychology,* 1963, 67, pp. 446-453.

— y Triandis, L. C., «Race, social class, religion and nationality as determinants of social distance», *Journal of Abnormal and Social Psychology,* 1960, 61, pp. 110-118.

— y Triandis, L. M., «A cross cultural study of social distance», *Psychol. Monogr.,* 1962, 76, núm. 21.

Trías, E., *Teoría de las ideologías,* Barcelona, Península, 1971.

Turner, J. C., «Some considerations in generalizing experimental social psychology», en G. M. Stephenson y J. M. Davis (comps.), *Progress in applied social psychology,* vol. 1, Chichester, Wiley, 1981.

Van Poecke, L., «Gerbner's cultural indicators: the system is the message», en G. C. Wilhoit y H. de Bock (comps.), *Mass Communication: Review Yearbook,* Beverly Hills, Sage, 1980, pp. 423-431.

Veron, E., *Conducta, estructura y comunicación,* Buenos Aires, Tiempo Contemporáneo, 1972.

Von Feilitzen, C., «The functions served by the media», en R. Brown (comp.), *Children and television,* Beverly Hills, Sage, 1976, pp. 90-115.

Von Feilitzen, C., y Linne, O., *«Masskommunikationsteorier» in Radio och TV möter publiken,* Estocolmo, Sveriges Radio, 1972.

Wagman, M., «An investigation of the effectiveness of authoritarian suggestion and non-authoritarian information as methods of changing the prejudiced attitudes of relatively authoritarian and non-authoritarian personalities», disertación doctoral, Univ. de Michigan, 1953. Referencia en I. Sarnoff, D. Katz y C. McClintock, «The motivational basis of attitude change», *Journal of Abnormal and Social Psychology,* 1954, 49, pp. 115-124.

Walster, E., y Festinger, L., «The effectiveness of "overhead" persuasive communication», *Journal of Abnormal and Social Psychology,* 1962, 65, pp. 395-403.

Walters, R. H., y Willows, R., «Imitative behavior of disturbed exposure to aggresive and nonaggresive models», *Child Development,* 1968, 39, pp. 79-90.

Waples, D. (comp.), *Print, radio and film in a democracy*, Chicago, University of Chicago Press, 1942.
— Berelson, B., y Bradshaw, F. R., *What reading does to people*, Chicago, University of Chicago Press, 1940.
Warner, W. L., y Lunt, P. S., *The social life of a modern community*, (vol. 1, Yankee City Series), N. H., Yale University Press, 1941.
Washburn, M. F., *Movement and mental imagery. Outlines of a motor theory of the complexer mental processes*, Boston, 1916.
Weaver, D. H., y McCombs, M. E., «Voters' need for orientation and choice of candidates: mass media and electoral decision making», Roanoke, Virginia, *Annual Conference of the American Association for Public Opinion Research*, 1978.
Weiss, W., «Effects of the mass media of communication», en G. Lindzey y E. Aronson (comps.), *The handbook of social psychology*, Reading Mass., Addison Wesley, 1969, vol. V, pp. 77-196.
— «Mass communication», *Annual Review of Psychology*, 1971, 22, pp. 309-337.
Westley, B., y Severin, W., «A profile of the daily newspaper nonreader», *Journalism Quarterly*, 1964, 41, pp. 45-51.
White, D. M., «The "Gatekeeper": a case study in the selection of News», en L. A. Dexter y D. M. White (comps.), *People, society and mass communications*, N. Y., The Free Press, 1964, pp. 160-173.
Whitney, D. Ch., Wartella, E., y Windahl, S. (comps.), *Mass Communication: Review Yearbook*, vol. III, Beverly Hills, Sage, 1982.
Wilhoit, G. C., y De Bock, H. (comps.), *Mass communication: Review Yearbook*, vol. II, Beverly Hills, Sage, 1981.
Williams, I., *Socialization*, N. Y., Prentice Hall, 1983.
Williams, R., «Communications as cultural science», en *Journal of Communication*, 1974, 34(3), pp. 17-25.
Williams, W., y Semlak, W., «Campaign 76: agenda setting during the New Hampshire primary», *Journal Broadcasting*, 1978, 22, pp. 531-540.
Windahl, S., «Uses and gratifications at the crossroads», en G. C. Wilhoit y H. de Bock (comps.), *Mass communication: Review Yearbook*, Beverly Hills, Sage, 1981, pp. 174-186.
Winter, J. P., «An agenda-setting frame for the Civil Rights Issue, 1954-1976», N. Y., Syracusa University, 1979 (trabajo no publicado).
Wolfe, K. M., y Fiske, M., «The children talk about comics», en P. F. Lazarsfeld y F. N. Stanton (comps.), *Communications Research, 1948-1949*, N. Y., Harper and Brothers, 1949.
Wright, C. R., «Functional analysis and mass communication», *Public Opinion Quarterly*, 1960, 24, 4, pp. 605-620. (También en L. A. Dexter y D. M. White (comps.), 1964, pp. 91-110.)
Young, K., «Comments on the nature of "public" and "public opinion"», en *Intern. J. of Opinion and Attitude Research*, 1948, 2, pp. 385-392.

INDICE DE AUTORES

INDICE DE CUADROS

COLECCIÓN MONOGRAFÍAS

81. **La UCD y la transición a la democracia en España.**
Carlos Huneeus.
82. **Del conocimiento antropológico.**
Enrique Luque.
83. **Geografía electoral de Andalucía.**
Antonio Porras Nadales.
84. **Nacionalismo y II República en el País Vasco.**
José Luis de la Granja.
85. **Los partidos políticos en las democracias occidentales.**
Klaus von Beyme.
86. **El sistema de partidos políticos en España. Génesis y evolución.**
Richard Gunther, Giacomo Sani y Goldie Shabad.
87. **Convergencia Democrática de Cataluña.**
Joan Marcet Morera.
88. **Antropología social: Reflexiones incidentales.**
Carmelo Lisón Tolosana.
89. **Elecciones y partidos en la transición española.**
Mario Caciagli.
90. **Dote y matrimonio en los países mediterráneos.**
John G. Peristiany (comp.).
91. **La conflictiva y nunca acabada construcción del orden deseado.**
Norbert Lechner.
92. **Los católicos en la España franquista, II. Crónica de una dictadura.**
Guy Hermet.
93. **Populismo, caudillaje y discurso demagógico.**
José Álvarez Junco (comp.).
94. **Alianza Popular: estructura y evolución electoral de un partido conservador.**
Lourdes López Nieto.
95. **El nacionalismo vasco a la salida del franquismo.**
Alfonso Pérez-Agote.
96. **«¡Pleitos tengas!...». Introducción a la cultura legal española.**
José Juan Toharia.
97. **La profesión farmacéutica.**
Jesús M. de Miguel y Juan Salcedo.
98. **Sociología de las crisis políticas. La dinámica de las movilizaciones multisectoriales.**
Michel Dobry.
99. **Familia, población y sociedad en la provincia de Cuenca, 1700-1970.**
David-Sven Reher.
100. **¿Movilidad social o trayectorias de clase? Elementos para una crítica de la sociología de la movilidad social.**
Lorenzo Cachón Rodríguez.
101. **Política y movimientos sociales en el Magreb.**
Bernabé López García.

COLECCIÓN MONOGRAFÍAS

102. **La vida y el mundo de los vaqueiros de alzada.**
María Cátedra Tomás.
103. **La prensa del Estado durante la transición política española.**
Juan Montabes Pereira.
104. **Louis Blanc y los orígenes del socialismo democrático.**
Jesús González Amuchastegui.
105. **Análisis de tablas de contingencia.**
Juan Javier Sánchez Carrión.
106. **Medios de comunicación de masas. Su influencia en la sociedad y en la cultura contemporáneas.**
Rafael Roda Fernández.
107. **Conocimiento y sociología de la ciencia.**
Esteban Medina.
108. **Estructura urbana y diferenciación residencial: El caso de Bilbao.**
Jon Joseba Leonardo Aurteneche.
109. **Participación política de las mujeres.**
Judith Astelarra (comp.).
110. **Ibiza, una isla para otra vida. Inmigrantes utópicos, turismo y cambio cultural.**
Danielle Rozenberg.
111. **La profesión de policía.**
Manuel Martín Fernández.
112. **Salud y poder.**
Josep A. Rodríguez y Jesús M. de Miguel.
113. **La sociedad anciana.**
María Teresa Bazo.
114. **La sociedad reflexiva. Sujeto y objeto del conocimiento sociológico.**
Emilio Lamo de Espinosa.
115. **Chile: transición política y sociedad.**
Antonio Alaminos.
116. **Trabajadores extranjeros en Cataluña. ¿Integración o racismo?**
Carlota Solé y Encama Herrera.
117. **Población y desigualdad social.**
Graciela Sarrible.
118. **La política como compromiso democrático.**
Ángel Flisfisch.
119. **Redes sociales y mercado de trabajo. Elementos para una teoría del capital relacional.**
Félix Requena Santos.
120. **De jóvenes y sus identidades. Socioantropología de la etnicidad en Euskadi.**
Eugenia Ramírez Goicoechea.
121. **El cambio cultural en las sociedades industriales avanzadas.**
Ronald Inglehart.
122. **Nacionalismo y lengua. Los procesos de cambio lingüístico en el País Vasco.**
Benjamín Tejerina Montaña.

COLECCIÓN MONOGRAFÍAS

123. La mortalidad infantil española en el siglo XX.
Rosa Gómez Redondo.
124. La deserción universitaria. Desarrollo de la escolaridad en la Enseñanza Superior. Éxitos y fracasos.
Margarita Latiesa.
125. México frente al umbral el siglo XXI.
Manuel Alcántara y Antonia Martínez (comps.).
126. La nación como discurso. La estructura del sistema ideológico nacionalista: el caso gallego.
Julio Cabrera Varela.
127. La justicia de menores en España.
M.ª Ángeles Cesa D'Ancona.
128. La vigencia del nacionalismo.
Gonzalo Herranz de Rafael.
129. Tiempo y sociedad.
Ramón Ramos Torre (comp.).
130. De lo mío a lo de nadie. Individualismo, colectivismo agrario y vida cotidiana.
María José Devillard.
131. Crisis y cambio en Europa del Este. La transición húngara a la democracia.
Carmen González Enríquez.
132. La Gripe Española. La pandemia de 1918-1919.
Beatriz Echeverri Dávila.
133. Indicadores Sociales de Calidad de Vida. Un sistema de medición aplicado al País Vasco.
María Luisa Setién Santamaría.
134. Mujeres policía.
Manuel Martín Fernández.
135. Sociología política de la ciencia.
Cristóbal Torres Albero.
136. Teoría Social y Metateoría hoy. El caso de Anthony Giddens.
Fernando J. García Selgas.
137. Envejecimiento y familia.
Josep A. Rodríguez.
138. Erving Goffman. De la interacción focalizada al orden interaccional.
José R. Sebastián de Erice.
139. Amigos y redes sociales. Elementos para una sociología de la amistad.
Félix Requena Santos.
140. Sociología de la movilidad espacial. El sedentarismo nómada.
Eduardo Bericat Alastuey.
141. La mirada reflexiva de G. H. Mead. Sobre la socialidad y la comunicación.
Ignacio Sánchez de la Yncera.
142. La mirada distante sobre Lévi-Strauss.
Luis V. Abad Márquez.

COLECCIÓN MONOGRAFÍAS

143. **La abstención electoral en España, 1977-1993.**
Manuel Justel.

144. **La audiencia activa. El consumo televisivo: discursos y estrategias.**
Javier Callejo Gallego.

145. **La dimensión de la ciudad.**
Jesús Leal Maldonado y Luis Cortés Alcalá.

146. **Diseño estadístico para la investigación.**
Leslie Kish.

147. **Inmigrantes en España: vidas y experiencias.**
Eugenia Ramírez Goicoechea.

148. **El sur de Europa y la adhesión a la Comunidad. Los debates políticos.**
Berta Álvarez-Miranda.

149. **Opinión pública y opinión publicada. Los españoles y el referéndum de la OTAN.**
Consuelo del Val Cid.

150. **Sistemas de valores en la España de los 90.**
Francisco Andrés Orizo.

151. **Organización obrera y retorno a la democracia en España.**
Robert M. Fishman.

152. **Sociología del trabajo. Un proyecto docente.**
Juan José Castillo.

153. **El comportamiento electoral municipal español, 1979-1995.**
Irene Delgado Sotillos.

154. **Extranjería, racismo y xenofobia en la España contemporánea. La evolución de los setenta a los noventa.**
Patricia Barbadillo Griñán.

155. **La empresa flexible. Estudio sociológico del impacto de la flexibilidad en el proceso de trabajo.**
Xavier Coller.

156. **Valores sociales en la cultura andaluza. Encuesta Mundial de Valores. Andalucía, 1996.**
Juan del Pino Artacho y Eduardo Bericat Alastuey.

157. **Economía y sociología. Para un análisis sociológico de la realidad económica.**
Mariano F. Enguita.

158. **Recursos formativos e inserción laboral de los jóvenes.**
M.ª Isabel García Espejo.

159. **El pragmatismo y la teoría de la sociedad.**
Hans Joas.

160. **Los males de la imprensa. Política y libertad de prensa en una sociedad dual.**
Demetrio Castro Alfín.

161. **Modernización y posmodernización. El cambio cultural, económico y político en 43 sociedades.**
Ronald Inglehart.

COLECCIÓN MONOGRAFÍAS

162. **El cambio político en Italia y la Liga Norte.**
Cesáreo R. Aguilera de Prat.
163. **Bases de la política de información y comunicación de la Comunidad Europea.**
Mariano Sánchez Martínez.
164. **¿Un nuevo malestar en la cultura? Variaciones sobre la crisis de la modernidad.**
José Enrique Rodríguez Ibáñez.
165. **La sociología de Emile Durkheim. Patología social, tiempo, religión.**
Ramón Ramos Torre.
166. **¿Individuos o sistemas? Las razones de la abstención en Europa Occidental.**
Eva Anduiza Perea.
167. **Naciones divididas. Clase, política y nacionalismo en el País Vasco y Cataluña.**
Juan Díez Medrano.
168. **Cultura de masas y cambio político: El cine español de la transición.**
Manuel Trenzado Romero.
169. **Después del divorcio. Los efectos de la ruptura matrimonial en España.**
Diego Ruiz Becerril.
170. **Sociedad, Impuestos y Gasto Público. La perspectiva del contribuyente.**
Francisco Alvira Martín, José García López y M.ª Luisa Delgado Lobo.
171. **Élites y masas. Un análisis de la Perestroika y las huelgas mineras.**
Sonia Alonso.
172. **Salud y fuentes de apoyo social. Análisis de una comunidad.**
Marta Gil Lacruz.
173. **A contratiempo. Un estudio de las temporalidades juveniles.**
Amparo Lasén Díaz.
174. **Administración y altos cargos de la Comunidad Autónoma Vasca.**
Adela Mesa.
175. **La comunidad enmascarada. Visiones sobre Euskadi de los partidos políticos vascos (1986-1996).**
Carmelo Moreno del Río.
176. **Marruecos político. Cuarenta años de procesos electorales.**
Bernabé López García.
177. **Comunicación, opinión pública y prensa en la sociología de Robert E. Park.**
M.ª Rosa Berganza Conde.
178. **La estrategia organizativa del Partido Socialista Obrero Español (1975-1996).**
Mónica Méndez Lago.

COLECCIÓN MONOGRAFÍAS

179. **Calidad de vida y praxis urbana. Nuevas iniciativas de gestión ciudadana en la periferia social de Madrid.**
Julio Alguacil Gómez.
180. **«Los de siempre». Poder, familia y ciudad (Ávila 1875-1923).**
Eduardo Cabezas Ávila.
181. **Profesionales del periodismo. Hombres y mujeres en los medios de comunicación.**
Marisa García de Cortázar, M.ª Antonia García de León (coords.).
182. **La movilidad ocupacional de las mujeres en España. Por una sociología de la movilidad femenina.**
Olga Salido Cortés.
183. **La revuelta contra la civilización. D. H. Lawrence y el romanticismo antimoderno.**
Irene Martínez Sahuquillo.
184. **Individualismo y cultura moral.**
Fernando Gil Villa.

Reimpresiones

24. **Ciencia y sociología.**
Miguel Beltrán.
100. **¿Movilidad social o trayectorias de clase?**
Lorenzo Cachón Rodríguez.
106. **Medios de comunicación de masas. Su influencia en la sociedad y en la cultura contemporáneas.**
Rafael Roda Fernández.
114. **La sociedad reflexiva. Sujeto y objeto del conocimiento sociológico.**
Emilio Lamo de Espinosa.
135. **Sociología política de la ciencia.**
Cristóbal Torres Albero.
139. **Amigos y redes sociales. Elementos para una sociología de la amistad.**
Félix Requena Santos.
150. **Sistemas de valores en la España de los 90.**
Francisco Andrés Orizo.
161. **Modernización y posmodernización. El cambio cultural, económico y político en 43 sociedades.**
Ronald Inglehart.